자현 (중앙승가대 불교학과 교수)

동국대학교를 졸업하고 동 대학의 불교학과와 성균관대학교 동양철학과에서 각각 석사학위를 받았다. 성균관대학교 동양철학과(율장)와 동국대학교 미술사학과(건축) 그리고 고려대학교 철학과(선불교)와 동국대학교 역사교육학과(한국 고대사) 및 동국대[illegible] 국
어교육학과(불교 교육), 동국대학교 미술학과(고려불화)에서 각각 박사[illegible] 현
재 중앙승가대학교 불교학부에서 교수와 불교학연구원[illegible]
무국장과 문화재청 동산분과 전문위원, 《불[illegible]
및 상하이 푸단대학교 객원교수 [illegible]
편의 논문을 한국연구재단 등재[illegible]
구』 등 60여 권의 저서를 펴냈다. [illegible]
상한 바 있다.

고영섭 (동국대 불교학과 교수)

동국대학교 불교학과와 동 대학 석사학위와 박사학위를 취득하였다. 이어 고려대학교 대학원 철학과 박사과정을 수료하였다. 고려대학교 민족문화연구원 연구교수를 거쳐 동국대학교 불교학과 교수로 재직하고 있다. 논저로는 『한국불학사 1~4권』, 『한국불교사연구』, 『한국불교사탐구』, 『분황 원효의 생애와 사상』, 『원효탐색』, 『삼국유사 인문학 유행』, 『불학과 불교학』, 『한국사상사』, 『한국불교사궁구 1·2』, 『한국의 불교사상』 등 다수의 논저가 있다. 현재는 동국대학교 세계불교학연구소장 및 한국불교사학회 한국불교사연구소 소장을 맡고 있다.

윤창화 (민족사 대표)

민족사 대표. 논문으로는 「漢岩의 자전적 구도기 一生敗闕」(『한암사상』 1집), 「無字話頭 十種病에 대한 고찰」(『한암사상』 3집), 「경허의 지음자 한암」(『한암사상』 4집), 「탄허의 경전 번역의 意義와 강원교육에 끼친 영향」(『한국불교학』 66집, 2013) 등이 있고, 저서로는 『근현대 한국불교명저 58선』(민족사, 2010), 「경허의 주색과 삼수갑산」(불교평론 52호, 2012년), 「성철스님의 오매일여론 비판」(불교평론 36호, 2008, 가을호), 『당송시대 선종사원의 생활과 철학』(민족사, 2017)이 있다.

이성운 (동방문화대학원대 불교문예학과 교수)

동국대학교 철학박사, 현재 동방문화대학원대학교 불교문예학과 교수, 서울특별시 무형문화재 전문위원, 신행학술단체 [사]세계불학원 연구소장으로 활동하고 있다. 『불교의례, 그 몸짓의 철학』, 『한국불교 의례체계 연구』, 『천수경, 의궤로 읽다』 등의 책을 썼고, 「의식과 의궤의 불리성」, 「영산재와 수륙재의 성격과 관계 탐색」, 「'현행' 천수경의 구조와 의미」, 「현행 수륙재에 대한 검토」, 「한국불교 생전예수재의 특성」 등 다수의 논문을 썼으며, 불교의례문화와 언어문법에 깊은 관심을 가지고 연구하고 있다.

정도 (동국대 선학과 교수)

동국대 선학과를 졸업하고 동 대학원에서 「함허의 선사상 연구」로 석사학위를, 「경봉선사 연구」로 박사학위를 받았다. 주요 논문으로는 「한암과 경봉의 오후보림悟後保任에 대한 연구」, 「단경에 나타난 무념의 의미에 관한 소고」, 「백운경한白雲景閑의 선사상」, 「불교수행법」, 「결사문에 나타난 보조지눌의 삼학관 고찰」 등이 있으며, 현재는 동국대 종학연구소장과 한국선학회 회장을 맡고 있다.

식민지적 근대와 조선 사회 2

식민지적 근대와 조선 사회 2

초판 1쇄 발행 2024년 2월 29일

엮은이 | 정태헌
펴낸이 | 윤관백
펴낸곳 | 선인
등 록 | 제5-77호(1998.11.4)
주 소 | 서울시 양천구 남부순환로 48길 1(신월동 163-1) 1층
전 화 | 02) 718-6252 / 6257
팩 스 | 02) 718-6253
전자우편 | suninbook@naver.com

정가 32,000원
ISBN 979-11-6068-880-1 94910
979-11-6068-878-8 (세트)

식민지적 근대와 조선 사회 2

정태헌 엮음

책을 내면서

5년 전쯤으로 기억한다. 박사 논문을 준비하던 제자들이 자기들끼리 주제가 모아지니 필자의 정년을 기념하는 의미도 겸해서 책을 기획해 보자고 제안했다. 정년기념논총이 의례적인 형식에 치우쳐 근자에는 거의 사라진 과거의 관행이거니와, 필자 개인적으로는 그동안의 강의를 바탕으로 세계 근대사와 견줘 본 한국 근대사 관련 책에 대한 집필 구상을 하고 있었다(이 구상은 정년퇴임을 앞둔 최근 단행본으로 출간했다). 게다가 최근에는 치열한 실적주의, 정량 평가를 중시하는 환경으로 바뀌어 특히 신임 박사들에게 공들여 쓴 논문 하나하나가 얼마나 중요한지 잘 알기에 쓸데없는 짓 하지 말라고 거절했다.

한참 시간이 지난 어느 날 그들이 다시 찾아왔다. 의례적 방식을 답습하는 게 구태이지 중요한 건 내용이라면서 서두를 꺼냈다. 중국과 일본 대학의 교수로 있는 선배, 동료를 포함해서 한 울타리에서 공부한 자신들의 학문적 성장을 위해 문제의식을 모으고 성찰하면서 학계의 평가를 받는 계기를 만들겠다고 강조했다. 단지 나의 퇴임을 명분으로 활용하겠다는 것인데 내 고집만 부릴 수 없어 결국 수용했다.

그 대신 절대로 각자의 연구 실적에 방해되는 방식으로, 또는 내키지 않는 의무감으로 글을 모으지 말라는 조건을 달았다. 학술지에 게재를 마쳤거나 향후 연구를 위해 새로운 방법론을 제시하는 글로 문제의식을 모아 조금이라도 한국 근대사 연구에 기여하는 데 일조하자고 강조했다. 필자가 이 책의 편자로 나서게 된 경위이다.

자유로운 사유는 역사학자의 생명이다. 이들이 박사학위논문을 쓰는 과정에서도 필자는 조언자로서 실증과 논리의 심도를 높이라고 다그쳤을 뿐, 각자의 소재 설정이나 문제의식을 존중했다. 이 과정에서 그들도 지도교수의 생각을 비판하고 수용하면서 자신의 문제의식을 가다듬었을 것이다. 이 책의 준비 과정도 그러했다. 사실은 예전의 학생이 아니라 이미 중견 교수로, 소장 연구자로 성장한 그들에게 이제는 필자가 배워야 하는 상황으로 변하기도 했다.

기획에 착수하자마자 닥친 코로나 때문에 2023년에 출간하기로 한 계획이 늦어졌다. 주제를 모으기 위해 일제강점기에 초점을 두기로 했다. 저자들에게 가목차를 받아 주제별 분류 과정을 거쳐 원고를 모으고 보니 다양한 세대가, 다양한 문제의식을 갖고 한 울타리에서 연구에 매진했구나 하는 생각이 새삼 든다. 이 모든 과정에 윤효정 박사의 노고가 컸다.

이 책은 19명의 저자들이 쓴 21편의 글을 주제에 따라 다음과 같이 여섯 부로 구성했다.

제1부 식민지 자본주의와 '개발'의 특징
제2부 식민통치의 무력 기반, 조선 주둔 일본군

제3부 식민지적 근대의 복합성과 조선인 엘리트층 동향
제4부 조선 여성의 식민지 경험과 기억
제5부 식민지 문화에 맞선 지식층의 조선 추구
제6부 반(反)식민지 민족운동 전선의 여러 단면

책의 내용과 수록 논문의 의의를 소개하기 전에 저자들도 비판적으로 공유했을 것으로 생각하는, 필자가 그동안 이런 저런 글에서 강조했던 내용을 약술한다. 흔히 사용하는 근대 개념은 한국 근대의 현실이나 사실에 조응하지 않는다. 세계사 차원에서 근대사로 이해되는 일제강점기는 근대를 특징짓는 개념(주권 국가, 민주주의, 자본주의)과는 동떨어진 시대였기 때문이다. 국가를 상실한 식민지에서 이 세 개념은 오히려 압살되었고 한국인들이 일제와의 투쟁을 통해 추구해야 하는 과제였다. 이러한 '식민지적 근대' 사회는 구미나 일본의 근대 사회보다 훨씬 복합성이 컸다. 그래서 책의 제목도 "식민지적 근대와 조선 사회"로 설정했다.

'일제강점기도 자본주의 경제였는데?'라는 의문을 달 수 있다. 자본주의 경제의 세 주체는 개인, 기업, 정부(국가)이다. 이 가운데 가장 중요한 요소가 국가이다. 즉 국가와 자본주의의 관계는 엄마와 아이의 관계에 비유할 수 있다. 그러나 자국 기업가를 뒷받침할 국가가 없는 식민지에서는 제국주의 정부와 자본이 운영하는 식민지 자본주의 경제 체제가 고착되었다.

이와 관련하여 한 가지 질문을 던져 보자. 유럽의 산업 혁명이나 자본주의가 과연 자유 시장 경제나 민주주의를 기반으로 번성했을까? 유럽 경제의 급성장은 '대항해시대'에 국가(왕실) 권력이 '공인'한 해적 활동과 약탈에서 시작하여 세계 시장을 폭력적으로 독점한 바탕에서 근대 국민 국가가 자행한 식민 지배의 산물이었다. 영국의 산업 혁명은 영국인들의 기술 혁신으로만 이뤄진 것이 아니라 식민지 인도의 면직업을 폭력적으로 무너뜨리면서 진행되었다. 서구 자본주의 경제가 국가의 보호와 지원 없이 자유 시장 경제 하에서 기업-자본의 힘만으로 운영되었다는 '이념'은 '대항해시대' 이후 오늘까지 '현실'에서 구현된 적이 없었다.

한때 일제가 조선을 개발했는가, 수탈했는가를 둘러싸고 수탈과 개발 사이의 상관관계를 대립적으로 바라본, 의미 없는 논쟁이 벌어진 적도 있었다. 어느 입장이든 식민지 경제를 '반(半)'봉건적이라고 인식한 선험적 규정이 일제강점기 이래 고착된, 즉 자본주의는 좋고 선진적인 체제여서 제국주의가 이를 이식할 리 없다는 근대주의에 매몰된 것은 같았다. 그러나 제국주의 국가들은 근대 이전의 지배-복속 관계와 원시적 수탈 수준을 뛰어넘어 식민지 수탈의 효율성을 높이기 위해 자신들에게 익숙한 제도인 자본주의를 이식해 식민지를 개발하고 성장시켜야 했다. 당연한 일이었다. 한 세대가 지난 과거 이야기지만, 필자가 일제강점기를 (식민지) 자본주의 경제로 봐야 한다고 주장할 때 식민사학이라는 힐난도 들었다. 한국 근현대사의 연구방법론은 많이 발전되었지만 아직 갈 길이 멀다.

제1부는 식민지 금융정책의 핵심기구인 조선은행과, '개발'의 실체를 다룬 4편의 논문으로 구성했다. 조선은행은 조선은행권을 발행하는 기관으로서 '식민지 중앙은행'으로 이해하지만, 일본은행의 리스크를 줄이고 일본의 대외 침략에 필요한 금융 업무를 수행하면서 예금·대출 업무 등 일반 상업은행의 역할까지 겸한 특수은행이었다. 일본 법률에 따라 설립된 조선은행은 일제가 어떤 방식으로 식민지를 경영하고 활

용하려 했는지 보여주는 핵심 소재로서 조명근의 글은 생각할 여지를 많이 제공한다. 앞에서 언급한 일제의 조선 '개발' 관련 소재는 앞으로 역사학계가 천착해야 할 분야이다. '개발'의 목적과 진행 과정의 특징, 그리고 결과를 제대로 분석해야 식민지 자본주의의 실상이나 조선인과 일본인 이해관계 집단의 동학 파악이 가능할 뿐만 아니라 해방 후 남겨진 식민지 유산의 성격을 제대로 구명할 수 있다. 그런 점에서 토지 수용, 철도, 면양을 통한 식민지 '개발'의 실체를 분석한 이명학, 박우현, 노성룡의 논문은 큰 시사점을 준다.

제2부는 일본 학계의 '조선군'(조선 주둔 일본군) 관련 연구 성과를 범주화하고 앞으로의 연구 과제를 제시한 안자코 유카, 3·1운동 후 헌병대의 역할 변화를 다룬 김상규의 논문으로 구성했다. '조선군'에 대해서는 식민통치의 무력 기반으로서 군부를 중심으로 한 일본 근대사 흐름과 밀접한 관련을 가진 만큼 한국 학계가 큰 관심을 가져야 하는 데도 이 주제를 다룬 박사학위논문이 나온 것은 근자의 일이다. 일제강점기 연구에서 매우 역설적인 현상이다. 향후 한국 학계가 천착해야 할 분야이고 독자들의 관심을 촉구하기 위해 별도의 주제로 구분했다.

제3부로 모은 5편의 논문은 양 극단에 존재했던 두 계층의 사례를 통해 식민지적 근대 사회의 복합성을 조망했다. 이송순은 사회 최하층으로서 강제 동원의 주대상이 되면서 어떤 조직체의 주체로도 등장하지 못한 채 1950~60년대까지도 존재하여 전근대적 전통과 식민지적 근대성이 중첩된 대표적 사례로 머슴을 분석했다. 생각할 거리를 많이 던져 준다. 식민지에서 일차적 극복 대상은 제국주의였지만, 조선인 엘리트층은 일제와 협력하는 길을 택한 경우가 많아 한국 근대의 과제나

민족운동 전선 또한 복잡했다. 문영주는 협력과 침묵 속에서 차별적 현실을 개인적 차원의 불만으로 희석시킨 금융조합 이사를, 장인모는 일본 시찰을 통해 식민 교육에 협력하는 정서를 갖게 된 교원을, 임동현은 공설운동장 건설에 필요한 토지와 비용을 제공하면서 지역 사회에서 헤게모니를 확보하고자 한 자산층을 다뤘다. 세 연구는 엘리트층의 동향을 보는 결이 다르다는 점에서 흥미롭다. 최선웅은 1920년 '지방의회'에서 처음 도입된 투표제도와 기호투표를 소재로 민주주의 문제를 다뤘는데, 해방 후 시기까지 아우른 접근으로 흥미로운 시도라 생각된다.

제4부는 각 계층별 여성과 일본군 '위안부' 문제를 다룬 4편의 논문으로 구성했다. 여성은 계층을 떠나 식민 지배에 더해 가부장제의 모순까지 떠안아야 했던 존재였다. '혁명의 나라' 프랑스에서도 여성이 투표권을 갖게 된 시점은 유럽에서도 오히려 늦은 제2차 세계대전 이후였다. 사회적 관습이나 문화는 그만큼 강하고 질기다. 한 세대 전만 해도 남아 선호 관습이 강해 태아의 성 감별이 불법적으로 자행되었고 여성의 대학 진학률도 낮았다. 격세지감이다. 일제강점기에는 말할 것도 없었다. 여성들이 사회 관습에 눌리고 제국주의 권력에 활용되는 와중에서도 가부장제 문화의 변화를 추동해 나가는 실제 모습을 밝힐 필요가 있다. 황영원은 보편적인 여성주의 시각에서 전시 성폭력의 형성 과정을 직시한 중국 사회의 일본군 '위안부' 인식과 서사를 다루었다. 또 다른 논문에서는 한국 근대 시기에 등장한 대표적인 여성 엘리트층인 여의사들이 여성해방운동과 결합하지 못하고 기존의 성규범과 사회 질서에 순종했다는 점을 지적했다. 많은 고민거리를 던져 준 셈이다. 문영주는 농촌 가정의 일상생활을 재편하여 여성 주부를 동원하

기 위해 발행된 관변 잡지를 통해 그녀들에게 강요된 '새로운 부인상'의 실체를 규명했다. 김미정은 드라마 '파친코'의 주인공 '선자' 등 여성들을 중심으로 1세대 재일조선인의 여성상을 분석했다.

제5부는 민족주의와 사회주의 지식층의 조선적인 정체성 추구를 다룬 세 편의 논문으로 구성했다. 심층적 분석이 이뤄진 사상사 연구라고 생각한다. 류시현은 3·1운동 후 조선의 역사와 문화 연구를 통해 민족적 자아를 추구하려는 목적에서 1920년대 초 최남선의 주도로 창간된 잡지 『동명』을 중심으로 조선 미술에 관한 서술을 분석했다. 조형열은 1930년대 역사유물론 체계의 조선사 적용에서 드러난, '과학적 조선학' 수립을 주장했던 이들의 세계사적 보편성론과 소련으로부터 프롤레타리아문화운동의 영향을 받은 아시아적 특수성론이라는 두 연구 경향을 분석했다. 주동빈은 해방 전후 월북 이전(1941~1949) 전석담의 독특한 시대구분론을 도호쿠(東北)제국대학 경제학과 스승들의 입론과 비교하여 분석했다. 역사유물론에서 주체적으로 추구된 조선사 연구 방법론이 주목된다.

제6부는 반제 민족운동 전선의 여러 단면을 다룬 세 편의 논문으로 구성했다. 제1차 세계대전 후 파리강화회의 제국주의적인 성격을 인식한 혁명적 민족운동 세력은 종전 직전 일어난 러시아 혁명의 영향과 더불어 사회주의 이념을 독립운동 방략으로 설정하기 시작했고 조선공산당을 창립했다. 이와 관련하여 윤상원은 혁명적 민족주의자에서 사회주의자가 된 이후 상해파와 이르쿠츠크파를 대변하는 위치에 선 박진순과 조훈의 활동을 통해 조훈의 길이 초기 한국 사회주의운동의 길이 되었다고 평가했다. 근대 사회는 물론, 제국주의 지배를 극복해야

하는 식민지 사회에서 좌우 세력의 대립은 필연이지만, 연합도 필연이었다. 이 때문에 통일전선, 연합전선이 끊임없이 모색되었다. 이와 관련하여 윤효정은 비타협적 민족주의 세력에도, 사회주의 세력에도 속하지 않는 지역 유지들이 적극 참여한 신간회 인천지회 사례를 통해 해소 과정에서 전개된 민족부르주아지에 대한 투쟁과 배격이 지역 유지층의 운동 이탈로 귀결되는 양상을 분석했다. 박한용은 1920년대 후반 국제반제동맹이 민족주의를 배격하고 '국제적 좌익조직'으로 변질되면서, 조선의 민족주의자들과 관계가 단절되는 과정을 분석했다. 당시는 물론 향후 한국 사회가 추구해야 할 방향을 고민할 때 세 논문은 시사하는 바가 크다.

전체적으로 6개 주제로 나눠 연구사적으로 의미가 있는 글들을 모았다고 생각하지만, 독자들이 어떻게 평가할지 두렵다. 독자 여러분들의 질정을 기다린다.

2024년 2월

정 태 헌

차례

제5부 식민지 문화에 맞선 지식층의 조선 추구 / 167

제6부 반(反)식민지 민족운동 전선의 여러 단면 / 273

제4부

조선 여성의 식민지 경험과 기억

12 의학과 여성의 사회적 지위

근대 한국 여의사 전문직의 형성을 중심으로(1876~1945)

황영원

1. 머리말

근대 서양의학은 사회 변혁의 거대한 힘으로 서양은 물론 동아시아 역사에도 중요한 추동 요인 중의 하나였다. 오늘날 의료는 단순한 의학지식과 임상치료를 넘어 자본과 결합하면서 사회적 규범과 이데올로기로서 우리의 일상생활에 깊숙이 침투되어 있다. 이처럼 의료가 커다란 사회적 영향력을 행사할 수 있는 데에는 국가권력에 기반한 정규의학교육, 면허제도 등의 장치를 통해 의료인력의 배타적, 독점적 지위와 전문성을 보장받는 것이 결정적인 요인으로 작동하고 있다.[1] 특히 근대 한국 서양의학의 정착 과정은 이러한 특징을 적나라하게 보여준다.[2]

1 조병희, 2015, 『질병과 의료의 사회학(개정판)』, 집문당, 209쪽 참조.

서양의학을 본격적으로 도입하였던 일제시기에 조선총독부는 한의학을 외면한 반면 서양의학의 정착을 조장하는 편향적인 정책을 취하였다.[3] 이러한 가운데 일제시기 양의사는 조선총독부의 정책적 비호 아래 면허, 교육, 조직화, 직업적 아이덴티티 등 여러 방면에 걸쳐 의료 전문직으로 성장하였다.[4] 하지만 서양의사의 직업화는 민족, 지역, 학력, 젠더 등의 요소에 따라 균등적으로 이루어지지 않았다. 예를 들어 조선인 의사들에게 일본인과 달리 관공립 병원이나 대학 교수진으로 진출할 길이 거의 봉쇄되어 있어 대부분 사람들은 사립 병원 · 의학교에 근무하거나 개업의로 활동하였다.[5] 이러한 민족적 차별 이외에 똑같은 조선인이라도 젠더와 학력에 따른 차이 역시 명백히 존재하였다.

근대 한국에서 여의사는 대표적, 선구적인 여성 전문직이었다. 내외지별(內外之別)이라는 전통적 사회규범이 잔존하고 있던 상황에서 여의사가 가정에서 사회로 나와 직업 활동을 펼치는 것 자체가 여권신장의 상징적인 의미를 지녔다고 볼 수 있다. 뿐만 아니라 의사라는 전문직이 되려면 중등 이상, 그리고 전문적인 교육을 받아야 하였기 때문

2 한국 근대 서양의학의 전래와 정착에 대해서는 박윤재, 2015, 『한국 근대의학의 기원』, 혜안 참조.

3 신동원, 2002, 「1910년대 일제의 보건의료 정책: 한의학 정책을 중심으로」, 『한국문화』 30; 신동원, 2003, 「조선총독부의 한의학 정책: 1930년대 이후의 변화를 중심으로」, 『의사학』 12(2); 박윤재, 2008, 「일제의 한의학 정책과 조선 지배」, 『의사학』 17(1); 황영원, 2019, 「일제하 조선 한의계와 한의학의 식민지적 근대」, 고려대학교 박사학위논문 참조.

4 한국 근대 의사 전문직의 형성과정에 대해 이흥기, 2010 「한국 근대 醫師職의 형성과정(1885~1945)」, 서울대학교 박사학위논문 참조할 것. 한편 사회학에 입각한 김정화 · 이경원의 연구는 일제시기 식민권력과 조선인 양의사의 관계를 후원자 체제(patronage system)로 규정하여 일제가 조선인 양의사들에게 후원자로서 서양의학의 우월성을 강력히 선전하고, 면허제도, 조선인 양의 수의 제한, 그리고 이를 통한 공식적 의료시장의 독점과 경쟁배제 체제를 만들어 주었다고 설명하였다(김정화 · 이경원, 2006, 「일제식민지 지배와 조선 양의의 사회적 성격」, 『사회와 역사』 70, 36~39쪽 참조).

5 김정화 · 이경원, 2006, 앞의 논문, 44~45쪽.

에 여의사의 배출은 '여자는 재주 없음이 곧 덕(女子無才便是德)'이라는 성차별적인 전통 사회 질서에 도전하는 것을 의미하였다. 하지만 근대 한국 여의사의 배출과 양성은 이와 같은 단선적인 시각으로 전급하기 어렵다고 생각한다. 근대 여의사라는 전문직의 등장과 성장은 여성해방의 의미를 분명히 담고 있었지만 그 한계와 실질적 영향 역시 객관적으로 바라볼 필요가 있다. 사실 오늘날 한국뿐만 아니라 일본, 미국, 유럽 등 다른 나라에서도 여의사는 교육, 고용, 급료, 승진 등 여러 면에서 여전히 남성에 비해 차별을 감수하고 있다.[6] 이런 사실을 상기해 보면 여의사라는 대표적인 여성 전문직이 여성의 사회적 지위 변화에 과연 어떠한 영향을 미쳤는지를 다시 생각해 볼 필요가 있음을 알 수 있다.

현재까지 학계에서 근대 한국 여의사에 대한 조명은 이미 어느 정도 이루어졌다. 우선, 여자 의학 교육과 관련하여 조선여자의학강습소 및 그의 후신인 경성여자의학강습소, 경성여자의학전문학교의 설립, 운영, 교육, 그리고 일본 등 해외 여자 의학 유학생의 상황을 밝힌 기창덕, 김상덕의 연구가 있다.[7] 또한 박에스더[본명 김점동(金點童)], 허영숙(許英肅), 정자영(鄭子英), 현덕신(玄德信), 류영준(劉英俊), 길정희(吉貞姬) 등 몇몇 대표적 여의사의 생애와 사회활동을 조명하는 연구가 진행되었다.[8] 그 이외에 대한의

6 주양자 · 남경애 · 류창욱 · 김신명숙 · 홍예원, 2012, 『우리나라 근현대여성사에서 여의사의 활동과 사회적 위상: 박에스터 이후 시대의 지도자로 활약한 여성의사의 사회활동을 중심으로』, 대한의사협회 의료정책연구소 연구보고서, 119쪽; 2018, 「醫師職涯中的性別謎思」, 『台灣醫學』 22(4), 419~420쪽; Abi Rimmer, 2014, "Why do Female Doctors Earn Less Money for Doing the Same Job?", *British Medical Journal(349)*, pp. 1 · 3 등 참조.

7 기창덕, 1995, 『한국근대의학교육』, 아카데미아; 기창덕, 1994, 「醫學系의 海外 留學生」, 『의사학』 3(2), 171~201쪽; 김상덕, 1993, 「女子醫學講習所: 1928년에서 1938년까지」, 『의사학』 2(1), 80~84쪽.

사협회 정책연구소에서는 일제시기 근우회에서의 여성의사들의 활동과 독립운동, 그리고 해방 후 여성의사들의 정치, 교육, 사회운동을 대표 인물을 중심으로 고찰한 바가 있다.[9] 이들 연구를 통해 근대 한국 여의사의 전체상과 일부 대표 인물의 생애가 대체로 조명되었다.

그럼에도 불구하고 기존의 연구는 다음과 같이 몇 가지 문제점이 존재한다. 우선, 기존의 많은 연구들은 선구자, 여성계몽주의자, 여성운동가를 중심으로 접근하였기 때문에 여의사의 다각적인 모습과 집단 내부의 차이성을 간과하였다. 그리고 기존 연구는 자료 활용의 한계로 여의사의 사회적 위상과 정체성을 깊이 다루지는 못하였다. 또한 일국사의 맥락에서 여의사의 문제를 다루다 보니 의학, 과학에 내포되어 있는 젠더정치를 깊이 밝히지 못하였다.

따라서 본고는 기존의 연구를 바탕으로 의학과 여성의 사회적 지위 변화의 관계에 주목하여 근대 한국 여의사 전문직의 형성 과정을 새로 고찰하고자 한다. 특히 기존 연구와 달리 본고는 의학과 젠더정치의 관계를 분명하게 드러내기 위해 종적으로는 전근대 여성의료인력인 의녀, 횡적으로는 중국, 일본의 사례와 비교하려고 한다. 이러한 작업을 통해 근대 한국 여의사 전문직의 형성이 가지는 의미와 한계를 밝히는 동시에 근대 의료의 젠더정치를 독해하고자 한다.

8 기창덕, 1993, 「한국최초의 여의사 김점동(박에스터)(1876~1910)」, 『한국치과의사협회지』 31(2), 156~158쪽; 이방원, 2007, 「박에스더(1877~1910)의 생애와 의료선교활동」, 『의사학』 16(2), 193~213쪽; 이방원, 2018, 『박에스더: 한국 의학의 빛이 된 최초의 여의사』, 이화여자대학교출판문화원, 193~213쪽; 신동원, 2012, 「일제강점기 여의사 허영숙의 삶과 의학」, 『의사학』 21(1), 25~66쪽; 최은경, 2016, 「일제강점기 조선 여자 의사들의 활동: 도쿄여자의학전문학교 졸업 4인을 중심으로」, 『코기토』(80), 287~316쪽.

9 주양자 · 남경애 · 류창욱 · 김신명숙 · 홍예원, 2012, 『우리나라 근현대여성사에서 여의사의 활동과 사회적 위상: 박에스터 이후 시대의 지도자로 활약한 여성의사의 사회활동을 중심으로』, 대한의사협회 의료정책연구소 연구보고서.

2. 전근대 한국 여성 의료인력의 안과 밖

전근대 한국에서 여의가 아예 없었던 것은 아니다.[10] 근대 서양의학 도입 이전 한국은 중국, 일본과 더불어 오랫동안 동아시아 전통의학을 공유하였다. 여성은 동아시아 전통의학에 일찍부터 몸을 담기 시작하였다. 중국에서는 한나라 때부터 이미 '여의'가 등장하였다.[11] 그 이후 여성이 궁중 의료 활동에 관여하는 것은 일종의 관례가 되었던 것으로 보인다. 당나라 때에는 궁중 여의를 제도화하는 「의질령(醫疾令)」 제9조가 다음과 같이 반포되었다.[12]

> "무릇 여의(女醫)는 관호(官戶)와 〔관〕비 〔가운데〕 20세 이상 30세 이하로, 남편이 없거나 아들·딸이 없으며, 타고난 재능이 총명한 자 50인을 취하여 별도의 장소에 안치하고 내급사(內給事) 4인이 〔이들을〕 감시하고 관리한다. 의박사는 〔여의에게〕 임산부 보호와 난산 및 부스럼과 종기, 골절, 침놓기와 뜸 뜨기의 법을 가르치는데 모두 〔의학경〕문에 의거하여 구두로 전해준다. 매 계절마다 〔의박사는〕 여의 가운데에서 학업을 이룬 자를 시험하고, 연말에 의감과 의정이 시험한다. 〔학업은〕 5년 안에 이루어야 한다."

---

10 물론 전근대 여의의 개념은 오늘날 사용하는 '여의사'와 달리 각종 의료서비스를 제공하는 여성 의료인을 가리키는 넓은 범주로 설정할 수 있다. 즉 상층사회 유의(儒醫) 집안 출신의 여성 의사뿐만 아니라 민간에서 널리 존재하였던 의파(醫婆), 약파(藥婆), 온파(穩婆) 등을 두루 포함한 것이다[章梅芳 · 劉兵, 2005, 「女性主義醫學史研究的意義: 對兩個相關科學史研究案例的比較研究」, 『中國科技史雜誌』 26(2), 169쪽].

11 張繼 · 張宗明, 2009, 「中國古代女醫興衰之醫政文化制度探析」, 『醫學與哲學(人文社會醫學版)』 30(5), 64쪽.

12 "諸女醫, 取官戶婢年二十以上, 三十以下, 無夫及無男女, 性識慧了者五十人, 別所安置. 內給事四人, 並監門守當. 醫博士教以安胎, 産難及瘡腫, 傷折, 針灸之法, 皆按文口授. 每季, 女醫之內業成者, 試之. 年終, 醫監正試. 限五年成."[天一閣博物館 · 中國社會科學院歷史研究所天聖令整理課題組校證, 2006, 「校録本 · 醫疾令卷第二十六(假寧令附)」, 『天一閣藏明鈔本天聖令校證(附唐令復原研究)』 下册, 北京: 中華書局, 319쪽. 한글 번역은 김택민 · 하원수 주편, 2013, 『천성령 역주』, 혜안, 365~366쪽에서 인용].

인용문에서 보듯이 위 법령은 여의의 신분, 자격조건, 선발인원, 거주장소, 교육, 고시, 학업연한을 자세히 규정하고 있었다. 여기서 세 가지 대목에 주목할 필요가 있다. 첫째, 의녀는 관호(官戶), 관노비 등 비천한 계층에서 선발된다는 것, 둘째, 따로 처소를 마련하여 여의를 수용하며 출입을 통제하도록 한다는 것, 셋째, 의박사로 하여금 여의들에게 안태, 난산, 창종, 골절 · 외상, 침구 등을 텍스트가 아닌 구두로 교수하도록 한다는 것이다. 이는 당시 여의가 주로 궁중 여성을 위해 의료서비스를 제공하며 남성 의사에 비해 한 단계 아래의 종속적이며 주변적인 위치에 두어졌음을 말해준다.[13] 당나라의 「의질령(醫疾令)」은 일본에도 영향을 미쳤다. 일본은 8세기에 당나라의 법령과 거의 비슷한 「의질령」을 반포하였다.[14] 이처럼 고대 동아시아에서 비록 불완전하지만 여성은 일찍부터 남성과 같이 제도권 의료에서 일정한 위치를 차지하였다고 볼 수 있다.

이러한 국면은 송대 이후 크게 변화하였다. 송대에 들어선 후 의학은 유학과 결합하면서 음양오행, 맥진 등의 이론을 중요시하고 "유의(儒醫)"를 숭상하는 풍조가 일기 시작하였다. 이는 교육을 받기 어려웠던 여성들에게 상당히 불리하였다. 또 한편으로 침구동인(鍼灸銅人)이 나타나면서 민간에서 침구가 더욱 보급되었다. 여성은 원래 의학이론보다 침구, 주술적인 의료행위와 더욱 친화적이었기 때문에 이론을 날로 중요시하는 정통의학에서 더더욱 배제되어 갔다.[15]

13 李志生, 2012, 「中國古代女性醫護者的被邊緣化」, 『華南師範大學學報(社會科學版)』 6, 90쪽; 楼劲, 2018, 「釋唐令"女医"條及其所蘊之社會性別觀」, 『魏晋南北朝隋唐史资料』 37, 94~114쪽.

14 日本女醫會編, 1962, 『日本女醫史』, 日本女醫會本部, 17~18쪽.

15 李志生, 2012, 앞의 논문, 93쪽; 張繼 · 張宗明, 2009, 앞의 논문, 66쪽 참조.

그 이후 금원, 명청을 거치면서 의사의 전문화가 심화됨에 따라 의사의 지식수준에 대한 요구가 갈수록 높아졌다. 이는 여성을 정통의료에서 더욱 소외시킨 결과를 초래하는 동시에 사대부 집안 출신의 여류 의사와 민간 일반 여의사의 분화를 가속화시켰다.[16] 즉, 명청시대에 이르러 한편으로는 담윤현(談允賢)을 비롯하여 세의(世醫)나 사대부 집안 출신으로 의학 경전에 능통하고 의서까지 남긴 여성 의사 대가가 여럿 등장하였고, 다른 한편으로는 민간 여의사는 더욱 사회적 천시를 받아 주변화되어 갔다.[17] 물론 여의사의 사회적 지위는 여의사에 대한 수요와 크게 관련되지는 않았다. 남녀유별이 기본적인 사회적 규범으로 강조되었던 전근대 사회에서 여성 환자들에게 여의사는 신체의 건강과 사생활의 프라이버시를 지켜주는 믿음직한 존재였다.[18]

한편, 일본은 8세기 「의질령」을 반포하여 여의에 관한 제도를 마련하였지만 15세기 이후에는 정부문서에 이 제도에 관한 기록이 전무하다. 이는 여의 양성 제도가 자연스럽게 폐지되었던 것을 의미한다. 그 이후 에도시기에 남녀유별의 풍습으로 인해 여성 환자를 위한 여의가 다시 등장하였지만 기록에서 확인할 수 있는 인수가 상당히 미미하였다.[19]

문헌상으로 볼 때 한국은 중국과 일본에 비해 여의 제도가 늦게 나타났다.[20] 잘 알다시피 한국에서는 조선시대 태종 6년(1406년) 3월 부인

---

16 張繼·張宗明, 2009, 앞의 논문, 66쪽.

17 張繼·張宗明, 2009, 앞의 논문, 66쪽.

18 王秀云, 2008, 「不就男醫: 清末民初的傳道醫學中的性別身體政治」, 『近代史研究所集刊』 59, 33쪽; 李志生, 2012, 앞의 논문, 93쪽.

19 日本女醫會編, 1962, 앞의 책, 25~26쪽.

20 이미숙은 조선시대 의녀제도가 세계에서 가장 먼저 시행된 제도라고 평가하였다. 중국과 일본의 사례에 비추어 볼 때 이는 적절하지 않은 평가로 볼 수 있다(이미숙, 2012, 「조선시대 의녀의 역할」, 『한국사상과 문화』 61, 170쪽). 하지만 국가에서 여의 제도를 500년 가까이 법적, 제도적으로 계속 보장, 운영한 것은 조선이 유일하였다.

들이 병이 있을 때에 남성 의사에게 진찰을 받기를 부끄러워하여 간간이 사망하는 자가 있다는 이유로 의녀제도를 창설한 것이었다.[21] 의녀제도 창설 원인에 대해서 현재 학계에서는 주로 남녀칠세부동석이라는 표현으로 대표되는 조선시대 유교사회의 성규범을 들어 설명한다.[22]

하지만 문제가 된 것은 고려시대까지만 해도 여성이 상대적으로 많은 자유와 권리를 누릴 수 있었던 것으로 인식되고 있는데 조선 초기에 들어와 주자학의 영향을 받았다고 하더라도 사회 풍조가 이토록 급속히 바뀔 수 있었을지 의문이다. 만약 그렇지 않았다면 조선시대 의녀제도의 기원에 대해서 다음과 같이 새로 해석해 볼 필요가 있다. 첫째, 현재 문헌적으로 확인되지 않지만 조선 초기 이전 여의가 이미 존재할 수도 있었다.[23] 둘째, 태종 대 의녀제도를 창설한 것은 두 가지 이유가 있었을 수 있다. 즉, 한편으로 여성이 남성 의사의 진찰을 꺼리는 사회적 풍조에 대한 국가의 배려에서 비롯되었다고 볼 수 있는가 하면, 또 다른 한편으로는 국가가 남녀유별의 성규범을 구축하기 위해 의녀제도를 만들었다고 해석할 수도 있다.

이는 얼핏 듣기에는 닭이 먼저냐 달걀이 먼저냐 하는 질문으로 여겨질 수도 있지만 실제로 의녀제도가 함축한 의미를 더욱 다각적으로 바라볼 필요가 있음을 말해준다. 사실 여성 환자가 여의로부터 진찰받기

---

21 "丙午, 命濟生院, 教童女醫藥. 檢校漢城尹知濟生院事許導上言, 竊謂婦人有疾, 使男醫診治, 或懷羞愧, 不肯出示其疾, 以致死亡. 願擇倉庫, 宮司童女數十人, 教以脈經針灸之法, 使之救治, 則庶益殿下好生之德. 上從之, 使濟生院掌其事."(『태종실록』 11권, 6년 3월 16일).

22 신동원, 2009, 『호열자, 조선사회를 습격하라』, 역사비평, 204~205쪽; 이미숙, 2012, 앞의 논문, 170쪽 등 참조.

23 김두종 역시 일찍이 의녀제도가 어느 때부터 시작되었는지 밝히기 어려우나 문헌적으로는 근세조선의 제3대 태종 때에 처음으로 실시되었다고 신중하게 주장한 바가 있다(김두종, 1962, 「近世朝鮮의 醫女制度에 關한 硏究」, 『亞細亞女性硏究』 1, 2쪽).

를 원하는 것은 물론 남녀유별이라는 외부적 사회 규범과 관련되었겠지만 또 한편으로는 일종의 인지상정이기도 하다. 이는 여성뿐만 아니라 남성도 마찬가지다. 특히 성과 관련된 질병, 건강 문제는 더더욱 그렇다. 이는 오늘날까지도 변하지 않았다. 여성은 남성과 생리 구조가 달라서 월경, 임신, 출산 등 독자적이며 또 중요한 건강 문제에 직면해야 한다. 이런 건강 문제는 모두 생식기 등 은밀한 인체 부위와 관련된 만큼 쉽게 이성에게 토로하거나 맡기기가 어렵다. 이런 측면에서 보았을 때 조선 초기에 의녀제도를 창설한 것은 물론 유교사회의 성규범을 구축하는 제도적 일환이었지만 이와 동시에 국가에서 여성의 몸과 건강 문제를 '의료화'하여 적극적으로 관리하는 작업이기도 하였다.

조선시대 의녀는 사료에서 여의라고 불리기도 한다. 의녀는 관비 출신으로 대개 중인층에 속하였던 남성 의관과 의원에 비해 신분이 낮았다. 이것은 고대 중국과 일본의 경우와 유사하였다. 이는 또한 연산군 대 이후 의녀가 관기와 같이 취급되었던 중요한 원인 중의 하나였다. 조선시대 의녀는 각 지방에서 영리한 관비들 중에 선발하여 중앙 제생원(이후 혜민서)에 보내 교육받도록 하였다. 선발된 의녀는 혜민서에서 우선 한문, 경전을 익힌 다음에 의학 교육을 받는다. 이는 여성이 실제로 일반 교육을 덜 받는 사정을 고려한 시책으로 의녀의 학문적인 기초를 닦는 단계라 할 수 있다.[24] 성적이 우수한 의녀는 혜민서에서 내의원으로 발탁되어 내의원 의녀(즉 내의녀)가 된다. 반대로 성적이 좋지 못할 경우 도중에 지방으로 되돌려 보내질 수도 있는 등 고과, 장려 제도를 통해 면학 분위기를 조성하도록 하였다.

24 홍세영, 2010, 「조선시대 의녀의 정체성 고찰」, 『민족문화』 34, 360쪽.

성종 9년(1478년) 2월에 마련된 의녀에 관한 권과조목(勸課條目)을 살펴보면 첫째, 『부인문』, 『산서』와 같은 산부인과의 방서, 둘째, 『직지맥(直指脈)』, 『찬도맥(纂圖脈)』과 같은 진맥법, 셋째, 『가감십삼방(加減十三方)』, 『화제방(和劑方)』과 같은 약제 조제법, 넷째, 『동인경(銅人經)』 등의 침구법으로 구성되었다. 이런 과목들은 한의학의 기초과목이며 또한 주로 의녀들이 의관을 보조하여 궁중 여성에 대한 진찰, 진맥, 침구, 조산, 간병, 조제 등을 돕는 역할을 수행할 수 있도록 교수되었다. 따라서 비록 조선시대에 내의녀 장금(長今)과 정옥(正玉), 민간 의녀 장덕(長德)과 귀금(貴今) 등 의술로 유명한 의녀가 몇몇 사료에 등장하였지만 전반적으로 남의(男醫)에 비해 능력이 뒤떨어지는 것은 당연한 것이라 하겠다.[25] 이는 당시 의녀의 최고 수준을 대표하던 내의녀조차도 그저 의관 대신에 후궁에 들어가서 맥진이나 침구 시술을 지시대로 수행하였을 뿐, 독자적으로 진단이나 처방을 절대로 내릴 수 없는 단순한 보조적 역할에 머물렀음을 쉽게 짐작할 수 있다.

그리고 후대에 가면 갈수록 의녀 기술이 떨어진다는 비판이 등장하면서[26] 의녀를 통한 진찰 방식에 이의까지 제기되었다. 예를 들어 숙종대(1688년) 문신 박세채는 국왕에게 다음과 같이 진언한 바가 있다.[27]

> "…신하가 듣기로는 대왕대비께서 편찮으신데 오직 의녀만 진찰하러 들어가게 한다고 합니다. …이는 지극히 불안하다고 생각합니다. 게다가 의녀

25 김두종, 1962, 앞의 논문, 11~14쪽; 이미숙, 2012, 앞의 글, 177 · 179쪽.

26 上曰: "近來雖雜技之類, 術業漸下矣. 至於醫女輩, 則常當出入於兩慈殿, 此輩各別取才訓習, 可也." 金壽恒曰: "勸課之道, 着實爲之, 而人物術業, 漸不如古, 審脈侯者甚少, 只有正玉而已, 以是爲慮, 每以學習勸課矣. 下敎如此, 各別申飭勸課矣."[승정원일기 290책(탈초본 15책) 숙종 8년 5월 15일 임술 27/30 기사, 1682년].

27 승정원일기 330책(탈초본 17책) 숙종 14년 7월 13일 계미 30/30 기사 1688년.

가 들어갈 때도 대왕대비의 용안을 보지 못하고 살짝 진맥을 한 뒤 의관에게 전하여 처방을 의논하도록 한다고 들었습니다. 의가들에게 있어서는 형체를 살펴보고 안색을 관찰하는 것이 가장 긴요한데 안색을 바라보지 못하게 하고 의녀의 의술은 또한 의관만 못하니 의녀가 전한 것만을 바탕으로 처방을 내리는 것은 어찌 차질이 많지 않겠습니까? …우리 대왕대비께서는 신하들에게 마치 어머니와 같은 존재이기 때문에 의관을 들여보내 진찰하도록 하는 것은 불편함이 없을 듯합니다.…"

주지하다시피 한의학에는 망(望), 문(聞), 문(問), 절(切)이라는 사진법이 있다. 박세채는 의술이 뒤처진 의녀가 사진법 중의 절, 즉 맥진법만 통해 질환을 진찰하여 보고하는 것은 차질이 많으리라 크게 우려하였다. 물론 앞서 말한 바와 같이 의녀의 의술이 남성 의관만 하지 못한 것은 사실이었다. 하지만 문제의 핵심은 의녀의 의술이라기보다 엄격한 내외법에 달려 있었다고 할 수 있다. 이는 중국 명대 의가 장경악(張景岳)의 논의에서 적나라하게 드러났다.[28]

寇宗奭은 黃帝의 '凡治病察其形氣, 色澤하는데, 形氣相得하면 謂之'可治'하고, 色澤以浮하면 謂之'易已'하며, 形氣相失하고 色夭不澤하면 謂之'難治'라고 한다', '診病之道는 觀人勇怯, 骨肉, 皮膚하여 能知其虛實하니 以爲診法한다'라는 論을 인용하여 '치료는 色과 脈을 잃지 않는 것이 가장 중요하다'고 하니, 이것이 치료의 큰 원칙이다. 지금 富貴한 집안의 여성은 은밀한 방 속에 휘장을 치고 거처하고 손마저도 비단으로 감싸니, 色의 神을 望할 수 없고 脈의 巧를 切할 수도 없다. 色을 脈과 합할 수가 없으니 問診을 많이 할 수밖에 없는데, 지나치게 많이 묻는다고 느끼면 반드시 '의술이 정밀하지 못하다'고 하면서 藥마저 믿지 않는데, 問診 역시 쉽지 않다는 것을 모른다. 잘 묻는 것도 의술이 뛰어난 사람이 아니면 할 수 없다. 望, 聞, 問, 切 4가지 중 3가지를 버린다면 神醫라도 不神할 수 있다.

28 『景岳全書』 卷之三十八, 人集, 婦人規 上, 總論, 論難易二.

위 인용문에서 확인할 수 있듯이 중국의 남성 의가 역시 내외법으로 인해 사진법 중의 세 가지를 사용하지 못한 채 휘장을 치고 간신히 맥진만 진행할 수 있으니 의술의 효험을 제대로 보지 못하는 애로사항이 있었다. 이러한 상황은 당시 조선 민간에서도 대동소이하였던 것으로 보인다.[29] 당시 의녀제도는 이와 같은 내외법을 뒷받침하는 일종의 제도적 장치였다. 하지만 앞서 박세채가 이의를 제기한 것처럼 조선 후기에 의료적 측면에서 이러한 내외법을 반대하는 의견이 없지 않았다. 실제로 의녀가 전한 것만으로는 제대로 진단을 내리지 못한다는 이유로 의관이나 관원이 의녀와 함께 후궁의 처소에 들어가 진찰한 사례들이 확인된다.[30]

조선시대 의녀제도의 창설과 운영은 여성, 특히 지배층과 상류층 여성에게 의료서비스를 제공하고 남녀유별의 유교사회 성규범을 뒷받침하기 위한 것이었다. 하지만 아이러니한 것은 의녀들 자신은 이러한 성규범에서 벗어날 때가 많았다. 이는 두 가지 점에서 나타난다. 우선, 의녀는 주로 여성 환자를 대상으로 하였는데, 특히 중앙 내의원과 혜민서에 소속된 의녀는 더욱 그랬다.[31] 하지만 그 진료 대상은 여성에만 국한되지는 않았다. 조선 전기 문신 서거정(徐居正)은 어의였던 전순의(全循義)가 와서 뜸자리를 표시하고 의녀 접상(接常)을 보내 뜸을 뜨게 하였다는 기록을 남겼다. 그는 다음과 같이 「여의 접상을 희롱하다」는 시를 지었다.[32]

29 "且以閭巷事言之, 女人之病, 毋問輕重, 皆障蔽診脈."[승정원일기 330책(탈초본 17책) 숙종 14년 7월 13일 계미 30/30 기사 1688년].

30 승정원일기 390책(탈초본 20책) 숙종 26년 4월 14일 정축 12/13 기사 1700년; 승정원일기 564책(탈초본 30책) 경종 4년 3월 2일 병자 9월 21일 기사 1724년; 승정원일기 609책(탈초본 33책) 영조 2년 1월 16일 기유 8월 32일 기사 1726년; 승정원일기 807책(탈초본 45책) 영조 11년 8월 23일 기축 7월 42일 기사 1735년.

31 신동원, 2009, 앞의 책, 204쪽.

너는 바로 여자의 화완(和緩)이거니, 사람 살리는 방술이 응당 있겠지. 의당 병든 삭신이나 다스릴 것이요. 굳이 강한 창자는 흔들 것 없다오. 손가는 대로 너는 뜸질을 하는데. 눈썹 찡그리며 나는 아픔을 참누나. 깊은 은혜를 보답할 것이 없어라. 애오라지 술잔으로 위로할 뿐이네.

당시 고관 자리에 있었던 서거정은 의녀 접상에게 선물조차 주지 못하는 형편이 절대로 아니었다. 그럼에도 불구하고 술잔으로 치료의 은혜를 갚겠다는 것은 사대부 남성의 의녀를 향한 에로틱한 표현이었음이 분명하다. 이처럼 신분이 낮은 의녀는 남성 환자를 상대로 할 때 의료 전문인으로서 인정받았을지라도 남성의 성희롱 대상으로 불편을 감수해야만 하였던 것으로 보인다.

이보다 더 근본적인 문제는 연산군 대부터 의녀를 관기로 동원하여 각종 연회에 참석시켜 의녀의 기생화를 초래하였던 것이다. 의녀가 관기로 취급되어 왕실과 사대부의 유흥을 돋우는 데 동원된 것은 의녀의 출신이 관기와 마찬가지로 관비였다는 점과 관기의 인원수가 부족하였던 역사적 배경과 무관하지 않았다. 하지만 이는 교화에 불리하거니와 의녀의 기능을 방해하는 시책이었다. 따라서 중종 이후 국가에서 의녀의 기생화를 만회하기 위해 여러 차례 시정조치를 취하였다. 하지만 한번 흐트러진 질서는 쉽게 회복되지 못하였기 때문에 조선 후기까지 크게 변하지 않았다.[33]

32 「戱女醫接常」, 『四佳詩集』 제12권, 시류(詩類).

33 이미숙, 2012, 앞의 논문, 192쪽. 연산군 대부터 시작된 의녀의 기생화 문제는 김두종의 연구에서 비롯하여 학계에서 이미 널리 알려져 있는 사실이다(김두종, 1962, 「近世朝鮮의 醫女制度에 關한 研究」, 『亞細亞女性研究』 1, 1~16쪽 참조). 하지만 2010년 홍세영의 연구는 의녀의 기생화로 인해 의녀에 대한 평가가 다소 치우쳤다며 의료 전문인으로서의 의녀의 성격을 중심으로 재조명하였다(홍세영, 2010, 앞의 논문 참조).

의녀의 기생화는 의녀의 전문성에까지 영향을 미쳤다. 선조 10년(1600년) 왕비 박씨가 병에 걸리자 약방(藥房)에서는 글을 약간 알고 의술도 그 무리 중 뛰어난 의녀 애종(愛鍾)을 보내 진찰할 것을 청하였다. 이에 대해 임금은 "들으니, 애종은 창녀(娼女)라고 한다. 비록 뛰어난 의술이 있다 하더라도 그를 내정(內庭)에 드나들게 할 수는 없다."고 허락하지 않았다.[34] 이처럼 기생과 혼동된 것은 의녀의 전문성과 사회적 지위를 크게 실추하였다고 볼 수 있다. 의녀에 가해진 이러한 사회적인 이미지는 조선 후기까지 계속 이어졌다.

일례로 18세기 실학자 유득공(柳得恭)은 『경도잡지(京都雜志)』 성기(聲伎)라는 조목에서 "내의원 · 혜민서에는 의녀가 있고, 공조(工曹) 소속 상의원(尙衣院)에는 침선비(針線婢)가 있는데, 이들은 모두 팔도에서 선발해 올린 기녀들이다. 잔치에 불러 노래하고 춤추게 했다."라고 기록하였다.[35] 사실 당시 의녀는 각종 의료업무[36] 이외에, 의장봉지(儀仗奉持),[37] 기녀 역할, 여성에 대한 수색이나 체포 등 여러 가지 기능을 병행하였다.[38] 그럼에도 불구하고 세상 사람들은 그중 유독 기녀 역할에 주목하여 의녀를 일반 관기와 거의 같은 존재로 인식하였다.

---

34 『국조보감』 제33권, 선조조 10, 최종정보 33년(경자, 1600).

35 柳得恭, 『京都雜志』, 聲伎.

36 의료업무는 진찰, 침구, 의료적 간심(看審, 임신 여부나 처녀성의 확인, 여성화된 남성의 성기 검사, 상처에 대한 조사 등), 산파, 납약(臘藥) 제조 등을 포함하였다(홍세영, 2010, 앞의 논문, 378~380쪽).

37 의장봉지는 왕실에서 거행되는 행사에서 주장(朱杖)과 같은 의장(儀仗)을 들어 왕실의 위엄을 높이는 일이다(홍세영, 2010, 앞의 논문, 380쪽).

38 홍세영, 2010, 앞의 논문, 378~380쪽 참조.

〈그림 1〉 혜원(蕙園) 신윤복(申潤福) 『청금상련(廳琴賞蓮)』 속의 의녀

〈그림 1〉은 18세기 화가 혜원 신윤복이 그린 『청금상련(廳琴賞蓮)』이다. 그중 검은 비단으로 만든 가리마를 쓰고 담뱃대를 문 여인은 의녀이다. 가리마는 당시 신분이 낮은 여성의 외출용 머리쓰개로 사용되었지만 유득공의 기록[39]에 따르면 유독 의녀들에게만 비단을 사용하도록 허락하였으므로, 신분을 표시하기 위한 용도로 주로 의녀들이 사용하였던 것이다.[40] 의술이 사람의 목숨을 다루는 인술(仁術)로 여겨졌던 당시에 의녀가 일반 관비에 비해 다소 특수한 것은 사실이다. 또한 그들은 공을 세우면 면천과 종량의 기회를 얻을 수도 있었다.[41] 국가에서 남녀유별의 성규범을 고수하기 위해 이처럼 의녀에게 특별하게 베푼 것이었다. 하지만 가부장제 전통사회에서 의녀 자신들은 남녀 사이를 넘나들던 특수한 존재로서 이른바 국가가 "보호해야 할" 여성의 대상에서 배제되어 기생과 같이 사대부 남성들의 성적 욕망의 대상이 되었다. 이

39 "內醫院醫女戴黑緞加里磨, 餘用黑布為之, 加里磨者, 方言冪也, 其形如書套, 可以冪髻."(柳得恭, 『京都雜志』, 聲伎).

40 홍세영, 2010, 앞의 논문, 384쪽.

41 홍세영, 2010, 앞의 논문, 386쪽.

는 결국 여의의 전문화를 방해하였으며 후대 여의사에 대한 부정적인 사회 인식을 생산하는 데 영향을 끼쳤다. 1885년 한국 근대 최초의 서양식 국립병원 제중원이 설립되었을 때 부설 여병원에 근무하는 의녀를 선발하기 위해 각 도 기녀를 택하여 올려보내도록 하였던 것은 바로 대표적인 예라 할 수 있다.[42]

3. 근대 한국 여의사 양성과 전문직 형성

개항 이후 서양의학이 전래되면서 여성 의료인력에 대한 사회적 요구가 제기되었다. 남녀유별의 전통이 강한 조선사회에서 여성을 상대로 하는 의료인력이 절실히 필요하다는 이유였다. 1894년 4월 27일 여수거사(如囚居士)라는 일본인이 『이육신보(二六新報)』에 게재한 「조선잡기(朝鮮雜記)」라는 기사에서는 당시 조선의 여성 의료 상황을 다음과 같이 묘사하였다.[43]

> 그 나라에서는 중류 이상의 부녀가 병에 걸려도 남의(男醫)의 진찰을 구하지 않고 설령 진찰을 받아도 얼굴을 보여주는 것을 부끄러워하여 방문에서 손을 내밀어 단지 진맥을 받는 것에 지나지 않는다. 그리고 비록 이른바 여의가 존재하지만 "의(醫)"라는 것은 명칭에 불과한 것으로 『상한론』 한 권조차 읽어 본 적이 없으며 그 내실은 매춘을 하는 무리이다. 이처럼 여의는 세간에 도움이 되지 못한다. 불쌍하라! 그 나라의 부녀들은 중병에 걸려 있을 때 뻔히 알면서도 목숨을 포기할 수밖에 없는 모양이다.…

42 "제중원 醫女로 충당할 13세 이상 16세 이하의 총명한 妓女 3명을 선발해서 즉시 보낼 것."(「關」, 『八道四都三港口日記』, 八道四都三港口日記 1·2, 한국사데이터베이스).

43 如囚居士, 「朝鮮雜記」, 『二六新報』 1894. 4. 27, 동학농민혁명사료총서 22~23권, 한국사데이터베이스.

이 기사는 당시 한국을 멸시하는 일본인의 시각을 내비쳤지만 한편으로 조선의 사정을 여실히 전달해주는 면도 없지 않다. 즉, 조선 여성은 남녀유별의 사회 풍습으로 인해 일반 의료서비스에서 배제되었거나 남의로부터 진찰을 받을 때 종종 불편을 감수해야 하였으며 여의사에 해당하는 의녀는 기생으로 취급되어 의술이 여의치 않았다는 것이었다.[44] 이런 맥락에서 조선에 여의사를 보내거나 조선인 여의사를 양성하는 것은 선진 문명으로 상징된 서양의학을 보급하는 것 이외에 조선사회의 폐단을 시정하고 조선 여성을 구원한다는 의미에서도 정당성을 부여받았다.[45]

1880년대부터 궁궐에서 서양 여의사를 고용하기 시작한 한편 외국계 병원에 서양인이나 일본인 여의사가 등장하기 시작하였다.[46] 그 이후 외국인 여의사만으로 조선의 의료 현실을 근본적으로 변혁시키기가 어렵다는 것을 인식하게 되자 로제타 홀(Rosetta Sherwood Hall), 메타 하워드(Howard, M) 등 미감리회 여성 의료 선교사가 중심이 되어 조선인 여의사를 양성하기 시작하였다. 처음에 그저 조수를 키우려던 로제타 홀은 1896년 잠시 미국으로 돌아갔을 때 조수 박에스더를 데려가 볼티모어 여자의과대학(현 존스 홉킨스 의과대학)에 입학시켜 1900년 한국 최초의 여의사

44 조선시대 의녀에 대한 이러한 인식은 비단 일본인에게만 국한되지 않았다. 1924년 6월 조선인 언론『개벽』에 실린「경성의 화류계」라는 글에서도 "成宗朝에 正殿에 女樂을 用함은 古法이 아니라 하야 禮宴에 女樂을 禁하고 기생을 但히 內醫院, 惠民署의 女醫(所謂 藥房妓生) 及의 尙衣院의 針線婢(소위 針房기생) 名義로 채용하고…"라고 하여 의녀(이른바 약방기생)의 본질을 기생으로 인식하였다(一記者,「京城의 花柳界」,『개벽』 48, 1924. 6. 1).

45 如囚居士,「朝鮮雜記」,『二六新報』 1894. 4. 27, 동학농민혁명사료총서 22~23권, 한국사데이터베이스; 天眼生,「サラミ(三)」,『二六新報』 1894. 10. 28, 한국사데이터베이스; 김상덕, 1993,「女子醫學講習所: 1928년에서 1938년까지」,『의사학』 2(1), 80쪽.

46 고종 대 조선정부가 고빙한 여의사는 영국인 곡류의(曲柳意), 독일인 본쉬(Wuns ch, 富彦士), 일본인 다카하시(高橋裕子)가 있었다(주양자 등, 2012, 앞의 책, 13쪽).

를 탄생시키도록 하였다.

그 이후 로제타 홀은 조선에 여의사 양성기관을 설립하기로 하였다. 그는 우선 미국감리회 여성해외선교사회에 조선에 여자 의학교육기관을 설립해 달라고 요청하였으나 성사하지 못하였다.[47] 이에 로제타 홀은 1914년 조선총독부의원장 후지타 쓰구아키라(藤田嗣章)를 찾아가 조선총독부의원 부속의학강습소(1916년 경성의학전문학교로 승격, 이하 '경의전'으로 칭함)에 남녀공학을 실시할 것을 요청하였다. 하지만 남녀공학의 요청은 거절당하였고 소수 여자 청강생을 받아들이는 것으로 합의되었다. 남녀공학을 거절하였던 원인은 학교 풍기 문제를 걱정하였던 것으로 짐작된다. 1921년 4월 7일자 『매일신보』의 한 기사에서 당시 경의전 교장 시가 기요시(志賀潔)는 이와 관련하여 다음과 같이 발언하였다.[48]

> "남녀가 혼동하여 교수한다는 일은 원래부터 당국자가 두통[걱정]하는 까닭에 특히 인체의 생리를 강의하는 터인데 매우 곤란하여 부인 청강생에게 좀 미안한 생각이 일어날 줄로 생각하는 터인데 어떻든지 조선 내 일반의 진료상태를 보면 특히 부인 간에는 그 풍습상 하층의 노동자 계급은 아직 그렇지만은 종류 이상의 부인에게는 이성의 진료, 즉 남자가 와서 진찰하는 것은… 절대로 금지되고 다만 여의를 불러보는 일밖에 없다."

인용문에서 보듯이 시가로 대표된 식민 당국자는 기존의 남녀유별의 내외법을 문제로 삼지 않고 남녀공학에 대해 거부감을 품고 있었다. 특히 의학교는 생리학, 해부학, 위생학 등 신체와 관련된 지식을 가르

47 주양자 등, 2012, 앞의 책, 17쪽.

48 「人體의 生理를 講義하는 關係로, 남녀간 함께 배우는 것은 곤란 醫學專門學校長 志賀博士談」, 『每日申報』 1921. 4. 7.

쳐야 하기 때문에 더욱 문제가 되었다.[49] 실제로 당시 학교 당국은 남녀공학에 대한 염려로 인해 여자 청강생들에게 가장 앞쪽의 좌석을 배정해 주었다.[50] 또한 이러한 분위기 속에서 몇몇 안 되는 여학생들이 남자 틈에 끼어 공부하는 것은 부담스러운 일이었다. 한 기사에 따르면 당시 여자 청강생이었던 고수선(高守善)과 윤보명(尹保命) 두 사람이 통학할 때에 "한 명이 결석하면 한 명은 갔다가도 여러 남자 틈에 가 혼자 앉아서 공부하기가 우열(優劣)적이니까 책보를 끼고 도로 돌아온 일까지 있었다"고 한다.[51] 이러한 사정으로 인해 1925년 여학생 청강제도가 결국 폐지되기에 이르렀다.

의학교에서 여자 의학생에 대해 거부감을 품는 것은 메이지시대 일본도 마찬가지였다. 1884년 일본에서 여자 의학생 입학을 최초로 허용하였던 의학교인 사이세이학사(濟生學舍)에서 남존여비의 관념이 성행하는 가운데 어느 남학생이 요시오카 야요이(吉岡彌生)를 비롯한 여학생을 가리켜 남학생을 부패와 타락으로 유도하는 특수성 바이러스라며 학교의 풍기를 유지하기 위해 하루빨리 학교에서 이들을 쫓아내 버려야 한다는 모욕적인 발언을 하였다.[52] 이러한 시각은 그 이후에도 한참 지속되었다. 1908년 요시오카 야요이가 세운 도쿄여의학교의 제1회 졸업식 개최 자리에서 내빈으로부터 이른바 "여의망국론(女醫亡國論)"이 제기되

---

49 「海內 海外에 헛허저 잇는 朝鮮女醫師 評判記, 해마다 늘어가는 그 수효 잇다금은 해외에서도 활동」, 『別乾坤』 5, 1927. 3, 72쪽.

50 「醫專 最初의 婦人聽講生, 묘령의 여학생 3명이 처음으로 청강생이 되었다」, 『每日申報』 1921. 4. 6.

51 「海內 海外에 헛허저 잇는 朝鮮女醫師 評判記, 해마다 늘어가는 그 수효 잇다금은 해외에서도 활동」, 『별건곤』 5, 1927. 3, 72쪽.

52 吉岡彌生, 1998, 『吉岡彌生伝』, 日本図書センタ, 56쪽; 苗苗, 2016, 「考察吉岡彌生的女醫養成教育理念」, 西安外國語大學碩士學位論文, 12쪽에서 재인용.

었다. 그 요지는 첫째, 여성이 의학 공부로 인해 늦게 결혼하게 되면 어린이 인구의 감소를 초래한다는 것, 둘째, 칼을 들고 살생하는 여성이 늘어난다는 것, 셋째, 월경으로 인해 몸이 더러운 여성이 성스러운 수술실에 들어가면 안 된다는 것, 넷째, 여의사가 임신을 하면 휴업을 해야 한다는 것 등이었다.[53] 이처럼 여자 의학 교육에 대한 부정적인 시각은 일본에서도 만만치 않았다. 근대 일본이 현모양처라는 여성상을 주류 가치로 받들고 있었기 때문이다. 식민지였던 조선의 교육은 역시 이러한 일본의 교육체제와 가치관에 영향을 받을 수밖에 없었다.

경성의학전문학교 여학생 청강제도가 폐지된 이후 국내 여의사 양성의 유일한 편법마저 난관에 부딪혔다. 이에 홀은 1928년 일본 여자 의학유학생, 조선유지, 미국감리회 등의 지지를 얻으면서 조선 여의사 양성을 목표로 하는 조선여자의학강습소를 설립하였다. 당시 로제타 홀은 주로 세 가지 측면에서 여의사 양성의 필요성을 호소하였다. 첫째, 의사가 모성과 여성에 부합되는 직업임을 강조하고, 둘째, 조선민족과 여성동지를 위한 사명임을 호소하고, 셋째, 전 세계적으로 산부인과가 고대로부터 여성 본래의 일이라는 것이었다.[54] 로제타 홀에게 여의사 양성은 여성을 여성성과 성규범에서 벗어나게 하는 것이 아니라 오히려 그것을 계승할 것을 전제로 깔았다. 여성이 여성의 생리적 특수성과 여성성 때문에 의술, 특히 산부인과와 돌봄에 적합하다는 논리 역시 같은 맥락에서 입론한 것이었다. 또한 그는 민족과 동포 사랑이라는 대의명분에 입각하여 여의사 양성의 정당성을 설파하였다.

53 遠山佳治, 2011,「近代日本における職業人としての女子専門教育に関する一考察: 女医育成を中心に」,『綜合科學研究』6, 32쪽.

54 주양자 등, 2012, 앞의 책, 18쪽.

로제타의 이러한 화법은 당시 일본 유학생 출신이었던 여의사 류영준에게서도 발견된다. 그는 1926년 12월 한 신문 기고에서 특히 "소아에 관한 모든 것과 위생 및 그 신체고장을 잘 헤아릴 사람은 부모인 여성들"이라고 주장하였는데 여의사의 모성을 강조하면서 이 직업을 가정 여성 역할의 연장으로 간주하였다.[55] 이러한 취지는 1933년 로제타 홀 귀국 후 김탁원, 길정희 부부가 조선여자의학강습소를 인수하면서 강습소를 전문학교로 승격시키려는 기성운동 발족 당시 역시 되풀이되었다. 1934년 4월 23일 『조선일보』에 게재된 한 사설은 다음과 같이 말하였다.[56]

> 조선에는 남자의전이 관·공·사립을 통틀어 4개교요. 거기다 성대의과까지 치면 5개교에 달하지마는 여자의전에 이르러는 아직 한 개교도 서지 못하였으니 이것이 남녀교육의 균등기회를 주는 점으로 보아 일대모순이 아닌가? …적으면 한 가정 아동의 위생, 크면 한 사회 민중의 보건은 인간의 반수를 차지한 여자의 협조가 없이는 완전히 실현하지 못할 것이다. 여자의 의학교육은 이 점으로 보아도 아주 필요하고 급무임을 통감하게 된다.…

인용문에서 보듯이 위 사설은 남녀교육의 기회균등이라는 시각에서 여자 의학교 설립의 필요성을 논하는 것으로 시작하였지만 뒤이어 곧바로 가정의 육아와 사회의 민중 보건 차원에서 여성 의학 교육의 시급성을 호소하였다. 경성여자의학전문학교(이하 '경성여의전')는 결국 1938년 4월에 승격, 개교되었다. 1940년 4월 개정된 학교 학칙에서 "본교는 조선교육령에 따라 여자에게 의학을 교수하고 특히 국민도덕의 함양, 부

55 류영준, 「조선의 여의학교」, 『기독신보』 11(49), 1926. 12. 8; 주양자 등, 2012, 앞의 책, 19쪽.

56 「(社說) 女子醫專의 期成運動」, 『朝鮮日報』 1934. 4. 23.

덕의 양성에 뜻을 두어 충량하며 순수한 황국여성을 양성하는 것을 목적으로 한다."라는 것으로 국민도덕과 부덕을 겸비한 황국여성의 양성 목표가 명시되어 있었다.[57] 경성여의전이 전시체제기에 인가되었기 때문에 상술한 학칙은 전시 일제 황민화 정책의 색깔이 그대로 배어 있었다고 할 수 있다. 하지만 표현의 차이가 있을지라도 여자 의학 교육의 목표는 그 이전 시대와 크게 다르지 않았다고 본다. 즉, 여의사는 의사이기 전에 먼저 여자이므로 여자 의학교육은 어디까지나 여성성을 유지, 보호하며 가정과 국가에 공헌해야 한다는 사회적, 시대적 규범에 크게 어긋나지 않아야만 하였다.

그럼에도 불구하고 여자 의학 교육은 기존의 사회적 관습과 충돌하는 지점이 분명히 존재하였다. 당시 공식 여의 학교에 들어가려면 일단 중등 이상의 교육과정을 밟아야 하였다. 하지만 조선에서는 유교의 전통으로 인해 여자 교육에 대한 부정적인 시각이 여전히 존재하고 있었다. 뿐만 아니라 조혼의 관습 역시 남아 있었다.[58] 이러한 상황에서 여자는 중등 교육까지 받는 것도 어려운데 중등 교육 이상의 여자 의학교에 들어가는 것은 더욱 무리였다. 따라서 당시 이러한 난관을 돌파하여 의학 교육을 받고 여의사가 된 자는 대부분 개화한 집안이나 부유한 집안 출신이었다.[59]

57 『京城女子醫學專門學校一覽』, 京城女子醫學專門學校, 1941년, 25쪽. 이러한 교육 이념은 메이지시대 일본이 「고등여학교령(高等女學校令)」을 통해 확립한 여성 교육 방침을 계승한 것으로 보인다. 1899년에 반포된 「고등여학교령(高等女學校令)」은 국가주의, 유교적인 부덕, 신현모양처주의를 결합하여 근대 일본 여성 교육 방침을 수립하였다(苗苗, 2016, 앞의 논문, 16쪽 참조).

58 「覺醒한 婦人의 將來(劉英俊女史談)」, 『每日申報』 1921. 2. 26.

59 황진주(외) 구술, 박윤재 · 이현숙 · 신규환 면담, 2018, 『출산과 여성 건강: 한국 산부인과의 역사』, 국사편찬위원회, 176~177쪽.

어쨌든 이러한 각종 어려움 속에서 조선에서는 1928년 9월 조선여자의학강습소가 설립되고 1938년 동 강습소는 뒤늦게 경성여자의학전문학교로 승격되어 유일한 공식 여자의학교로 자리 잡았다. 물론 조선 여의사는 조선 경내에서만 배출된 것이 아니다. 실제로 당시 강습소는 정규 학교가 아니기 때문에 졸업 후 총독부가 시행한 의사시험에 통과해야 여의사가 될 수 있어 학생이 감수해야 할 불편은 적지 않았다. 또한 경성여의전은 1942년에 이르러서야 제1회 졸업생을 배출하였기 때문에 그 이전에 조선에서 정규 여자의학교가 부재하였다고 말할 수 있다. 따라서 1940년대 이전까지 적지 않은 여자 의학 지망생은 일본 유학을 택하였다. 당시 일본은 조선과 달리 여의사 전문 양성 교육기관이 여러 군데 있었다. 뿐만 아니라 조선인 여자유학생들에게 의학은 가사, 체육과 더불어 인기 전공으로 꼽히기도 하였다.[60]

다음 〈표 1〉은 한말부터 해방 직전까지 여의사의 인원수를 출신별로 정리한 것이다. 표에서 보듯이 근대 조선 여의사는 총 약 300명으로 1920년대부터 본격적으로 배출되기 시작하여 그 이후 꾸준히 증가한 것으로 보인다. 이들은 거의 모두 조선과 일본에서 배출되었는데 양 지역에서 배출된 인원수의 비율은 약 6 : 4로 집계된다.

〈표 1〉 근대 한국 여의사 출신별 통계 일람표

시기	조선				일본			기타 나라	계
	경의전 청강생	(조선) 경성여의강	경성 여의전	의사 시험	도쿄 여의전	제국 여의전	오사카 여의전		
1900~1910								1	1
1910~1918	4				1				5

60 「女性廿六人. 졸업할 녀성이 26명 家事醫學體育이 最多」, 『朝鮮日報』 1931. 1. 23.

시기	조선				일본			기타 나라	계
	경의전 청강생	(조선) 경성여의강	경성 여의전	의사 시험	도쿄 여의전	제국 여의전	오사카 여의전		
1919~1928	6				10			1	17
1929~1938		18		4	30	12	3		67
1939~1945			157	4	25	29	4		219
소계	10	18	157	8	66	41	7	2	309
합계	193				114			2	

경의전: 경성의학전문학교(1916); (조선)경성여의강: 조선여자의학강습소(1928), 경성여자의학강습소(1933); 경성여의전: 경성여자의학전문학교(1938); 도쿄여의전: 도쿄여자의학전문학교(1900); 제국여의전: 제국여자의학전문학교(1925); 오사카여의전: 오사카여자고등의학전문학교(1928)

출처: 주양자 · 남경애 · 류창욱 · 김신명숙 · 홍예원, 2012, 『우리나라 근 · 현대 여성사에서 여의사의 활동과 사회적 위상: 박에스터 이후 시대의 지도자로 활약한 여성의사의 사회활동을 중심으로』, 대한의사협회 의료정책연구소 연구보고서; 기창덕, 1994, 「醫學系의 海外留學生」, 『의사학』 3(2), 171~201쪽.

시기별로 보면 조선 여의사의 인원수는 비록 꾸준히 증가하였지만 1940년대 이전까지만 해도 상당히 미미한 것으로 보인다. 하지만 식민지시기 막판인 1940년대에 접어들면서 조선 여의사는 급격히 증가하여 해방 이전까지 219명이 새로 배출되어 전 시기 총인원 수의 70%나 차지하였다.[61] 이는 당연히 이 시기 신설된 경성여의전과 크게 관련되었다. 경성여의전은 일본 문부성 지정학교로 일본 본토의 여자 의학전문학교와 동등한 정규 의학교였기 때문이다. 하지만 이보다 더 중요한 원인은 전시체제기라는 시대적 배경이었다. 1944년 경성여의전에 들어갔던 한원주의 회고에 따르면 당시 많은 여학생들은 정신대 징용에서 도피하기 위해 경성여의전에 몰려왔다. 또한 일제는 "전시교육임시조

61 경성의자의학전문학교 제1회 졸업생은 1942년에 배출되었다. 1939~1941년 다른 경로를 통해 배출된 여의사 역시 미미하였다. 따라서 〈표 1〉에서 비록 1939~1945년이라고 적혀 있지만 실제로 1942~1945년간의 수치로 보아도 무방하다.

치령"을 반포하여 이화여자전문학교와 숙명여자전문학교에 휴교령을 내려 교육을 중지시키는 한편 이화여전을 "여자청년훈련소"로 변경하여 그곳에서 여학생을 1년 동안 교육시킨 후 정신대로 보내도록 하였다. 따라서 많은 학생들이 자진 퇴학하여 경성여의전으로 전학하였다.[62] 다만 40년대 배출된 의학생은 대부분 해방 이후에야 두각을 나타냈다. 따라서 이 사실을 감안하면 40년대 이전 배출되어 활약한 여의사는 100명 미만이었음을 알 수 있다.

하지만 비록 여의사는 인원수가 많지 않지만 식민지시기 교사와 같이 최초로 등장하였던 전문직이었다. 따라서 그 상징적 의미는 수치보다 훨씬 더 컸다. 뿐만 아니라 일반 언론에서도 "조선 여자로서는 수효도 비교적 많고 또는 직업이 고상하고도 수입이 많은 부인 직업 중에 제일 위라"고 여겨졌다.[63] 한 통계에 의하면 식민지시기에 여성 취업자 인수는 330~380만 명으로 집계되었는데 그중 농업은 90%, 상업교통업은 3~5%, 행상 · 여점원 · 접객업 · 잡업은 2~4%, 공업과 공무자유업은 1%를 각각 차지하였다. 이 수치를 통해 우선 당시 농업을 제외하고 여성의 취업 기회는 상당히 제한되어 있었음을 알 수 있다.[64] 그러한 가운데 의업은 교육, 언론, 예술, 종교와 같이 전체 여성 취업자 인수의 0.5%~1%, 전체 여성 인구의 0.2~0.3%밖에 안 되는 범주에 속하고 있었다. 이는 당시 여의사가 조선 여성 중에 그만큼 엘리트였음을 보여준다.[65] 한편, 실제 수입으로 보았을 때도 여의사는 초봉 70~80원으로, 중

62 한원주, 2016, 『백세 현역이 어찌 꿈이랴: 어느 90대 여의사의 일과 삶』, 장백, 61쪽.

63 「女子職業案內, 돈 업서서 外國 留學 못가고 就職 할 곳은 몃치나 되는가」, 『別乾坤』 5, 1927. 3, 101쪽.

64 이는 물론 여성의 교육 기회와 밀접히 관련되었겠지만 한편 식민지 조선의 경제 침체와 부진에서 비롯된 측면이 컸다(김경일, 2002, 「일제 하 여성의 일과 직업」, 『사회와 역사』 61, 172쪽).

등학교 교사(70~80원), 아나운서(50~60원), 유치원 보육원(40~60원), 부인기자(40~60원), 보통학교 교사(40~50원), 산파(40~50원) 등 직업을 앞서 수입이 가장 높은 여성 직업이었다.[66]

무엇보다 많은 여의사는 개업의나 근무의로 진료의 일선에서 활약하였기 때문에 의료전문인의 지위를 확립하는 데 성공하였다고 말할 수 있다. 〈표 2〉는 의사 중 직업 상황이 확인 가능한 자의 정보를 정리한 것이다. 표에서 보듯이 대부분 여의사는 산부인과와 소아과를 전문 진료 영역으로 삼고 이를 병원 이름을 통해 표방하기도 하였다. 물론 설령 병원 이름에서 그것이 드러나지 않더라도 사실상 찾아온 환자가 대부분 여성이기 때문에 자연스럽게 산과, 부인과에 집중하게 된 경우가 많았으리라 생각된다.[67] 실제로 당시 적지 않은 여의사들은 실습 단계에서 내과를 택하였지만 근무의나 개업의가 될 때는 산부인과와 소아과로 돌아섰다.[68]

〈표 2〉 근대 한국 여의사의 근무·개업 상황(일부)

순번	성명	출생연도	소재지	병원	과
1	허영숙(許英肅)	1897	서울	英惠醫院	산부인과, 소아과
2	정자영(鄭子英)	1897	서울	進聖堂醫院	내과, 소아과, 산부인과
3	현덕신(玄德信)		광주	산부인과 병원	산부인과
4	한소제(韓小濟)	1898	신의주	탁아소 주치의	소아과
5	길정희(吉貞姬)	1900		漢城醫院	

65 김경일, 2002, 앞의 논문, 159 · 166쪽.

66 「女子職業案內, 돈 업서서 外國 留學 못가고 就職 할 곳은 몃치나 되는가」, 『別乾坤』 5, 1927. 3, 100~105쪽; 한원주, 2016, 앞의 책, 174쪽.

67 張文卿, 1940, 「醫師生活雜感」, 『家庭之友』 30, 3쪽.

68 예를 들어 현덕신, 손치정, 박손정, 이인숙, 허봉조의 사례는 모두 이에 해당한다.

순번	성명	출생연도	소재지	병원	과
6	이덕요(李德耀)	1900	서울	東亞婦人病院	산부인과, 소아과, 내과, 피부과
7	류영준(劉英俊)	1896		산부인과 병원	산부인과
8	전혜덕(全惠德)		인천	耶穌教醫院	
9	문순성(文郇城)		여수	中央醫院	산부인과, 소아과
10	변석화(邊錫花)		포항	대흥의원	산부인과
11	정봉금(鄭鳳今)	1905	부산	산부인과 의원	산부인과
12	손치정(孫致貞)	1910		孫致貞小兒科醫院	소아과
13	김선인(金善仁)	1909		善仁醫院	
14	차인실(車仁實)			개인 병원	
15	고실녀(高實女)			道立新義州醫院	
16	장재섬(張在暹)			張在暹小兒科	소아과
17	홍규보(洪閨寶)			개인 병원	소아과
18	김룡희(金龍喜)	1907	서울	개인 병원	부인과
19	장문경(張文卿)	1904		精華病院	
20	서준영(徐駿英)	1909		개인 병원(1949)	내과, 소아과
21	문귀순(文貴順)			개인 병원	산부인과
22	김미재(金美哉)			동대무부인병원	부인과
23	김애사(金愛思)			개인 병원	부인과
24	김해지(金海智)	1892		平壤基督教婦人病院	부인과
25	김영흥(金英興)	1890		동대문부인병원, 인천부인병원	부인과
26	안수경(安壽敬)	1886		安產婦人科	산부인과
27	고수선(高守善)	1899	제주	개인 병원	
28	윤보명(尹保命)	1899	서울	동대문부인병원	부인과
29	강기경(姜奇卿)		진남포	평안의원	
30	이영실(李永實)			동대문부인병원	부인과
31	임룡화(任龍化)	1896	함흥	有鄰醫院	산부인과, 소아과
32	박순정(朴順婷)	1913		婦人病院	산부인과
33	송경애(宋敬愛)	1909	평양	개인 병원	
34	이경신(李敬信)	1910	청진	清津婦人醫院	산부인과
35	이인숙(李仁淑)	1910		개인 병원	
36	허봉조(許鳳朝)	1904		개인 병원	
37	황명순(黃明淳)			개인 병원	산부인과(해방 後)

순번	성명	출생연도	소재지	병원	과
38	최정숙			성모병원	내과
39	김애희(金愛喜)			平壤Hall病院	부인과

출처: 신문, 잡지 자료를 근거로 정리하였음.

전근대 동아시아 전통의학에서 여성과 소아의 질환은 일반 성인 남성의 질환보다 훨씬 더 어렵다는 인식이 오랫동안 지속되었다.[69] 근대 여의사직의 형성은 이제 여의사가 여성이자 어머니라는 여성성을 살려 전근대의 사회적 규범을 이어가면서도 전통의학의 주변부에 위치하고 있었던 여성을 치료, 관리하는 주체가 되고 근대 국민국가가 중요시하는 모자보건의 임무를 담당하게 된 것을 의미한다. 이런 측면에서 볼 때 여의사가 산부인과, 소아과에 집중된 것은 그들의 활동 범위를 축소시켰지만 한편으로 산부인과와 소아과에 대한 여의사의 전문성을 구축, 제고하는 데 일조하였다고도 말할 수 있다.[70]

69 "차라리 10명의 성인 남자를 고치는 게 낫지 성인 여자 한 명을 치료하기 어려우며, 차라리 10명의 성인 여자를 고치는 게 낫지 어린아이 한 명을 치료하기 어려울 것이다(寧醫十丈夫, 莫醫一婦人, 寧醫十婦人, 莫醫一小兒)." 중국에서 시작된 이 말은 조선시대부터 속담으로 의가들 사이에 널리 알려졌다(許浚, 1601, 「諺解痘瘡集要跋」, 『諺解痘瘡集要(卷下)』; 崔奎憲, 1912, 『小儿醫方』, 황학서포초 간본; 鄭淳中, 1927, 『红疹方藥編』, (庆南)咸阳: 梅軒書室, 1쪽; 「春鑑序」, 李永春, 1927, 『春鑑錄』; 李承天, 1936, 『經驗秘方小儿保鑑』, 京城: 中央印刷館, 1쪽). 이는 여성이나 소아나 마찬가지로 의사에게 제대로 말하지 못하기 때문에 원활한 진찰을 전개하지 못한 것과 깊이 관련되었다. 그리고 가부장제 사회에서 여성을 남성과 구별 짓기 위해 여성의 생리 문제를 특수화시킨 남성 의사와 지식인의 '기획'이기도 하다(趙婧, 2018, 「醫學, 職業與性別: 近代女子習醫論再探」, 『婦女研究論叢』 6, 62쪽).

70 물론 당시 조선인 남성 의사 중에도 산부인과, 소아과 전문의가 있었다. 일례로 여의사 문순성(文郇城)의 남편 조주환(曹軴煥)은 일본의과대학 출신으로 불임, 만성 임질 등 산부인과 질환 치료에서 뛰어난 의술을 보유하였던 의사로 언론에 보도되었다(「刀圭界의 重鎭 中央醫院長 曹軴煥氏」, 『東亞日報』 1934. 4. 19).

4. 여의사의 정체성과 사회적 지위

전근대 사회에서 여성은 교육, 직업과 거리가 멀었다. 따라서 고등교육을 이수하고 전문 직업에 종사하는 여의사는 그 시대를 앞선 선각자로서 사회적 선망 대상이 되었음은 분명하다.[71] 특히 여의사의 졸업, 의사시험의 합격, 유학, 개업 등은 모두 언론에 회자될 만큼 사회적 주목을 받았다. 하지만 이것만으로 당시 여의사의 사회적 지위를 판단하는 것은 많은 사실을 놓칠 수 있다. 따라서 이하에서는 구체적인 사례를 바탕으로 근대 한국 여의사의 공부 동기, 가정 내 성역할, 직업생활, 아이덴티티 등의 면에서 여의사의 사회적 지위와 정체성을 살펴보고자 한다.

한국의 의사직은 개항기, 일제시기를 거치면서 점차 형성되었다. 식민당국이 구축한 의료질서하에 의사는 고도화된 전문직으로서 그 지위가 보장되었다. 이에 따라 여의사 역시 갈수록 많은 사회적 선망을 받았을 것이다. 하지만 그렇다고 모든 여자 의학생이 이러한 사회적 선망 때문에 의학 공부를 택한 것은 아니다. 우선, 선행연구에서 지적한 것처럼 여성의 건강과 질병에 대해 깊은 관심을 갖고 종교활동, 사회 봉사활동의 일환으로 여의사가 된 경우가 있었다.[72] 1930년대 경성여자의학강습소를 졸업하여 여의사가 된 김동숙(金東淑)이 대표적인 예이다. 그는 1937년 자신이 의학을 공부하게 된 경위를 다음과 같이 말하였다.[73]

---

71 주양자 등, 2012, 앞의 책, 30쪽.

72 주양자 등, 2012, 앞의 책, 51쪽; 오조영란, 홍성욱 엮음, 1999, 『남성의 과학을 넘어서』, 창작과비평사, 105쪽.

73 金東淑, 1937, 「내가 女醫되기까지」, 『女性』 2(8), 46쪽.

"제가 의학을 목적한 동기는 매우 간단합니다. 저로서는 제법 무슨 자극이 심하였던 것이었습니다. 지금과는 달라서 한 30년 전에는 여러분께서도 아시는 바와 같이 우리 사회는 퍽 어두워서 의료기관이 불충분할 뿐만 아니라 사람들이 또한 완고하여 병원의사의 진찰이라고는 받지도 않고 만약 여자가 양의에게 진찰을 받든지 하여 소문이 지기(知己) 간에 나면 곧 코웃음을 치고 별 큰 변이나 난 것처럼 뒤떠들었답니다. …그렇게 완맹(頑猛)한 세기 중에서 어머님이 불과 22이란 방년을 일기로 역시 의사의 진찰 한번 받아 보시지 못하고 꽃다운 청춘을 등졌습니다. …나는 의사가 되어서 어머니를 가진 온 세상 어린이의 행복을 위하여 보자는 것이 동기가 되어…"

인용문에서 보듯이 김동숙은 어머니가 평생 동안 의사의 진찰을 받지 못한 채 질환으로 22세 방년의 나이에 세상을 등진 것에 자극을 받아 의학 공부를 시작하게 된 것이다. 김동숙의 사례는 특이한 것이지만 의술의 가치와 여의사의 사회적 역할에 주목하여 여자 의학 지망생을 대표한 것으로 볼 수 있다.

물론 김동숙과 달리 처음에는 의학에 그리 확실한 뜻을 두지 않은 경우도 종종 있다. 예를 들어 박에스더의 뒤를 이은 두 번째 조선인 여의사 허영숙이 바로 이런 예이다. 그는 여자고등보통학교 졸업 후 위의 세 언니처럼 일찍 결혼하여 현모양처가 되고 싶지 않아 일본 유학을 택하였다. "처음에 도쿄에 가서 음악을 공부하려 하였더니 어머니가 음악은 반대를 하고 여러 선생님들도 의술을 배우라 하심으로" 도쿄여의전에 들어가게 되었다고 한다.[74] 허영숙처럼 구시대 여성과 다른 삶을 시도해 보려고 계속 공부하기로 마음먹었던 여성이 더러 있었다. 여의사 현덕신(玄德信) 역시 평범한 가정주부가 되고 싶지 않아 의학 공부

74 「試驗에 合格한 最初의 女醫, 여의학교 출신의 허영숙양」, 『每日申報』 1918. 10. 20.

를 선택하였다. 즉, 그들은 고등교육을 받지 않고 일찍 결혼하는 구여성과 다른 삶을 살기 위해 전문학교에 진학하게 된 것이다. 다만 전공은 반드시 처음부터 의학에만 국한된 것이 아니었다. 오히려 허영숙처럼 본인은 교육이나 예술 분야에 관심을 두었는데 가족, 친지의 권유로 인해 의학을 선택하게 된 사례가 확인된다.[75]

의학을 선택하는 데 또 하나의 중요한 원인은 경제적 요인이었다. 일본의 여의사 요시오카 야요이가 도쿄여의학교를 설립하였을 때 역시 이런 고안에서 출발하였다. 그는 여성의 사회 지위 향상에 경제적 능력이 불가결하다며 의사직은 이에 크게 도움이 된다고 생각하였다.[76] 근대 서구에서 신여성이 여권 신장을 외칠 때 내세웠던 핵심적 가치 중의 하나가 바로 여성의 경제적 독립이었다. 이러한 사상적 흐름은 1920년 전후 조선에도 파급되었다. 1920년대 여성운동에 앞장섰던 강평국(姜平國)[77]은 "소위 결혼자유, 연애자유, 혹은 사회에 대한 사교(社交)자유, 전부 여자의 자주독립에 관한 문제는 공상적 이론에서 해결치 못하고 즉 물질적 유물주의의 경제적 독립에 있다고" 하여 여성의 경제적 독립은 여성해방의 근본임을 설파하였다.[78] 도쿄여의전 출신으로 1930년대 동양부인병원을 개업하였던 이덕요(李德耀)는 1931년 2월 한 인터뷰에서 의학 공부의 동기와 소감을 다음과 같이 토로하였다.[79]

75 주양자 등, 2012, 앞의 책, 167~168쪽; 연세대 의학사연구소, 2009, 「경성여자의학전문학교 제1회 졸업생, 홍숙희」, 『延世醫史學』 12(2), 117~118쪽.

76 三崎裕子, 2008, 「明治女医の基礎資料」, 『日本医史学雜誌』 54(3), 189쪽.

77 강평국은 1928년 2월 근우회 도쿄지회 정치문화부 위원을 맡았다(「槿友東京支會 設立大會 이십일일에」, 『東亞日報』 1928. 2. 1).

78 「女子解放의 雜感(續)」, 『東亞日報』 1925. 7. 20.

79 「學校選擇體驗談」, 『東光』 18, 1931. 2, 80쪽.

"이 학교(도쿄여의전)를 기어코 마치고 난 이유는 금후부터는 여자도 경제적으로 꼭 독립하여야 하겠다는 각성(覺醒)으로 마치고 만 것입니다. …직업을 가지고 있기 때문에 남편 되는 이가 망명한 후에도 윤택한 생활은 못하나마 먹고 살아가는 데 대하여서는 그다지 큰 고통을 받지 아니하는 이만큼 다행으로 압니다.…"

강평국과 마찬가지로 이덕요 역시 경제적 독립을 의학 공부의 가장 중요한 동기로 꼽았다. 이덕요는 조선공산당 간부 한위건(韓偉健)의 아내로서 그 본인 역시 사회주의사상에 친숙하였던 인물이었다. 따라서 그가 여성의 경제적 기반을 중요시하는 것은 사회주의로부터 받은 영향과 무관하지 않다고 볼 수 있다. 하지만 위 인용문에서 보듯이 남편이 중국으로 망명한 후 의사직이 그의 생계유지에 크게 도움이 되었던 것은 확실하다. 환언하자면 수입이 높은 의사직은 여성의 경제적 독립성을 제고하고 여성의 사회적 지위 개선에 긍정적인 영향을 미쳤음은 분명하다.

하지만 그렇다고 당시 여의사들이 모두 여성해방을 적극적으로 주장하거나 기존의 성규범과, 가정질서에 반기를 들고 나섰던 것은 아니다. 오히려 그들 내부에 차이성이 존재하였다. 우선, 연애와 관련하여 당시 여의사들은 고등교육까지 받은 엘리트 여성인 만큼 1910년대부터 유입된 자유연애 주장에 익숙하였던 것으로 생각된다. 심지어 동성애 등 비주류적인 성질서에도 낯설지 않았다. 특히 이덕요는 동성애에 능한 것으로 유명하였다. 그는 1930년대 『별건곤』의 한 인터뷰에서 다음과 같이 자백하였다.[80]

80 「女流名士의 同性戀愛記」, 『別乾坤』 34, 1930. 11, 123쪽.

"나의 동성연애하던 이야기 말씀입니까? 나의 동성연애하던 이야기야말로 참으로 복잡하고 문제거리가 많았습니다. …나의 사랑하던 상대자는 물론 여러 사람이었지만은 그중에 제일 나와 관계가 깊고 문제를 많이 일으킨 이는 도쿄 유학 시대에 李○卿이란 동무학생과 ○子란 일본여학생이었습니다. …(이씨) 그는 한평생 이성과 결혼도 아니하고 나와 같이 살겠다고 자기 부모에게까지 언명한 일이 있었습니다.…"

이처럼 여의사들은 당시 새로운 풍조에 대해 상당히 개방적이고 너그러운 태도를 보였던 것이다. 하지만 자세히 들여다보면 그들은 전근대사회에서 여자들에게 요구되어 왔던 성규범이나 가부장제 문화에서 크게 벗어나지 않았다. 예를 들어 정조 문제에 대해 그들은 오히려 상당히 보수적인 태도였다. 학창 시절에 동성애를 즐겼던 이덕요는 결혼 이후 여성의 정조를 지극히 중요시하였다. 그는 1930년에 독립운동으로 인해 남편과 사별하거나 떨어져 홀로 사는 여성 동지에게 다음과 말하였다.[81]

"성욕 때문이라고 기다리지 못한다는 분이 있으나 솔직하게 나의 체험으로 보아 나는 3년간을 그것을 참아 왔다. 사랑이 열렬하였다면 또 그 열렬(함)이 언제든지 식지 않는다면 성욕! 그까짓 것이야 100년을 못 참으랴! 또 아주 못 참을 경우면 예전 사랑하던 분을 그대로 사랑하면서 일시일시(一時一時)로 다른 사내와 관계를 맺어갈 수도 있을 것이다. …그럼으로 나는 생각건대 사랑만 있다면 언제까지든지 수절하야야 옳다. 먹을 것이 있거든 그까짓 성욕이야 못 참으랴."

앞서 언급하였듯이 이덕요는 남편이 중국으로 망명한 이후 여의사로서 일하면서 홀로 살았다. 그는 자신의 경험을 들어 여성들에게 성

81 「男便 在獄·亡命中 妻의 守節問題」, 『三千里』 10, 1930. 11, 39쪽.

욕을 자제하여 정조를 지킬 것을 호소하였다. 장문경(張文卿)은 이덕요보다 정조의 중요성을 더욱 강렬하게 강조하였다. 그는 "정조는 여자의 생명"이고 "정조관념이 없는 여자는 성적 파산자"라며 새로운 문명일수록 성적 도덕이 더 엄격해야 한다고 호소하였다.[82] 그는 의사의 입장에서 성적 도덕과 화류병을 연결지어 "세상에 성병이니 화류병이니 하는 병이 있기 때문에 오히려 성적 도덕이 유지되고 있다"고 주장하였다.[83] 그는 화류병을 이른바 성적 도덕을 그나마 유지시킬 수 있는 필요악으로 간주하였던 만큼 정조를 지극히 중요시하였다. 다만 그는 여성에게만 요구하는 정조 관념이 잘못되었다며 남녀에게 정조를 똑같이 요구해야 한다고 덧붙였다.[84]

기존의 성규범을 지켜야 한다는 인식은 여의사의 가정관에도 반영되었다. 여의사와 기자로 모두 활동하였던 허영숙은 늘 신여성의 대표적 인물로 지목되었지만 그는 내심 현모양처식 가정의 충실한 지지자였다.[85] 허영숙뿐만 아니라 많은 여의사들이 가정을 지극히 중요시하였다. 여의사 장문경과 손치정(孫致貞) 등은 여성들이 사회경제적 활동을 중시하는 반면 가정을 소홀히 하는 것을 비판하고 일터와 가정에서 의사로서, 어머니로서, 아내로서, 며느리로서의 역할을 모두 충실히 수행해야 한다고 주장하였다.[86]

도쿄여의전 출신으로 남편 문목규(文穆圭)와 같이 경성 수은동(授恩洞) 자택에서 진성당의원(進城堂醫院)을 차린 여의사 정자영(鄭子英)은 1928년 1월 한

---

82 张文卿, 「貞操觀念과 性敎育」, 『新家庭』 4(9), 1936, 13 · 16쪽.
83 張文卿, 「性病에 對하야」, 『女性』 1(3), 1936, 46쪽.
84 张文卿, 「貞操觀念과 性敎育」, 『新家庭』 4(9), 1936, 13 · 16쪽.
85 신동원, 2012, 앞의 논문, 60쪽.
86 주양자 등, 2012, 앞의 책, 35쪽.

인터뷰에서 남편에 대한 불평을 이야기해 달라는 기자의 질문에 다음과 같이 답하였다.[87]

> "…불평은 많습니다. 따라서 희망도 그만큼 많습니다. 세상에서는 요새 소위 신여성들은 남편을 존중히 여기지 않는다고 합니다. 나요 구가정 부인네들에게 비교해서 말씀입니다. …하지만은 그런 것이 아니겠지요. 공부를 하였다고 학식이 있다고 자신의 남편을 어찌 조금이라도 소홀히 여길 수 있나요? 온 세상에 다만 한 사람밖에 없는 내 부군(夫君)을… 남자에게 뻔한 불평이나 희망이며 이로 말 안 할 수 있나요? 아직은 다만 내 가정 내 손으로 떼려나 볼까요? 이것이 조선의 여자랍니다."

정자영은 남편을 무시하는 신여성을 비판하면서 남편이 하늘이라는 전통 관념을 되풀이하였다. 그는 비록 남편에 대해 불평이 많지만 가정에서 손을 뗄 수 없는 것을 조선 여자의 숙명으로 합리화시켰다.

남편과의 관계뿐만 아니라 일부 여의사들은 육아 문제에서도 상당히 전통적인 시각을 나타냈다. 도쿄여의전 출신으로 1930년대 세브란스병원 부인과에 근무하였던 여의사 변석화(邊錫花)는 『신가정』 기자와의 한 인터뷰에서 다음과 같이 말하였다.[88]

> 기 자: 결국 여자가 직업 가진다는 것은 힘겨운 일이니까요?
> 변석화: 사실이에요. 여자의 체질로 살림하는 데도 힘이 드는데 직업까지 가지려니 그런 이중의 책임을 지는 것이 무리지요. 더구나 생리적으로 아무 이해 없는 남자들 옆에서 일하려면 더 힘든 일이지요.
> 기 자: 여자가 직업 가지시는 것을 반대하십니까?

87 「내가슴을 내손으로 다려 볼는지요 進誠堂醫院 鄭子英氏談」, 『매일신보』 1928. 1. 7.

88 「職業女性家庭訪問(1), 硏究와 趣味, 同途同伴의 기쁨 女醫邊錫花氏宅을 찾어」, 『新家庭』 2(8), 1934, 119쪽.

변석화: 반대는 아니지만 애기가 생겼을 때는 직업 가지는 것이 옳지 않다고 봅니다. 애기 기르는 것이 직업보다 더 중한 것이니까요. 여자는 결국 가정을 잘 다스리는 것과 자녀 기르는 것도 큰 직책이지요."

세브란스병원 부인과에 근무하였던 변석화는 낮에는 수술실에서 고된 일을 하고 저녁에 집에 가면 또 집안일을 해야 하니 직업여성이 얼마나 힘든지를 피부로 느꼈다. 직업과 육아 중에 후자를 더 중요시하는 그는 여성이 직업을 가지는 것을 그리 권장하지 않았던 것으로 보인다. 물론 변석화의 말은 여성에게 아예 직업을 가지지 말라는 것이 아니었다. 그는 자신의 경험을 바탕으로 기존의 가정 질서 하에서 여성은 가사와 육아를 도맡았기 때문에 이를 변경하지 않는 이상 여성의 사회 진출이 현실적으로 어렵다는 것을 설파하였던 것이다. 환언하자면 여성의 직업화를 정착시키려면 이에 따른 가정 내 성역할의 변화가 수반되어야 한다는 것이다. 1930년대를 살고 있던 변석화는 집안 살림과 병원 일을 병행하기가 어렵다는 현실 앞에서 전자에 우선순위를 두었다.[89] 이처럼, 여성해방의 대변인일 것으로 판단되는 여의사들은 사실상 전통적 가정 질서에 충실하며 남편의 충성한 배우자와 가정의 민음직한 수호인의 역할을 수행하는 경우가 더 많았던 것이다.

여의사가 남편을 받들고 가정에 충실해야 한다는 종속적인 역할 설정은 그들의 사회적 지위도 크게 규정하였다. 당시 일반 사회에서 여의사가 '어렵고 힘든 공부를 한 머리 좋은 여성'이란 사실을 인정하면

89 여성이 직면하였던 이러한 딜레마는 해방 이후까지 지속되었다. 그래서 해방 직후 여의사들은 언론을 통해 여성을 고된 가사 노동에서 해방시키고 안심하게 일할 수 있도록 남편이 가사를 분담해야 한다고 호소하였다(「새조선건설에 드리는 말슴(四), 건국에 이 부탁, 녀성을 존중합시다, 女醫師孔小澤女史談」, 『中央新聞』 38(1), 1945. 12. 8; 「家庭에 社會 一家團欒의 時間」, 『京鄕新聞』 1950. 1. 22).

서도 그들을 근대의학을 전공한 '의사'로 인정하기보다 남편의 직업과 명망에 편승하여 이름을 날린 존재로 인식하였다. 1927년 3월 『별건곤』의 한 글에서는 당시 여의사의 대표였던 허영숙, 현덕신, 이덕요, 류영준 등 네 명에 대해서 다음과 같이 논하였다.[90]

> "그런데 허씨, 현씨, 리씨, 이 세분으로 말하면 세상에서 이름 알게 되었다는 것이 의술이나 의학을 가지고가 아니라 그의 남편이 문학자요, 신문기자요, 그래서 자연히 그렇게 된 것이요. 류씨로 말하면 이름 좋은 평양출생으로 중국만유(漫遊)로 일본유학으로 태화(泰和, 즉 태화진찰소)의사로 이화 교의로 바쁘신 중에도 신문 잡지에 글을 많이 발표하시니까 그래서 역시 이름을 알게 된 것이요. 전문적 그 의학으로 해서 그렇게 된 것은 아니지.…"

이 기사의 내용은 액면 그대로 받아들이기가 어렵다. 허영숙은 가정주부, 기자의 신분에 비해 의사의 이미지가 약하였으며 남편 이광수의 그늘에 살고 있었던 면이 확실히 존재한다.[91] 하지만 나머지 3명은 주로 여의사로서 활동하고 언론에 회자되었던 것은 분명하다. 다만 일부 여의사는 남편도 의사라서 같이 개업하는 경우가 있었는데 이럴 때 남편의 덕으로 명성을 날렸다는 오해를 받을 여지가 충분히 있었을 것이다[〈표 3〉 참조].

〈표 3〉 의사와 결혼한 여의사

순번	여의사 성명	남편 성명
1	정자영(鄭子英)	문목규(文穆圭)
2	길정희(吉貞姬)	김탁원(金鐸遠)

90 「海內 海外에 헛허저 잇는 朝鮮女醫師 評判記, 해마다 늘어가는 그 수효 잇다금은 해외에서도 활동」, 『別乾坤』 5, 1927, 73쪽.

91 허영숙의 생애와 관련하여 신동원의 연구(신동원, 2012, 앞의 논문)를 참조할 것.

순번	여의사 성명	남편 성명
3	문순성(文郇城)	조주환(曹鞋煥)
4	변석화(邊錫花)	김두수(金斗水)
5	정봉금(鄭鳳今)	이름 미상
6	방덕흥(龐德興)	이선근(李先根)
7	장문경(張文卿)	정재종
9	고수선(高守善)	김태민(金泰玟)
10	윤보명(尹保命)	이름 미상(공의)
11	박순정(朴順婷)	이인규
12	황진주(黄珍珠)	정우근
13	김원경	김여윤
14	정남술	정구충

출처: 신문, 잡지 자료를 근거로 정리하였음.

여의사에 대한 사회적 편견은 그들의 전문성을 둘러싼 인식에서도 나타났다. 1934년 『신가정』 잡지사에서 개최한 여의좌담회 석상에서 길정희, 장문경, 변석화, 손치정, 류영준 등 여의사 대표는 여의에 대한 사회적 편견을 다음과 같이 지적하였다.[92]

> 류영준: 내가 적십자병원에서 얼마 동안 해 보았는데 그 병원은 외과, 피부과, 소아과 다 훌륭하지요. 그러나 여의사를 꼭 간호부 취급을 하지.
> 길정희: 여의사가 보는 병원이라 하면 산모나 가는 데인 줄 알고 또 여의사만 보는 데인 줄 알지 않았어요.
> …
> 류영준: 내가 처음 이화학교에 들어가니까 이때까지 보지 못하던 여의사라고 해서 그런지 좀 이상해요. 간호부인지 산파인지 출처를 모를 물건이 와서 의사라고 하니까 도무지 환자가 있어야지요.
> …

92 「女醫座談會」, 『新家庭』 2(11), 1934, 37~38쪽.

길정희: 아, 그럼, 일반 의사가 하는 일은 다 하는데 무엇이 부족해서 그렇겠습니까?

위 대회는 크게 두 가지 메시지를 전달해 주고 있다. 첫째, 여의사는 의사라기보다 간호부와 산파로 여겨진 경우가 많았다. 둘째, 여의사는 남성 의사에 비해 한 단계 아래에 있다는 사회적 인식이 존재하였다. 이러한 사회적 인식에 여의사들은 상당한 불만을 가졌다. 그들은 일반인이 여의사에 대해 예의를 가지지 못한다며 병을 보아주어도 고맙다는 말조차 없이 쑥 나가 버리고 만다고 불평을 토로하였다.[93] 또한 여성 환자들이 남녀유별의 관념으로 인해 여의사의 진찰을 받기를 선호하면서도 여의사에 대한 불신과 홀대가 있어 오히려 남성 의사 앞에서 더욱 협조적이라고 지적하였다.[94] 해방 직후의 일이었지만 성모병원에 근무하였던 여의사 손시박(孫湜朴)은 자신이 겪은 경험을 다음과 같이 회고하였다.[95]

환　자: 의사 선생님 계십니까?
여의사: 왜 그러십니까?
환　자: 무엇 좀 물어볼 말이 있어요.
여의사: 무슨 말씀이신지요?
환　자: 아니 저… 의사 선생님께 물어보려고요.

진찰실에 앉아 있는 나는 하도 어이가 없어 할 말을 몰랐습니다. 조금 있다 남자가 한 분 들어오니까 그때야 자기가 하려던 말을 하는 것입니다. …여성(여의사)의 존재는 인정하려고도 안 합니다.…

93　「女醫座談會」, 『新家庭』 2(11), 1934, 41쪽.

94　「職業婦人의 生活裏面(十二)」, 『每日申報』 1927. 3. 3; 張文卿, 「醫師生活雜感」, 『家庭之友』 30, 1940, 3쪽.

95　聖母病院孫湜朴, 「職業婦人의 告白, 女醫師篇, 우리도 남성과 같이 환자를 치료할 힘이 있다」, 『婦人新報』 1947. 10. 19.

진찰실에 엄연히 앉아 있지만 환자에게 아예 의사로 취급받지 못하고 무시당한 여의사의 심정은 제법 섭섭하고 분하였을 것이다. "우리도 5년이라는 긴 해를 순전히 의학만 공부해 오고 또 실습하고 왔는데… 우리도 남성과 같이 능히 환자를 치료할 힘이 있습니다."라는 손시박의 고백은 남녀 의사에 대한 사회적 차별을 정중히 질타하였던 것이다.

비록 여의사에 대한 사회적 차별이 존재하고 있었지만 여의사가 몰려 있던 산부인과와 소아과 분야에서는 일반 대중이 여의사에 크게 의존한 것은 사실이다. 일반 대중은 여의사가 여성의 생리구조를 잘 알고 또한 여성 특유의 섬세함과 부드러움 등 여성성으로 인해 여성 환자와 더욱 잘 소통할 수 있다고 인식하였다.[96] 일부 여의사들 역시 이러한 인식을 스스로 내재화시켰다. 예를 들어 경성여의전 제1회 졸업생 홍숙희(洪淑熹)의 회고에 따르면 "입학할 때 첫 번부터 나는 산부인과해서 모든 산모는 다 살리겠다고 한 사람도 있었"다고 한다.[97] 1944년 경성여의전에 입학하였던 주일억이 바로 이런 경우에 속하였다. 그는 산부인과 의사의 수기를 읽었는데 그것을 보고 "아, 산부인과 의사를 해야겠다. 여자 의사는 산부인과를 해야겠다."고 다짐하였다.[98] 주일억뿐만 아니라 그의 동기들 중에서도 졸업 후 산부인과와 소아과를 전공으로 개업한 이들이 많았다.[99]

---

96 「女醫座談會」, 『新家庭』 2(11), 1934, 43쪽.

97 연세대 의학사연구소, 2009, 「경성여자의학전문학교 제1회 졸업생, 홍숙희」, 『延世醫史學』 12(2), 118쪽.

98 황진주(외) 구술, 박윤재 · 이현숙 · 신규환 면담, 2018, 『출산과 여성 건강: 한국 산부인과의 역사』, 국사편찬위원회, 9쪽.

의외인 것은 여의사들의 이러한 선택은 당시 학교의 교육방침이나 교육과정에서 비롯된 결과가 아니었다. 오히려 그 당시 경성여의전은 산부인과 강의를 제대로 개설하지 못하였고 학생들은 관련 인턴도 거의 없이 책만 보고 공부하였던 것이다.[100] 따라서 여학생들이 졸업 후 대부분 산부인과와 소아과를 선택한 것은 학교 분위기나 선생님들로부터 영향을 받아서가 아니라 그들은 여의사가 여성을 위해 또한 여성의 특성을 살려야 한다는 일반적인 사회 인식을 공감하거나 무의식적으로 수용하였기 때문이다. 1934년 도쿄여의전을 졸업하고 나중에 한국 최초로 여자 의학박사가 된 손치정 역시 "여의는 여자다운 본성을 잘 이용하여 끝없는 친절 즉 지성으로 환자를" 진료해야 한다고 주장하였다.[101] 이러한 생각으로 손치정은 다른 여의사와 함께 여의사에 의해 여성 환자를 위한 부인연합병원을 설립할 계획을 수립하였다.[102] 사실 손치정 본인을 비롯한 일부 여의사들은 여의사가 여성 환자뿐만 아니라 남성 환자를 포함한 모든 환자를 진찰해야 한다고 주장하였다.[103] 그리고 여의사가 반드시 산부인과에 맞는 것은 아니라는 주장도 제기되었다. 하지만 앞서도 다루었듯이 당시 여의사들은 현실적으로 남성

99 황진주(외) 구술, 박윤재 · 이현숙 · 신규환 면담, 2018, 『출산과 여성 건강: 한국 산부인과의 역사』, 국사편찬위원회, 10쪽. 마찬가지로 같은 책 6쪽에는 경성여의전 제1회 졸업생 황진주(黃珍珠)의 구술이 실려 있었는데, 그 역시 구술에서 다음과 같이 비슷한 상황을 언급하였다. "여자는 그때 졸업하면 산부인과밖에 안 보내고 웬만한 애들은 뭐 내과니 뭐니 하더니 나중에 산부인과로 다 했지, 뭐 안 한 사람 어디였어? 명예는 산부인과라고 안 그랬지만 결국에 가서는 여자니까 산부인과를 하게 되더라고…"(황진주(외) 구술, 박윤재 · 이현숙 · 신규환 면담, 2018, 앞의 책, 6쪽).

100 황진주 외 구술(박윤재 · 이현숙 · 신규환 면담), 2018, 앞의 책, 10쪽.

101 帝大醫院孫致貞, 「꿈꾸는 女醫聯合病院」, 『新家庭』 3(1), 1935, 38쪽.

102 帝大醫院孫致貞, 「꿈꾸는 女醫聯合病院」, 『新家庭』 3(1), 1935, 38쪽; 女醫邊錫花, 「朝鮮女性界五個年計畫自己完成其他」, 『新家庭』 3(1), 1935, 35쪽.

103 「女醫座談會」, 『新家庭』 2(11), 1934, 44쪽.

의사에 비해 취약한 위치에 처하며 많은 비제도적인 장벽에 직면하고 있었다. 따라서 여성성을 활용하여 여성 환자를 확보하는 것은 어쩔 수 없는 대책이지만 한편으로 여의사들에게 그나마 최선의 생존전략일지도 모른다.

5. 맺음말

동서양을 막론하고 근대 의사 전문직의 형성 과정에서 여의사는 애당초 배제되어 있었다. 결국 여성이 남성과 같이 정규 의학 교육을 받아 의사면허를 가진 전문 의료인력이 될 수 있었던 것은 동서양의 많은 여의사 선각자들의 투쟁과 외침에 힘을 입은 바가 컸다. 하지만 앞서 한국 근대 여의사 전문직 형성과정을 살펴본 결과, 제도 측면의 전문화만으로 19세기 동서양 여의사 선각자들이 추구하였던 궁극적인 목표, 즉 양성평등을 실현하기가 어렵다는 것을 알 수 있다.

서양과 일본에 비해 한국 근대 여의사 양성은 주로 외부 세력에 의해 이루어졌다. 1930년대 이전 여의사 양성에서 주도적인 역할을 하였던 인물은 로제타 홀이었으며 1938년 경성여자의학강습소가 경성여자의학전문학교로 승격된 후 총장은 학교 승격 운동에 계속 관여해 왔던 김탁원과 같은 조선인이 아니라 일본인으로 지정되었다. 또한 앞서 살펴보았듯이 많은 조선인 여의사는 일본 유학 출신이었다. 따라서 여의사의 생존 공간을 쟁취하는 과정에서 조선인 의사, 특히 조선인 여의사는 그리 큰 영향력을 발휘하지 못하였다. 환언하자면, 근대 한국 여의사의 전문화 과정은 여권 신장을 추구하려던 여성해방운동으로 이어

지지는 못하였다. 오히려 여성 의학교육의 정당성을 대변하는 언설이나 여의사 집단의 아이덴티티에 비추어 볼 때 여의사들은 기존의 성규범과 사회질서에 반기를 들었다기 보다 그것에 순종하고 편승하는 모습이 더욱 두드러졌다. 이는 근대 한국 여의사라는 직업을 여러 면에서 성차별로 인한 비제도적인 장벽에 제약을 받도록 만들었다. 이 문제의 최종적 해결은 사회 제반 제도·관습의 변화가 동시에 수반되는 체계적이며 장기적인 사회 변혁 프로젝트에 기대할 수밖에 없다.

논문 출처

2020, 「醫學與女性社會地位變化之關係: 近代韓國女醫職業的形成(1876~1945)」, 『婦女研究論叢』 3.

참고문헌

1. 자료

『京都雜志』.

『國朝寶鑑』.

『四佳詩集』.

『承政院日記』.

『太宗實錄』.

『八道四都三港口日記』.

『家庭之友』.

『京鄕新聞』.

『基督新報』.

『開闢』.

『東光』.

『東亞日報』.

『每日申報』.

『別乾坤』.

『婦人新報』.

『三千里』.

『新家庭』.

『女性』.

『朝鮮日報』.
『中央新聞』.

李承天, 1936, 『經驗秘方小儿保鑑』, 京城: 中央印刷館.
李永春, 1927, 『春鑑錄』.
鄭淳中, 1927, 『红疹方藥編』, 咸阳: 梅軒書室.
崔奎憲, 1912, 『小儿醫方』, 황학서포 초간본.
許浚, 1601, 『諺解痘瘡集要(卷下)』.

京城女子醫學專門學校, 1941, 『京城女子醫學專門學校一覽』.
황진주(외) 구술, 박윤재 · 이현숙 · 신규환 면담, 2018, 『출산과 여성 건강: 한국 산부인과의 역사』, 국사편찬위원회.

『景岳全書』.
天一閣博物館 · 中國社會科學院歷史研究所天聖令整理課題組校證, 2006, 『天一閣藏明鈔本天聖令校證(附唐令復原研究)』 下册, 北京: 中華書局(김택민 · 하원수 주편, 2013, 『천성령 역주』, 혜안).

『二六新報』.

2. 저서

기창덕, 1995, 『한국근대의학교육』, 아카데미아.
박윤재, 2015, 『한국 근대의학의 기원』, 혜안.
박윤재 · 이현숙 · 신규환 면담, 2018, 『출산과 여성 건강: 한국 산부인과의 역사』, 국사편찬위원회.
신동원, 2009, 『호열자, 조선사회를 습격하라』, 역사비평.
오조영란, 홍성욱 엮음, 1999, 『남성의 과학을 넘어서』, 창작과비평사.
이방원, 2018, 『박에스더: 한국 의학의 빛이 된 최초의 여의사』, 이화여자대학교 출판문화원.

조병희, 2015, 『질병과 의료의 사회학(개정판)』, 집문당.

주양자 · 남경애 · 류창욱 · 김신명숙 · 홍예원, 2012, 『우리나라 근현대여성사에서 여의사의 활동과 사회적 위상: 박에스터 이후 시대의 지도자로 활약한 여성의사의 사회활동을 중심으로』, 대한의사협회 의료정책연구소 연구보고서.

한원주, 2016, 『백세 현역이 어찌 꿈이랴: 어느 90대 여의사의 일과 삶』, 장백.

吉岡彌生, 1998, 『吉岡彌生伝』, 日本図書センター.

日本女醫會編, 1962, 『日本女醫史』, 日本女醫會本部.

3. 논문

기창덕, 1994, 「醫學系의 海外 留學生」, 『의사학』 3(2).

김경일, 2002, 「일제하 여성의 일과 직업」, 『사회와 역사』 61.

김두종, 1962, 「近世朝鮮의 醫女制度에 關한 硏究」, 『亞細亞女性硏究』 1.

김상덕, 1993, 「女子醫學講習所: 1928년에서 1938년까지」, 『의사학』 2(1).

김정화 · 이경원, 2006, 「일제식민지 지배와 조선 양의의 사회적 성격」, 『사회와 역사』 70.

박윤재, 2008, 「일제의 한의학 정책과 조선 지배」, 『의사학』 17(1).

신동원, 2002, 「1910년대 일제의 보건의료 정책: 한의학 정책을 중심으로」, 『한국문화』 30.

신동원, 2003, 「조선총독부의 한의학 정책: 1930년대 이후의 변화를 중심으로」, 『의사학』 12(2).

신동원, 2012, 「일제강점기 여의사 허영숙의 삶과 의학」, 『의사학』 21(1).

연세대 의학사연구소, 2009, 「경성여자의학전문학교 제1회 졸업생, 홍숙희」, 『延世醫史學』 12(2).

이미숙, 2012, 「조선시대 의녀의 역할」, 『한국사상과 문화』 61.

이방원, 2007, 「박에스더(1877~1910)의 생애와 의료선교활동」, 『의사학』 16(2).

이흥기, 2010 「한국 근대 醫師職의 형성과정(1885~1945)」, 서울대학교 박사학위논문.

최은경, 2016, 「일제강점기 조선 여자 의사들의 활동: 도쿄여자의학전문학교 졸업 4인을 중심으로」, 『코기토』(80).

홍세영, 2010, 「조선시대 의녀의 정체성 고찰」, 『민족문화』 34.

황영원, 2019, 「일제하 조선 한의계와 한의학의 식민지적 근대」, 고려대학교 박사학위논문.

李志生, 2012, 「中國古代女性醫護者的被邊緣化」, 『華南師範大學學報(社會科學版)』 6.

楼　劲, 2018, 「釋唐令“女医”條及其所蘊之社會性別觀」, 『魏晋南北朝隋唐史资料』 37.

苗　苗, 2016, 「考察吉岡彌生的女醫養成教育理念」, 西安外國語大學碩士學位論文.

王秀云, 2008, 「不就男醫: 清末民初的傳道醫學中的性別身體政治」, 『近代史研究所集刊』 59.

2018, 「醫師職涯中的性別謎思」, 『台灣醫學』 22(4).

趙婧, 2018, 「醫學, 職業與性別: 近代女子習醫論再探」, 『婦女研究論叢』 6.

張繼 · 張宗明, 2009, 「中國古代女醫興衰之醫政文化制度探析」, 『醫學與哲學(人文社會醫學版)』 30(5).

章梅芳 · 劉兵, 2005, 「女性主義醫學史研究的意義: 對兩個相關科學史研究案例的比較研究」, 『中國科技史雜誌』 26(2).

遠山佳治, 2011, 「近代日本における職業人としての女子専門教育に関する一考察: 女医育成を中心に」, 『綜合科學研究』 6.

Abi Rimmer, 2014, “Why do Female Doctors Earn Less Money for Doing the Same Job?”, *British Medical Journal(349).*

13 일제 말기 관변잡지 『家庭の友(가데이노도모)』(1936. 12~1941. 3)와 '새로운 부인(婦人)'

문영주

1. 머리말

이 글은 일제 말기 한국어 관변잡지의 기사 내용과 유통 방식을 전쟁선전선동 시스템의 측면에서 살펴본 것이다. 조선총독부 관변단체인 조선금융조합연합회가 1936년 12월 창간하고, 1941년 3월 제41호로 종간한 『家庭の友』가 분석 대상이다.[1] 『家庭の友』는 일제시기 농촌부인을 대상으로 발행된 유일한 관변잡지였다. 한국인 필자가 한국어로 기사를 작성하였으며, 독자는 금융조합 조합원의 부인들이었다. 잡지 내용은 의생활, 식생활, 보건 · 의료, 오락 · 문화, 부인문제, 농촌생활개

1 잡지명은 당시 사용한 이름을 그대로 제시하였다. 본고의 연구대상인 잡지의 이름은 창간 당시에는 『家庭之友』, 1938년 8월 제13호부터 『家庭の友(가데이노도모)』로 바뀌었다. '家庭'은 일본어로 'かてい'로 표기되어 '가테이'로 읽어야 하지만, 당시 잡지 제호에 '가데이'로 표기되어 있기 때문에, '가데이노도모'라고 표기하였다. 『半島の光』도 당시 제호를 그대로 사용하였다.

선 등 농촌부인을 계몽하기 위한 근대지식 기사가 중심이었다.

『家庭の友』 분석의 첫 번째 목적은 기사내용을 분석하여, 일제말기 전쟁선전선동의 논리를 살펴보는 것이다. 그간 전시동원정책에 관한 연구는 내선일체와 황국신민화 이데올로기의 허구성, 애국반을 근간으로 조직된 전시동원조직의 실체, 전시물자수탈과 강제동원의 폭력성을 고찰하였다.[2] 이러한 연구를 통해 전시동원의 수탈성과 폭력성이 비판되었다. 이후 연구는 기존 연구를 바탕으로 식민권력이 한국인을 전쟁에 동원하기 위해 시도한 다양한 방식의 전쟁선동선전 논리를 살펴볼 필요가 있다.[3] 이런 측면에서 이 글은 근대매체의 일종인 관변잡지 분석을 통해 식민권력이 한국인 농촌부인을 식민지 총후부인(銃後婦人)으로 전환시키는 논리 구조를 살펴보았다. 특히 잡지의 계몽적 근대지식 기사와 식민권력이 형상화한 '새로운 부인(婦人)' 즉 총후부인(銃後婦人)과의 연관성에 주목하였다.

『家庭の友』 분석의 두 번째 목적은 발행규모와 유통방식을 분석하여, 일제말기 식민권력이 시도한 전쟁선동선전 논리의 전파방식을 살펴보는 것이다. 근대매체의 하나인 잡지는 근대지식을 독자에게 전파하는 수단이다. 잡지 발행의 주체와 목적, 발행부수와 유통방식은 잡지를 읽는 독자가 획득하는 근대지식의 범위와 성격을 규정한다. 이런 측면에서 이 글은 잡지에 게재된 농촌부인을 대상으로 한 계몽적 근대

2 대표적인 연구 업적으로는 宮田節子, 1985, 『朝鮮民衆と「皇民化」政策』, 未來社; 최유리, 1997, 『일제말기 식민지지배정책연구』, 국학자료원; 김영희, 2003, 『일제시대 농촌통제정책 연구』, 경인문화사; 이송순, 2003, 『일제말기 전시 농촌통제정책과 조선농촌경제 변화』, 고려대 박사학위논문; 안자코 유카, 2006, 『조선총독부의 '총동원체제'(1937~1945)' 형성 정책』, 고려대 박사학위논문. 등이 있다.

3 일제말기 조선총독부의 전쟁선동선전정책에 관한 연구로는 변은진, 1998, 『日帝 戰時파시즘期(1937~45) 朝鮮民衆의 現實認識과 抵抗』, 고려대학교 박사학위논문에 수록되어 있는 제1장 제1절 「日帝 思想·宣傳政策의 강화」가 있다.

기사가 식민지 전시동원정책이라는 역사적 맥락에서 어떤 방식으로 전달되었는지를 살펴보았다. 특히 잡지의 계몽적 근대지식 기사가 '가정지우독서회(家庭之友讀書會)'라는 조직을 통해 전파되었음을 주목하였다. 이 점은 전쟁동원 주체인 식민권력이 창출하려고한 전쟁에 자발적 참여하는 식민지인이라는 이미지가, 전쟁동원 객체인 한국인 농촌부인에게 전달되는 방식의 문제이며, 당시 식민지 한국의 농촌에서 전쟁참여의 자발성과 동의가 가능했었는가의 문제이기도 하다.

이 글의 구성은 다음과 같다. '2. 관변 농촌가정잡지의 탄생'에서는 잡지가 탄생하는 배경을 조선금융조합연합회의 출판보급사업과 연관하여 살펴보았다. '3. 근대지식의 계몽과 '새로운 부인(婦人)－총후부인(銃後婦人)'의 창출에서는 잡지 기사 분석을 통해 농촌 부인을 '새로운 부인'으로 창출하려는 식민권력의 논리를 살펴보았다. '4. '가정지우독서회(家庭之友讀書會)'와 전쟁선전선동'은 잡지의 발행부수와 유통방식, 독자층 분석을 통해 관변잡지의 전쟁선동선전 역할에 대해 살펴보았다.

2. 관변 농촌가정잡지의 탄생

조선금융조합연합회는 1936년 12월 『家庭文庫』를 개제한 『家庭之友』 제1호를 창간하였다.[4] 『家庭之友』는 1938년 8월 제13호부터 '국어(國語)'보급을 이유로 『家庭の友(가데이노도모)』로 개제되었다.[5] 이후

4 『家庭文庫』에 대해서는 『조선금융조합연합회십년사』 132쪽에 1935년 8월 15일 창간되었고, 『家庭之友』로 개제될 때 까지 3집(輯)이 발행된 것으로 기록되어 있다. 발행 목적, 기사 내용, 발행 부수 등은 제시되어 있지 않다. 다만 『家庭之友』의 발행 초기 기사 내용으로 볼 때, '농촌진흥', '부인회', '갱생' 등을 목적으로 발행된 잡지로 생각된다.

『家庭の友』는 1941년 3월 제41호까지 발행되었고, 1941년 4월부터 『半島の光』으로 개제되었다.[6] 잡지의 발행 간기는 『家庭之友』는 두 달에 한번,[7] 『家庭の友』는 한 달에 한 번꼴로 발행되었다.[8] 각 호의 발행 시기를 정리하면 〈표 1〉과 같다.

〈표 1〉 『家庭之友』·『家庭の友』 각 호의 발행 시기

<table>
<tr><th></th><th>1936년</th><th>1937년</th><th>1938년</th><th>1939년</th><th>1940년</th><th>1941년</th></tr>
<tr><td>1월</td><td></td><td>2호</td><td>8호</td><td>17호</td><td>28호</td><td>39호</td></tr>
<tr><td>2월</td><td></td><td></td><td rowspan="6">9호~12호
(?)</td><td>18호</td><td>29호</td><td>40호</td></tr>
<tr><td>3월</td><td></td><td>3호</td><td></td><td></td><td>41호</td></tr>
<tr><td>4월</td><td></td><td></td><td>19호</td><td>30호</td><td></td></tr>
<tr><td>5월</td><td></td><td></td><td>20호</td><td>31호</td><td></td></tr>
<tr><td>6월</td><td></td><td>4호</td><td>21호</td><td>32호</td><td></td></tr>
<tr><td>7월</td><td></td><td>5호</td><td>22호</td><td>33호</td><td></td></tr>
<tr><td>8월</td><td></td><td></td><td>13호</td><td>23호</td><td>34호</td><td></td></tr>
<tr><td>9월</td><td></td><td>6호</td><td>14호</td><td>24호</td><td>35호</td><td></td></tr>
<tr><td>10월</td><td></td><td></td><td>15호</td><td>25호</td><td>36호</td><td></td></tr>
<tr><td>11월</td><td></td><td>7호</td><td>16호</td><td>26호</td><td>37호</td><td></td></tr>
<tr><td>12월</td><td>1호</td><td></td><td></td><td>27호</td><td>38호</td><td></td></tr>
</table>

비고: 1~12호 제호는 『家庭之友』, 13호~41호 제호는 『家庭の友(가데이노도모)』.

5 "本誌의 題號는 國語로 부르는데 言文一致을 식히고 또 여러분께 國語普及을 徹底히 하기 爲하야 鮮文이든것은「가데이노도모」라고 國語로 곳첫습니다. 다갓치 이러케 불러주십시요. 또한 國語을 아사는 이의 國語學習을 兼하야 卷頭의 一,二篇記事는 國語로 실니기로 햇습니다."(「編輯後記」, 제18호, 1938년 8월).

6 2006년 도서출판 청원에서 출판된 영인본에는 9호부터 12호가 빠져있다. 빠진 부분의 원본 소장처는 아직 확인하지 못하였다.

7 "그리고 今年度에는 이 三號로 끄치고 明年度(1937년 4월부터 1938년 3월)에는 여러가지 形便으로 두달에 한번식 낼 豫定이오니 미리 諒解해주십시오…(리기용)"(「허리를 펴면서」, 제2호, 1937년 1월, 57쪽).

8 "더욱이 여때까지 두달만에 한번식 만드러 보내드리든 것을 금년사월부터는 달마다 발행하기로 되어 지금 그 준비를 하고 잇는 중이니…"(「허리를 펴면서」, 제8호, 1938년 1월, 60쪽).

잡지 분량은 창간 이후 60쪽 내외였다가, 제30호(1940년 3월)는 40쪽, 제31호(1940년 4월)부터는 30쪽 내외로 줄어들었다. 분량이 줄어든 이유는 '지(紙)의 기근(飢饉)'으로 '당국(當局)에서 용지절약(用紙節約)을 엄달(嚴達)'했기 때문이었다.[9] 그러나 기존의 이단편집을 삼단편집으로 전환하고 글자 크기를 작게 하면서 기사분량은 그대로 유지하려고 노력하였다. 잡지 크기는 제1호부터 제18호까지 같은 판형이었다가, 제19호부터 제29호까지 판을 크게 하였으며,[10] 제30호부터는 사륙배판(四六倍版)으로 발행되었다.[11]

잡지는 표지, 사진, 목차, 본문, 편집후기 등의 항목으로 구성되었다. 표지는 제7호(1937년 11월)까지는 노동하는 농촌부인의 모습을 형상화한 그림이 주로 사용되었다. 제8호(1938년 1월)부터 제17호(1939년 1월)까지는 농촌을 배경으로 한 풍경화가 사용되었다. 제18호(1939년 2월)부터 종간될 때까지는 행복한 표정으로 환하고 웃고 있는 '한국'여인의 얼굴이 클로즈업된 인물화가 사용되었다. 잡지의 발행자, 발행소, 인쇄소는 창간 당시 "발행자 오구치 히로무(發行者 小口弘), 인쇄소 합자회사 대화상업인쇄소(印刷所 合資會社 大和商業印刷所), 발행소 조선금융조합연회(發行所 朝鮮金融組合聯合會)"였다.[12] 제30호(1940년 4월)부터는 "인쇄소 매일신보사인쇄국(印刷所 每日新報社印刷部)"으로 변경되었다.[13] 제37호(1940년 11월)부터는 "편집겸발생자 시미즈 세이치(編輯兼發行者 淸水精一)"로 변경되었다.[14]

---

9 "좀더 枚數를느리어 分量을 豊富히 하려는 것이 紙의 飢饉은 갈수록 더해지고 元來 만흔 部數를 박이는지라 當局에서는 用紙節約을 嚴達하니 從來의 枚數대로내이기도 힘들것 갓다 다만 內容記事를 추리여 質的으로 向上을 期하기로 約束…"(「編輯後記」, 제26호, 1939년 11월).

10 "本誌가 지난달 붓터 版을 크게 하고 內容改善에 더욱 注力…"(「編輯後記」, 제20호, 1939년 5월).

11 "四月부터 印刷所가 每日新報工場으로 갈니고 體裁도 보시는 바와 갓치 四六倍版으로 更始一新…"(「編輯後記」, 제30호, 1940년 4월).

12 「허리를 펴면서」, 제2호, 1937년 1월.

13 「編輯後記」, 제30호, 1940년 4월.

발행자 오구치 히로무와 시미즈 세이치는 모두 조선금융조합연합회의 보급과장이었다. 오구치 히로무는 1936년 8월부터 1940년 8월까지, 시미즈 세이치는 1940년 8월부터 1943년 4월까지 각각 보급과장으로 재직하였다.[15] 잡지는 조선금융조합연합회 보급과 가정지우계(家庭之友係, 家庭の友係」)에서 발행되었다.[16] 제1호부터 제8호까지 실제 편집을 맡았던 담당자는 '리기용'이었는데,[17] 그가 어떤 인물이었는지는 확인할 수는 없지만, 원고를 모집 하는 경우 "자미 잇는 글을 써서 가정지우계(家庭之友係)로 만히 보내주십시오"라고 한 것을 보아 '리기용'은 보급과의 직원이거나 촉탁이었을 것으로 추측된다.

1933년 조선총독부의 정책금융기관으로 설립된 조선금융조합연합회가 농촌부인을 대상으로 잡지를 발행한 목적은 무엇이었을까. 편집자가 제2호(1937년 1월)에서 밝힌 잡지 창간 목적을 다음과 같다.

> 우리 農村에는 이 **時時刻刻으로 變하는 世上物情**을 알녀듸릴 알마즌 機關이 드믑니다. 이에 우리는 생각했습니다. 「오늘날의 急先務는 무엇보다도 **滋味잇고 有益한 雜誌**를 우리 農村에―더군다나 우리 **農村婦人들**께 뵈여듸리는데잇다」고― 그리해서 「家庭文庫」를 「家庭之友」로 고치고 빈약하나마 雜誌모양을 가추어 먼젓달에 創刊號를 이번에 第二號를 여러분압헤 보여드리는 터입니다.[18] (*밑줄과 굵은 글씨는 필자 강조)

14 「編輯後記」, 제37호, 1940년 11월.

15 『朝鮮金融組合聯合會十年史』, 1944, 「附錄: 朝鮮金融組合聯合會役職員名錄」, 44쪽.

16 "1. 傳說 野談 1. 模範이 될만한 賢女節婦이야기 1.우리洞里의 아름다운 風俗 其他 자미잇는 글을 써서 「家庭之友係」로 만히 보내주십시오"(「投稿歡迎」, 제5호, 1937년 7월, 53쪽); "婦人會記事, 中堅指導婦人의 活動狀況, 銃後報國의 情況及農村實話等記事와 寫眞等 原稿를 만히 보내주십시오. 送付先 朝, 金, 聯 普及課 「家庭の友」係"(「原稿募集」, 제13호, 1938년 8월, 17쪽).

17 "다만 섭섭한 것은 저의 손으로 처음 만들고 저의 손으로 자래온 「가정지우」도 아마 이번이 저의 손으로는 마지막이 아닌가합니다(리기용)"(「허리를 펴면서」, 제8호, 1938년 1월, 60쪽).

위의 인용문에 따르면, 『家庭之友』는 '시시각각으로 변하는 세상물정을 농촌부인(農村婦人)들께 보여드리는 재미있고 유익한 잡지'였다. 이와 같은 잡지의 창간은 '조합정신의 앙양(昂揚)'을 위해 실시한 조선금융조합연합회의 출판보급사업의 일환이었다. 조선금융조합연합회의 출판보급사업은 조사과에서 담당하다가, 1938년 5월 출판보급사업 만을 전담하는 보급과가 신설되면서 강화되었다. 보급과의 주요 업무는 ① 조합취지의 보급선전 ② 회보 및 기관지 발행 ③ 영화에 관한 사항 ④ 강연, 강화(講話)에 관한 사항이었다. 이 중에서 회보 및 기관지 발행과 관련하여 조선금융조합연합회 보급과에서 발행한 정기간행물의 발행 추이를 정리하면, 〈표 2〉와 같다.

〈표 2〉 조선금융조합연합회 보급용 정기간행물 발행 추이

<table>
<tr><th>잡지명</th><th>1933</th><th>1934</th><th>1935</th><th>1936</th><th>1937</th><th>1938</th><th>1939</th><th>1940</th><th>1941</th><th>1942</th></tr>
<tr><td>金融組合</td><td>5,270</td><td>5,700</td><td>6,400</td><td>7,400</td><td>7,300</td><td>8,200</td><td>8,400</td><td>7,700</td><td>6,600</td><td>6,600</td></tr>
<tr><td>金融組合
和文版</td><td>25,000</td><td>32,000</td><td>38,000</td><td>47,300</td><td>53,400</td><td>54,830</td><td colspan="4">「組合と生活」로 改題</td></tr>
<tr><td>組合と生活</td><td colspan="6">1940년 1월 1일「金融組合和文版」改題</td><td>58,350</td><td>58,350</td><td colspan="2">「半島の光和文版」으로 改題</td></tr>
<tr><td>半島の光
和文版</td><td colspan="8">1941년 4월 1일「組合と生活」改題</td><td>46,000</td><td>46,000</td></tr>
<tr><td>金融組合
鮮文版</td><td>117,000</td><td>148,000</td><td>165,000</td><td>216,000</td><td>260,000</td><td>266,000</td><td>288,900</td><td>285,900</td><td colspan="2">「半島の光鮮文版」으로 改題</td></tr>
<tr><td>家庭文庫</td><td colspan="2">1935년 8월 15일
創刊</td><td>1~3輯
發行</td><td colspan="7">「家庭の友」로 改題</td></tr>
<tr><td>家庭の友</td><td colspan="3">1936년 12월 1일
「家庭文庫」改題</td><td>19,500</td><td>40,000</td><td>64,000</td><td>65,000</td><td>64,000</td><td colspan="2">「半島の光鮮文版」으로 改題</td></tr>
<tr><td>半島の光
鮮文版</td><td colspan="8">1941년 4월 1일「家庭の友」改題,「金融組合鮮文版」合併</td><td>100,000</td><td>100,000</td></tr>
</table>

18 「허리를 펴면서」, 제2호, 1937년 1월, 57쪽,

잡지명	1933	1934	1935	1936	1937	1938	1939	1940	1941	1942
朝金聯ニュース	1,030	1,030	1,030	「朝金聯旬報」로 改題						
朝金聯旬報	1936년 9월 5일 「朝金聯ニュース」改題			1,300	1,300	1,300	1,300	1,300	1,300	1,300
殖産契報	1939년 11월 1일 創刊						17,200	25,100	40,000	50,000
發行部數	148,300	187,730	210,430	291,500	362,000	394,330	439,150	442,350	193,900	203,900
	1.00	1.26	1.41	1.96	2.44	2.65	2.96	2.98	1.30	1.37

출전: 조선금융조합연합회, 1944, 『조선금융조합연합회십년사』, 132~133쪽.

보급과 신설이 중일전쟁 이후였다는 점은 조선금융조합연합회의 출판보급사업이 식민지 전쟁선전선동 정책의 일환으로 기능하였음을 의미한다. 이 때문에 조선금융조합연합회 출판보급사업의 목적은 이전의 '조합정신의 앙양(昂揚)'과 함께 "일본정신(日本精神)의 발양(發揚)이었고, 각종 시설을 통해 전호포용(全戶包容)·전가지도(全家指導)와 황민화(皇民化)를 위한 연성(鍊成)을 기(期)하는" 것으로 전환되었다.[19]

이러한 배경에서 보급과의 신설과 함께 잡지 제호는 '국어' 보급을 목적으로 변경되었으며, 잡지 성격은 '재미있고 유익한 잡지'에서 '일본정신 발양과 황민화'을 위한 '지도교양(指導敎養)'의 수단으로 전환되었다. 이러한 전환은 1939년 1월에 발행된 제17호에서 편집자가 밝힌 "농촌가정의 실정에 비추어 본지(本誌)가 일시적 취미로 들고 보는 일반잡지와도 달라 건전한 부인(婦人)의 지도교양에 치중"해야 한다는 언급에서 잘 드러난다.[20]

1936년 12월 잡지 창간 목적과 보급과의 신설 이후에 추진된 조선금

19 朝鮮金融組合聯合會, 1944, 『朝鮮金融組合聯合會十年史』, 130~131 · 164쪽.

20 "아즉도 朝鮮農村婦人의 知識이 얏고 全然 出版物을 읽으실 機會가 업스심을 相到할 때 이 조그마한 雜誌나마 그 使命이 큰 것을 다시금 늣기게 됩니다. 本會는 農村家庭의 이 實情에 빗추어 本誌가 一時的 趣味로 들고 보는 一般雜誌와도 달라 健全한 婦人의 指導敎養에 置重하야 「한줄도 빼지 안코 愛讀해 주실 雜誌」 「編輯者의 雜誌가 아니요 讀者의 雜誌」…"(「讀者께 所望의 말슴」, 제17호, 1939년 1월).

융조합연합회 출판보급사업의 목적을 관련시켜 살펴보면, 잡지는 농촌 지역 조합원 부인에게 '재미있고 유익한 세상물정'을 전달하고, 이를 통해 독자층의 '조합정신과 일본정신'을 이끌어 내기 위한 전쟁선전선동 매체였음을 알 수 있다.

3. 근대지식의 계몽과 '새로운 부인(婦人)-총후부인(銃後婦人)'의 창출

잡기 기사는 1936년 12월 창간 이후부터 1937년 7월 제5호까지 주로 농촌갱생과 부인회 기사가 게재되었다.[21] 그러나 중일전쟁 발발 이후인 1937년 9월에 발행된 제6호부터 전쟁선전선동 기사가 게재되기 시작하였다.[22] 제7호(1937년 11월)에는 '생업보국(生業報國)', '국민저축(國民貯蓄)'이라는 용어가 등장하였다.[23] 1938년 1월에 발행된 제8호부터는 '「황국신민의 서사(皇國臣民ノ誓詞)」'가 권두에 게재되기 시작하였다. 보급과 신설(1938년 5월) 이후 잡지에는 전쟁관련 용어들이 본격적으로 등장하였고, 사용 빈도가 증가하였다. 보급과 신설 이후에 발행된 잡지 중에서 제13호(1938년 8월)에는 '총후부인회(銃後婦人會)', '저축보국(貯蓄報國)', '물자절약(物資節約)'이라는 용어가 동시에 등장하기도 하였다.[24]

21 이 기간 농촌진흥운동과 관련된 잡지의 기사로는 제1호(1936년 12월) 「(겨울에할일) 지금부터 농가에서는 무슨일을 하여야 할가」, 제2호(1937년 1월) 「共同施設에衣한 生活改善方法여러가지」, 제3호(1937년 3월) 「부인강습회를 맛치고 도라와서」, 제4호(1937년 6월) 「農繁期를마지하야 各地託兒所의活躍」, 제5호(1937년 7월) 「勤儉貯蓄(근검저축)과 農村生活(농촌생활)」 등이 게재되었다.

22 제6호(1937년 9월)에 「朝鮮婦人(부인)의 覺悟(각오) 남총독이 하신 말삼」, 「누구나 알라두어야 할 군기(軍器)이야기」라는 제목으로 기사가 게재되었다.

23 矢鍋永三郎(朝金聯會長), 「生業報國(생업보국)의구든盟誓(맹서)와 國民貯蓄(국민저축)의造成(조성)을期(기)하라」, 제7호, 1937년 11월.

1939년부터는 '총후(銃後)'를 담당하는 부인과 가정의 역할을 강조하는 기사가 본격적으로 게재되었다. 대표적인 기사로는 제18호(1939년 2월)에 이각종(李覺鐘)이 쓴 「우리집의총동원」, 제21호(1939년 6월)에 박희도(朴熙道)가 쓴 「농촌부인(農村婦人)과 총후보국(銃後報國)」,[25] 제25호(1939년 10월)에 현영섭(玄永燮)이 쓴 「새로운 부인운동(婦人運動)」 등이다. 현영섭이 주장한 '새로운 부인'은 '총후의 가정전선'에서 '절약증산 생활개선'의 '경제전'을 수행하는 총후부인이었다.[26] 총후부인의 의식을 각성하기 위해 각종 '전쟁미담', '내선일체에 얼킨 가화(佳話)', '총후미담', '지원병제도에 얼킨 가화(佳話)' 등이 게재되었다. 그리고 한국의 총후부인이 따라 배워야 하는 표

---

24 제13호(1938년 8월)에는 '銃後婦人會의 指導報告'. '貯蓄報國 장날마다 期於히 金融組合에 貯金합시다', '物資의節約 廢品의利用 여러분 主婦의 손에 달녓습니다' 등의 기사가 게재되었다. 1938년 전쟁관련 선전선동기사로는 제14호(1938년 9월)에는 '戰時下의農家經濟', '늘어가는貯蓄에前進하는皇軍 생각하라戰線살려라廢品(표어)', '健康報國 實行하기쉬운健康十則' 등의 기사가 게재되었다. 제15호(1938년 10월)에는 '非常時와부억', 제16호(1938년 11월)에는 '皇國臣民ノ誓詞(一)', '皇國臣民ノ誓詞(二)', '皇軍의奮鬪에感謝하자(표어)', '葉書回答 銃後의小學校教育戰線' 등의 기사가 게재되었다.

25 "총후의 농촌부인이 무사태평한 마음으로 잇다는 것은 큰 잘못이다. 그도 전장에 나선 것과 갓흔 마음으로 더 성의를 내여 일을 하고 물건을 낭비안코 절약하야 총후경제의 힘을 튼튼이 해야겟다는 생각을 늘 먹고 잇서야할 것이다. 색기 하나라도 허피쓰지 말고 부즈런히 일하고 저축하도록 마음을 늦추지 말어야 한다 이것이 또한 총후보국이 되는 것이다."(朴熙道, 「農村婦人과 銃後報國」 제21호, 1939년 6월, 5쪽).

26 "과거의 부인운동이 무엇을 잘못 하얏는가 하면 그것은 과인 즉 여성만을 알고 국가를 몰낫다는 것이다. …조선의 부인운동이 지나사변(支那事變)전까지 민족주의적 색채를 띄웟섯다는 것은 근본적으로 틀렷섯스나 부인만을 생각하지 아니한 것은 조왓섯다. 가장 새롭고 생명이 긴 부인운동은 건전(健全)한 국민운동(國民運動)의 색채를 띄운 부인이다. …우리들 조선인은 「우리들도 새로운 일본인이다」는 자격을 가지고 일본인으로서의 모든 자격을 엇기 위하야 우리들의 의무를 다하지 아니하면 아니된다. …동경의 신여성들이 하이힐의 구두를 신는다고 우리들도 그리할 수는 업슬 것이다. 만일 「스테플 파이버-의 의복이 경제적이라면 우리들의 지위가 내지인과 가치될 때까지 이것을 꼭 입어야만 한다. 모든 것을 절약하야 가지고 국방헌금이나 혹은 우리반도인의 생활재건(再建)운동에 써야 할 것이다. …이상에 말을 요약하야 말하면, 1. 새로운 부인운동은 국민적부인동일 것 2.국민운동으로서의 부인운동은 반도에 잇서서 반드시 내선일체(內鮮一體) 운동일것. 3. 내선일체적 국민적 부인운동은 현단계(現段階)에 잇서서 먼저 생활개선에 전력을 다할 것. 4. 한 가지 한가지식 구체적으로 폐해를 곳처 나갈것.…"(玄永燮, 「새로운 婦人運動」, 제25호, 1939년 10월호, 8~10쪽).

본으로 '일본내지(日本內地)' 총후부인이 제시되었다. 일본여성의 자세, 모성, 충혼(忠魂)에 대한 미담이 연재되었으며,[27] 이들을 충실히 따라 배울 것이 강조되었다.[28]

1940년부터 잡지가 종간되는 1941년 3월까지, 기사는 주로 '신체제의 일상(日常)'을 재조직하기 위한 가정, 위생, 교육 정보, 멸사봉공의 의식, 저축 등의 기사가 게재되었다. 「신가정독본(新家庭讀本)」, 「신영양독본(新榮養讀本)」 등의 연재 기사, 「새생활 새계획」, 「새소식 새지식」 등의 기사는 주로 전시가정생활의 재조직을 목적으로 구성되었다.[29] 이와 함께 사공환(司空桓)이 쓴 「황국이천육백년약사(皇國二千六百年略史)」가 연재되었다. 이 연재물은 일본정신과 내선일체를 일본 역사를 통해 선전선동하기 위한 기사였다. 자극적인 전쟁선전선동 용어를 사용하기 보다는, 전시가정생활에 필수적인 근대 지식의 계몽과 일본정신의 발양이라는 잡지 발행 목적에 충실한 편집이었다.

위와 같이 잡지 기사의 내용은 중일전쟁을 전후로 농촌갱생에서 전쟁선전선동으로 그 중심이 전환되었다. 그렇다면 잡지가 독자에게 전

27 第20호(1939년 5월) '輝く日本女性の姿を見よ', 第22호 (1939년 7월) '間宮英宗師法話 日本兵の强いのは母親か强いからだ', 第25호(1939년 10월) '靖國神社 社頭의感激 軍國女學生의忠魂' 등이 대표적 기사였다. 일본어로 작성된 기사가 많았는데, 이 내용의 전달은 '읽어주기' 방식이었을 것으로 생각된다.

28 "요새 조선여성을 가령 일본내지여성에게 비교해보면 일반적으로 그 놉고 참되고 또한 아름다운점에 잇서서 다소 손색이 업다하지 안흘수 업습니다. 이는 오로지 사회적 문제요 교육문제요 가정문제입니다마는 어떠튼지간에 부덕에 잇서서 금일의 조선여성은 내지여성에게 만히 배호지 안흐면 인될 점이 만타는 것만은 인정치 안흘수 업습니다… 조선여성은 가정부인이고 소위 신여성이고를 물론하고 그 모자라는 부덕을 일본내지의 부덕에서 배와서 보태지 안흐면 안되겟습니다."(金文輯, 「여자다운 여자…朝鮮婦女社會에告함」, 제24호, 1939년 9월, 24쪽).

29 「新家庭讀本」의 필자는 高凰京(梨花女專), 「新榮養讀本」의 필자는 方信榮(梨花女子專門學校家事科)이었다. 「皇國二千六百年略史」은 제30호(1940년 4월)부터 연재되기 시작하였다.

달하는 '재미있고 유익한 세상물정'과 '일본정신'은 어떤 논리로 연결되었을까.

잡지의 전체기사를 내용별로 구분해 보면, 크게 ① 합리적 일상생활에 필요한 상식 기사, ② 부인회 기사, ③ 전시생활 기사로 구분된다. 지면 구성은 상식 기사가 상대적으로 많은 편이었으며, 부인회 기사와 전시생활 기사의 비중은 비슷하였다. 상식 기사, 부인회 기사, 전시생활 기사는 상호 연관을 맺으면서 구성되어 있었다. 세 부류의 기사 내용과 상호 연관성을 구체적으로 살펴보면 다음과 같다.

① 상식 기사는 농촌부인을 합리적 · 과학적 지식을 습득한 '모범부인'으로 전환시키기 위한 계몽적 근대지식이었다. '모범부인'은 '예산생활을 실천하는 모범가정'의 부인이었다. 잡지가 제공하는 근대지식은 가정생활의 근대적 재조직뿐만 아니라, 독자 개인을 합리적 의식을 갖춘 모범부인으로 전환시키기 위한 계몽수단이었다.

상식 기사는 의생활, 식생활, 아동교육, 보건 · 위생, 신상상담, 국어강좌, 오락 등으로 구성되었다. 의식생활, 아동교육, 보건 · 위생 관련 기사는 연재물로 게재되었다. 주요 내용은 '가정염색법', '양재강좌', '농촌요리', '신영양독본', '육아강좌', '주부수첩', '보건수첩', '신가정독본', '식탁만필', '어머니독본' 등이었다. 이외 '열병, 이질 같은 무서운 전염병의 예방법', '귀여운 애기들에게 조흔 습관을 붙여 줍시다', '백의(白衣)와 색의(色衣)', '부인과 공중도덕', '농가에서도 수판을 잡자' 등의 단편 기사도 다수 수록되었다. 신상상담 기사로는 '김활란 선생의 부인 신상상담'. '가정 법률상담'이 연재되었다. 일본어 교육을 위한 '국어강좌'가 매호 연재되었다. 오락 · 문화 기사는 전설, 야담, 소설, 동화, 영화시나리오, 시, 민요, 만화(폭소만화, 아동만화) 등으로 구성되었다.

② 부인회 기사는 가정 내의 '모범부인' 개인을 농촌지역사회의 '부인

회원'으로 활동시키기 위한 내용으로 구성되었다. '부인회'는 '모범부인'이 농촌지역사회에 조직적으로 참여하는 통로였다. 잡지는 각지의 부인회 활동 기사를 통해 농촌부인 개인과 그의 가정은 물론이고 농촌지역사회의 일상을 전시동원을 위한 일상으로 재조직하려고 하였다.

부인회 기사의 주요 내용은 '부인의 힘이 얼마나 큰가' 연재물,[30] '간성금융조합(杆城金融組合)의 육십이 넘는 부인회', '좌담회 부인강습회를 마치고', '호하동부녀야학(湖下洞婦女夜學) 수업식참관기(修業式參觀記), '함남(咸南)부인회의 활동', '부인회지도에 힘쓰시는 김현자(金賢慈) 여사를 차저서, '평북(平北)부인회의 소식, '우리부인회 자랑', '예산생활을 실천하시는 모범가정을 차저서 수송정소학교 이창순 선생 가정방문기(壽松町小學校李昌順先生家庭訪問記)' 등의 기사가 매호 게재되었다. 위와 같이 부인회는 농촌부인 개인에게는 농가경제 향상을 위한 현실적 수단으로 설득되었으며, 동시에 농촌에서 새로운 부인을 창출하는 수단이기도 하였다.

③ 전시생활 기사는 '모범부인'을 당면한 '식민국가'의 전쟁에 자발적으로 참여하는 '총후부인'으로 만들기 위한 내용으로 구성되었다. '총후부인'은 '식민국가'를 위해 '멸사봉공'의 공적의식을 내면화하고, '우리집'을 총동원하여 '총후의 가정전선'을 지키는 전사였다.

모범부인이 총후부인이 되기 위해서는 다양한 전쟁정보를 알아야 했다. 이를 위해 '농촌부인과 총후보국', '누구나 알라 두어야 할 군기(軍器) 이야기', '전시하의 농가경제', '농촌부인과 경제지식', '새로운 세상을 맞이하여—총후부인에게 드리는 말씀', '만주지방의 지식', '동아남방공

30 '부인의 힘이 얼마나 큰가 종마부인회의 쫑밧공동경작', '부인의 힘이 얼마나 큰가 일천 백 평의 공동면작지를 가지고 잇는 가덕리부인회', '부인에 힘이 얼마나 큰가 婦人會 儒城金融組合指導의 老隱里婦人會'.

영권— 남양 및 인도지나 반도(東亞南方共榮圈—南洋及印度支那半島)' 등의 기사가 제공되었다. 총후부인은 '멸사봉공 자진하야 무거운 돌'을 드는 의식을 내면화하고, '물자의 절약, 페품의 이용', '절미(節米)', '건강보국', '국가의 동량이 될 인물을 길러 낼 책임' 등을 수행하는 존재로 형상화되었다. 그리고 이들의 활동 무대는 '우리집', '총후의 가정전선' 뿐만 아니라, '정동기(精動旗) 밑에 봉사작업'을 통해 '근로봉사의 감격'을 체험하는 '총후부인회'와 '총후의 부인단체'였다.

잡지가 독자에게 전달하려고 한 근대지식은 농촌부인을 '세상물정'을 아는 '모범부인'으로 계몽함과 동시에, 농촌부인을 '식민국가'의 전쟁에 동원하기 위한 선전선동의 역할을 수행하게 하는 기반이었다. 위생지식은 아이를 건강하게 양육하기 위한 정보이면서, 동시에 '국가의 동량(棟梁)'을 양성하는 지식이기도 했다. 강제저축은 '각자의 갱생' 또는 '가업의 기초'이면서, 동시에 '총후국민의 생업보국'을 위한 것이었다.[31] '흰 쌀밥을 먹지 말자!'는 이유는 '국민의 영양보건(榮養保健)을 위해서도 백옥 밥만 먹어서는 못 쓴다'는 논리로 선전되었지만, 궁극적인 목적은 '전시하에 식량을 아껴야한다'는 것이었다.[32]

식량동원을 위한 소비절약은 "우리나라에 가장 많은 병은 과식에 의한 소화기병(消化器病)이니 이런 딱한 일은 없다. 불경제적이요 게다가 수명까지 줄이니 이중의 손실인 것을 깨달아야 한다"는 논리로 선전되었다.[33] 전시인플레이션 방지와 물가안정은 "갑이 비싼 것이라고 반드시 영양가치가 많은 것은 아닙니다. 도미나 민어보다도 값싼 멸치 · 청어

31 矢鍋永三郎(朝金聯會長), 「生業報國(생업보국)의구든盟誓(맹서)와 國民貯蓄(국민저축)의造成(조성)을期(기)하라」, 제7호, 1937년 11월, 4쪽.

32 「玉食禁制國民運動化」, 제27호, 1939년 12월호, 22쪽.

33 「保健手帖」, 제27호, 1939년 12월, 37쪽.

가 더 영양가치가 많습니다"[34]라는 논리도 선전되었다.

잡지가 제시한 생활양식은 "여러 가지로 극히 간소(簡素)하면서도 합리적인 것"[35]이었는데, 이러한 생활양식은 '나라를 위하는 것이요 자기를 위한 것'[36]이기도 하였다. 농촌부인의 계몽과 조직화, 조직화를 통한 황국신민화의 연관성을 방신영(方信榮)은 제25호(1939년 10월)에 쓴 「농촌부인에게」에서 다음과 같이 정리하였다.

> 건전한 사회는 명랑한 가정의 소산이요 명랑한 가정은 충실한 주부의 소산이니 전조선부인의 대부분을 점령하는 농촌부인이여 다 갓치 각성하야 목전에 절박한 우리 자신의 긴급한 문제를 좀 더 투철하게 생각해볼 필요가 잇지안흘가. 반도 농촌부인 **문제의 근본은 교양(敎養)의 향상**이라고 생각한다. 그리고 교양향상의 길은 가정생활의 개선, 학교교육의 보급, 사회교화의 철저 이 세가지 박게는 업다… **지방에 따라서 부인회를 조직**해서 야학을 하는 것도 조코 독서회, 강습회, 영화회 갓흔 것을 여려서 **농촌부인을 계몽**하며 그중 유리하고 참고될만한 것을 자녀에게나 혹은 이웃사람에게 전하야 서로 도읍고 배워서, **선량한 황국신민이되여 성은(聖恩)에 봉답(奉答)**하는 동시에 농촌부인의 본분을 다할것이다.[37] (*밑줄과 굵은 글씨는 필자 강조)

4. '가정지우독서회(家庭之友讀書會)'와 전쟁선전선동

잡지의 발행부수와 관련하여 1939년 1월에 발행된 제17호에는 "본지도 본월 호로 발행부수 오만을 돌파"[38]했다고 기술되어 있다. 1940년 1

34 方信榮, 「新榮養讀本」, 제27호, 1939년 12월, 36쪽.

35 孫貞圭, 「치위음식」, 제18호, 1939년 2월, 51쪽.

36 「戰時下의農村經濟」, 제14호, 1938년 9월, 12쪽.

37 方台榮, 「농촌부인에게」, 제25호, 1939년 10월, 4~6쪽.

월에 발행된 第28호에는 "본지가 소화(昭和) 십일년 십이월 창간호을 발행한지 어언 만삼년의 세월이 흘러 작년 일년 간에만 발행부수 일만오천의 증가를 보아 현재 육만 오천이란 대부수를 인쇄"[39]하였다고 기술되어 있다.

『조선금융조합연합회십년사』에는 1936년 19,500부, 1937년 40,000부, 1938년 64,000부, 1939년 65,000부 1940년 64,000부로 기록되어 있다. 『家庭の友』의 개제지 『半島の光』의 발행부수는 1941년 100,000부, 1942년 100,000부로 기록되어 있다.[40] 그리고 1943년 현재 "월간 『半島の光』(鮮文) B5판 매간(每刊) 54면(五十四頁) 1회 발행부수 100,000부"라고 기록되어 있다.[41]

잡지발행 부수를 당시 금융조합 수, 조합원 수와 비교해 보면, 〈표 3〉과 같다. 발행 부수가 증가하면서 1조합당 구독 부수가 증가하고, 잡지 1부에 대한 조합원 수의 비율이 낮아지고 있다. '지(紙)의 기근(飢饉)'으로 '용지절약을 엄달(嚴達)'하는 상황에서도, 잡지 발행 규모가 전시동원 정책과 연관되어 확대되고 있음을 알 수 있다.

〈표 3〉 1조합당 잡지 구독부수와 잡지 1부에 대한 조합원 비율

	발행부수(a)	조합(b)	조합원(c)	(a)/(b)	(c)/(a)
1936년	19,000부	646조합	1,491,937인	30.18부	76.50인
1937년	40,000부	657조합	1,562,348인	60.88부	39.05인
1938년	64,000부	659조합	1,665,004인	97.11부	26.01인
1939년	65,000부	659조합	1,986,779인	98.68부	30.56인

38 「讀者께 所望의 말슴」, 제17호, 1939년 1월.

39 「編輯後記」 제28호, 1940년 1월.

40 朝鮮金融組合聯合會, 『朝鮮金融組合聯合會十年史』, 1944, 132쪽.

41 朝鮮金融組合聯合會, 위의 책, 215쪽.

	발행부수(a)	조합(b)	조합원(c)	(a)/(b)	(c)/(a)
1940년	64,000부	658조합	2,065,038인	97.26부	32.26인
1941년	100,000부	658조합	2,366,184인	151.97부	23.66인

출전: 발행부수는 조선금융조합연합회, 1944, 『조선금융조합연합회십년사』, 132~133쪽. 조합, 조합원은 조선금융조합연합회, 각 연도, 『조선금융조합통계연보』.

잡지는 단위 금융조합에서 일괄적으로 잡지의 구입신청을 받아 판매하는 방식으로 유통되었다. 이러한 사정은 "본지의 구독 신청(申込)을 직접 본회로 하시는 분이 게시 오나 일부(一部)식 발송하여 드리지 안사오니 반드시 귀지 금융조합에 신청(申込)하시여 구독하십시요. 또한 부탁하고 십흔 것은 부락마다 구독회를 조직하시여 부락내 구독부수를 수합하야 금융조합에 공동신청(申込)하시면 취급상 상호편의 할뿐 아니라 독서하는 경향을 길러 실익이 큰 줄 믿습니다. 모든 부락이 다 같이 이에 응해 주시면 좋겠습니다."[42]라는 안내문을 통해 알 수 있다.

잡지 가격은 1호부터 12호까지는 "정가와 배송료를 합쳐 10부에 5전",[43] 제호가 바뀐 13호부터 17호까지도 "10부에 5전",[44] 18호부터 41호까지 "정가 1부 10전"[45]이었다. 정리하면 1호부터 17호까지는 5전, 18호부터 41호까지는 10전이었다.[46] 참고로 『半島の光』은 "정가 1부 십오

42 「本誌購讀方法에 對하야」, 제16호, 1938년 11월, 68쪽.

43 「허리를 펴면서」, 제2호, 1937년 1월, 57쪽.

44 「編輯後記」, 제13호, 1938년 8월.

45 「編輯後記」 제17호, 1939년 1월.

46 『東亞日報』 新刊紹介란에서도 잡지 가격을 확인할 수 있다. 1937년 6월 11일자 『東亞日報』 新刊紹介란에는 '家庭之友 四號 定價 五錢'이라고 적혀있다. 1939년 9월 29일자 『東亞日報』 新刊紹介란에는 '「家庭之友」 十月號 定價十錢'으로 되어있다. 1938년 8월부터 잡지 이름이 「家庭の友」로 개제되었음에도 불구하고, 여전히 「家庭之友」로 소개하고 있는 점이 흥미롭다. 같은 날 지면에 소개된 다른 잡지의 가격은 '文藝 十月號 定價四十錢', '鑛業朝鮮 十月號 定價十錢', '新世紀 十月號 定價三十錢', 「朝鮮 九月號 定價三十錢」 이었다.

전"[47]이었으며, 1940년 4월 현재 조선금융조합연합회가 발행한 월간물의 가격은 "회지『금융조합』 정가 일부 20전,『금융조합』 화문판(和文版) 구독료 연 24전,『금융조합』 선문판(鮮文版) 구독료 연(年) 18전"[48]이었다.

잡지가 실질적인 전쟁선전선동의 수단으로 기능하려면, 다수의 독자가 잡지를 읽을 필요가 있었다. 그런데 독자 문제를 고찰하기 위해서는 당시 문맹률을 고려해서, 기사를 직접 '읽는 독자'와 기사를 '듣는 독자'로 구분할 필요가 있으며, 양자를 연결시켜는 주는 조직의 여부를 살펴보아야 할 것이다.

(1) 문자언어(文字言語)를 읽는 독자

잡지를 구입해서 읽었던 사람들은 누구였을까. 잡지 본문에 사용된 언어는 한글, 한문, 일본어 세 종류로 구분된다. 일본어로 작성된 본문 기사는 황국신민의 서사(皇國臣民ノ誓詞), 국어강화[(國語講座,[49] 15호부터 「국어 배우기(國語のおけいこ)」[50)]와 호당 1편 정도의 총독훈시, 조선금융조합연합회장 훈시 등으로 비중은 낮았다. 기사 제목에는 한자가 많이 사용되었지만, 본문 내용은 주로 한글로 작성되었다. 한글을 쓰고 괄호에 한자를 쓰

---

47 「編輯後記」,『半島の光』제42호, 1941년 4월.

48 「編輯後記」, 제30호, 1940년 4월.

49 "국어라는 것은 우리나라말이라는 것이니 즉 일본말을 말합니다. 국어는 지금에 와서는 학문이라는 것 보담 한 가지 상식이 되엿습니다. 어느 곳으로 가든지 이 말을 모르는 사람이 업스리 만치 널펴 젓스니 이것을 모르는 것이 한 가지 수치가 되리만치 되엿습니다. 그리고 시세의 변천에 따라서 이말을 모르면 일상생활 백사에 불편을 늣기는 때가 만케되엿습니다."(「國語講座」, 제3호, 1937년 3월, 65쪽); 「國語講座」는 제3호부터 연재되었다.

50 "每月이蘭에 揭載해오든「國語講座」는 더意味잇게하기위하야 朝鮮文번역을中止하고 普通學校卒業生이 읽을 程度로 그內容을 곳치고 이것은 「國語のおけいこ」라고하야 總督府編修官 森田先生이 자미잇는 글을 계속하야 써주시게 되얏습니다 반드시 學習에 큰 도움 되리라고 밋습니다."(「編輯後記」, 제15호, 1938년 10월, 59쪽).

는 경우가 대부분이었다. 잡지의 전쟁선전선동 기능을 고려하면, 금융조합 부인회에서 활동하면서 한글을 읽을 수 있는 농촌부인들이 잡지의 1차 독자층이었다고 할 수 있다.

조선금융조합연합회가 1936년 12월 '부인회를 주재해 나갈 만한 중심인물' 양성을 목적으로 개최한 강습회에 참가한 강습원의 전형표준은 '① 여자고등보통학교 또는 이와 동등 이상으로 인정하는 학교의 졸업자, ② 보통학교졸업자로 5년 이상 가정부인으로 농업에 종사하는 자, ③ 현재 금융조합이 지도하는 부인회의 회장 또는 간사로 국어를 해득하고 있는 자, ④ 조합 또는 지부에서 근무하는 여자직원으로 장래 부인회의 사업에 종사할 여망이 있는 자, ⑤ 보통학교졸업자로 10개월 이상을 강습기간으로 하는 농촌여자강습소, 농촌여자훈련소 기타 官의 시설인 산업에 관한 강습소에 입소하여 소정의 과정을 수료한 자'였다.[51] 강습회에서 조선금융조합연합회장은 "농촌부인의 지식은 아직도 퍽 낮음으로 지방에서 선각부인(先覺婦人)인 여러분과 같은 학식도 잇고 세상물정도 널리 아는 분들이 선두에 서서 이를 인도해 나가야 할 것"[52]을 주문하였다.

잡지의 주 독자층은 1년에 60전~1원 20전(1부 5~10전)의 잡지 구독료를 지불할 수 있는 경제적 능력이 있어야 했다. 참고로 1942년과 1943년 조선금융조합연합회 조사과에서 조사한 소작농가의 가계비 현금지출 상황을 보면, 교육비는 1942년 15.25원, 1943년 19.07원이었다.[53] 따라서 잡지의 1차 독자층은 잡지 구독료를 지불할 수 있는 경제적 능력을 갖

51 「婦人會中心人物을모혀 婦人會講習會開催」 제2호, 1937년 1월, 14~15쪽.

52 矢鍋永三郎, 「農村에잇서서의 婦人先覺者의 覺悟」, 제3호, 1937년 3월, 2쪽.

53 朝鮮金融組合聯合會 調査課, 1944, 『第2回 小作農現金支出生計費調査』, 4~5쪽.

추고 한글을 읽을 수 있는 농촌부인, 특히 '부인회를 주재하야 나갈만한 중심인물'이었다.

(2) 음성언어(音聲言語)를 듣는 독자

1930년대 금융조합은 농촌진흥운동의 자금공급 기관임과 동시에 조합원 확대를 통한 농민조직화에도 일정한 역할을 수행하였다. 농민조직화와 관련하여 금융조합은 '전가지도(全家指導)'를 표방하였는데, 그 대상은 조합원뿐만 아니라 그 가족도 포함되었다.[54] 이러한 배경에서 조선금융조합연합회는 조합원 가정의 지도나 농촌진흥운동에서 부인의 협력을 이끌어 내기 위한 목적으로 금융조합이 지도하는 부인회를 각지에 조직하였다. 그리고 부인회 간부 기타 농촌부인 지도자 등에게 '조합취지를 이해시키고 시국인식의 심화 철저를 도모'하고, '부인의 입장에서 조합 사업에 협력하고 조합 사업을 촉진'하기 위해 부인강습회를 개최하였다.[55]

그렇다면 잡지는 부인회 사업과 어떠한 관련을 갖고 있었을까. 1936년 12월 부인강습회에서 조선금융조합연합회장의 연설을 통해 한글을 읽지 못하는 독자에게 잡지의 기사 내용이 전달되는 방식을 엿볼 수 있다.

> <u>婦人會의 指導敎化에 가장 困難한 點은 一般農家婦人의 아직도 文字를 모르는 일</u>입니다. 萬一 文字를 一般으로 안다면 新聞雜誌 갓흔 것을 配付해서도 相當히 敎化될 터인데 그리치 못합니다… 一邊書面으로서라도 敎

54 朝鮮金融組合聯合會, 『朝鮮金融組合聯合會十年史』, 1944, 58쪽.

55 朝鮮金融組合聯合會, 위의 책, 212쪽.

化될 수 잇도록 「家庭之友」라는 雜誌를 만드러내고 잇습니다. 여러분이 이 雜誌를 보시면 퍽 幼稚하고 보잘것 업는 것이라고 생각하실런지 모르나 一般農家를 目標로 해서 내는 以上 諺文으로 알기쉬운 簡單한 것부터 조곰식 智識을 엇게하며 또 雜誌를 익는 힘도 養해 간다는데서 出發해야 함으로 自然히 幼稚한 것이 됩니다. **그럼으로 여러분 手許에 雜誌가 다으면 그것을 周圍의 여러사람의게 들녀주십시오.** 그러는 동안에, 次次 讀書力이 생기면 雜誌도 漸次 잘 만들겟습니다.[56] (*밑줄과 굵은 글씨는 필자 강조)

1944년 5월 1일 당시 조선에 거주하는 조선인 남자는 12,521,173명이었다. 그중 전혀 교육을 받지 못한 인구는 8백 43만여 명으로 전체의 67% 정도를 점하였다. 여자의 경우는 12,599,001명 중 전혀 교육을 받지 못한 인구는 1천 1백 21만여 명으로 전체의 89% 정도를 점하였다. 교육받은 경험이 없는 사람을 문맹자로 간주할 경우, 식민지 말기 남자의 문맹률은 67.3%, 여자의 문맹률은 89.0%로 매우 높았다.[57] 참고로 1938년 현재 일본어를 읽을 수 있는 한국인은 전체의 12% 정도로 추산되었다.[58]

한글을 읽지 못하는 농촌부인에게 잡지 내용은 전달되었을까. 전달되었다면 어떤 방식이었을까. 잡지 발행 초기 편집후기에는 '가정지우

56 矢鍋永三郎, 「農村에잇서서의 婦人先覺者의覺悟」, 제3호, 1937년 3월, 2~3쪽.

57 오성철, 2000, 『식민지 초등 교육의 형성』, 교육과학사, 412~413쪽. 이 책에서 사용한 자료는 1944년 5월 1일을 시점으로 총독부가 총동원 체제를 운용하기 위하여 실시한 조선인 인구 조사결과 보고에서 추출된 것이다. 자료는 한국전쟁 당시 미군에 의해 이전된 '노획문서'의 일부로 미국 국립문서보관소에 소장되어 있었으며, '한국교육사고'에 의해 발굴되어 한국에 공개되었다고 한다.

58 "내선일체의 구현(具現)은 국어보급에 잇는 것은 재론할 필요도 업는 바인데 昭和13년도 중에 국어보급을 위한 강습회는 전선에 3천6백62개소로 수강생 21만 명이 훨신 넘게 되얏다. 그중에는 국고보조(國庫補助)로 실시한 것이 6할이나 되는데 이 갓치하야 지금 조선인으로 국어 아는 사람수효는 2백71만8천으로 조선인 총수의 1할2분이 되어 잇다."(「國語를아는사람이 半島人總數의 一割二分」, 제26호, 1939년 11월, 22쪽).

독서회(家庭之友讀書會)' 조직과 그 확대를 언급하고 있다. 즉 "서울 서대문 밖에 있는 서대문금융조합에서는 권두사진(卷頭寫眞)과 같이 우리 가정지우독서회를 열었다 합니다. 참으로 반가운 소식이외다. 농촌에 계신 여러분도 초저녁의 한때를 나무 그늘 밑에 모기불이나 피여 놓고 모여 앉아서 합께 읽고 이야기도 해보십시오. 퍽 재미있을 것이외다."[59] 또 "각지에서 우리 「가정지우」독서회를 여럿다는 소식이 들립니다. 참 감사합니다."[60] 혹은 "우리 「가정지우」도 나온지 벌써 일 년이 되었습니다… 각지에 「가정지우독서회」가 생겨서 달마다 독자가 몇 백 명 식 늘어갑니다"[61]라고 기술되어 있다.

1938년 평북 만포(滿浦)금융조합 이서(吏西)지부가 지도하는 부인회의 활동 조직 중에는 '가정지우독서회'가 있었다. 독서회에서는 '매월 월례회에 우리의 기관지(機關紙)인 가정지우(家庭之友)독서회(讀書會)를 열고 많은 재미를 보고 또는 황국신민서사암송(皇國臣民誓詞暗誦)을 지도'하였다.[62]

'가정지우독서회'는 부인회 간부를 중심으로 부인회원들이 모여서 잡지를 읽는 모임이었다. 또한 이 모임은 한글을 읽지 못하는 농촌부인들이 음성언어를 통해 잡지 내용을 전달 받는 조직이었다. 이러한 방식을 통해 잡지는 부인회 간부가 부인회나 마을부녀모임에서 농촌부인들에게 근대지식의 계몽적 교육과 전시생활의 지도를 수행하는 매개체로 기능할 수 있었다. 즉 이 과정에서 잡지의 문자언어를 통해 전달된 근대지식이 다시 음성언어를 통해 전달되어 농촌부인에게 계

59 「허리를펴면서」, 제5호, 1937년 7월.

60 「허리를펴면서」, 제6호, 1937년 9월.

61 「허리를펴면서」, 제7호, 1937년 11월.

62 「國境寒村에橫溢하는感激」, 제13호, 1938년 8월, 15쪽.

몽적 지도와 전쟁선전선동 논리가 교육되었다.

그렇다면 1941년 4월부터 잡지 제호가 『半島の光』으로 개제된 이유는 무엇이었을까. 『半島の光』 제42호(1941년 4월) 「편집후기」에서 언급한 이유를 인용하면 다음과 같다.

> 讀者여러분의 귀에 익은 「家庭の友」란 이름은 「半島の光」란 새 이름으로 박귀엿습니다. 本會 스스로 **國策에 順應**하야 鮮文『金融組合』新聞을 本誌에 統合식히고 內容을 家庭雜誌로부터 一般雜誌로 革新하는同時에 一段의 充實과 刷新을 加하게된 까닭입니다… **本部當局과 總力聯盟과의 連落을 더욱 緊密**히 하기로 되엿슴으로 **名實 共히 國民雜誌의 面貌를 갓추기를 期함니다…** 원체 發行部數도 十二萬部로 從來보다 倍增되여 **各部落에 無料配付**된 것임으로 이 雜誌를 部落에서 널리 利用하시면 조흠가합니다.[63] (*밑줄과 굵은 글씨는 필자 강조)

잡지 제호의 변경은 가정잡지에서 국민잡지로서의 내용적 전환이었으며, 촌락민 전체를 대상으로 총력연맹이 잡지를 전쟁선전선동 수단으로 이용하기 위해서였다. 1941년 식민권력은 전체 농민을 대상으로 전쟁의 선전선동 기능을 수행하는 한국어 관변잡지가 필요했으며, 새로운 매체를 창간하기 보다는 기존잡지의 성격을 질적으로 전환시켜 이러한 필요에 대응했던 것으로 보인다. 그러나 이러한 잡지 성격의 전환은 '농촌요리', '가정상식(家庭常識)', '일상생활에 필요한 것과 동화(童話)', '가정주부에 대하여 참고 될 만한 기사', '전설, 야담'을 재미있게 읽고 있던 독자층이 잡지에 대한 '흥미'를 잃게 하는 계기이기도 하였다.[64]

---

63 「編輯後記」, 『半島の光』, 제42호, 1941년 4월.

64 「理事婦人葉書通信」, 제14호, 1938년 9월, 28~31쪽.

5. 맺음말

이 글의 분석대상인 『家庭の友』는 식민지 관변단체가 농촌부인을 대상으로 발행한 유일한 관변잡지였다. 잡지는 농촌가정의 일상생활을 전시생활로 재조직할 필요성 때문에 발행되었다. 1937년 일제의 대륙침략이 시작되면서 가정은 전시동원의 효율성을 최대한으로 끌어올리기 위한 기본단위로 인식되었다. 가정의 일상생활을 전쟁수행을 위해 재조직하는 것은 식민권력에게 전쟁의 승패를 결정짓는 중요한 사안이었다. 이 때문에 식민권력에게 사적영역인 농촌가정은 전쟁 수행을 위해 지역사회의 공적개입 수준을 넘어 '식민국가'의 공적영역으로 포섭되어야 하는 대상이었다.

이런 측면에서 『家庭の友』는 근대매체라는 지식시스템을 통해 식민지 농촌부인을 전쟁에 동원하기 위한 전쟁선전선동 시스템의 일종이었다. 가정의 경제생활 향상이 목적이었던 생활개선론은 전시 물자와 인력 공급을 목적으로 선전되었다. 합리적이고 효율적인 일상에 관한 근대지식은 전시 가정생활의 극단적인 내핍을 정당화하는 전쟁선전선동 논리로 활용되었다. 『家庭の友』가 형상화한 '새로운 부인'은 '멸사봉공'의 공적의식(국가의식)을 내면화하고, 근대지식을 전시생활에 창조적으로 활용하는 '총후부인'이었다. 이런 측면에서 잡지가 근대지식의 전파로 창출하려고 했던 '새로운 부인'은 근대사회를 구성하는 합리적 개인이 아니라, 권리 행사는 유보된 채 의무만을 수행하는 '식민국가'의 이등'국민'이었다. 식민지 조선의 '새로운 부인' 앞에는 늘 따라 배워야 하는 도달점으로서, 국가를 위해 자신을 희생하는 일본 '내지'의 총후부인이라는 일등국민이 표본으로 제시되어 있었다.

이 글에서는 식민권력의 전쟁선전선동 논리를 자세히 살펴보았지만,

이 논리에 대한 '농촌부인'의 대응을 살펴보지 못하였다. '농촌부인'은 어떤 부분을 수용하고 어떤 부분을 거부했는가, 수용과 거부의 논리는 무엇이었는가를 살펴볼 필요가 있다. 근대를 계몽하는 주체들과 이를 수용하는 객체들 사이의 관계성은 식민지 지배라는 조건에서의 나타난 근대의 실체, 나아가 20세기 한국 근대의 실체와 성격을 살펴보는 주제이기 때문이다.

논문 출처

2007, 「일제말기 관변잡지 『家庭の友』(1936.12~1941.03)와 '새로운 婦人'」, 『역사문제연구』 17.

참고문헌

1. 자료

『家庭之友』.

『家庭の友(가데이노도모)』.

『半島の光』.

『朝鮮金融組合統計年報』.

『東亞日報』.

2. 저서

朝鮮金融組合聯合會, 1944, 『朝鮮金融組合聯合會十年史』.

朝鮮金融組合聯合會 調査課, 1944, 『第2回 小作農現金支出生計費調査』.

宮田節子, 1985, 『朝鮮民衆と「皇民化」政策』, 未來社.

최유리, 1997, 『일제말기 식민지지배정책연구』, 국학자료원.

김영희, 2003, 『일제시대 농촌통제정책 연구』, 경인문화사.

이송순, 2003, 『일제말기 전시 농촌통제정책과 조선농촌경제 변화』, 고려대 박사학위논문.

안자코 유카, 2006, 『조선총독부의 '총동원체제'(1937~1945) 형성 정책』, 고려대 박사학위논문.

변은진, 1998, 『日帝 戰時파시즘期(1937~45) 朝鮮民衆의 現實認識과 抵抗』, 고려대학교 박사학위논문.

오성철, 2000, 『식민지 초등 교육의 형성』, 교육과학사.

3. 논문

矢鍋永三郎, 1937, 「農村에잇서서의 婦人先覺者의 覺悟」, 『家庭の友』, 제3호(1937년 3월).
矢鍋永三郎(朝金聯會長), 1937, 「生業報國(생업보국)의구든盟誓(맹서)와 國民貯蓄(국민저축)의造成(조성)을期(기)하라」, 『家庭の友』, 제7호(1937년 11월).
孫貞圭, 1939, 「치위음식」, 『家庭の友』, 제18호(1939년 2월).
朴熙道, 1939, 「農村婦人과 銃後報國」, 『家庭の友』, 제21호(1939년 6월).
金文輯, 1939, 「여자다운여자… 朝鮮婦女社會에告함」, 『家庭の友』, 제24호(1939년 9월).
玄永燮, 1939, 「새로운 婦人運動」, 『家庭の友』, 제25호(1939년 10월).
方台榮, 1939, 「농촌부인에게」, 『家庭の友』, 제25호(1939년 10월).
方信榮, 1939, 「新榮養讀本」, 『家庭の友』, 제27호(1939년 12월).

14 드라마 '파친코'에 재현된 재일조선인(1세대)의 여성상

김미정

1. 머리말

일제강점기 돈을 벌기 위해 조선을 떠나 일본으로 건너가거나 전쟁 동원의 목적에 의해 일본으로 끌려가게 된 이들이 있었다. 일본 패전 후 한국으로 돌아간 이들도 있지만 한국에 아무런 기반이 없던 이들 중에는 고향을 가는 것 대신 일본에 남는 선택을 하였다. 이들은 이후 '재일조선인', '재일한인', '자이니치', '재일동포 '등 다양한 이름으로 불리었다.[1]

일본에서 조선인으로 살아간다는 것은 고향을 떠나 삶의 근거지를

1 '재일조선인', '자이니치', '재일한인', '재일동포' 등 이들을 부르는 명칭은 다양하다. 이들 의미가 가진 차이들이 존재하는데, 여기서는 재일조선인이 형성된 역사적 맥락을 반영하고 고려하기 위하여 '재일조선인', '재일조선인여성'이라는 표현을 사용하고자 한다.

이동해야 하는 이방인으로서의 삶을 의미하는 것이었을 뿐 아니라 식민지민이라는 굴레 속에서 무시와 멸시를 견뎌내야 하는 일이었다. 또한 그것은 어떻게든 살아남아야 하는 생존 투쟁의 과정이기도 했다. 특히 전시체제가 본격화되면서 이들 또한 일본의 강력한 통제 속에서 생존 방법을 찾아야 했다. 해방된 이후에도 이들의 삶은 그다지 녹록하지 않았다. 해방 후 한국은 일본에 남게 된 그들에게 관심이 거의 없었고, 한국전쟁 후 남과 북의 갈등 속에서 이들의 삶은 더 복잡하고 힘들어졌다.

재일조선인사에 대한 초기 연구는 주로 운동사를 중심으로 이루어졌는데 이러한 흐름 속에서 재일조선인 여성에 관한 연구가 본격화된 것은 1990년대 말에서 2000년대 이후의 일이다. 재일조선인여성에 대한 연구는 특히 재일조선인여성 2, 3세에 의해 주도되었는데, 이들은 재일조선인여성들의 경험과 활동에 주목하며 그동안 드러나지 않았던 그녀들의 이야기를 학문적 주제로 다루기 시작하였다. 이러한 연구의 배경에는 1990년대 일본군'위안부' 문제가 한국과 일본에서 사회운동으로 확대된 것과 연관이 있다. 1990년대 이후 시민단체의 활동이 활발해지고 사회운동이 활성화되면서 그간 역사 속에서 소외되고 기록되지 않던 이들에 관한 관심도 증가하기 시작했다. 학계에서는 새로운 시각과 방법론 등이 등장하였고, 역사에 기록되지 않은 소외된 이들에 대한 다방면의 구술작업도 활발히 진행되었다. 이는 그동안 역사 속에서 비가시화되었던 다양한 사람들의 기억과 경험을 점차 가시화하는 데 일조하였다. 젠더적 관점에서 재일조선인여성 문제를 분석하고, 문학작품, 자기 서사가 담긴 일기, 회고 등에 대한 분석 등을 토대로 한 연구 등이 진행되고 있지만 아직은 제한된 소재 중심의 연구가 이루어지고 있다.[2]

본고의 주제와 관련해서는 드라마의 원작인 소설을 중심으로 국문학, 영문학 등에서 연구가 진행되었다.[3] 디아스포라 관점의 작품 분석, 그들이 살아온 공간, 장소성을 중심으로 한 연구 등을 들 수 있다. 이들 연구는 재일조선인 전반에 대한 논의를 전제로 하고 있어 재일조선인이라는 범주 속에 가려진 여성들은 여전히 부분적으로만 다루어지고 있다는 한계가 있다.

여기서는 기존 연구를 토대로 드라마 '파친코'에 재현된 재일조선인(1세대)의 여성상을 살펴볼 것이다. 재일조선인여성에 주목한 이 드라마는 소설 『파친코』를 각색하여 만든 것이다. 소설 『파친코』[4]에는 재일조선

2 김영, 2003,「(해외여성) 삶과 정체성: 조선적으로 산다는 것」,『여성과 평화』 3, 한국여성평화연구원; 안미정, 2010,「국경이 높은 오사카 재일 한인 여성의 가족과 친족」,『지방사와 지방문화』 13권 1호, 역사문화학회; 이승진, 2011,「재일한국인 문학에 나타난 '여성상': 2, 3세 작가들의 작품을 중심으로」,『일본문화연구』제39집, 동아시아일본학회; 송연옥, 2015,「재일조선인여성의 삶에서 본 일본 구술사 연구 현황」,『구술사연구』제6권 2호, 한국구술사학회; 김우자, 2020,「재일조선인 여성에 대한 일상적이고 미묘한 차별」,『동방학지』제191집, 연세대학교 국학연구소.

3 본 연구 주제와 관련한 기존 연구는 대부분 원작 소설『파친코』에 대한 작품 분석에 집중되어 있다. 소설『파친코』와 관련한 연구는 다음과 같다(이승연, 2019,「생존을 위한 도박:『파친코』를 통해 보는 자이니치의 삶」,『아시아여성연구』제58권 3호, 숙명여자대학교 아시아여성연구원; 강유진, 2019,「역사가 우리를 망쳐놨지만, 그래도 상관없다」,『교양학연구』 9집, 다비치미래교양연구소; 임진희, 2019,「민진 리의『파친코』에 나타난 재일한인의 장소담론」,『예술인문사회융합 멀티미디어 논문지』vol9, No8, 사단법인 인문사회과학기술융합회; 손영희, 2020,「디아스포라 문학의 경계넘기: 이민진의『파친코』에 나타난 경계인의 실존양상」,『영어영문학』제25권3호, 미래영어영문학회; 오태영, 2021,「경계위의 존재들: 이민진의 파친코를 통해 본 재일조선인의 존재방식」,『현대소설연구』제82호, 한국현대소설학회).

4 소설『파친코』는 2017년 미국에서 출간된 영문 장편소설로 같은 해 뉴욕타임스와 BBC가 '올해의 책 10'으로 선정하였다. 이 책은 전 세계 33개국에 번역되어 소개될 정도로 베스트셀러가 되었다. 소설에서는 재일조선인 1세대에서 3세대까지 각 세대의 인물들에 관한 이야기가 자세하게 담겨 있다. 또한 일제강점기부터 해방 이후까지 시대의 흐름에 따라 구성되어 있어 재일조선인의 생활이 구체적으로 드러나며 다양한 인간 군상을 볼 수 있다. 소설과 드라마는 독자와 시청자에게 작가의 의도를 전달하는 방법에 차이가 있다. 소설은 특정 시점의 상황에 대한 서사와 상황 묘사를 글로 전달하는 것이고, 드라마는 이러한 상황 묘사와 배경 등을 영상으로 전달한다는 차이가 있다. 그런데 드라마의 경우 제한된 시간 안에 내용을 전달해야 한다는 점 때문에 소설에 담긴 내용 전체가 소개되기보다 내용 일부가 선택적으로 전개된다.

인의 생활, 그들이 일본 사회에서 겪어야만 했던 차별 그리고 그럼에도 불구하고 끝까지 삶을 버텨낸 사람들에 대한 이야기가 담겨 있다. 재일한국계 1.5세인 미국 작가 이민진이 재일조선인(자이니치)들의 삶을 소설화한 것이다. 소설 『파친코』에는 일제강점기부터 1980년대까지 4대에 걸친 내용이 담겨 있다. 이 책의 주인공인 '선자'라는 여성은 재일조선인 1세대로 그녀를 둘러싼 가족, 일본 사회, 생활 등에 대한 내용이 일제강점기부터 현대에 이르기까지 사실적으로 묘사되어 있다. 재일조선인 1세대와 2, 3세대가 살아가는 방식의 변화, 세대 간 인식의 차이 등도 드러난다. 드라마 '파친코'는 이 소설에 기반하여 8부작으로 만들어졌다.

최근 K-드라마, K-팝, K-영화 등과 같이 Korea의 앞 글자 'K'를 붙인 K-컬처가 한국뿐 아니라 전 세계에 유행하고 있다. 예전부터 역사적 사실을 배경으로 한 드라마와 영화 등이 없었던 것은 아니지만 최근에는 이들 미디어의 영향력이 커지면서 한류는 K-컬처로 명명되며 전 세계의 주목을 받고 있다.

대중문화 매체에 담긴 이야기는 역사의 특정한 부분을 친숙하고 뚜렷한 이미지로 만드는 역할을 한다. 미디어는 기존의 역사서술 방식과는 다르게 과거에 대한 지식을 전달할 수 있다. 이는 대중들이 과거의 사실에 대한 접근을 용이하게 만드는 역할을 하고, 배경이 되는 역사적 사실(fact)에 관심을 갖도록 만드는 동기가 되기도 한다. 재현된 스토리

소설에 기반한 드라마도 의도와 목적에 맞게 재구성되는 것이라 할 수 있다. 드라마 '파친코'의 경우도 그러하다. 드라마 '파친코'는 이야기의 주요 흐름이 재일조선인여성 1세대의 삶을 중심으로 가족, 그 주변 인물 그리고 이들을 둘러싼 관계 등에 집중된 스토리로 전개된다. 거기에 드라마를 통해 보이는 생활 공간, 그들이 입었던 옷과 음식, 집과 주변 환경 등에 대한 시각적인 정보가 제공됨으로써 재일조선인여성 1세대의 경험을 생생하게 느낄 수 있다.

는 리얼리티(reality)와 역사적 사실(historical fact)을 배경으로 하지만 픽션(fiction)이라는 점에서 어느 정도 사실(fact)과의 갈등이 존재할 수밖에 없다. 이는 대중매체를 통해 재현되는 스토리텔링이 가진 한계이기도 하다. 그럼에도 불구하고 다양한 대중매체를 통해 만들어지는 수많은 스토리텔링에서 히스토리(history)는 주요 소재로 활용되고 있다. 예전에는 특정 인물과 우리가 잘 알고 있는 역사적 사건 등을 소재로 한 내용이 중심이 되었다면 최근에는 잘 알려지지 않은 역사적 사실과 배경 그리고 사람들의 이야기가 종종 소재로 활용된다. 드라마 '파친코'의 경우도 그러하다.[5]

학문적으로 주요 관심의 대상이 되지 않았던 주제와 그와 관련한 사람들을 주요 등장인물로 설정한 이야기라는 점 그리고 드라마 방영에 대한 다른 국가의 반향이 컸다는 점[6] 등은 필자가 이 드라마에 주목하게 된 계기가 되었다. 무엇보다 이 드라마는 일반적으로 우리가 알고 있는 보편적인 정의와 가치 등에 대한 문제를 떠올리게 했다. 한국인조차 잘 알지 못하는 재일조선인의 역사적 배경을 스토리로 활용하였다는 점은 여러 시사점을 던져 주었다. 한국의 역사를 잘 알지 못하는 외국인들에게 재일조선인이 놓인 특수한 상황과 배경이 하나의 스토리로 흡인력을 가질 수 있었던 데는 그 안에 보편적 가치에 대한 성찰이 담겨 있기 때문일 것이다.

미디어를 통해 재현된 역사적 사실은 우리가 인식하지 못했던 역사

5 역사적 사실(fact)과 가공의 이야기(fiction)를 더한 문화장르로 팩션(faction)을 들 수 있는데, 드라마 '파친코'의 경우도 팩션의 한 장르로 볼 수 있다.

6 "유튜브에 공개한 1화 조회 수가 1,449만 건(2022년 4월 10일 기준)으로 호평이 쏟아졌다. 글로벌 비평 사이트 '로튼 토마토'의 신선도는 언론 · 평단 98%, 대중 94%다" (『중앙일보』 2022. 4. 11, 「껄그러운 '파친코' 인기. 미국 매체들 일제강점기 조명」); 『한겨레』 2022. 5. 7, 「일본의 집요한 역사 왜곡 단숨에 뒤집은 '파친코' 효과」).

의 한 파편을 대중에게 과감히 드러내기도 하고 때로는 숨기기도 한다. 이러한 미디어의 속성은 역사의 대중화와 왜곡 사이를 넘나든다는 이유로 비판의 대상이 되기도 한다. 그러나 또 다른 한편에서는 잊히고 지워진 존재를 수면 위로 떠오르게 하는 기능도 수행한다.

본고는 이러한 배경을 토대로 드라마 '파친코'에서 등장하는 주인공인 '선자'를 비롯한 여성 인물들을 중심으로 드라마에서 재현된 재일조선인(1세대)의 여성상을 분석하고자 한다. 이를 통해 존재했지만, 희미해진 그녀들의 삶의 과정과 존재 방식 등을 드러내 보이고자 한다. 드라마에서 구현한 '사실'의 재현은 그들의 가족, 가부장적 질서 속에서 규정된 여성의 역할, 사회적 · 경제적 상태, 커뮤니티 등에 대한 이해의 폭을 넓히는 데 기여할 것이다. 특히 드라마 '파친코'에는 남성의 경험과는 구별되는 여성의 경험이 잘 드러나 있는데 이들 여성의 경험은 역사를 만들어 온 과정에서 가치 절하되었던 여성의 행위성(공적영역이든 사적영역이든)을 파악하는 데 주요한 정보가 된다. 이러한 문제의식을 토대로 여기서는 드라마에서 재현되고 있는 내용을 분석하고 재일조선인여성에 대한 구술집, 회고록 등을 참고하여 실제성(實際性)을 함께 고찰해 보고자 한다.

2. 인고와 희생, 노동의 상징

1944년 재일조선인 인구는 약 200만 명에 이르렀고 1950년에는 544,903명, 1970년 614,202명, 1980년 664,536명이었다. 1980년대까지 외국인 중 이들의 비율은 80% 이상이었다. 일본 사회에서 재일한국 · 조선인의 비율이 50%대로 감소한 것은 1992년 이후부터다.[7] 일본 사회에서 상당 기간 재일 · 한국 조선인은 외국인 비율의 다수를 차지하고 있었다고 볼 수 있다. 그러나 이들은 외국인으로조차 제대로 인정받지 못했다.

일본 패전 후 재일조선인들의 생활은 식민지 시기보다 더 악화되었다. 전쟁이 끝나고 사회가 안정을 되찾아 가면서 거꾸로 대부분 재일조선인은 생계 수단을 잃고 막걸리나 소주 밀매, 날품팔이, 영세한 식당 경영 등으로 살아가게 되었다.[8]

〈표 1〉 전쟁 전과 전쟁 후의 직업분포 비교(단위 %)

직업별	1940년	1952년
광업, 공업, 토건업	66.5	18.9
농업, 수산업, 운수업 자유업	15.1	10.2
상업	14.9	18.5
날품팔이, 기타 직업, 가사도우미, 실업자	3.5	52.4
계	100	100

출처: 박재일, 1957, 「재일조선인에 관한 종합조사연구」(미즈노 나오키, 앞의 책, 135쪽 재인용).

실업자가 증가했고 취업 차별은 더 심해졌다. 식민지 시기에는 그래도 섬유(방적, 직물), 금속, 화학 등의 공장에서 일을 할 수 있었지만, 전후 그조차도 취업 차별로 인해 어려워졌다.[9] 재일조선인들의 취직은 거의 불가능에 가까웠다. 〈표 1〉에서 보듯이 1940년에 비해 1952년에는 날품팔이, 실업자 등의 비율이 50% 이상 증가했음을 알 수 있다.

재일조선인들은 식민지 시기에는 '일본 제국 신민'으로, 종전 후에는

7 1990년에 재일외국인 총수 가운데 한국 · 조선적 비중이 줄어든 것은 일본으로의 귀화자와 북한으로 귀국(1959년 12월부터)한 사람들을 합친 20여만 명의 이탈에 의한 것이다(강재언 · 김동훈 지음, 1995, 『재일 한국 · 조선인: 역사와 전망』, 小花, 124쪽).

8 미즈노 나오키 · 문경수 지음, 2016, 『역사 그 너머의 역사 재일조선인』, 삼천리, 109쪽.

9 미즈노 나오키 · 문경수 지음, 2016, 앞의 책, 137쪽.

일본 국적이 박탈된 '외국인'으로 살아가며 일본 국민과 같이 노동과 납세의 의무를 하였다. 하지만 그런 그들에게 자유로운 직업 선택의 권리는 주어지지 않았다. 차별은 '국적'이라는 경계를 통해 행해졌다. 재일조선인들은 입사 시험에 합격했더라도 일본 국적이 없으면 채용이 취소되었다. 재일조선인 중에는 이러한 현실을 벗어나기 위해 귀화를 하기도 하였지만 귀화했다고 일본 사회에서 그들을 온전히 받아 주는 것도 아니었다. 심지어 명문대학을 우수한 성적으로 졸업했다고 하더라도 취업이 되지 않았고, 결국 재일조선인들이 할 수 있는 일은 자영업의 길뿐이었다.[10]

이러한 일본 사회에서 재일조선인여성들은 어떻게 살아왔을까. 그녀들은 재일조선인이라는 카테고리 속에 민족 커뮤니티의 한 구성원으로 묶여 독립적인 개별 존재성이 부각되지 않았다. 그리고 이들에 대한 기록은 많이 남아있지 않다. 여성 중 상당수가 교육의 기회를 얻지 못해 글을 읽고 쓸 수 없는 경우가 많아 그녀들 스스로가 남긴 기록이 거의 부재했기 때문이다. 기록의 부재는 여성들의 존재감을 더 희미하게 만들었다. 그러나 이들 여성이 '어머니'로 명명될 때 그 존재감은 강하게 드러났다.

대부분 재일조선인의 생활은 합법과 불법, 순응과 일탈 사이를 넘나드는 불안한 삶의 연속이었다, 여성들은 언제나 그 중심에 있었지만, 그들의 삶은 주변인에 머물러 있었다. 단체를 중심으로 활동한 여성들은 그나마 자신의 목소리를 낼 수 있는 창구가 있었지만(물론 그 창구가 여성 본인을 위한 창구는 아니었지만) 그렇지 못한 이들은 어디에나 있었지만 보이지

10 김한조 글 · 그림, 2019, 『우리가 외면한 동포 재일조선인』, 여우고개, 109~111쪽.

않고 드러나지 않는 그림자 같은 존재로 머물렀다.

이러한 여성들의 존재감을 확인할 수 있는 것은 가족관계를 통해서였다. 재일조선인 여성에게 가족은 가장 중요한 관계 조직이다. 외부의 차별과 억압, 배제의 일상화 속에서 견뎌낼 수 있는 원천은 가족뿐이었기 때문이다. 드라마 '파친코'에서도 이러한 관계를 볼 수 있다. 재일조선인 여성들에게 가족은 삶의 이유였다. 지켜내야 할 가족을 위해 그들이 할 수 있는 것은 쉴 틈 없이 일을 하는 것뿐이었다.

> "(사진 액자를 보며) 내가 이때는 엄마라 하기도 미안시러웠지. 일주일 내 하루도 안 빼 묵고 열네 시간 쓱 일했다. 아이가"[11]

드라마에서도 이러한 재일조선인여성의 삶은 여실히 드러난다. 주인공 선자는 남편이 일본 경찰에 잡혀가자, 김치를 만들어 파는 일을 시작했는데 그것은 "일주일 내 하루도 안 빼묵고 열네 시간 쓱" 일해야만 했던 고된 일상의 연속이었다. 드라마에서 묘사된 것과 같이 실제 재일조선인여성들 대부분은 가정 내 노동뿐 아니라 가정 밖 노동을 하지 않으면 안되었다. 가정 안에서 남편과 시부모를 비롯해 가족을 돌봐야 했고 생계를 위해 일을 해야 했다.[12] 결혼 전에도 대부분 여성은

---

11 드라마 '파친코' 3화, 경희가 죽고 난 후, 선자와 솔로몬(선자의 손자)과의 대화

12 남편이 세상을 떠나고 "시아버지 가족과 아이들을 부양하기 위해서는 일을 해야 했어요. 집 뒤의 텃밭에서 돼지를 기른 적도 있어요. 아이들이 아직 어려서 직업안정소에 찾아가도 집 근처의 우지에서는 할 수 있는 일이 없었어요. 후시미까지 가서 접수하기도 했어요. 그 후에는 콘크리트 반죽, 외발자전거로 자갈과 시멘트를 싣고 달렸어요. 육체 노동일이 많았어요… 누가 뭐라고 해도 가족들을 위해서 정말로 열심히 일했어요. 아이들이 중학교에 들어갈 무렵에는 골프장에서 공 줍는 일도 했어요… 이런 식으로 힘껏 노력하여 아이들이 어른 될 때까지 뒷바라지하였고 아이들도 성인이 되어 차례로 가정을 꾸리고 지금은 증손자까지 손자가 모두 다섯 명이나 있어요" (오구마에이지 · 강상중, 2019, 『재일1세의 기억』, 도서출판 문, 395쪽/김군자).

어릴 때부터 집안에서 가사노동을 도왔고, 결혼 후에도 이러한 노동은 계속되었다.

드라마 '파친코'에서는 재일조선인들이 거주하는 공간이 나온다. 돼지가 함께 사는 더러운 장소로 묘사된 그곳은 드라마의 극적인 효과를 위해 과장된 것이 아닌 실제 재일조선인 거주지역을 재현한 것이다. 재일조선인 거주지역 중 '이카이노'는 속된 말로 사람이 살 수 없는 곳이었다.[13] 선자가 김치 장사를 하게 되는 이카이노의 노천시장은 가정용품과 옷, 다다미, 전기용품을 파는 가게에서부터 집에서 만든 파전과 된장을 파는 행상인들이 있는 곳이었다.[14]

드라마에서는 짧게 등장하였지만, 시장은 재일조선인여성(1세대)에게 중요한 공간이었다. 드라마와 소설에서처럼 시장에서는 여성들의 역할이 컸다. 드라마 속 선자는 시장에서 김치를 팔았는데 실제 재일조선인들은 시장에서 김치를 만들어 팔거나 야키니쿠 장사를 하였다.[15]

---

13 소설 파친코에서는 '이카이노'에 대해 다음과 같이 묘사하였다(이민진, 2017, 『파친코』 1, 문학사상, 159~160쪽).
"…일행은 조선인들이 사는 빈민가 이카이노에서 내렸다. 요셉이 사는 동네는 전철 안에서 본 멋진 집들이나 풍경과 전혀 다른 곳이었다. 동물 냄새가 음식 냄새는 물론 화장실 냄새보다도 더 지독하게 났다. 선자는 코와 입을 가리고 싶었지만 그렇게 하지 않았다. 이카이노는 일종의 잘못 만들어진 마을이었다. 초라하기 그지없는 판잣집들은 모두 똑같이 값싼 자재들로 엉성하게 지어져 있었다. 현관 계단을 깨끗하게 청소해 놓거나 창문을 반질반질하게 닦아 놓은 집도 군데군데 있었지만, 대부분의 집들은 엉망으로 망가져 있었다. 무광택 신문지와 타르지가 창문 안쪽을 덮고 있었고, 지붕에 사용된 금속은 녹슬어 있었다. 집들은 거주자들이 값싼 자재나 주운 자재로 직접 지어 올려 오두막이나 텐트와 다를 바가 없었다. 임시로 만든 강철 굴뚝에서 연기가 피어올랐다…"

14 이민진, 2017, 앞의 책, 244쪽.

15 "…나는 스물한 살에 일본에 왔어… 일본에 와서 스물세 살 때, 장남을 낳았어요… 그 당시 암시장에서 일하다 잡히면 두들겨 맞았어요, 역에서 잡히면 전부 뺏겨버렸지요. 먹고 살려고 나도 암거래 장사를 했는데 그래도 나는 어찌어찌 무사히 피할 수 있었어. 그렇게 고기, 귤, 쌀과 감자를 사 와서 도미하시와 나고야 쪽에서 팔았어요. 그렇게 일하면 그래도 돈은 남았어"(오구마에이지 · 강상중, 2019, 앞의 책, 118쪽/박승자).

가족이라는 울타리는 재일조선인이 정보를 나누는 곳이자, 전통을 유지하고 경험할 수 있는 친족을 포함한 관계망이다. 그 관계망 속에서 여성들은 자식과 남편, 시부모를 비롯한 남편의 형제, 자매 등을 돌보고 그들을 위한 노동을 하였다. 가부장적인 가족 질서 안에서 여성은 가족을 돌보고, 아이들을 교육하는 역할만 한 것이 아니었다. 돌봄노동에 가사노동까지 여성에게 주어진 일은 끝이 없었다. 게다가 다수의 여성은 가정 밖 노동까지 맡아야 했다.[16] 결혼 전에도 결혼 후에도 특히 '어머니'가 되는 순간 가족을 위한 희생은 너무도 당연하게 요구되었다. 여성의 노동은 가족의 생계와 가족경제를 지탱하는 주요한 원천이 되었다.

> "그곳 여건은 끔찍했어요. 아버지와 한국인 광부 400명이 파업을 결심했을 정도로요. 파업은 모두 해고될 때까지 20일 동안 계속됐어요. 당시만 해도 우리 한국인에겐 아무도 집을 빌려주지 않았어요. 우리가 너무 더럽고 시끄럽다고 했죠. 그들이 옳았어요. 우린 너무 더럽고 시끄러웠어요. 엄청나게 비싼 임대료를 감당하려면 두세 식구가 방 하나에서 우글우글 모여 살아야 했으니까요… 일본 사람들은 우리를 바퀴벌레라고 불렀지, 다시 땅속에 처박아야 된다면서. 잘 생각해 봐, 그게 너한테 하는 얘기니까. 어디 들어보자. 니 할머니가 저 히죽대는 면상들 쳐다보며 여기 앉아 계시는데 그 몸속에 한맺힌 피가 그 핏방울 하나하나가 이걸 못 하게 막는다 하면 뭐라 말씀드릴 거야? 그래도 사인하라고 하겠니?"[17]

---

16 "시댁에는 열네 명이 살았습니다. 남편과 시아버지, 시어머니, 여동생과 남동생, 나를 포함한 여섯 가족과 나머지는 조선에서 일하러 온 남성 여덟이 있었습니다. 매일 아침 네 시에 일어나서 장작으로 14인분의 밥을 짓고 된장국을 끓였습니다. 아침 식사가 끝나면 단추공장과 신발공장에서 일했습니다"(오구마에이지 · 강상중, 2019, 앞의 책, 84쪽/강심선).

17 드라마 '파친코' 4화, (선자의 손자) 솔로몬과 땅을 팔지 않겠다는 재일조선인여성과의 대화 중 여성의 대사.

이는 드라마에서 나온 대사의 일부로 당시 일본인들이 재일조선인들을 어떻게 대했는지 알 수 있는 대목이다. 일본 사회에서 살아남기 위해 "바퀴벌레"로 불리기까지 했던 그들은 저마다의 상처와 한(恨)을 품게 된다. 일본인들의 멸시는 "몸속에 한 맺힌 피"가 되었고, 이들을 바라보는 시선은 크게 바뀌지 않았다.

> "배부르게 먹은 적이 없어요. 밥그릇을 뒤집어서 남은 게 있나 확인했어요. 그렇게 살았죠. 지금은 사는게 사치스러워요."[18]

> "열심히 아이들을 키우기 위해 설날도 쉬지 않고 일년내내 아침부터 밤까지 일해서 돈을 벌었습니다. 글을 읽지 못하니까 육체노동밖에 할 수 없었습니다. 정말로 여러 가지 막노동을 했습니다."[19]

재일조선인여성들은 이러한 환경 속에서 가족들을 위해 끊임없이 노동하였다. 드라마 '파친코'에서 인터뷰한 재일조선인 여성들은 먹고 살기 힘들었던 당시의 경험을 모두 언급하였다.[20] 드라마에서 재현된 것처럼 재일조선인여성 대부분은 가족을 위해 인내하고 희생하며 노동하는 존재였다.

> "그라모, 평생 자식들 뒤에서 희생하는기, 그기 우리 팔자가 이 말이가? 언제쯤 그만하면 되노? 죽으면 그만해도 되나?"[21]

---

18 드라마 '파친코' 8화, 재일조선인여성 인터뷰 영상(리창원).

19 『빼앗긴 날들의 기억: 가와사키 도라지회의 기록』, KBS스페셜 557회(2016. 8. 16)/김방자.

20 인터뷰의 내용이 길게 담기지 않았지만 모두 가난하고 힘들었던 과거의 경험을 자신만의 언어로 짧게 언급하고 있다.

21 드라마 '파친코' 3화, 선자(노년)가 솔로몬과 하는 대화.

그러나 이러한 인고와 희생은 전통적인 가족 질서 속에서 제대로 인정받지 못했다. "평생 자식들 뒤에서 희생"하는 존재로 버티며 살았다. 살아남기 위한 버팀의 과정에서 가족 내부에서 벌어지는 차별과 모순된 질서는 인지되지조차 못했다. 인지했다 하더라도 그것을 문제라고 여기기보다 여성이 견뎌야 하는 어쩔 수 없는 일로 간주하였다.

주인공 선자는 평생 가족에 대한 희생과 인내를 하였지만 그렇다고 그녀가 수동적으로 무조건적인 순응을 하며 살았던 것은 아니었다. 오히려 자기 결정권을 가지고 상황을 판단하고 행동하는 주체적인 모습을 보이는 인물이다. 선자가 임신했다는 사실을 알게 된 이삭은 선자에게 아이가 필요한 이들도 있을 거라며 아이를 포기할 것을 충고한다. 그러나 그렇게 말하는 이삭에게 선자는 자신이 아이를 직접 키울 것이라는 의지를 밝힌다.

> "암만 그라도, 지는, 세상이 다 무시하는 사람의 사랑 받으면서 컸어예. 우리 아부지, 이래가 아부지 생각하는 게 뭐 염치가 없지만서도, 다들 우리 아부지 평생 장가도 못 가고 자식도 없을끼라 캤는데 지가 요래 있잖아예. 없어야 할 아가 요 있다 아입니까. 야도, 있으면 안 되는 아지만, 요 뱃속에 잘 있습니더. 야도 사랑받으면서 클끼라예. 지가 밤낮으로 일해가 손톱이 다 부러지고 허리가 보사지고 배를 쫄쫄 굶는 한이 있어도 내 아는 부족한 거 하나 없이 키울겁니더. 그래 약속했습니더. 지 아부지, 지한테 약속하신 것처럼예"[22]

선자는 자신의 결정이 앞으로 자신의 인생에 어떤 결과를 가져올지 알면서도 상황에 밀려 자신의 의지와는 상관없는 선택을 하려 하지 않

22 드라마 '파친코' 3화, 선자(청년)와 이삭과의 대화(이삭이 배 속의 아이에 대해 이야기하자 선자가 이삭에게 하는 말).

는다. 당시 조선 사회에서 결혼도 하지 않은 채 아이를 가진 여성에 대한 사람들의 인식은 매우 부정적이었다. 보통 이러한 여성은 부정한 여성으로 취급하며 쉽게 무시당했다.

"니 우째 이런 모지란 짓을 했노", "어무이 잘못했다", "니 인자 어찌되는지 아나? 니 아는? 알긴 아나?", "선자야 정말 니캉 혼인할 생각 없다 하드나", "다 끝났다, 어무이"[23]

선자는 한수가 유부남이라는 사실을 모른 채 그의 아이를 임신하였지만 상대방이 유부남이라는 사실을 알지 못했다하더라도 사람들은 그 책임을 여자에게 묻곤 했다. 선자는 유부남인 한수와 결혼 하지 못하면 어디에도 속할 수 없는 존재가 될 수밖에 없었다. 즉 그녀와 아이가 살아가야 할 곳에서 사회구성원으로 인정받지 못하고 무시될 처지에 놓이게 되는 것이다. 선자는 그러한 상황을 누구보다 도 잘 알고 있음에도 한수를 떠나기로 한다. 자신의 결정이 앞으로 자신에게 어떤 일을 초래할지 알면서도 그를 떠나는 선택을 하는 것이다. 당시 가난한 여성이 부유한 남성의 첩이 되는 것은 종종 있는 일이었기에 쉽게 사는 방법을 선택할 수 있었지만, 그녀는 그 선택을 하지 않는다. 여성에게 불합리한 사회질서에 맞서 앞으로 겪게 될 고난을 두려워하면서도 주인공 선자는 그것에 굴복하지 않고 맞선다. 그 이유에 대해 선자는 이렇게 말한다.

"내가 선택한 기다. 오래전이지만. 말만 하면 시상 다 준다카는 걸 내가 싫다 한기다. 전쟁나기 전, 느그 할배에게 시집오기도 전 일이다", "왜 싫

23 드라마 '파친코' 3화, 선자가 임신했다는 사실을 양진(선자의 엄마)에게 말하는 대화.

> 다고 하셨어요?", "내를 반으로 쪼개 살수는 없는거 아이가? 뭐는 당당히 내놓고 뭐는 숨키고 살고. 니 그 아나? 잘사는 것보다 어떻게 잘살게 됐는가 그게 더 중한 기라", "알아요 할매, 나도 노력중이에요"[24]

재일조선인여성(1세대)의 삶에서 '선택'을 할 기회는 많지 않았지만, 그 몇 안되는 선택지 속에서 그들은 가족을 택했고, 희생을 받아들였다. 그들은 주어진 상황에서 최선을 다하고자 노력하였다. 드라마 마지막 회 영상 인터뷰를 했던 여성의 말은 드라마 속 '선자'의 대사와 상당히 교차한다. 이는 주체성을 가지고 자신의 선택에 따라 살고자 했던 수많은 '선자'들의 삶에 대한 의지와 태도(attitude)를 보여주는 것이라 생각한다.

> "제가 스스로 택한 삶에는 어려움이 없었어요. 저만의 길을 걸어왔으니까. 제가 선택하고 걸어온 길을 후회하지 않아요"[25]

인터뷰 영상은 아주 짧은 분량으로 등장하지만, 이 드라마의 개연성과 실제성을 구체적으로 뒷받침하는 역할을 한다는 점에서 의미 있는 구성이라 생각된다. 인터뷰 방식으로 실제 재일조선인여성 1세대의 목소리를 직접 들려주는 구성은 이 드라마의 스토리가 단순히 픽션(fiction)으로 과장된 이야기가 아니라는 점을 직접적으로 보여주는 장치이다. 즉 드라마에서 재일조선인의 존재와 그들의 역사가 실재(實在)한 사실이라는 '역사성'을 부여한 것이다. 희생적이고 자식을 위하는 전통적인 어머니이면서 의사결정의 주체권자로서 여성의 모습도 동시에 보여주

24 드라마 '파친코' 6화, 선자와 손자 솔로몬과의 대화.

25 드라마 '파친코' 8화, 재일조선인여성 인터뷰 영상(추남순).

고 있다. 이는 재일조선인여성 1세대 개개인의 삶을 하나의 역사로 보고자 하는 시각이 반영된 것이라는 점에서 주목할 만하다. 여성을 가시화하는 것만으로 여성을 도외시해 온 과거를 바로잡을 수 있는 것인가라는 점은 일정한 논의가 필요한 부분이라 생각되지만, 간과되었던 경험에 가치를 부여하고 여성의 선택과 결정 그리고 이들의 행동에 주목하는 과정은 재일조선인여성을 역사의 한 주체로 인정하고 바라보는 시각이 반영된 것이라는 점에서 의미를 찾을 수 있다.

3. 성역할 규범 속 분투하는 여성

고국을 떠나 이방인으로 그리고 주변인으로 산다는 것은 단순히 지역을 이동해서 삶을 영위하는 것과는 완전히 다른 차원의 생활이었다. 특히 일본 사람들의 차별과 배제, 멸시는 너무도 노골적이고 적나라했다. 해방되었지만 재일조선인들에 대한 일본의 태도는 거의 바뀌지 않았다. 남성, 여성, 노약자 할 것 없이 이들의 사회적 · 경제적 상황과 처지는 외부요인에 의해 더 어려워졌다. 상황이 이러다 보니 가정 내에서 여성들의 부담은 늘어만 갔다. 가정에서 기존의 전통문화 혹은 관습 등을 유지하는 일련의 활동들은 여성의 노동에 다수 의존하는 것들이었고 이는 여성들에게 부담으로 지워졌다. 전통적인 성역할 규범은 때때로 여성들을 통제하고 억압하는 합법적인 수단으로 활용되었다. 남성뿐만 아니라 집단 전체가 '타자'에 의해 위협받는 상황에서 이 현상은 강화되었다.[26]

재일조선인여성들에게 요구되는 성역할은 전통질서에 기반한 것이었으며, 대부분 여성은 그러한 구조를 크게 벗어나지 못했다. 남북한의 현실 속에서 나뉜 총련계와 민단계, 이들 단체의 주요 직책을 맡고 있던 남자들은 생계를 위한 일에 신경을 쓰지 못하는 경우가 많았고, 이러한 남성을 대신해 여성들은 가족을 위해 경제활동을 해야만 했다.

당시 수많은 재일조선인 여성이 일본이라는 사회에서 살아가는 모습은 생존을 위한 투쟁에 가까웠다. 사실상 선택권이 없던 상황에서 포기보다는 정면돌파를 택할 수밖에 없었다. 그래야만 살아남을 수 있었기 때문이다. 강인한 여성이어서가 아니라 살기 위해 강인해지지 않으면 안되었던 것이다. 드라마에서 선자는 자신의 상황을 받아들이고 스스로 자신이 살아갈 방법을 찾아 자신의 방식으로 헤쳐 나가는 모습을 보여준다. 그 시대 재일조선인여성들이 그러했던 것처럼 강인한 어머니, 희생하는 어머니의 전형적인 표상을 보여준다.

재일조선인 여성들에게 노동(일)은 선택의 대상이 아니었다. 앞서 언급했듯이 일본 사회의 차별 때문에 재일조선인들이 할 수 있는 일들이 제한되면서 먹고살기 위해서 여성도 일을 해야만 했다. 재일조선인 남성 가운데는 드라마의 요셉처럼 집안의 가장으로서 역할을 못하게 되면서 자괴감과 무기력함에 빠지는 이들도 많아졌다. 좌절과 절망에 내몰린 남성 중에는 가정에서 폭력을 행사하며 구조적인 문제에 대한 스트레스와 처지에 대한 비관을 가족, 특히 아내에게 쏟아내기도 하였다.

> "그 굴욕감에 술 쳐먹고, 싸움질하고, 집구석에서 마누라나 패고 적어도 나, 바닥 아니다. 내 밑에 누가 또 있다. 저놈들의 법을 따라줬어요. 근데

26 여성들은 대개 집단 안에서 양가적 위치에 놓여 있다. 여성들은 민족의 존재 이유, 명예, 통일 등을 상징하지만 이들은 종종 정치통일체인 '우리'라는 집합에서 배제되고 주체의 위치가 아니라 대상의 위치에 남게 된다. 이러한 점에서 여성성이라는 구성물은 '타자성'의 속성을 지닌다(니라유발 데이비스 지음, 2012, 『젠더와 민족』, 그린비, 91~92쪽).

아직도 춥고 배고프잖아요. 이젠 그 법을 때려 부숴야 합니다"[27]

전도사인 이삭에게 한 어머니가 제 아들과의 상담을 요청한다. 위의 대사는 이삭이 그 청년과 만나 대화를 나누던 중 청년이 이삭에게 던진 말이다. 재일조선인남성 가운데는 사회에서 받는 차별과 배제에 대한 굴욕감과 분노를 가족에게 표출하는 이도 있었다. 술을 마시거나 도박하면서 아무런 잘못도 없는 아내에게 폭력을 행사하는 남편도 있었다. 이러한 상황이 벌어지더라도 여성은 사회로부터 보호를 받을 수 없었다. 폭력의 피해자가 된 여성들이 선택할 수 있는 것은 견디거나 도망치는 것뿐이었다.

> "아버지는 자기 마음대로 술을 마시고, 도박을 하고, 물건을 사면서 스트레스를 풀었을 텐데도 어머니에 대한 폭력은 굉장했어요. 그것만은 어린 마음에도 무척 힘이 들었어요. 어머니가 씩씩하신 것은 그런 걸 참고 견디셨기 때문인지도 몰라요"[28]

드라마 '파친코'에서도 당시 남성들이 가진 가부장적인 인식의 한 단면을 볼 수 있는 인물이 있다. 바로 이삭의 형 요셉이다. 그는 가족에게 물리적 폭력을 행사하지는 않지만 남자의 체면이나 권위를 내세우는 인물로 당시 남성들이 가졌던 인식의 전형을 보여준다. 요셉은 자기가 진 빚을 갚기 위해 선자가 시계를 팔고 사채업자를 찾아가 직접 빚을 갚은 사실을 듣고 분노한다.

---

27 드라마 '파친코' 6화, 한 어머니의 부탁으로 청년과 상담하는 이삭(청년과 이삭과의 대화).

28 가와타 후미코 지음, 2016, 『몇 번을 지더라도 나는 녹슬지 않아』, 바다출판사, 150~151쪽/김분란.

"정신 나갔어? 거기 어떤 여자가 들락거리는뎀지 몰라? 동네 사람들이 모를 것 같아? 내가 어떻게 알았겠어. 거들려고 그런거에요. 당신 눈에 그렇게 안 보이나 보지. 그러니까 온 동네방네 나 망신 주고 다닌 거 아니야? 아니에요. 당신 의심한 적 없어요. 제수씨 창피하지도 않아요? 둘이 그런데 들락거리면서 평판 깎아 먹지 않아도 여기 우리 사람들 먹고살기 힘들어요. 이러니까 우리가 무시당하고 사는 거 아니야. 성님은 상관 없습니더. 지가 가자캤어예. 제수씨 오기 전에 이런 일 없었어요. 이제 어쩔 거예요? 나 얼굴 어떻게 들고 다녀. 여자한테 빚이나 갚게 만든 놈이 불알을 어떻게 달고 다녀. 뭘 그런 말을 해요"[29]

요셉은 자신의 빚을 갚아준 것에 대해 선자에게 어떤 고마움도 표현하지 않는다. 고마움은커녕 남자인 자기가 아닌 여자들이 그 돈을 직접 갚으러 간 사실에 분개한다. 이것은 가족 내에서 자신이 아무런 역할을 하지 못하는 남자로 취급받았다는 생각에서 비롯된 행동이다. 사회에서도 가족 안에서도 자신의 존재감이 무시되었다는 자격지심과 분노는 대체로 힘없는 가족들에게 향했다.

일본 사회의 조선인에 대한 차별과 배제가 근본적인 문제였지만 이를 해결할 방법은 요원했다. 결국 취업이 막힌 재일조선인 상당수는 경제적 빈곤에 내몰리게 된다. 개인의 능력을 인정받지 못하는 사회 안에서 배제당하는 삶을 지속해서 대대로 겪게 되는 것은 인간을 서서히 말려 죽이는 것과 다르지 않다. 계속되는 무기력함과 패배감 속에서 재일조선인들이 선택할 수 있는 일은 제한적이었다. 고물상, 암시장 그리고 파친코는 그러한 불합리한 구조 속에서 살아남기 위해 할 수 있는 몇 안 되는 선택지였다. 아버지가 가족부양의 역할을 제대로 수행하지 못하는 경우 그 책임은 아내, 부인 그리고 어머니들에게 지워졌

29 드라마 '파친코' 5화, 선자와 경희가 사채업자에게 돈을 갚고 온 후 요셉과의 대화.

다. 재일조선인여성들은 외부에서는 이방인으로서의 차별을, 내부에서는 가부장제의 차별을 받는 중층적 억압의 대상이었다.

선자가 남편 이삭과 도착한 오사카의 현실은 생각 이상으로 열악했다. 오사카에서 만난 남편 형의 부인 경희는, 선자에 대해 호의적이며 그녀를 도와 일본에서의 힘든 생활을 꾸려나가기 위해 노력한다. 경희는 선자의 형님으로 결혼으로 인해 가족으로 새롭게 형성된 관계이다. 가족애로 시작된 두 여성은 이방인으로서 견뎌야 하는 두려움을 함께 하며 서로 의지하고 돕는 관계가 된다.

식민지 조선에서 경희는 고생을 해본 적 없이 풍족하게 살았던 여성이었다. 그러나 남편을 따라오게 된 일본에서는 가난하고 차별받는 힘없는 존재가 되었다. 경희는 남편의 말에 순종하고, 남자가 해야 할 일과 여자가 해야 할 일을 구분하며 살아가는 가부장제에 순응하는 여성이었다. 그랬던 경희는 선자를 만나며 조금씩 변하게 된다.

> "형님 와그럽니까?", "못 갈 것 같아. 아무리 그래도 어떻게 그런 데를", "그래도 가야 돈을 갔다줘야 빚을 갚지예", "그냥 요셉씨에게 주면 안될까. 이런 험한 일은 여자가 아니라 남자가 하는 거잖아.". "아주버님이 이 돈 받으실 것 같습니꺼. 제가 다녀올께예. 집에 가계시이소.", "안돼 가지마!", "안가믄예 그럼 우짤긴디예", "동서는 모르겠지만 나 여기 오기 전만 해도 밥도 빨래도 해본 적 없어. 부모님 모르는 사람하고는 말도 안 섞어 봤고 돈을 쥐어본 적도 없어. 하나부터 열까지 처음부터 배우는게 너무 힘들었어. 정말. 근데 동서를 보면 여기온지 몇 주도 되지 않은 사람이. 내가 너무 한심해. 아침에 동서가 물어봤지. 언제까지 이렇게 아프냐고. 솔직히 말하면 난 여기서 시종일관 무서워. 매일 이렇게 무서운 것도 언제까지 이렇게 살아야 되는 걸까", "그라니까. 무서운거 같이 무서워하십시더. 그러면 힘이 나지 않겄습니까", "그를까?", "그러고말고예"[30]

30 드라마 '파친코' 8화, 선자가 시계 판 돈을 사채업자에게 갚으러 가려던 중 경희와 나눈 대화.

남편의 형이 빌린 돈을 갚기 위해 자신이 가지고 있던 시계를 팔아 돈을 만들고 이것을 직접 갚으러 가는 선자와 그것을 망설이는 경희의 모습이다. 경희는 조선에서 고생한 적이 없던 여성이었다. 그런 경희에게 일본에서의 삶은 "시종일관 무서운" 일이었다. 경희는 선자에게 자신의 두려움을 솔직히 토로한다. 고향을 떠나 문화와 언어도 다른 낯선 곳에서 존재성을 무시당하며 살아간다는 것은 개인이 쉽게 극복할 수 있는 문제가 아니다.

드라마 속 경희는 선자를 보며 두렵지만 현실에 맞서야 한다는 사실을 조금씩 자각한다. "무서운 거 같이 무서워하자"라는 당찬 선자의 말에 힘을 얻고 용기를 내본다. 형님과 동서 사이로 멀다면 멀고 가깝다면 가까울 수 있는 관계인 선자와 경희는 가족이면서 동지적 관계로 연대를 형성한다. 그것은 가족애를 넘어선 것이었다. 경희는 선자를 통해 남편 뒤에서 그림자처럼 살고자 했던 자기 모습을 돌아보게 되었다. 선자와의 만남이 경희가 가졌던 가치관과 삶의 방식을 완전히 바꾸어 놓은 것은 아니었지만 그녀가 가졌던 인식에 작은 균열을 일으켰다. 노년이 될 때까지 경희와 선자는 가족이자 동지처럼 의지하며 서로 든든한 지원군이 된다.[31]

남편 이삭이 잡혀간 이후부터 선자는 김치를 팔아 돈을 벌려고 하고

---

31 드라마에서는 주인공인 선자를 중심으로 스토리가 전개되어 경희의 이야기가 많이 부각되지 않지만, 소설에서는 경희와 선자의 관계가 좀 더 자세하게 담겨 있다. 경희와 요셉은 김치 장사를 하는 선자에게 생활비를 받으려 하지 않는다. 경희는 김치를 만들어 팔 자신이 있지만 그것을 하지 않는 이유에 대해 남편 요셉이 가정주부가 밖에서 일하는 걸 싫어하기 때문이라고 이야기한다. 선자는 경희가 김치 파는 아주머니로 산다면 훨씬 더 행복할 것이라고 생각하지만 경희에게 그런 말을 직접 건네지 않는다. 경희는 남편이 싫어하는 일은 되도록 하지 않으려 한다는 것을 알기 때문이었다. 그렇지만 경희는 선자를 위한 일에는 남편을 설득해가며 선자에게 힘이 되고자 한다(이민진, 2017, 앞의 책, 205~206쪽).

경희의 남편 요셉은 이를 못마땅해 하고 반대한다. 선자가 김치 장사를 하려는 것이 자신이 돈을 벌지 못하게 되었기 때문이라고 생각했고, 이러한 행동이 자신을 무시하는 행위라고 여겼기 때문이다. 요셉은 가장으로서 책임을 할 수 없게 된 상황에 대한 자책과 자괴감을 선자에게 쏟아낸다. 이를 본 경희는 요셉을 설득하고 선자가 김치를 만들어 팔 수 있도록 돕는다.

> "동서 이게 다 뭐야? 김치 담그는 거야? 근데 왜 이렇게 많이 담가?", "반으로 노나가 반은 익혀두고 반은 시장 나가 팔깁니더. 바로 치댄 생김치 좋아하는 사람도 있지 않겠십니꺼", "그이가 안좋아 할텐데", "다른 방도가 뭐가 있습니꺼?", "지금은 당신이 이해해요", "내가 다른 일 못 구할 것 같애? 그래서 이러는 거지? 안그래도 타이어공장에 사람 구한대서 가보려고 했었어", "그거야 우리도 알죠. 동서도 당분간만 하려고 그러는 걸 거에요", "아주버님을 무시하는게 참말로 아닙니더. 글치만서도 들어올 돈은 없고, 모아 둔 돈은 며칠이면 동날기고 우리 얼라들도 생각해야지예", "나라고 내 조카들 생각 안하는 것 같아요? 내 동생이 감옥에 쳐박혀 있는데 내 속은 편하겠냐고. 내동생이 감옥에 있는데 내가 나가서 구걸을 하더라도 절대로 안 굶겨요. 내집에선 절대로 그렇게 못해", "그러니까 지도 거들게 해주이소. 암것도 안하고 있으믄… 이 답답한 심정을 어떻게 몬하겠십니더"[32]

드디어 선자는 김치를 만들어 노점에 나가게 되고 그곳에서 김치를 사라고 손님들에게 외치기까지 한동안 머뭇거리며 인파들 사이에서 망설였다. 돈을 벌기 위해 나선 장사이지만 해본 적 없는 장사를 노점에서 혼자서 감당하는 일이 쉽지 않았다. 마늘 냄새가 나는 김치를 팔기 위해 자리를 잡는 것조차 쉬운 일이 아니었다. 그렇지만 선자는 자

32 드라마 '파친코' 8화, 선자가 김치를 만들어 팔려고 준비하는 과정에서 경희와 요셉, 선자가 나눈 대화.

리를 잡고 "김치 사이소"라고 큰 소리로 외치며 본격적으로 장사를 시작한다. 그녀에게는 모르는 사람들 앞에 서서 소리를 질러대야 하는 부끄러움보다 자식과 살아가야 하는 하루하루의 삶이 더 소중했기 때문이다.

실제 재일조선인 여성들의 삶 또한 드라마와 별반 다르지 않았다. 김치를 만들어 팔아 생계를 유지했던 한 재일조선인여성의 증언을 보면 드라마 '파친코'에서 재현된 상황과 크게 다르지 않았다는 사실을 확인할 수 있다. 조선인의 편견과 차별의 대명사였던 김치를 만들어 판다는 것은 조선인이라는 이유로 차별하는 일본 사회에서 결코 쉬운 결정이 아니었다. 그러나 재일 1세, 2세의 어머니들은 가족을 위해 현실에 맞서 기꺼이 능동적인 행위자가 되었다.[33] 그 과정은 드라마에서 보인 모습보다 훨씬 더 힘겹고 어려운 과정이었고 희망적이기보다는 절망적인 상황이 더 많았다.

"재일조선인에 대한 차별과 편견의 상징" 음식인 김치를 만들어 팔아야 할 만큼 먹고사는 문제는 절실했다. 재일조선인여성들은 이러한 노동과 그들의 희생을 어쩔 수 없는 여자의 숙명이자 의무로 받아들였다. 너무도 당연하게 여겨진 이러한 인식은 그들이 수행해 온 수많은 노동과 그 경험들이 제대로 드러나지 못하고 인정받지 못했던 배경이 되었

33 김치 장사를 시작한 건 1960년 27살 때였어요. 그 시대의 김치는 재일조선인에 대한 차별과 편견의 상징 같은 음식이었기 때문에 내가 봐도 무모한 도전이라고 생각했죠. 그러나 한편으로는 "사람 입에는 국경이 없어"라는 생각이 들어서 단념하지 않고 일을 저질러 버렸어요. 군자금 500엔을 가지고서요… 기도하는 마음으로 출발했어요. 자전거 뒤에 30개 정도 실어놓고 전에부터 알고 지내던 만물상을 첫 방문지로 하였죠. 용기를 가지고 부탁했어요, "위탁판매도 괜찮으니 한번 팔아보시겠어요?", "마늘 들어가 있겠지?", "조금 들어가 있습니다". "그런 냄새 나는 음식은 팔 수가 없어. 그냥 가져가" 역시나 쌀쌀맞게 거절하더군요. "역시 안되는 걸까"라고 낙담하며 일단 집에 돌아갔지만 생각을 고쳐먹고 다시 재출발하였죠(오구마에이지 · 강상중, 2019, 앞의 책, 604~605쪽/이연순).

는지도 모른다.

재일조선인여성들 중에는 많은 이들이 글을 읽거나 쓸 수 없었다. 여성이라는 이유로 배움의 기회를 얻지 못했기 때문이다. 학교에 다닐 수 있는 여성들은 소수였다. 식민지 조선에서도, 일본에서도 여성들의 취학률은 매우 낮았다. 가난이 그리고 여자라는 이유로 당시의 여성들은 글을 읽고 쓸 기회를 얻지 못했다.[34] 이는 단순히 생활이 불편한 차원을 넘는 고통이었다. 자녀가 학교에서 가지고 오는 문서를 읽을 수 없고 쓸 수 없어 자식들에게 창피했던 일, 은행이나 관공서 등에서 누군가의 도움이 없으면 작성할 수 없는 서류 앞에서 한없이 작아졌던 일처럼 글을 모른다는 것은 일상의 불편함뿐 아니라 매 순간 마음의 상처를 동반하는 것이었다. 드라마에서는 글은커녕 말도 배울 기회가 없었던 선자가 경찰서에 잡혀간 남편에 대한 소식을 경찰에게 직접 물어볼 수 없어 일본어를 할 줄 아는 어린 아들을 통해 정보를 전달받는 장면이 나온다. 재일조선인여성들은 일본 생활을 하면서 점차 말은 터득하게 되지만 글을 배울 기회는 거의 없었다. 배우고자 했지만 기회조차 얻지 못했던 수많은 여성은 초반에는 말할 줄 몰라서 힘들었고 말을 하게 되었어도 글을 알지 못해 불편함을 갖고 살아야 했다.[35] 재

34 학교는 3학년만 다니고 그만두어야 했다. 학비를 낼 수 없었다. 담임이 집으로 찾아와 학교에 다니게 해달라고 부모님을 설득했다. 아버지는 단호하게 말했다. "조선 여자는 공부 안 해도 시집갈 수 있어!" 분란 씨는 근처 농가에서 보모 일을 하곤 했다(가와타 후미코 지음, 2016, 앞의 책, 137쪽).

35 서아귀는 『할머니들의 야간중학교』에서 학교라는 장을 통해 여성들이 자신의 조선 이름을 쓰기 시작한 것은 가부장제에서 항상 남성 가족 내 역할로 규정되었던 여성들이 비로소 개인의 자기를 의식하는 계기가 되었다고 보았다. 지금까지 민족이름 사용은 주로 민족성 회복의 맥락에서 주로 논의가 이루어졌다. 서아귀는 우리가 간과하고 있던 점을 지적하였는데 그것은 소수자 여성은 민족과 성별에서 이중으로 이름을 빼앗겼던 존재였다는 점이다(서아귀 지음, 2019, 『할머니들의 야간중학교』, 오월의 봄, 219~220쪽).

일조선인여성을 인터뷰한 자료에서도 이러한 사례를 확인할 수 있다.

> "나는 일본어를 읽을 수는 있었는데 쓰는게 문제였어요. 나는 글을 잘 모르고 글자를 못 쓴다는 선입견이 있어서 스스로 위축되는 바람에 더욱 쓸 수 없었던 것 같아요. 남편이 살아 있었을 때는 세금 신고나 서류작성 같은 건 다 남편이 해주었어요. 남편이 죽고 나서 가장 먼저 "이제 누가 적어주지"라는 걱정을 할 정도 비굴했어요. 하지만 중학교에 다니고 난 뒤부터는 위축된 마음이 싹 사라졌죠. 사람들을 만나서 공부하거나 대화를 나누어도 이제는 상대방의 입장을 헤아리는 마음의 여유까지 생겼어요"[36]

이것은 글을 읽고 쓸 수 없었던 문제를 벗어나기 위해 중학교에 가서 공부하게 된 한 재일조선인여성의 이야기이다. 여성은 글을 배우기 위해 노년이 되어 뒤늦게 학교를 선택하였다. 그리고 그들은 배움을 통해 자신을 옭아맨 감정의 응어리를 풀게 된다.[37]

> "아따. 어째 핵교갈 결심을 다했어예. 할머니네는 어떤지 몰라도 우리집은 너무 가난해서 아들이구 딸이구 학교갈 형편이 안됐어요", "하무요. 우리 어무이도 가스나들은 핵교 가봐야 아무 쓸데 없다고 하셨지예", "그럼 이해하시겠네. 세상에서 나만 동떨어진 기분 있잖아요. 그게 창피했던 건지. 무서웠던 건지. 자식들이 글 배우는 거 보니까 막 화가 다 나더라구요. 애미를 우습게 보지는 않을까 걱정도 되고, 근데 봐요. 내가 반에서 3등 했지. 2등이랑 차이도 않나"[38]

---

36 오구마에이지 · 강상중, 2019, 앞의 책, 531쪽/천남필.

37 "나보다 나이 많은 할머니들이 야간고등학교에 다닌다는 것을 알고 나도 고등학교에 들어가고 싶은 마음이 생겼어요⋯ 결국 고베 시립 마루야마 중학교의 니시노분교(야간중학교)에 들어갔는데 집에서 7~8분 거리에 있었어요. 학생들은 동포가 많았고 다들 나이 먹은 노인들이었죠⋯ 학교생활은 즐거웠어요. 몰랐던 것을 알았을 때의 기쁨은 말로 다 표현할 수가 없어요. 다시 태어난 것 같은 기분이 들었죠. 선생님에게 돈이나 물건이 아닌 엄청난 보물을 받았다고 생각해요"(오구마에이지 · 강상중, 2019, 앞의 책, 530쪽/천남필).

38 드라마 '파친코' 3화, 땅을 안 팔겠다는 재일조선인여성(할머니)과 선자와의 대화.

“세상에서 나만 동떨어진 기분”을 느끼며 자식들이 글을 배우며 자신을 우습게볼까 걱정했던 경험은 글을 몰랐던 재일조선인여성들이 공통으로 느꼈던 감정이었다. 여자여서 그리고 가난해서 배울 수 없었던 재일조선인여성에 대한 이야기는 드라마에서도 등장한다. 드라마에서처럼 할머니가 된 나이에 학교에 가고, 공부하는 과정은 배움에 대한 갈망을 해소하는 과정이자, 스스로에 대한 존재감과 자존감을 회복하는 시간이기도 하였다.

가족을 위한 노동과 희생을 여성들 스스로도 당연한 것으로 받아들이며 봉건적 젠더규범의 지배 속에서 순응하며 살아왔지만, 그들은 수동적으로만 끌려가지 않았다. 비록 배움에 대한 기회를 박탈당하고 이방인으로서 차별받고, 전통적인 성역할 규범의 중층적 억압에 놓여 있었지만 자신 앞에 놓인 문제를 피하지 않았다. 배움에 대한 한을 가슴에 묻기보다 학교에 가는 것을 택하고, 전통적인 성역할 규범과 관습 속에서도 자신의 선택에 따라 능동적인 행위자가 되고자 했다. 이들을 둘러싼 외부의 차별과 배제, 내부의 불합리한 관습과 규범은 상당히 강고했지만 재일조선인여성들은 그 벽에 부딪히며 견뎌왔고 조금씩 균열을 내며 살아왔다.

4. 맺음말

역사 속에서 침묵 되었던 존재 또는 어떤 이유로 인해 역사에서 소외되었던 대상은 그들의 역사를 기록에서 찾을 수 없는 경우가 많다. 기록의 부재 속에서 그들의 존재를 규명하고 살아온 역사를 추적하기 위해서는 다양한 방법이 필요하다. 인터뷰를 통해 개인의 생애, 개인을 둘러싼 가족과 사회의 구조를 파악하거나 문학작품이나 매체 등에 반영된 당대의 사회상을 통해 개인을 둘러싼 그 시대의 관습, 가치관, 사회규범 등을 파악할 수 있다. 드라마, 영화 등을 통해서도 이는 가능하다. 사실과 픽션 사이의 간극을 주지하고 재현된 사실을 분석한다면 당대 사람들의 인식, 사회구조, 문화 등을 파악할 수 있다.

여기서는 드라마 '파친코'에 재현된 재일조선인(1세대)의 여성상을 분석하였다. 이를 통해 존재했지만, 희미해진 그녀들의 삶의 과정과 존재방식 등을 보여주고자 하였다. 드라마에서 구현한 그들의 가족, 가부장적 질서 속에서 규정된 여성의 역할, 사회적 · 경제적 상태, 커뮤니티에 대한 '사실'의 재현은 재일조선인여성의 역사를 이해하는 데 주요 정보가 될 수 있을 것이다. 드라마 '파친코'를 주목한 이유는 남성의 경험과는 구별되는 재일조선인여성의 경험이 드러나 있다는 점 때문이다. 특히 이 드라마는 역사의 전면에 드러나지 않았던 재일조선인여성의 경험에 주목하여 여성의 시선에서 서사가 진행된 점이 특징적이다. 재일조선인여성의 역사는 그들의 활동에 비해 거의 드러나지 못했다. 재일조선인여성의 역사를 이해하기 위해서는 여성들의 경험에 주목해야 하는데 드라마 '파친코'에 재현된 줄거리에서는 한 개인만이 겪은 유일하고 특별한 에피소드뿐 아니라 비슷한 시기 다수가 겪은 공통적이고 일상적인 경험들이 포함되어 있다. 이들 여성의 경험은 역사를 만들어온 과정에서 가치 절하되었던 여성의 행위성을 파악하는 데 주요한 정보이다. 이러한 문제의식을 토대로 이 논문에서는 드라마에서 재현되고 있는 내용을 분석하고 재일조선인여성에 대한 구술자료 등을 참고하여 재현된 내용에 담긴 실제성(實際性)을 고찰하였다.

재일조선인의 생활 속에서 여성의 역할과 비중은 매우 컸다. 그러나 이들은 독립적인 개별 주체의 존재로서 보다는 재일조선인이라는 카테고리의 한 구성원으로 묶여 존재성이 부각되지 않았다. 이들은 이방인으로 차별받으며 자신의 존재를 거부당하며 살아야 했고, 여자라는 이유로 그리고 가난 때문에 배움의 기회조차 얻지 못했다. 여성들에게 가장 중요한 관계였던 가족은 힘든 생활을 견뎌낼 수 있는 원천이었지만 지켜야 할 가족의 생계를 위해 그들은 쉼 없이 일을 해야 했다. 가사노동, 돌봄노동 그리고 생계를 위한 가정 밖 노동까지 그들의 삶은 노동의 연속이었다. 아내, 며느리, 어머니의 역할은 여성들의 인고와 희생을 바탕으로 유지되었다. 가정에서 기존의 전통문화 혹은 관습 등을 유지하는 일련의 활동들도 여성의 노동에 의존해 운영되었다. 그러나 이렇게 여성들이 수행한 수많은 노동은 전통적인 가족 질서 속에서 사적영역의 일로 구분되어 가치를 인정받지 못했다. 살아남아야 한다는 절실한 상황 속에서 가족 내부에서 벌어지는 차별과 모순된 질서는 쉽게 무시되었다. 재일조선인여성들은 드라마의 '선자'처럼 자신의 상황을 받아들이고 견뎌내야 했다.

구술자료에서 나타난 재일조선인여성들이 살아온 경험은 드라마에서 재현된 여성의 이야기와 크게 다르지 않았다. 오히려 드라마보다 더 극적인 사례도 볼 수 있다. 드라마 '파친코'는 역사 속에서 드러나지 않았던 수많은 '선자'의 존재에 주목했다. 그들은 가족을 위해 노동과 희생을 했던 주체이자, 봉건적 젠더규범 속에서 분투했던 주체였다. 드라마에 재현된 재일조선인여성(1세대)들은 질서에 순응하지만 무기력하지 않았고, 가족을 위해 희생하고 자신의 선택에 능동적으로 행동하는 존재로 묘사되었다.

미디어를 통해 재현된 역사적 사실은 우리가 인식하지 못했던 역사의 한 파편을 대중에게 과감히 드러내기도 하고 때로는 숨기기도 한다. 드라마는 역사책이 아니다. 드라마에는 사실과 허구가 섞여 있다. 때로는 허구를 사실처럼 믿게 만들기도 한다. 그렇지만 역사를 배경으로 한 드라마에는 당대를 살았던 사람들의 인식, 사회상 등과 같은 역사적인 맥락들이 담겨 있다. 그것은 우리가 허구를 사실로 믿게 만드는 배경이 되기도 하고 사실을 적나라하게 드러낼 수 있는 숨겨진 장치가 되기도 한다. 이러한 특성 때문에 드라마, 영화 등을 통해 재현되는 역사적 배경의 스토리텔링은 사실과 픽션이 결합하는 과정에서 역사 왜곡 문제를 야기하기도 하고, 역사에서 드러나지 않고 감추어졌던 것을 적극적으로 드러내는 역할을 하기도 한다. 또한 잊히거나 지워진 존재와 사실 등에 대한 정보를 대중에게 제공하는 역할도 수행한다. 드라마 '파친코'의 경우는 후자에 해당한다. 재일조선인여성의 경험을 중심에 두고 소외된 존재를 전면에 등장시키며 그동안 가려져 있던 역사의 한 단면을 대중들에게 소환하였다. 이것은 드라마 '파친코'에 대해 주목한 이유였다. 드라마라는 장르가 가진 속성상 재현된 내용에는 사실과 허구가 복합적으로 얽혀 있으므로 여기서는 재현된 내용의 실제성을 고찰하기 위해 구술자료를 활용하였다.

드라마 '파친코'의 8회 마지막 영상에는 재일조선인여성의 인터뷰가 담겨 있다. 80~90대의 할머니들이 면접자의 질문에 대답하는 모습인데 이는 매우 인상적인 드라마의 결말이었다. 그 시대의 '선자'였던 그들은 그곳에서 여전히 삶을 계속하고 있다. 아무도 그들을 알아주지 않아도 가족을 위해 자신을 희생하며 살았고, 모두가 함께였던 그 시절을 기억하고 있다.

이 글에서 중심을 둔 대상은 드라마에 재현된 재일조선인여성 1세였다. 드라마에서는 재일조선인 1세대에서 3세대까지 등장하고 있고 선자의 어머니와 아버지, 형님과 아주버니, 선자의 아들과 손자, 그리고 이들과 엮인 다양한 관계의 사람들이 이야기를 끌어간다. 드라마에서는 조선에 남겨진 선자의 친구가 일본군'위안부'로 가게 된 것으로 추정되는 장면도 있고, 관동대지진 조선인학살과 관련된 내용도 포함되어 있다. 세대를 지나 선자의 손자 재일조선인 3세 솔로몬의 이야기도 전개된다. 드라마 '파친코'에는 세대별 재일조선인들이 겪었을 일들이 촘촘히 반영되어 있다. 여기서는 재일조선인여성 1세를 중심으로 살펴보았지만, 재일조선인 2, 3세에 관한 연구의 필요성도 느끼게 되었다. 여기서는 다루지 못했지만 재일조선인 2, 3세에 대해서도 연구의 범위를 확대해 볼 계획이다. 이는 추후 연구과제로 삼고자 한다.

논문 출처

2024, 「드라마 '파친코'에 재현된 재일조선인(1세대)의 여성상」, 『역사와 담론』 109.

참고문헌

1. 자료

드라마 『파친코』 1~8화, 애플TV.
『빼앗긴 날들의 기억: 가와사키 도라지회의 기록』, KBS 스페셜 557회(2016. 8. 16).
『파친코와 이민진』, KBS 다큐인사이트(2023. 8. 17).
『중앙일보』(2022. 4. 11).
『한겨레』(2022. 5. 7).

2. 저서

가와타 후미코 지음(안해룡 옮김), 2016, 『몇 번을 지더라도 나는 녹슬지 않아』, 바다출판사.
강상중 지음(오근영 옮김), 2011, 『어머니』, 사계절.
강재언 · 김동훈 지음, 1995, 『재일 한국 · 조선인: 역사와 전망』, 小花.
김한조 글 · 그림, 2019, 『우리가 외면한 동포 재일조선인』, 여우고개.
니라유발 데이비스 지음(박혜란 옮김), 2012, 『젠더와 민족』, 그린비.
도노무라 마사무, 2010, 『재일조선인 사회의 역사학적 연구』, 논형.
미리내 지음(양지연 옮김, 조경희 감수), 2019, 『보통이 아닌 날들: 가족사진으로 보는 재일조선인, 피차별부락, 아이누, 오키나와, 필리핀, 베트남 여성의 삶』, 사계절.

미즈노 나오키, 문경수 지음(한동수 옮김), 2016, 『재일조선인: 역사, 그 너머의 역사』, 삼천리.
서경식 지음(형진의 옮김), 2012, 『역사의 증인 재일조선인』, 반비.
서아귀 지음(유라주 옮김), 2019, 『할머니들의 야간중학교』, 오월의 봄.
양석일 외 5인 지음(이헌창 옮김), 1996, 『재일동포작가 단편선』, 소화.
오구마에이지, 강상중(엮은이), 고민정, 고경순(옮긴이), 2019, 『재일1세의 기억』, 문.
오문자, 조용순(엮은이), 최순애(옮긴이), 2018, 『봉선화, 재일한국인 여성들의 기억』, 선인.
이민진 지음(이미정 옮김), 2018, 『파친코』 1~2권, 문학사상.
이붕언 저(윤상인 역), 2009, 『재일동포 1세, 기억의 저편』, 동아시아.
정영환 지음(임경화 옮김), 2019, 『해방공간의 재일조선인사』, 푸른역사.
竹田靑嗣, 2016, 『'재일'이라는 근거』, 재일조선인문화연구회 옮김, 소명출판.
테사 모리스 스즈키, 2011, 『봉인된 디아스포라』, 박정진 옮김, 제이앤씨.

3. 논문

강유진, 2019, 「역사가 우리를 망쳐놨지만, 그래도 상관없다」, 『교양학연구』 9집, 다빈치미래교양연구소.
강재언, 1984, 「재일교포문제: 재일한국인의 형성사」, 『일본학』 3, 동국대학교 일본학연구소.
권혁태, 2007, 「'재일조선인'과 한국사회: 한국사회는 재일조선인을 어떻게 '표상' 해왔는가」, 『역사비평』 78, 역사비평사.
김영, 2003, 『(해외여성) 삶과 정체성: 조선적으로 산다는 것』, 『여성과 평화』 3, 한국여성평화연구원.
김우자, 2020, 「재일조선인 여성에 대한 일상적이고 미묘한 차별」, 『동방학지』 제191집, 연세대학교 국학연구원.
손영희, 2020, 「디아스포라 문학의 경계넘기: 이민진의 『파친코』에 나타난 경계인의 실존양상」, 『영어영문학』 제25권 3호, 미래영어영문학회.
송연옥, 2015, 「재일조선인여성의 삶에서 본 일본구술사 연구현황」, 『구술사연구』 제6권 2호, 한국구술사학회.

오태영, 2021, 「경계위의 존재들: 이민진의 파친코를 통해 본 재일조선인의 존재 방식」, 『현대소설연구』 제82호, 한국현대소설학회.
이승연, 2019, 「생존을 위한 도박: 『파친코』를 통해 보는 자이니치의 삶」, 『아시아여성연구』제58권 3호, 숙명여자대학교 아시아여성연구원.
이승진, 『재일한국인 문학에 나타난 '여성상': 2, 3세 작가들의 작품을 중심으로』, 『일본문화연구』 제39집, 동아시아일본학회, 2011.
임진희, 2019, 「민진 리의 『파친코』에 나타난 재일한인의 장소담론」, 『예술인문사회융합 멀티미디어 논문지』 9권 8호, 사단법인 인문사회과학기술융합회.

15 근대 중국 사회의 '위안부' 제도 인식과 서사

황영원

1. 머리말

'위안부' 제도는 제2차 세계대전 중 일본군이 저지른 전대미문의 성 폭력과 인권 유린 사건이다. 그러나 명백히 드러났어야 할 이 역사적 사건은 내셔널리즘, 군국주의, 가부장제, 역사수정주의 등 복합한 요인으로 인해 만신창이가 되도록 찢기게 된다. 1990년대 '위안부' 문제가 등장한 이래 일본 정부와 우익 세력이 아무리 부정한다 한들, '위안부' 제도에 대한 많은 사실은 실제로 국제 사회와 학계에서 많은 공감대를 쌓았다. 그럼에도 불구하고 현재 학계의 연구들이 정체와 부진의 상태에 놓여 있는 것 또한 사실이다. 필자는 이러한 현상이 빚어진 원인은 현재의 연구 패러다임과 관련이 있다고 생각한다. 우선, 일본 정부와 역사수정주의자들은 관련 당사자로서, 일본군과 일본 정부의 법적, 정치적 책임을 인정하지 않고, 오히려 이것을 위안소 업주와 군인의 폭력

문제로 교활하게 전가하는 한편, 역사적 증거가 부족하다며 전후에 본 문제가 이미 국가 차원에서 청산되었다고 강변하고 있다.[1]

사실 지금까지 한중일 등 여러 나라의 학자들이 '위안부' 제도에 관한 다양한 자료를 발굴하고 출간하였지만, '역사적 증거 부족'이라는 족쇄에서 벗어나기는 어렵다.[2] 필자의 소견으로는, 문제의 본질은 증거가 불충분해서라기보다는 증거의 범위가 인위적으로 제한되어 있기 때문이다. 일본 측은 공문서만을 신빙성 있는 자료로 인정하는 랑케(Ranke) 사학식의 패러다임을 설정해 놓기 때문에,[3] 피해자의 증언, 신문, 문학, 영상 작품 등 기타 유형의 자료들은 대등한 사료적 가치를 인정받지 못하고 있다. 게다가 현재 일본 공문서에서 더이상 새로운 발견을 하기 어렵기 때문에 이는 결국 '위안부' 연구의 진전을 인위적으로 제한하는 것과 다름이 없다.[4] 또 하나의 문제는, '위안부' 자원설, 즉 '공창(公娼)설'이 오랫동안 '위안부' 연구의 '의제 설정'[5]을 주도한 것

1 서현주, 2016, 「2006~2016년간 일본군'위안부'연구의 성과와 전망: 한국의 역사분야 연구성과를 중심으로」, 『동북아역사논총』 53, 214 · 456쪽.

2 일본 정부와 우익 세력은 군이나 관헌에 의해 강제연행을 입증할 수 있는 문서가 없다고 주장한다(남상구, 2017, 「일본 정부의 일본군 '위안부'에 대한 역사인식과 정책 변화」, 『한일관계사연구』 58, 405~406쪽; 우에노 지즈코 지음, 이선이 옮김, 2014, 『위안부를 둘러싼 기억의 정치학』, 현실문화, 137쪽).

3 공문서 자료에 대한 역사가들의 선호는 보편적이다. 폴 리쾨르(Paul Ricoeur)는 역사가들은 모두 문제를 가지고 공문서를 열람한다고 지적하였다(保羅 · 利科저, 李彦岑 · 陳穎 역, 2020, 『記憶, 歷史, 遺忘』, 上海: 華東師範大學出版社, 233~235쪽). 왕칭자(王晴佳)가 지적하기를, 근대 역사학의 발전에서 보았을 때, 사학자들은 문헌 사료를 중시한 반면 구술 증언을 소홀히 취급하였는데 이것은 랑케 사학의 영향을 받은 것이고, 특히 일본의 사학계가 이러한 성향이 짙다. 구술 증언의 진실성에 신중하거나 유보적인 태도를 취하는 자는 우익 학자뿐만 아니라, 적극적으로 '위안부' 연구를 주도하는 요시미 요시아키(吉見義明)등의 사학자도 마찬가지다(王晴佳, 2020, 「口述證言能否成爲歷史證據?: 感情史研究對近現代史學的三大挑戰」, 『社會科學戰線』 5, 104~105 · 112쪽).

4 최종길, 2015, 「행정문서 재구성을 통해 본 일본군 '위안부'제도의 성립과 운용」, 『한일관계사연구』 51, 450쪽.

에 있다. 그 결과로, 학계는 이에 대한 안티테제로 '위안부' 제도의 강제성을 논증하고, '위안부'와 '공창'의 경계를 구분하는 데 집중하였다. 그러나 민족주의적 내러티브에 얽매이어 국가주의와 남성성을 기반으로 하는 성매매와 성폭력에 대한 비판 강도를 약화시켰다.[6]

현재 한중일 삼국의 학계에서는 위에서 언급한 문제들을 모두 어느 정도 인지하고 있다.[7] 특히 '위안부' 문제 이슈화가 가장 높은 한국에서 일부 학자들은 최근 객관적 사실이 뒷받침되지 않는 정치적 논의와 과도한 민족주의적 서사를 지양하기 위해 '위안부'라는 개념을 포함한 기본적인 역사적 사실을 재규명할 것을 요구하고 있다.[8] 동시에, 사료 발굴의 침체 상태에서 벗어나기 위해 학자들의 시선은 아직 충분히 개발되지 않은 중국, 동남아 등지의 자료에 더욱 향하게 되었다.[9]

그중 중국은 제2차 세계대전에서 동아시아의 주 전장으로서, 전시에 일본군 '위안부' 제도가 가장 집중적으로 실행되었던 지역이자, 동아시아 각국의 '위안부' 피해가 집중된 지역이기도 하였다. 뿐만 아니라 당시 일본 국내 및 식민지인 조선과 대만에서는 당국의 법적 규제와 사회적 통제로 인해 '위안부' 문제는 출판물에서 논의되는 것이 거의 불

---

5 예를 들어 일본의 대표적인 우익 역사가 하타 이쿠히코(秦郁彦)는 '위안부' 제도를 일본 공창제의 전장 버전으로 간주한다(秦郁彦, 1999, 『慰安婦と戦場の性』, 東京: 新潮社, 406쪽 참조).

6 박정애, 2019, 「일본군'위안부' 문제의 강제동원과 성노예: 공창제 정쟁과 역사적 상상력의 빈곤」, 『페미니즘 연구』 19(2), 45쪽.

7 宋少鵬, 2016, 「媒體中的"慰安婦"話語: 符號化的"慰安婦"和"慰安婦"敍事中的記憶/忘却機制」, 『開放時代』 3, 151쪽; 박정애, 2019, 앞의 글, 6쪽.

8 박정애, 2015, 「피해실태를 통해 본 일본군'위안부'의 개념과 범주 시론」, 『사학연구』 120, 171쪽. 중국 학자 수즈량(蘇智良) 역시 최근 발표한 논문에서 '위안부' 연구 분야에서의 기본 개념에 대한 해석과 이해에는 여전히 큰 차이가 있다고 지적하였다(蘇智良, 2020, 「"慰安婦"問題基礎概念再探究」, 『社會科學戰線』 7, 114쪽).

9 장미혜, 2017, 「일본군 '위안부' 연구의 패러다임 전환과 연구사적 의미」, 『한국여성정책연구원 세미나자료』, 9쪽.

가능하였다.[10] 이와 달리 전시 중국에서는 이 문제가 일찍부터 대중 간행물에서 널리 다뤄져 왔으며, 이는 '위안부' 문제가 공론화되어 당시의 사회적 이슈이자 보편적 상식으로 자리 잡았음을 의미한다. 이런 현상은 일본이나 기타 식민지에서 발견하기 어려운 독특한 것이었다. 따라서 전시 '위안부' 제도에 대한 중국인의 담론과 기억은 '위안부' 제도의 객관적 사실을 복원하고 그 역사적 영향력을 탐구하는 데 중요한 가치가 있다고 할 수 있다. 특히 논자들이 지적하였듯이 일본과 식민지, 조차지, 위임통치지역들에서 널리 실시되었던 일본군 '위안부' 제도는 시기별, 지역별, 정치상황별에 따라 그 양상이 모두 동일하지 않았기 때문에 초국적 기억 안에서 사유할 필요가 있다.[11] 이런 점에서 '위안부' 제도에 관한 근대 중국 사회의 기억과 서사를 연구하는 것은 '위안부'의 역사적 연구를 심화시키는 데 유의미한 작업이라 할 수 있다.

그러나 이 문제에 대해서는 아직 충분한 연구가 이루어지지 않고 있다. 지금까지 몇 안 되는 중국 학자만이 전쟁 중 출간된 문학 작품 및 일부 신문 기사를 검토한 바가 있지만 분석한 자료가 제한적일 뿐만 아니라 주로 문학의 시각으로 접근하였기 때문에 '위안부' 제도의 역사성을 독해하는 데 한계가 있다.[12] 이에 본 논문은 선행연구를 바탕으로,

---

10 현재까지 발견된 것은 일제시기 『매일신보』(1944. 10. 27), 『경성일보』(1944.7.26.)에 게재된 '위안부' 모집광고 밖에 없다. 그 이외에 조선의 『동아일보』(1939.8.31.)와 일본의 『大阪朝日 · 南鮮版』(1939. 11. 21), 『大阪朝日 · 西鮮版』(1940. 6. 28) 역시 조선의 불량업자가 부녀자를 유괴하여 창기로 충당하였다는 이유로 법적 처벌을 받았던 보도가 있지만, 기사에서 볼 때는 '위안부'인지 아닌지 확인할 수 없다. 이는 명확하게 '위안부'로 지칭하는 중국 기사와 다르다.

11 송연옥, 2017, 「상하이에서 본 요리점 · 유곽 · 위안소의 연관성」, 『사회와 역사』 7, 38쪽; 박정애, 2021, 「교차하는 권력들과 일본군'위안부' 역사: 램지어와 역사수정주의 비판」, 『여성과 역사』 34, 3 · 14쪽.

전시 및 국공내전 기간 출간된 신문, 잡지, 서적, 문학 작품, 중국측이 입수한 일본군의 일기 등 각종 자료를 종합하여, '위안부' 제도에 대한 근대 중국 사회가 가지는 인식과 담론을 재구성하고자 한다. 이를 통해 중국의 역사적 맥락 속의 '위안부' 제도의 역사적 사실과 사회적 영향을 제시하고, 나아가 해방 후 '위안부'가 장기적으로 잊히고 방치되었던 '역사적 망각'에 대해 성찰해 보고자 한다.

2. 근대 중국 사회의 일본군 '위안부' 제도 인식

일본군 '위안부' 제도는 근대 일본의 공창제와 군국주의의 공모에서 비롯된 측면이 크다. 메이지 유신 이후 일본은 성매매 지역 지정, 정기적 성병 검사, 영업허가 발급, 세금 납부 등 근대적 공창제의 틀을 확립하였다.[13] 이와 동시에 일본은 군사력을 확충하는 가운데 군인들의 성욕을 해소하고 성병을 예방하기 위해 배후에서 군부대 주변의 유곽 건설을 적극 추진하기도 하였다. 또한 일본의 식민지 확장 및 대외 전쟁과 함께 효과적인 성 관리에 대한 군 내부의 요구가 늘어나면서, 군은 매춘 문제에 점점 더 관여하게 되었다. 특히 1918년 일본의 시베리아 군대 파병 이후 일본군은 매춘부의 모집과 관리에 직접적이고 전면적

12 王學振, 2012, 「抗戰文學中的慰安婦題材」, 『南京師範大學文學院學報』 4, 107~113쪽; 張元卿, 2013, 「侵華日軍强徵"慰安婦"的文學證言: 以『粉墨箏琶』爲例」, 『日本侵華史研究』 4, 88~94쪽; 한샤오 · 뉴린졔, 2016, 「한국인 위안부 제재 중국현대문학 작품에 대한 고찰」, 『아시아문화연구』 42, 179~206쪽; 劉廣建, 2018, 「民國出版物中的日軍"慰安婦"制度」, 『日本侵華南京大屠殺研究』 3, 59~66쪽; 李存光 · 金宰旭, 2018, 「中國現代作家塑造的韓國"慰安婦"形象: 舒群 · 碧野的小說和王季思的敍事詩」, 『當代韓國』 4, 64~77쪽; 韓曉, 2019, 「中國現代文學中的"慰安婦"形象研究」, 『中國文化研究』 44, 93~117쪽.

13 朱憶天, 2015, 「日本慰安婦制度源流考」, 『史林』 1, 108쪽.

으로 개입하기 시작하면서 '종군 위안부'의 윤곽이 드러나기 시작하였다.[14] 이에 대해 중국 사회는 일찍부터 인지하고 있었다. 1922년 상하이 『쾌활(快活)』잡지에 실린 옌전스(嚴枕石)[15]가 쓴 「청창만필(晴窓漫筆)」을 보면, 당시 일본 육군이 부설한 '영기(營妓, 고대 군 내부의 기생)'에 대해 다음과 같이 묘사하고 있다.

> "내가 도쿄(東京)에서 육군에 대해 조사하고 있을 때, 한 연대(聯隊)의 특무조장(特務曹長, 준사관 해당)이랑 같이 있었다. 그때 어떤 얇은 기록물을 발견했는데, 해당 연대의 소두목이 영기와 외박을 보낸 횟수, 미납 이용료의 액수가 적혀 있었다. 나는 놀라움을 감출 수 없어 더욱 자세히 물어보게 되고 그 사실을 알게 되었다. 일본 육군은 연대마다 기원(妓院)을 부설했는데, 이름을 '영기'라고 지었다. 이곳의 기녀들은 모두 군의관의 검사를 통해 허가를 받아야 영업을 할 수 있었다. 입소 후, 이들은 매 달 첫 날에 군의관으로부터 검사를 받아 몸에 이상이 없으면 계속 영업할 수 있었고, 그렇지 않으면 전염 방지로 인해 쫓겨나기 일쑤였다. 부대 소두목 등이 영기와 외박을 보낼 경우, 반드시 사전에 휴가를 내야 하며 그 횟수는 매달 2회를 초과할 수 없다. 만약 밤을 보냈는데 수중에 돈이 없다면 임시로 장부에 기록해 해당 부대의 담당 특무조장에게 통지하여, 봉급을 지급할 때 액수만큼 삭감한다. …만약 우리나라 사람이 이러한 풍토를 듣는다면 반드시 비웃음 칠 것이다. 사실 규율을 유지하고 위생을 중시하는 데에는 이보다 좋은 게 없다. 육군 장교들이 기생을 곁에 두고 술을 마시는 것은, 우리나라에선 금령(禁令)이지만, 반대로 일본 군인들은 보통 커다란 홀에서 다 같이 기생을 곁에 두고 술을 마시면서 즐기고, 이들은 할 수 있는 건 다 한다. …우리의 상황과 매우 동떨어지므로 함부로 본받아서는 안 될 것이다."[16]

위 글에서 알 수 있듯이, 당시 일본군의 '영기' 제도는 상당히 완비되어 있었고, 설립 주체, 성병 검사, 이용 규칙 등의 내용으로 보았을 때,

14 朱憶天, 2015, 앞의 글, 112~114쪽.
15 嚴枕石의 생애 이력을 알 수가 없으나 嚴芙孫이나 嚴獨鶴의 필명일 가능성이 있다.
16 嚴枕石, 1922, 「晴窓漫筆」, 『快活』 10, 14쪽.

2차 세계대전 당시의 '위안부' 제도와 상당히 비슷하다. 저자는 중일 양국의 군대 성문화를 비교하면서 일본군 내에 기생집을 부설한 조치는 '규율을 유지'하고 '위생을 중시'하는 일종의 '선행'이라는 긍정적인 평가를 내렸다. 한편, 1931년 9월 8일, 유명한 저널리스트인 정이메이(鄭逸梅)는 『신보(申報)』에 「어느 친구가 전해주는 일본 군인의 이야기(紀客談倭國之軍人)」라는 글을 실으면서, 일본에 거주하는 친구의 말을 빌려 일본군의 '군대 기생' 제도를 다음과 같이 소개하였다.

> "무릇 국가가 대개 저렴한 물건으로 군인들에게 누리게 한다. 그리고 중국 한나라 때 영기 배치의 예를 따라 군창(軍娼)을 부설하여 군사 중 처가 없는 자에게 이용하도록 한다. …이와 같은 조치들은 모두 군인의 노고를 위로하기 위한 것이다."[17]

이를 통해, 1932년 제1차 상하이사변 이후 일본 해군이 상하이에 최초의 위안소인 '다이살롱(大一沙龍)'을 설립하기 이전에 일본에는 이미 공창제를 기반으로 한 '군기(軍妓)' 제도가 있었고, 그리고 이것이 중국 여론을 통해 부분적으로 드러났음을 확인할 수 있다. 그 후 일본군은 중국을 침략하는 과정 중에 이 시스템을 중국으로 옮겼고, 특히 1938년 이후에는 광범위하게 위안소를 설치하게 되는데 그 결과 중국 여론의 관련 보도 또한 점차 보편화되기 시작하였다.

1) 일본군이 각지에 위안소를 설치한 것에 관한 여론 보도

1932년 1월, 일본 해군은 상하이에 첫 위안소를 개장하였다. 1937년 12월 '난징 대학살' 이후, 각지의 일본 주둔군들이 잇달아 위안소를 세

17 鄭逸梅, 「紀客談倭國之軍人」, 『申報』 1931. 9. 18.

우면서 위안소 제도는 체계화되고 보편화되기 시작하였다. 이에 중국의 『신보(申報)』, 『중앙일보(中央日報)』를 비롯한 대형 언론사부터, 『호보(滬報)』, 『정화일보(精華日報)』, 『현세보(現世報)』와 같은 타블로이드까지, 일본군이 위안소를 광범위하게 곳곳에 설치하는 사실에 대해 빈번하게 보도하고 폭로하였다. 따라서 당시 중국인들에게 이러한 사실은 그다지 낯설지 않았다고 할 수 있다.

〈표 1〉 1932년 이후 일본군 위안소 관련 중국 신문 보도 일람

시간	지역	장소	인원	모집 형태	국적(지역)	설립 주체	출처
193204	상하이 자베이(閘北)	임시 창료(娼寮)	군기			일본군	滬報
193204	상하이 바오산(寶山)		군기		조선	일본군	精華日報
1932	상하이 우쑹(吳淞)		영기			일본군	精華日報
193802	상하이 진산(金山)	기원(妓院)	기녀		일본, 조선		申報
1938	상하이 난시 쥐먼로(南市局門路)	제국 위안소	기녀			위(僞) 경찰서 경찰 루잉(盧英)	沖鋒
1938	상하이 칭푸(靑浦)	위안소	기녀	상하이 난민 여성	중국	중국 무뢰한과 조선인	抗戰叢刊
193811	상하이 진산	위안소	기녀	모집	중국	위(僞) 현청(縣署)	申報
1945	상하이					한간(漢奸)[18] 천빈허(陳彬龢)	泰山
193306	베이징 구커우(北平古口)	창요(娼窯)	기녀		일본, 조선	일본군	申報
1933	창춘(長春)		군기		조선	일본군	攝影畫報
193712	양저우(揚州)	위안소(기원)	기녀	기녀 모집	중국, 일본, 조선	업자 선자칭(沈家慶), 일본군	申報
193801	쿤산(昆山) 남쪽의 첸둔(茜墩)	위안소				한간 유지회(維持會)	申報
193802	항저우(杭州)	기료(妓寮)		강제 징용		유지회	大公報
193810	쿤산 근처의 자오즈진(角直鎭)	위안소				일본군	申報

시간	지역	장소	인원	모집 형태	국적(지역)	설립 주체	출처
193810	쿤산	기관(妓館)		상하이에서 모집	중국	여자 건달 장산(張三)	申報
193811	루가오(如皋)	위안소(기원)	일본 기생	난민 부녀, 일본 기생	중국, 일본	한간 위원서우(于文壽), 쉬서우정(徐壽征)	申報
193811	쉬저우(徐州)		영기	일본 기생	일본, 조선, 대만	일본 낭인	申報
193807	창수(常熟)	위안소					現世報
193809	쑤저우(蘇州)	위안소				장쑤성(江蘇省) 성장 천저민(陳則民)	大公報(香港版)
193905	쑤저우	위안소				일본군 특무 왕시주(汪錫鑄)	申報
1938	난퉁(南通)	위안소	기녀	기녀 모집	중국, 일본	한간 정권	申報
194003	롄윈강(連雲港)	위안소				칭다오(青島) 기업	晨報
193811	난징	위안소		가난한 소녀들을 매춘으로 강요	중국	한간 차오웨친(喬月琴)	今日之南京
193810	충더(崇德)	위안소(日本堂子)	기녀	항저우에서 기녀 모집	중국	건달 주샹순(朱祥順), 쉬스잉(許世英)	申報
193810	자아산(嘉善)	위안소	기녀	상하이, 항저우 기녀	중국	위 현청	申報
193810	항저우	위안소			중국, 일본, 조선		申報
193810	우창(武昌)		영기	난민 부녀자	중국	일본군	西北文化日報
193904	한커우(漢口)	기원				일본군	申報
193903	허베이(河北) 셴현(獻縣)	기녀단	기녀	기녀 채용	중국, 조선	바오딩(保定) 일본인	申報
193811	광저우		영기		중국	일본군	申報
194306	광저우만(廣洲灣, 현 湛江)		군기	부녀자 강제 징용	중국	일본군	淮上日報
193902	창사(長沙) 웨양(岳陽)	영기방(營妓房)	영기	부녀자 강제 징용	중국		掃蕩報(桂林)
194011	난닝(南寧)	위안소	군기				申報
194012	뻥뿌(蚌埠)	위안소	일본 기생		일본		中央日報(昆明)
194402	홍콩		영기	여간호사 겁탈	중국	일본군	掃蕩報(桂林)

위 신문 기사들에서 볼 수 있듯이, 1938년 이후 일본이 중국 침략을 확대하면서, 일본군 위안소는 상하이에서부터 중국 전역으로 점차 확산되었다. 동시에 중국 언론은 '위안소'라는 용어를 많이 사용하였지만, '위안부'라는 용어를 쓰지 않았다는 점에 주목할 필요가 있다. 위안소에서 성매매를 하는 여성에 대해 '기녀', '영기', '군기'라는 용어로 많이 불렀다. 이에 대해 일각에서는 이는 당시 사람들이 '위안부' 제도에 대한 인식이 모호하였던 데서 비롯된 결과이자, 자발(自發) 여부 및 보상의 유무가 '위안부'와 '기녀', 그리고 '영기', '군기'의 본질적인 차이라고 주장한다.[19] 필자는 이러한 주장에 대한 논의가 필요하다고 생각한다.

우선, 일본 우익처럼 경솔하게 '위안부'를 공창과 대등시킬 수 없지만,[20] 일본군의 '위안부' 제도는 확실히 공창제와 제도적으로 깊은 관계가 있다는 사실은 부정할 수 없다. 게다가 양자 모두 남성 군인과 노동자들의 성욕을 충족시킴으로써 부국강병이라는 국가주의적 목표를 달성하도록 하는 논리와, '좋은 여자(양갓집 부녀자)'와 '나쁜 여자(기녀)'라는 사회적 구분 원리를 공유하고 있다는 특징이 있다.[21] 무엇보다 당시 중국인

---

18 한간(漢奸): 중국에서 외국 침략자와 내통하거나 부역, 협력한 자를 가리키는 용어이다.

19 劉廣建, 2017, 「日軍"慰安婦"制度概念辨析」, 『日本侵華史研究』 1, 115~116쪽; 劉廣建, 2018, 「民國出版物中的日軍"慰安婦"制度」, 『日軍侵華南京大屠殺研究』 3, 60쪽.

20 수즈량(蘇智良)은 '위안부'로 불리는 부녀자들은 일본군 통제 하에 있었던 성노예 상태였고, 이처럼 '위안부'로 하여금 개인의 자유를 잃게 한 강제성이 일본군 '위안부'(성노예) 제도를 공창제 및 민간 상업 매춘과 구분할 수 있는 가장 중요한 특징이라고 주장하였다(蘇智良, 2020, 「"慰安婦"問題基礎概念再探究」, 『社會科學戰線』 7, 116쪽 참조). '위안부'제도나 공창제는 일제의 정치적 영향력이 미치는 지역에서 부국강병이라는 근대국가의 임무를 수행하는 남성(군인과 노동자)의 성을 '위안'한다는 명목으로 구현된 근대 일본의 성 관리 시스템이었다는 점에서 동일하였다(박정애, 2021, 앞의 글, 23쪽). 하지만 '위안부' 제도는 전시 하 일본군이 직접 개입, 통제한 것으로 위안부 모집 과정에서 드러난 강제성, 위안소 관리의 폐쇄성, 그리고 자유폐업의 배제 등 점에서 공창제와 구별을 지을 수 있다고 생각한다.

21 秦郁彦, 1999, 『慰安婦と戦場の性』, 東京: 新潮社, 406쪽; 이진아, 2020, 「조선인'위안부'를 둘러싼 제국 남성의 시선과 언어」, 『석당논총』 76, 295쪽; 朱憶天, 2015, 앞의 글, 109~110쪽.

들이 '군기' 또는 '영기'를 '위안부'로 지칭하였던 것은 중국 역사 속에서도 등장하는 대등한 '영기' 문화가 존재하였기 때문이다.

1923년 7월, 『동방잡지(東方雜誌)』에서는 세계 각국의 기생을 다룬 글을 실으면서 중국의 '영기' 역사를 추적하였다. 본문에서는 『한무외사(漢武外史)』에 기록된 "한무제가 처음으로 영기 제도를 만들어, 처(妻)가 없는 군사들을 상대하였다(漢武帝始置營妓, 以待軍士之無妻室者)."라는 구절을 인용하면서 중국의 영기 제도는 한(漢)대에 시작되었다고 공언하고 있다.[22] 이러한 논조는 당시에 상당히 유행하였는데, 1932년 11월 중국에서 최초로 출판된 기생 관련 전문 사서(史書)인 왕수누(王書奴)의 『중국창기사(中國娼妓史)』 역시 이 설을 채택하였고, 영기의 신분은 대체로 '졸처(卒妻)'와 관노비였다고 주장하였다.[23] "한무제가 처음으로 영기 제도를 만들었다"는 설은 비록 객관적인 사료 근거도 부족할뿐더러, 현대 학자들 역시 "영기는 군기가 아닌 일반적인 '여락(女樂)'이었다"는 의혹을 제기하지만, 이 설은 민국시기 내내 지식인들에게 널리 받아들여졌다.[24]

예컨대, 1945년 상무인서관(商務印書館)에서 출판한 왕이(汪怡)가 펴낸 『국어사전』에서는 '영기'를 '고대 군영에서 마련한 관기(官妓)'라고 정의하며 '영기' 제도가 가지는 본토적인 맥락을 암시하고 있다.[25] 위와 같은 이해를 바탕으로 당시 중국 여론에서는 '위안소'라는 용어를 자주 사용하였지만, '종군 매춘시설(隨營妓院)'과 거의 동의어로 인식하였다. 예를 들어, 1942년 국립 샤먼대학(厦門大學)의 교장실 비서였던 허리성(何勵生)은 『항

22 龍三栗, 1931, 「現代世界各國的娼妓問題及其解決方法」, 『東方雜誌』 28(14), 26쪽.

23 王書奴, 1934, 『中國娼妓史』, 上海: 生活書店, 41~43쪽.

24 易玲, 「軍妓」, 『社會日報』 1943. 5. 23; 李樹靑, 1944, 「士大夫的生活與妓女」, 『東方雜誌』 40(19), 24~25쪽; 「軍妓, 古已有之」, 『中山日報』 1947. 4. 8.

25 汪怡主編, 1945, 『國語辭典』, 上海: 商務印書館, 4161쪽.

전고취(抗戰鼓吹)』라는 책에서 위안소를 '왜구(倭寇) 영기'와 '관음궁(官淫宮)'이라고 칭하였다.[26] 같은 해 출판된 『항전건국실용백과사전(抗戰建國實用百科辭典)』에서는 '위안소'를 다음과 같이 정의하였다. "왜구가 중국을 침략하였던 와중, 일본군은 병사들의 반전 정서가 일어나자 위안소(즉 기생관)를 특설하여 병사들을 마취시키고자 하였다."[27] 요컨대, 위안소의 본질을 군중 매춘 시설(기원)로 파악하고, 군 주도하의 성관계와 성매매라는 특징에 주목하였던 것은 결국 '위안부' 제도에 대한 당시 중국 사회의 기본 인식이었다고 할 수 있다.

요시미 요시아키(吉見義明)는 일본군 위안소를 일본군이 직접 운영하는 '직영 위안소', 민간이 군으로부터 위탁받아 운영하는 군 '전용 위안소', 일본군이 임시로 민간 매춘 시설을 지정하여 이용하는 '임시 위안소', 이렇게 세 가지 유형으로 분류하였다.[28] 당시 중국 여론이 피력한 상황에 비추어 보았을 때, 각지에 설치, 운영하였던 위안소는 확실히 요시미가 제시한 유형과 대체로 일치하였다. 하지만 상술한 유형 간의 경계가 반드시 명확하였던 것은 아니다. 〈표 1〉에서 나온 것처럼, 당시 중국 내의 위안소 중 상당수는 괴뢰 정권과 한간들이 세워 운영하였던 것이다. 이러한 유형의 위안소는 일본군의 '직영 위안소'에 포함되지 않으나, 일제 점령의 맥락에서 볼 때 대대적으로 위안소를 설립하고, 더군다나 전시임에도 불구하고 크게 횡재할 수 있었던 것은, 일본군이 부여한 권력과 지위를 떠나서는 불가능한 이야기였다.

예를 들어 안후이(安徽) 뺑뿌(蚌埠)의 자오잉저우(趙瀛洲)가 바로 전형적인

26 何勵生, 1942, 『抗戰鼓吹』第1集, 重慶: 中國文化服務社, 43쪽.

27 文化供應社編, 1942, 『抗戰建國實用百科辭典』, 桂林: 文化供應社, 316쪽.

28 요시미 요시아키 지음, 남상구 옮김, 2013, 『일본군'위안부' 그 역사의 진실』, 역사공간, 20쪽.

예시인데, 자오잉저우는 양저우 사람으로 일찍이 뻥뿌에서 목욕탕, 인쇄 공장, 골동품 사업에 발을 들여 놓았다가 나중에는 매춘 사업이 수익성이 좋다는 사실을 알게 된다. 그리고 나서 자신의 고향인 양저우에서 소녀들을 사기로 모집하여 뻥뿌에서 매춘 업소를 개설하게 되고, 경영에 능한 그는 현지 매춘 업계의 선두 주자가 되었다. 1938년 2월, 뻥뿌가 함락되자 일본군은 안후이의 꼭두각시 성장(省長)인 니다오랑(倪道烺)에게 뻥뿌에 위안소를 설립할 것을 명령하였다. 니다오랑은 공공연하게 진행하기를 두려워하여 자오잉저우에게 중산로(中山街) 북쪽에 위치한 대관루여관(大觀樓旅館)에다 일본군을 상대로 하는 위안소를 설립하라고 지시하였다.[29] 또 다른 예로는 쑤저우에 위안소를 연 링광옌(凌光炎)을 들 수 있는데, 그 역시 일본인 여성을 처로 삼았으며 한때는 괴뢰정권의 소장(少將)과 여단장을 비롯한 각종 군정 요직을 6년이나 맡은 한간이었다.[30] 이 외에도 한간, 괴뢰정권, 특무들이 개설한 위안소가 다수 존재하였으며, 또는 현지 한간 조직이 부녀자들을 강제로 '공출'하여 '위안부'로 삼는 경우가 종종 있었다.[31] 당시 일본은 중국에서 차지한 지역이 넓었기 때문에, 현지의 인력, 물력, 그리고 여성을 대상으

29 「各地通迅」,『申報』1946. 4. 25; 懷楠, 「淪陷時期蚌埠的娼妓業和慰安所」, 政協全國委員會文史資料研究委員會編, 1985, 『文史資料選輯(總第6輯)紀念抗戰勝利40周年專輯』, 北京: 文史資料出版社, 179~182쪽; 「侵掠罪證難抵賴: 蚌埠"慰安所"」, 紀新建 · 郭照東 編, 2015, 『亮劍淮畔: 抗日戰爭在蚌埠』, 合肥: 安徽人民出版社, 79~80쪽.

30 「開設慰安所, 凌光炎重審」, 『申報』 1946. 11. 22; 「凌光炎獻女媚敵, 鄉人寄照片佐證, 法院希望大家提證助審」, 『大公報(上海版)』 1946. 1. 25.

31 「時材: 郡醜跳梁, 僞警局設慰安所」, 『冲鋒』 27, 1938, 7쪽; 「華軍某師, 到達金山, 各遊擊隊將悉改編」, 『申報』 1938. 11. 27; 「陳彬龢開設慰安所發財」, 『泰山』革新第9期, 1946, 4쪽; 「顧亭林故里, 淪陷後慘遭蹂躪, 顧墓之前曾被日機投彈二枚, 日軍與漢奸等極力荼毒民衆」, 『申報』 1938. 11. 17; 小小, 「歸蘇小記, 淪陷後的天堂」, 『大公報(香港版)』 1938. 9. 8; 「蘇州日軍特務, 汪鴻鑄被擊斃」, 『申報』 1939. 5. 5; 王璧珍, 1941, 「慰安所里的女同胞」, 『廣西婦女』(17 · 18), 36쪽.

로 한 성(性) 동원을 전개하려면 현지의 친일 세력을 동원할 수밖에 없었다. 결국 일제가 중국 경내에 광범위하게 위안소를 설치하고 여성에 대한 성폭력을 자행할 수 있었던 데에는 친일 세력의 협조가 있었음을 알 수 있다.

사실상 1930년대 이후로 상하이의 신문에는 불량배들이 여성을 일본군 매춘부로 충당하기 위해 납치한 혐의로 법적 처벌을 받았다는 보도가 이미 등장하기 시작하였다. 일례로 1935년 6월, 상하이 일본 총영사관 경찰서는 베이쓰촨로(北四川路) 헝빈교(橫濱橋) 메이메이리(美楣里)에 있는 해군 위안소의 주인인 무라카미 토라키치(村上虎吉)와 추장리(虬江里) 소재의 모 커피숍 여사장인 아라야마 시와자(荒山縞技)를 오사카, 고베, 상하이 등 지역에서 여성 납치 단체를 조직하는 데 관여하였다는 이유로 체포하였다.[32] 또한 1938년 3월, 상하이 차오자두(曹家渡)의 한 장화 공장에서 일하도록 소개해 주겠다는 이유로 젊은 여성 왕슈쮄(王秀娟)을 홍커우(虹口)로 유인한 뒤 항저우로 이송하여 일본군에게 강간을 당하게 한 상하이 시신교(西新橋) 소재의 건달 주창바오(朱常寶) 역시 상하이 제2특별 법원에 고발되는 등[33] 상하이에서 이런 사례는 매우 빈번하였다.[34] 이는 감언이설 등 사기적인 수단으로 여성을 유괴하여 '위안부'로 충당하도록 하였던 현상이 널리 퍼져 있었으며, 그리고 이런 행위가 당시 이미 불법으로 취급되었다는 사실을 시사한다.

32 「日領署發覺, 婦女誘拐團, 在大阪神戸上海等處誘拐」, 『申報』 1935. 7. 1.

33 「誘女供日軍奸淫案, 特二法院昨日開審」, 『大美晩報晨刊』 1938. 4. 1.

34 「宋景賢在南市設妓院, 騙誘女子專供日軍蹂躪」, 『大美晩報晨刊』 1938. 3. 19; 「孤島漢奸惡態, 高尙職業原來是軍娼」, 『流聲機』 6, 1938, 2쪽; 「在監囚犯, 恐嚇詐財」, 『申報』 1940. 2. 18.

2) '위안부' 제도에 대한 사회적 인식과 담론

근대 중국의 여론과 인식 가운데 일본군 위안소에서 성노예가 된 여성들은 기본적으로 고금동서를 막론하고 흔히 보이는 군기 또는 영기로 간주되었다. 따라서 당시 다른 국가나 지역의 관련 사례가 존재한다는 언론 기사가 수반되었는데, 이런 기사들은 한편으로 일본군 '위안부' 제도의 특수성을 어느 정도 약화시켰다고 할 수 있다.

예를 들어, 1941년 7월 괴뢰정권인 유신정부(維新政府)가 발행한 기관지인 『난징신보(南京新報)』는 「유럽 역대 전쟁 중의 영기에 대한 고찰(歐洲歷代戰爭中營妓的考志)」이라는 제목의 기사를 게재하였다. 이 글은 네덜란드 독립전쟁, 종교 전쟁, 1차 세계대전 중 여러 나라의 군대가 영기를 두었다는 예를 들었으며, 영기의 수가 "전체 군대 인원수의 5분의 1" 또는 "4분의 1"만큼 높았다고 주장하였다. 유럽의 영기에 관한 기사는 상하이 타블로이드 신문인 『중보(中報)』에도 실렸는데, 기사의 마지막에는 "전쟁터의 원앙(군기를 가리킴)은 동서고금을 막론하고 일찍이 존재해 왔다. 여자는 물로서 사막의 군대를 윤택하게 한다. 여자 만세!"라고 풍자식으로 논평하였다.[35] 이에 앞서 1935년 7월, 『주묘월간(綢繆月刊)』은 시인 캉바이칭(康白情)이 쓴 1차 세계대전 당시 미국이 영기를 둔 글을 게재하였는데, 이 글에 따르면 "유럽에서 전쟁이 곧 종료될 무렵, 미국은 이백만의 사내를 유럽 대륙으로 보내 참전시켰고, 영기도 동행시켰다. 이는 군의원에서 근무할 간호사와 후방에서 서류 업무를 담당할 서기라는 명의로 모집되었는데, 대다수는 고액의 금액으로 유치되어 종군시킨 라틴계 소녀들이었다".[36] 최근 연구에 따르면, 비록 이들의 형태는 일본군 위

35 鼎九, 「關于營妓」, 『中報』 1942. 2. 2.

안소와 다른 점이 존재하지만, 19세기 중반 이후, 서양 국가들은 확실히 식민지, 전장, 또는 점령지의 군대 주둔지 내의 성매매에 대한 관리를 진행하였고, 심지어 군대 내부에서 직접적으로 매춘 시설을 설립, 운영하였던 것을 알 수 있다. 따라서 상술한 기사는 완전히 근거 없는 내용이 아니다.[37]

논자들은 서양뿐만 아니라 중국의 사례도 거론하였다. 예를 들어 앞서 언급한 캉바이칭의 글에서도 "오늘날 중국 홍군(紅軍, 공산당 군대)은 위로대(慰勞隊)가 있는데, 이들의 실체는 영기다."라는 주장을 제기하여 영기라는 화제에 국공(國共) 대립의 이데올로기적 색채를 입혔다.[38] 그리고 이 기사는 이후 국민당의 기관지인 『중앙일보(中央日報)』에 게재된 류칭커(劉慶科)의 「공비(共匪) 지배하의 부녀계(匪區社會中之婦女界)」에서 인용되기도 하였다. 류칭커의 글은 장시성(江西省) 남부에 있는 공산당 근거지의 혼인제도, 남녀 관계와 여성 지위에 대해 공격하는 것으로 공산당 군대에서 복무하는 여성들에 대해 다음과 같이 평가하였다.

> "이 외에도 홍군을 위해 조직된 빨래팀은 병사들에게 옷을 빨아 주고… 위로대(慰勞隊)는 빨갱이 병사들을 위로하고 그중에도 아름다운 여성은 장관을 상대한다. …이러한 조직은 부녀자들을 모욕하는 것으로 마치 1차 세계대전 당시 미군이 전쟁터로 데려갔던 영기와도 같다."[39]

36 康白情, 1935, 「海外風月志, 美國參戰軍中的營妓」, 『綢繆月刊』 2(2), 131쪽.

37 レギーナ・ミュールホイザー著, 姫岡とし子訳, 2015, 『戦場の性——独ソ戦下のドイツ兵と女性たち』, 東京: 岩波書店; 永原陽子, 2014, 「"慰安婦"の比較史に向けて」, 歴史学研究会・日本史研究会編, 2014, 『「慰安婦」問題を/から考える軍事性暴力と日常世界』, 東京: 岩波書店, 63~78쪽.

38 康白情, 1935, 「海外風月志, 美國參戰軍中的營妓」, 『綢繆月刊』 2(2), 131쪽.

39 劉慶科, 「匪區社會中之婦女界」, 『中央日報』 1936. 3. 4. 이와 비슷한 보도는 「變相的看護: 營妓」, 『大同報』 1936. 3. 21.

공산당 군대 내부에 영기가 존재하였다는 논조는 국공내전 시기에 이르러 더욱 심해졌다. 1947년, 국민당 어용 간행물 『국풍일보(國風日報)』는 허난(河南) 북부의 공비들은 "각 촌에서 18세 이상, 25세 이하의 여자들을 영기로 편성해 종군하여 병사들을 위로하도록 명령하였다."고 보도하였다.[40] 또한 1948년 국민당의 간행물 『영통(靈通)』의 한 글은 일부러 사실을 왜곡하여 이 문제를 가지고 다음과 같이 여론 공세를 펼치기도 하였다.

> "일본이 거병하여 우리나라를 침범하였을 때, 군대에 군기가 없어, 처음에 국내에서 부녀자를 징집하여 종군하도록 하였다. 그 이후 관내(關內)로 진격하면서부터 중국 부녀자들을 강제로 모집하여 군기로 충원하기 시작하였다. 이것은 큰 치욕이자 모욕적임으로 국민들은 여전히 생생하게 기억하고 있다. 여태까지 공산당 점령지에서는 개자식 같은 욕망이 넘쳐흐르는 가운데 인도에 반하는 각종 짐승 같은 짓이 저질러져 왔다. 최근 마오쩌둥(毛澤東)이 『진찰기변구혼인조례(晉察冀邊區婚姻條例)』를 발표하였는데… 제8조, 남자가 28세 미만, 여자가 20세 미만일 경우 결혼해서는 안 되고, 이미 결혼한 자는 공산당군의 명령에 따라 잠시 떨어져야 한다. 아내는 공이 있는 자한테 인계 받고 규정에 맞는 나이가 되면 다시 남편과 동거를 할 수 있다. 이는 미모를 갖춘 청년 부녀자들을 징용하는 것과 다를 바가 없으며, 이들을 군기로 삼을 뿐이다. …공산군이 인정하는 청순하고 아름다운 민간 부녀자들은 모두 이 법으로 인해 더럽히지 않을 수 없다.…"[41]

1941년 7월 반포, 실행된 『진찰기변구혼인조례』[42] 원문과 대조해 보면, 상술한 보도 내용은 사실무근이라는 것을 알 수 있다. 하지만 중요

40 「共匪强迫婦女當營妓」, 『國風日報』 1947. 8. 14.

41 伍昭君, 1948, 「匪區頒所謂婚姻條例: 少女必須當軍妓」, 『靈通』 260, 7쪽.

42 「晉察冀邊區婚姻條例(一九四一年七月)」, 孫曉梅主編, 2015, 『中國近現代女性學術叢刊續編9』第29冊, 北京: 線裝書局, 558~560쪽.

한 것은 사실 자체보다는 대중들에게 공산당에 대한 혐오와 멸시를 불러일으킬 수 있다는 것이다. 이는 일본군의 군기 제도가 국내외에서 비슷한 사례를 찾을 수 있지만, 그렇다고 해서 도덕과 공론 심판의 면죄부를 받을 수는 없다는 것을 반증한다. 게다가 일본군의 군기 제도는 그 범위가 넓고, 규모가 큰데다가, 정도가 끔찍하기까지 하므로 세간에서 보기 드문 것으로 인식되기도 하였다.[43] 이에 대해, 광저우(廣州) 싱화(興華) 침례교 자립회 목사이자 싱화중학교 교장 저우보친(周伯琴)은 자신의 저서 『전쟁과 종교(戰爭與宗教)』에서는 "일본의 추업이 성행하고, 음탕한 풍속이 풍미하는 것은 일본의 민족성이 비열한 것을 단편적으로 보여주는 것이다."라며, "고금동서를 다 따져 봐도 최근 일본군처럼 종군 영기가 많고, 점령지에서 저지른 강간 사건이 수다하며 짐승과 같은 성욕이 강하였던 적은 없었다."라고 강조하였다. 그는 일본군에 군기가 많고 부녀자를 강간하는 것이 보편적인 것은 결국 일본인의 음란한 민족성을 가장 잘 보여준 증거라 인식하였다.[44] 뤄구(羅古)의 전쟁 보고문학 『인도-미얀마 원정 전쟁(전투실기)[印緬之征戰(戰鬪紀實)]』에서도 비슷한 논조를 드러냈는데, "적의 음탕한 속성은 세계적으로 유명하였고… 일본이라는 민족은 여성을 희롱하고 노역하는 비열한 것들이다. 일본 군대에 종군한 영기가 늘 있는 것은 그들의 민족 본성이 이러하였기 때문이다."라고 강조하였다.[45]

일본군이 위안소를 설립한 목적 중 하나가 군인들이 현장에서 민간인 여성을 강간하는 현상을 줄이려는 것이었지만, 당시 여론에 비추어

43 方青, 1938, 「敵軍的營妓」, 『勞動周報』 1(2), 23쪽.
44 周伯琴, 1938, 『戰爭與宗教』, 漢口: 中西日報館, 19쪽.
45 羅古, 1945, 『印緬之征戰(戰鬪紀實)』, 重慶, 讀者之友社, 127 · 131쪽.

볼 때 그 효과는 매우 제한적이었다.[46] 우선, 위안소에서 제공할 수 있는 성매매는 양적으로 제한적이었기 때문에 일본 병사들의 보편적인 요구를 충족시킬 수 없었다고 간주되었다. 게다가 이용의 우선권이 늘 장관들에게 주어져 많은 병사들이 이용하지 못하는 관계로 위안소의 설립은 결국 강간 현상을 억제하기 어려웠다.[47] 그리고, 위안소는 유료로 운영되기 때문에 일반 병사들은 재원에 한계가 있어 마음대로 사용할 수 없었다.[48] 또한, 전쟁에 지친 병사들과 광기에 사로잡혀 쓰러지기 직전의 병사들에게 위안소에서 얻은 '위안'과 민간 여성을 강간하여 얻은 '쾌락'은 같지 않고, 양자 사이에는 대체 관계가 없었다. 예를 들어, 국어 · 역사 교사이자 작가인 한량(含凉, 본명 范鏞)은 1945년 8월에 발표한 「위안소(慰安所)」라는 제목의 에세이에서 다음과 같이 논하였다.

> "어떤 이들은 '위안소'가 존재하기에, 그 사람들의 동물적 충동과 일반 여성들을 유린하는 것을 억누를 수 있다고 주장하였다. 그러나 '위안소'는 일부분에 대해서만 '위안'할 수 있고, 많은 이들은 항간에 동물적 본능을 표출하였다. 나중에는 '위안소'가 지겨워져 더이상 원하지 않게 되었다."[49]

즉, 대부분의 일본 병사들에게 위안소와 일반적 매춘 업소, 그리고

---

46 물론 일부 지역에 위안소 설치 이후 일본군의 강간이 완화된 사례도 배제할 수는 없다(于非廠, 1946, 「痛痛集: 花姑娘」, 『一四七畵報』 6(11), 19쪽; 「敵隨軍營妓調査, 騰沖城內的一群可怜蟲」, 『掃蕩報(昆明)』 1944. 10. 15 참조).

47 「南京魔窟實錄: 群魔飛舞的"新氣象"」, 『大公報(香港報)』 1939. 9. 20; 王子野, 1939, 「日本人民的反戰活動」, 『八路軍軍政雜誌』 10, 73쪽; 任重, 1939, 「南京慰安所里(附照片)」, 『浙江婦女』 4, 138쪽; 乂廠, 1946, 「別有作用: 日本慰安所想借美國種」, 『萬象』 1, 8쪽.

48 「南通入晩聲不絕, 日軍一夕數驚, 僞商會加緊搾取商民, 日人長戰心理殊憤楚」, 『申報』 1938. 12. 30.

49 含凉, 「慰安所」, 『電報』 1945. 9. 21.

민간 여성을 강간하는 것은 같은 선상에 놓일 수 없었던 것이다. 따라서 위안소의 설립은 일본군의 민간 여성 강간을 근본적으로 억제할 수 없었고, 치안 유지와 성병 관리 기능 역시 매우 제한적이었으며,[50] 오히려 군사적 규율의 이완과 병사들의 정신적 붕괴를 더욱 악화시킨 것으로 판단되기도 하였다.[51]

본질적으로 위안소는 병사의 전쟁 피로를 덜어주고 사기를 북돋우며 인간의 본성을 마비시키는 마약과 술과도 같았다고 할 수 있다. 동시에 일본군이 남성의 성욕을 합리화하고 군대의 남성성을 구축, 유지함으로써 군사적 전투력을 지탱하는 일종의 규율적 메커니즘이었던 것이다. 이에 대해 당시 중국의 언론계는 이미 어느 정도 인지하고 있었다. 예를 들어 1945년 12월 『전선일보(前線日報)』에 실린 「위안소」라는 제목의 기사에서 "일본 군부는 군인의 성생활을 당연한 것으로 간주한다."고 지적하여 군대 성폭력의 존재를 뒷받침하는 국가주의와 군국주의를 향하여 화살을 날리기도 하였다. 같은 해 『현대부녀(現代婦女)』에 게재된 「'꽃다운 아가씨'와 '여인'('花姑娘'和'女人')」이라는 글은 비교의 시각에서 국민당 정부가 수복 지역에서 행한 악랄한 행동들은 일본군과 다를 바가 없다고 비판하였다.

> "적군인 일본 파쇼가 점령지에 진입하였을 때 하였던 짓으로 첫 번째는 집에 침입한 것, 두 번째는 재물을 빼앗아 간 것, 세 번째는 어여쁜 아가씨들을 찾았던 것… 오늘날 항전은 모두 끝났는데… (우리 정부의 대소

---

50 1944년 10월 기사에 따르면 일본군이 베이핑(北平) 시단(西單)에 위안소를 설치한 후 군대에 성병 환자가 많이 생겼다고 한다[于非厰, 1946, 「痛痛集: 花姑娘」, 『一四七畵報』 6(11)].

51 陳辛人譯, 1939, 『一個日本士兵的陣中日記』, 金華: 集納出版社, 6쪽; 林植夫等譯, 1940, 『敵軍士兵日記』, 上海: 新知書店, 86쪽.

관원들이) 가장 먼저 한 일은 옷을 만들고 집을 구하는 것이고, 두 번째는 차를 구비하는 것이고, 세 번째는 금을 사는 것이고, 네 번째는 바로 여자였다. 우리는 양자가 여자들에게 한 짓이 어떻게 다른지 구분할 수 없다. …그들(국민당 관원들)이 여성을 모욕하는 데 익숙한 것은 모욕을 당한 사람으로서는 모두 잘 알고 있다. 우리는 반드시 그들을 '소녀 사냥'에 익숙한 적들처럼 대할 것이다."[52]

저자가 생각하기에, 인간을 향한 존중 없이 여성을 쫓고 희롱하며 사냥감으로 삼는 행동은, 일본군 또는 국민당을 떠나 모두 질타를 받아 마땅하다. '위안부' 제도는 일본 군국주의에 의해 발현된 반인도주의적 범죄였던 것은 사실이지만 무엇보다 여성의 인권을 무시하고 유린하는 성폭력이었다는 것은 분명하다. 이처럼, 근대 중국 사회에서 비록 심도 있는 논의를 전개하지 못하였지만 미약하게나마 이미 젠더의 시각으로 '위안부' 제도를 비롯한 성폭력 문제를 바라보고 있었다고 할 수 있다.

3. 반일 선전의 관점에서 본 '위안부' 서사

근대 중국의 지성계와 여론계에 일본군 '위안부' 제도는 낯설지 않았다. '위안부'의 기본적 사실들이 폭로된 것 이외에도, '위안부'를 소재로 한 소설, 시, 희곡, 보고문학의 창작도 상당히 활발하게 이뤄졌다. 이처럼 전시에 생산된 '위안부' 관련 서사들은 대부분 일반인들이 식후에 가볍게 소비하는 오락거리가 아니라, 강한 반일과 항일 선전의 목적을

52 珠, 1945,「隨感: "花姑娘"和"女人"」,『現代婦女』6(5), 9쪽.

지니고 있었다. 이는 '위안부'와 관련된 서사가 짙은 정치적 낙인을 피할 수 없을 뿐더러, 시대적 기억을 내재화한 '위안부' 이미지를 만들어내기도 하였다.

〈표 2〉 '위안부'를 주제로 한 다양한 문학 작품

순번	시간	저자	제목	출판물	유형	저자 정보
1	19380618	바오위(鮑雨)	양저우 병사의 자살(揚州的日兵在自殺)	抗戰文藝	보고문학	
2	19380823/24	부더(布德, 謝德耀)	제303번(第三百零三個(一))	大公報	보고문학	
3	19381120	린신핑(林心平)	제303번(第三百零三個)	抗戰戲劇	연극	공산당원
4	1939	린수(林紓)	양저우에서 아내를 만났다(揚州遇妻)	抗戰通俗韻文選	해학시	
5	1942	천딩(陳定등)	추즈(秋子)	中國實驗歌劇團	오페라	
6	19381201		위안소에서 처를 만나 자살한 일본 병사(日本兵士在慰安所中遇妻自殺, 그림책)	工人	만화	
7	19381126	아이위안(愛媛)	위안소에서 보낸 열흘("慰安所"十日記)	文書週刊	보고문학	
8	19390226	한보(寒波, 戴笑天)	큰 흐름(洪流)	東方雜誌	소설	문예계 항전협회(文藝界抗敵協會) 회원
9	19390501	퉁샤오란(童曉蘭)	가츠라다 아키코(桂田秋子)	血流	보고문학	샤먼 청년 전시복무단(廈門青年戰時服務團) 간사회 구성원, 좌익
10	19390605	수췬(舒群, 李書堂)	피가 맺힌 짧은 이야기(팔)(血的短曲之八)	中學生	소설	공산당원
11	19390920	샤오펑(小蜂)	위안소 안에서, 후저우성(慰安所里, 湖州城)	巨輪	소설	
12	194001	모밍(末明)		在鐵蹄下	연극	
13	19391027	비예(碧野)	화자의 원망(花子的哀寃)	大公報	보고문학	좌익

순번	시간	저자	제목	출판물	유형	저자 정보
14	19391015	런중(任重)	난징 위안소에서(南京慰安所里)	浙江婦女	수필	
15	19400526	왕리취안(王澧泉)	위안소(慰安所)	抗戰週刊	연극	
16	19400730	차오밍(草明, 吳絢文)	수모를 당한 자(受辱者)	中蘇文化雜誌	소설	문예계 항전협회 회원, 좌익
17	194009	왕지스(王季思)	어느 조선 소녀의 신음(朝鮮少女吟)	越風	시	
18	1940	스마 원썬(司馬文森, 일명 何応泉)	리치 아가씨(荔枝姑娘)	民主與文藝	소설	공산당원
19	1940	張秀延	조선 여포로 김정애(一個朝鮮女俘虜金貞愛)	廣西婦女	수필	대한민국 임시정부 요원 장건상(張建相) 딸
20	19410620	딩링(丁玲)	내가 샤촌 마을에 있을 때(我在霞村的時候)	中國文化	소설	공산당원
21	19410902/03	류칭(柳靑, 본명 劉蘊華)	모욕을 당한 여인(被侮辱了的女人)	解放日報	소설	공산당원
22	194207		종군 영기(隨營妓)	革命日報	시	
23	194106	셰빙잉(謝冰瑩)	우메코 아가씨(梅子姑娘)	梅子姑娘	소설	좌익 작가
24	19411130, 19420115, 19420530	렁보(冷波, 본명 李樹栢)	梅子姑娘	黃河	연극	
25	19441222	셰빙잉(謝冰瑩)	이무라 요시코(井村芳子)	新疆日報	보고문학	좌익 작가
26	19440918	판스정(潘世征)	적군 종군 영기 조사(敵隨軍營妓調査)	掃蕩報	보고문학	

〈표 2〉를 보면, 당시 좌익이든 우익이든 모두 '위안부' 문제를 반일 선전의 중요한 소재로 삼았다는 것을 알 수 있다. 위에서 언급한 작품들은 모두 대중들에게 기이한 작품을 쫓는 심리를 자극하거나 속되게 '성'을 소비하게끔 만드는 것이 아닌, 일종의 강력한 정치적 목적을 가진 저항 문학이었다. 우선, 이 작품들 중 대다수는 보고문학이며 내용

의 진실성이 매우 강하다는 평가를 받고 있다. 일부 작품들은 신문에서 관련 보도를 찾을 수 있을 정도로 진실성이 높은 편이다. 예를 들어, 당시 큰 반향을 일으킨 일본 병사['요시다(吉田)' 또는 '미야 다케시 이치로(宮毅一郞)']가 양저우의 위안소에서 아내['사토코(慧子)' 또는 '슈코(秋子)']를 만나 동반 자살한 이야기가 대표적인 사례이다. 이 이야기는 널리 전파되어 〈표 2〉 중 행 1에서 행 5까지의 보고문학, 운율시, 오페라, 연극 등 다양한 예술 형식으로 재현되었고, 주인공 요시다의 인물 형상 역시 끊임없이 전형화되었다(〈그림 1〉 참조). 일례로 작가 부더(布德)는 그를 중국에서 302명의 여성을 간음한 악마로 묘사하는 동시에 양저우의 위안소에서 만난 303번째 여성은 바로 '위안부'로 징집된 그의 아내였다는 설정을 만들어냈다. 상황이 반전되어 극악무도한 요시다는 철저히 반성하여, 결국 아내와 동반 자살하는 결말로 작가는 일본 군국주의의 잔인함을 비판하였다. 작가들은 요시다와 사토코 부부의 비극적인 서사를 통해 반일 항전의 주장을 표명하였다. 그중 바오위(鮑雨)는 "지나(支那, 중국) 인민들은 마땅히 일본 인민들과 연합하여 군벌을 타도해야 한다!"라고 외쳤으며,[53] 부더는 "용감하게 죽는 것은 일본의 무사도 정신일 수 있지만 일본 군벌의 광포를 막을 수는 없다. 무수한 요시다들이여, 무수한 사토코들이여, 일어나 그대들의 어깨를 펴 일본 군벌을 타도하자!"라고 호소하였다.[54] 극작가 린신핑(林心平)은 한 발 더 나아가, 요시다의 전우 스기(杉一)의 입을 빌려, "누가 이런 잔혹하고 몰상식한 침략 전쟁을 일으켰는가? 나는 죽을힘을 다해 싸울 것이다."라고 고백하였다.[55] 일본 군인이 위안소에서

53 鮑雨, 1938, 「揚州的日兵在自殺」, 『抗戰文藝』 1(9), 109쪽.

54 布德, 「第三百零三個(一)」, 『大公報』 1938. 8. 23.

55 林心平, 1938, 「第三百零三個(獨幕劇)」, 『抗戰戲劇』 7·8, 172쪽.

〈그림 1〉 만화: 위안소에서 처를 만나 자살한 일본 병사

출처: 「日本兵在慰安所中遇妻自殺(連環畵)」, 『工人』 2(2), 1938, 8쪽.

아내를 만난 이 장면은 이후 다른 작품에서도 누차 등장하였다.[56] 이처럼, 이 작품들은 '위안소'를 일본 군국주의가 만든 침략 전쟁의 축소판으로 상정하여, 일본이 벌인 전쟁이 중국 사회에 재난을 가져다주는 동

56 「日本兵在慰安所中遇妻自殺(連環畵)」, 『工人』 2(2), 1938, 8쪽; 小蜂, 1939, 「慰安所里: 湖州城」, 『巨輪』 1(3), 18~19쪽; 末明, 1940, 『在鐵蹄下(獨幕劇)』, 漳州: 抗戰新聞社; 任重, 「南京慰安所里(附照片)」, 『浙江婦女』 4, 138~139쪽; 王澧泉, 1940, 「慰安所(獨幕劇)」, 『抗戰週刊』 38, 11~15쪽.

시에 일본 사회를 스스로 무너뜨리고 멸망시키는 사실을 전달함으로써 대중들에게 반전사상을 선전하였다.

위에서 언급한 사토코가 단지 주체성이 결여된 여성 이미지라고 한다면, 셰빙잉(謝冰瑩)의 작품의 주인공 일본인 '위안부' 우메코(梅子)는 강한 주관과 반전(反戰) 의식을 가진 캐릭터로 묘사되었다. 한커우(漢口)와 사스(沙市)에서 수많은 역경을 겪었던 그녀는 스스로 매독에 걸린 이유로 일본 군관을 접대하는 것을 거절하고, 애인 나카조(中條)와 함께 중국 유격대와 연통하여 적을 섬멸하기에 이른다.[57] 그리고 렁보(冷波)가 각색한 연극 「우메코 아가씨(梅子姑娘)」에서, 우메코는 동료에게 "어째서 한 여성은 남성에게 희롱을 당해야만 하는가. …우리가 사는 인생이 과연 사람의 인생인가?"라고 반문하였다. 그녀는 또 일본 병사 마츠모토(松本)에게 말하길, "나는 일본 군벌 통치하의 일본인이 되는 것은, 이보다 더 수치스러운 일이 없다고 생각한다." 또한 나카조에게는 "반전(反戰) 운동을 통해 공군 동지들을 설득하여 일본 군벌에 폭탄을 투하하기를 바란다."라는 대사를 던졌다.[58] 우메코라는 인물은 결코 허구의 인물이 아니었는데, 셰빙잉이 시안(西安)에 있을 때 왕래하였던 일본 여자 포로 이노무라 요시코(井村芳子)를 모티브 삼았을 것이다.[59] 그러나, 문학화된 우메코는 작가 자신의 항전 의식과 선전 동기를 담아냈다는 사실은 분명하다. 한편, 우메코와 같은 일본인 '위안부' 외에도, 중국인, 조선인 '위안부' 역시 이러한 저항자의 이미지를 부여 받았지만, 이들은 일본인

57 謝冰瑩, 1941, 『梅子姑娘(五幕劇)』, 西安, 新中國文化出版社.

58 冷波, 1941, 「梅子姑娘(五幕劇)」, 『黃河(西安)』 2(9), 853 · 856쪽; 冷波, 1942, 「梅子姑娘(第三幕)」, 『黃河(西安)』 2(11 · 12), 989쪽.

59 謝冰瑩, 「井村芳子, 女俘虜訪問記之一」, 『新疆日報』 1944. 12. 22.

'위안부'의 전형만큼 확실하게 자리 잡지는 못하였다.[60] 일본인 내부에서 나온 항쟁의 목소리는 외부의 목소리보다 더욱 자극적이고 설득력이 있기 때문이다.

상술한 '위안부'의 이미지는 문학적인 필체로 그려졌지만, 생생하면서도 사랑과 증오에 솔직한 개성들을 잘 드러내고 있다. 그녀들은 남자 때문에 질투하고 다툴 줄도 알며, 마음이 맞는 일본 군인들과 열애를 하기도 하고, 일본 병사들에게 측은지심이 생기기도 한다. 그러나 이러한 내용들은 전체적인 '위안부'의 서사에서 구조적인 의미는 갖추지 못하였고, 단지 한 가지 사실만 더욱 입증하였을 뿐이다. 즉 침략전쟁이라는 거대한 비극의 그림자가 드리워진 시대 아래, 개인의 운명은 풍전등화처럼 극히 미약한 나머지 그나마 남녀 간의 부드러운 온기는 그들의 비참한 삶의 마지막 활력으로 작동하였던 것이다. 1939년 작가 셰빙잉은 제5전투구역 문예계 항전협회 샹판(襄樊)지회 산하의 전선2 신문사가 주최한 한 좌담회에서, 포로로 잡힌 일본 병사들에게 영기의 필요 여부를 질문하였다. 이에 한 일본 병사가 대답하길, "일반적인 상황으로 보았을 때, 영기는 있는 게 없는 것보단 낫습니다. 병사들은 적어도 조금의 따스한 위로를 얻을 수 있고, 싸우려는 의지를 진작시킬 수 있습니다. 그래서 지금 부대에 있는 형제들은 영기를 매우 환영합니다."[61] 전쟁의 고통과 피로감에 시달려 있던 일본 병사들에게 '위안부'는 마치 잠시라도 그들을 마취시킬 수 있는 '쉼터'로 간주되었다. 일

60 司馬文森, 「荔枝姑娘」, 南線文藝叢刊社編, 1940, 『民主與文藝』, 上海: 海燕文藝叢刊社, 62~68쪽; 張秀延, 1940, 「一個朝鮮女俘虜金貞愛(隨筆)」, 『廣西婦女』 4, 30~35쪽; 「洋橋姑娘」, 施瑛, 1947, 『抗戰夫人』, 上海: 日新出版社, 77~81쪽.

61 謝冰瑩, 1941, 「冰瑩抗戰文選集」, 重慶: 建國出版社, 83쪽.

제 군국주의 전쟁의 궁지에 몰린 일본 병사들은 살인기계로 전락되었는데 '위안부'는 그들에게 성적 욕망을 배출하는 도구이면서도 자신들이 인간으로서 살고 있다는 것을 확인 받는 대상이기도 하였다.

'위안부'들의 고통은 일본 제국주의의 잔인함에서만 온 것이 아니라, 여성의 존엄과 주체성을 지켜줘야 하는 현지 사회의 보호적 메커니즘의 부재에서 비롯된 측면도 매우 크다. 근대 중국 사회의 '위안부' 서사는 일본 군국주의의 폭력을 드러냄으로써 항일과 반전 의식을 선전하는 것이 주류였다. 그러나 '위안부'의 비극을 좌시하고 피해자의 귀환을 받아들이지 못하는 중국 사회를 깊이 비판하는 문제의식 역시 내포하고 있었다. 예를 들어 한보(寒波, 본명 戴笑天)의 소설 『홍류(洪流)』에 등장하는 한 씨 영감님(韓老頭)은 한간 천(陳) 씨 지주가 파 놓은 함정에 빠지게 되어 아들이 유격대와 공모한 죄를 대가로 며느리를 위안소로 보내게 되었다. 이때 그의 머릿속에 가장 먼저 스친 생각은 "마지못해 하면 어렵더라도 우선순위를 여전히 구분할 수 있다"는 가부장적인 사고방식이었다. 즉 며느리는 다시 구하면 되지만 아들은 대체할 수 없다는 판단이었다.[62] 그리고 「양차오 아가씨(洋橋姑娘)」의 주인공 라이펑(來鳳)의 시아버지인 선(瀋) 씨 영감님은, 한간인 보장(保長, 보갑제 하의 단체장)의 강요와 유혹에 못 이겨, 과부인 며느리를 일본군 위안소로 보내겠다고 약속한다.[63] 친일 한간들의 논리에 의하면 매춘부를 포함하여 '위안부'로 강제 징집된 여성들은 가족과 지역 사회 공동체를 지키는 '방파제'이며, 그들의 희생은 경외심을 불러일으킬 만한 애국과 헌신의 행동으로 평가되

62 寒波, 1939, 「洪流」, 『東方雜誌』 36(4), 85쪽.

63 「洋橋姑娘」, 施瑛, 1947, 『抗戰夫人』, 上海: 日新出版社, 78쪽.

었다.[64] 물론 이러한 논리는 명백한 거짓말이다. '위안부'에 사로잡힌 불행한 여성들이 돌아왔을 때 그녀들을 기다린 것은 동포들의 위안과 치유가 아니라, 위안소에서 겪은 육체적인 고통 못지않은 심신의 괴로움이었다. 일례로 딩링(丁玲)의 소설 「내가 샤촌 마을에 있을 때(我在霞村的時候)」의 주인공 전전(貞貞)의 이야기는 바로 대표적인 사례이다. 전전은 성병에 걸려 위안소에서 돌아오게 되자, 마을 사람들 사이에 다음과 같이 소문이 퍼졌다. "그년은 본래부터 말과 행동이 수선스러웠는데, 걔 예전부터 이 거리에서 빈둥빈둥거렸잖아…. 듣자하니 적어도 사내놈 100명이랑 잠자리를 가졌다는데, 흥! 게다가 일본 관리 첩도 됐다고 하니, 이런 사악한 계집년들은 돌아오게 해선 안 된다 이 말이야." 특히 부녀자들은 자기들이 전전처럼 강간을 당해 보지 않고 순결을 지켰다는 이유로 오히려 자신 스스로에 대한 존경이 생겼다고 할 정도였다.[65] 전전에게 상술된 중국 사회 내부의 배척과 냉담함은 일본 군국주의 성폭력과 일종의 공모 관계를 형성하였다고 볼 수 있다. 이런 국면에 대해 1940년대의 딩링은 예리한 비판력으로 정확하게 마주 본 것이다.

4. 맺음말

중국은 2차 세계대전 기간 일본군 '위안부' 제도의 가장 큰 피해국가 중 하나이자, 각국 '위안부'들이 대규모로 수난을 겪은 지역이기도 하

64 愛媛, 1938, 「"慰安所"十日記」, 『文畵周刊 』 7, 13쪽; 劉雲弱, 2017, 『粉墨箏琵』, 北京: 中國文史出版社, 257쪽, 원작은 1946년에 출판되었다.

65 丁玲, 1941, 「我在霞村的時候」, 『中國文化』 3(1), 26 · 28쪽.

다. 따라서 신문의 시평부터, 보고문학, 소설, 연극 등에 이르기까지 근대 중국 사회의 공개 출판물들은 '위안부' 제도와 관련하여 많은 기록과 서사를 생산하였다. 공개 출판물에서 '위안부'에 관한 지식 생산을 대대적으로 한 것은 그만큼 '위안부' 제도가 당시 중국에서 이미 널리 알려진 객관적 사실이었음을 반증한다. 이러한 '위안부'와 관련된 지식 생산은, 일본군 '위안부' 제도의 사실을 유력하게 파헤칠 뿐 아니라, 일본 군국주의의 폭력과 잔혹한 본성을 드러내고 뚜렷한 반일 선전의 특징을 가진 '위안부' 형상을 만들기도 하였다.

하지만 그렇다고 해서 이러한 맥락에서 구축된 '위안부'들은 단순히 수동적인 피해자 또는 평면화된 계몽주의적 반전(反戰) 캐릭터만은 아니었다. 당시의 '위안부' 서사는 이미 가부장제와 군국주의가 공모하여 여성을 억압, 착취하는 심층적 권력의 메커니즘에 물음을 던졌으며, 보편적인 여성주의 시각에서 '위안부' 제도를 비롯한 전시 성폭력 형성의 기원을 직시하였던 것이다. 환언하자면 '위안부' 제도에 대한 중국 사회의 인식과 서사는 사실을 여실히 폭로하는 것과 더불어 문제를 깊이 해부하는 비판적 시각에서 모두 일정한 인식 수준에 도달하였다고 볼 수 있다. 그럼에도 불구하고 일본 패전 이후 중국에서 '위안부' 문제는 점차 대중의 시선에서 사라지고, 심지어 한 때는 완전히 잊히기까지 하였다.[66] 따라서 '위안부' 문제가 범정치화로 인해 역사수정주의 및 정의에 대한 신뢰의 위기에 빠져 있는 오늘날, '위안부' 제도에 대한 근대

66 중국 공산당 기관지인 『인민일보(人民日報)』에 대한 검색, 분석 결과에 의하면 중화인민공화국이 들어선 후 '위안부'는 1962년에 한국 기지촌 여성을 가리키는 미군'위안부'로 등장하였을 뿐이었다. 그 이후 1991년 김학순 할머니가 '위안부' 피해 사실을 최초로 공개 증언하기까지 이에 관한 보도가 전무하였다(宋少鵬, 2016, 앞의 글, 42쪽). 전후 중국 사회의 '위안부' 망각과 사실 은폐에 대해서는 추후 연구과제로 삼고자 한다.

중국 사회의 인식과 문제의식을 재검토하고, 전후 중국 사회가 '위안부' 문제를 망각하였던 메커니즘을 성찰한다면, 이 문제를 보다 역사적이며 비판적인 시각으로 바라볼 수 있을 것으로 기대한다.

논문 출처

2021, 「근대 중국 사회의 '위안부' 제도 인식과 서사」, 『사림』 78.

참고문헌

1. 자료

『申報』.
『大公報(上海版)』.
『大公報(香港版)』.
『中央日報』.
『社會日報』.
『中山日報』.
『新疆日報』.
『大同報』.
『國風日報』.
『勞動周報』.
『一四七畵報』.
『掃蕩報(昆明)』.
『電報』.
『大美晩報晨刊』.
『東方雜誌』.
『沖鋒』.
『泰山』.
『廣西婦女』.
『浙江婦女』.

『現代婦女』.
『綢繆月刊』.
『靈通』.
『八路軍軍政雜誌』.
『萬象』.
『抗戰文藝』.
『抗戰戲劇』.
『抗戰週刊』.
『工人』.
『巨輪』.
『黃河(西安)』.
『文畵周刊』.
『中國文化』.
『快活』.

王書奴, 1934, 『中國娼妓史』, 上海: 生活書店.
周伯琴, 1938, 『戰爭與宗教』, 漢口: 中西日報館.
陳辛人譯, 1939, 『一個日本士兵的陣中日記』, 金華: 集納出版社.
林植夫等譯, 1940, 『敵軍士兵日記』, 上海: 新知書店.
南線文藝叢刊社編, 1940, 『民主與文藝』, 上海: 海燕文藝叢刊社.
『在鐵蹄下(獨幕劇)』, 1940, 漳州: 抗戰新聞社.
謝冰瑩, 1941, 『梅子姑娘(五幕劇)』, 西安: 新中國文化出版社.
謝冰瑩, 1941, 『冰瑩抗戰文選集』, 重慶: 建國出版社.
何勵生, 1942, 『抗戰鼓吹』第1集, 重慶: 中國文化服務社.
文化供應社編, 1942, 『抗戰建國實用百科辭典』, 桂林: 文化供應社.
羅古, 1945, 『印緬之征戰(戰鬪紀實)』, 重慶: 讀者之友社.
施瑛, 1947, 『抗戰夫人』, 上海: 日新出版社.
政協全國委員會文史資料硏究委員會編, 1985, 『文史資料選輯(總第6輯)紀念抗戰勝利40周年專輯』, 北京: 文史資料出版社.
孫曉梅主編, 2015, 『中國近現代女性學術叢刊續編9』第29册, 北京: 線裝書局.
劉雲弱, 2017, 『粉墨箏琶』, 北京: 中國文史出版社.

2. 저서

요시미 요시아키 지음, 남상구 옮김, 2013, 『일본군'위안부' 그 역사의 진실』, 역사공간.

秋山洋子・加納實紀代 편, 2007, 『戰爭與性別: 日本視角』, 北京: 社會科學文獻出版社.

紀新建・郭照東編, 2015, 『亮劍淮畔: 抗日戰爭在蚌埠』, 合肥: 安徽人民出版社.

保羅・利科 저, 李彦岑・陳穎 역, 2020, 『記憶, 歷史, 遺忘』, 上海: 華東師範大學出版社.

秦郁彦, 1999, 『慰安婦と戦場の性』, 東京: 新潮社.

歴史学研究会・日本史研究会編, 2014, 『「慰安婦」問題を/から考える軍事性暴力と日常世界』, 東京: 岩波書店.

レギーナ・ミュールホイザー著, 姫岡とし子訳, 2015, 『戦場の性: 独ソ戦下のドイツ兵と女性たち』, 東京: 岩波書店.

3. 논문

박정애, 2015, 「피해실태를 통해 본 일본군'위안부'의 개념과 범주 시론」, 『사학연구』 120.

박정애, 2019, 「일본군'위안부' 문제의 강제동원과 성노예: 공창제 정쟁과 역사적 상상력의 빈곤」, 『페미니즘 연구』 19(2).

박정애, 2021, 「교차하는 권력들과 일본군'위안부' 역사: 램지어와 역사수정주의 비판」, 『여성과 역사』 34.

송연옥, 2017, 「상하이에서 본 요리점・유곽・위안소의 연관성」, 『사회와 역사』 7.

서현주, 2016, 「2006~2016년간 일본군'위안부'연구의 성과와 전망: 한국의 역사분야 연구성과를 중심으로」, 『동북아역사논총』 53.

윤해동, 2014, 「제국의 위안부를 읽는 법」, 『사이間』 16.

이진아, 2020, 「조선인'위안부'를 둘러싼 제국 남성의 시선과 언어」, 『석당논총』 76.

최종길, 2015, 「행정문서 재구성을 통해 본 일본군 '위안부'제도의 성립과 운용」, 『한일관계사연구』 51.

한샤오 · 뉴린제, 2016, 「한국인 위안부 제재 중국현대문학 작품에 대한 고찰」, 『아시아문화연구』 42.

韓　曉, 2019, 「中國現代文學中的"慰安婦"形象研究」, 『中國文化研究』 44.

李存光 · 金宰旭, 2018, 「中國現代作家塑造的韓國"慰安婦"形象: 舒群 · 碧野的小說和王季思的敍事詩」, 『當代韓國』 4.

劉廣建, 2017, 「日軍"慰安婦"制度概念辨析」, 『日本侵華史研究』 1.

劉廣建, 2018, 「民國出版物中的日軍"慰安婦"制度」, 『日本侵華南京大屠殺研究』 3.

宋少鵬, 2016, 「媒體中的"慰安婦"話語: 符號化的"慰安婦"和"慰安婦"敍事中的記憶/忘却機制」, 『開放時代』 3.

蘇智良, 2020, 「"慰安婦"問題基礎概念再探究」, 『社會科學戰線』 7.

王晴佳, 2020, 「口述證言能否成爲歷史證據?: 感情史研究對近現代史學的三大挑戰」, 『社會科學戰線』 5.

王學振, 2012, 「抗戰文學中的慰安婦題材」, 『南京師範大學文學院學報』 4.

張元卿, 2013, 「侵華日軍强徵"慰安婦"的文學證言: 以『粉墨箏琶』爲例」, 『日本侵華史研究』 4.

朱憶天, 2015, 「日本慰安婦制度源流考」, 『史林』 1.

朱憶天 · 王寅申, 2020, 「"慰安婦"問題與東亞地區的"歷史和解": 透視朴裕河『帝國的慰安婦』一書之論爭」, 『抗日戰爭研究』 1.

제5부

식민지 문화에 맞선 지식층의 조선 추구

16 1920년대 초반 조선 지식인의 '조선 미술' 규정과 서술

잡지 『동명』을 중심으로

류시현

1. 머리말

1919년에 일어난 3·1운동은 민족공동체 구성원 대다수가 참여한 활동이었다. 비록 독립이란 목표는 이루지 못했지만, 3·1운동은 민족적 자아(自我)를 확인하는 계기가 되었다. 제1차 세계대전 이후 세계사적으로 "'국민적 부흥'의 제1단계는 민중적 유산을 수집·재발견하고 그 속에서 민중적 긍지를 찾아내는 일"[1]이 이루어졌다. 민족적 자존심을 회복하기 위해 선행되어야 할 민족적 자아란 정체성은 어떻게 구성될 수 있는 것일까?

근대 민족주의가 구성되는 과정에서 조선 지식인들에게 교육과 언론 매체를 통해 조선 역사와 문화 연구를 통해 공동체의 정체성을 구성하는 것이 중요한 과제였다. 이를 위해 근대적 학문 방법론에 입각

1 홉스봄(정도영 역), 1983, 『자본의 시대』, 한길사, 132쪽.

하여 조선 역사와 문화와 관련해서 '조선적인 것'에 대한 연구가 이루어졌다.[2] 그리고 이러한 과정은 일본인 주도의 조선 역사와 문화 연구에 대한 학술적 대응의 차원에서 이루어졌다.[3] 그렇다면 한말(韓末)부터 진행된 조선의 역사, 언어, 예술, 지리 등 연구와 민족적 자신감을 확인했던 3·1운동 직후인 1920년대 초반의 연구 활동 사이의 차이점이 무엇인지를 살펴보아야 한다.

3·1운동 이후 민족이 재발견되었고, 이후 노동자, 농민, 청년 학생 중심 대중운동의 시대가 열렸다. 1920년대 전반기는 다양한 신문과 잡지를 통해 지식인이 주도해서 담론을 형성하던 시기였다. 그렇다면 독자층인 민족과 대중(혹은 민중)을 대상으로 한 글쓰기는 어떤 주제를 선택하고 어떻게 이루어졌을까? 다양한 출판물 가운데 조선 미술에 관한 정리는 민족사 서술의 일환이며 동시에 이러한 글쓰기를 통해 조선 민족의 정체성을 찾는 작업이었다. 더불어 1920년대 전반기 조선 문화 특히 조선 미술에 대한 정리는 조선 문화 연구의 일환인 '조선학'의 형성 과정을 살필 수 있는 주제이기도 하다.

본고는 최남선이 주도한 잡지 『동명』을 중심으로 1920년대 전반기 조선 역사와 문화에 대한 대중적 소개에 집중해서 검토해 보고자 한다. 구체적으로 본고는 조선 역사와 조선 문화 가운데 새롭게 주목한 것은 무엇인지 또한 역사적 유적과 유물에 대한 새로운 조망이 어떻게 구성되었는지 나아가 어떤 시대와 어떤 작품을 강조했는지에 살펴보겠다.

3·1운동으로 인해 수감생활을 했던 최남선은 출옥한 이후 잡지 『동명』을 1922년 9월부터 1923년 6월까지 발행했다. 1920년대 전반기의 학

---

2 이지원, 2007, 『한국 근대 문화사상사 연구』, 혜안 참조.

3 최석영, 2012, 『일제의 조선 연구와 식민지적 지식생산』, 민속원; 최혜주, 2010, 『근대 재조선 일본인의 한국사 왜곡과 식민통치』, 경인문화사 참조.

술·출판 상황을 잘 볼 수 있는 이 잡지는 최남선 연구 방안으로 활용되었지만,[4] 매체에 관한 연구가 본격적으로 이루어지지 않았다. 더불어 잡지 발간과 내용 구성에서 최남선의 역할이 컸기에 『동명』에 소재한 조선 역사와 문화 연구를 한말~1910년대의 조선 문화 인식과의 대비가 가능하다는 점이 주목된다.

1920년대 전반기 조선 미술사(美術史)에 대한 논의에는 다음과 같은 점을 고려해야 한다. 우선 아직 조선인의 입장에서 이루어진 체계적인 조선 미술사가 서술되지 않았다.[5] 따라서 언론 매체에 게재된 미술 관련 내용에 주목해야 한다. 또한 한말~1910년대 이루어진 일본인 연구자와의 대결 의식 속에서 조선 미술사 정리가 이루어졌다. 특히 조선 미술과 관련된 대표적인 연구자가 세키노 타다시(關野貞)의 논의에[6] 대한 대응으로 이루어진 조선 미술사 구성의 방향을 살펴보아야 한다. 아울러 내용적 구성의 보완을 위해 당대 대중적 영향력이 큰 『동아일보』 및 잡지 『개벽』의 논의를 염두에 두고자 한다.

2. 조선 문화의 가치에 대한 주목

3·1운동은 민족적 자부심을 확인시킨 사건이었다. 최남선은 3·1운

4 류시현, 2009, 『최남선 연구』, 역사비평사 참조.

5 한말과 1910년대 조선 미술에 관한 인식으로 안확과 박종홍 관련 연구를 중심으로 이루어졌다. 안확의 조선 미술에 관한 인식으로 이윤수, 2018, 「안확의 朝鮮美 탐구」, 『유교사상문화연구』. 제72집, 한국유교학회, 박종홍의 미술사 서술에 대해서는 고성애, 2013, 「박종홍 철학의 형성과정 연구」, 『철학사상』 제48권 참조.

6 한말 세키노 타다시의 조선 유물 조사에 관해서는 우동선, 2003, 「세키노 타다시(關野貞)의 한국 고건축 조사와 보존에 대한 연구」, 『한국근대미술사학』 제11호, 한국근현대미술사학회 참조.

동을 "온갖 민족적 결핍감이 이 선언을 통하여 방산형(放散形)으로 표상된 것이 삼일 사건의 역사적 의미이다"[7]라고 평가했다. 현상윤은 3·1운동 직후 "2, 3년 이래로는 '조선 사람도 존재하다. 조선 사람도 남과 같이 힘쓰면 무엇이나 할 수 있다'하는 일을 의식하게 되었도다"[8]라고 보았다. 이렇듯 이 운동을 계기로 조선 지식인 사이에서는 조선 민족과 민족 문화의 정체성에 대한 다양하고, 새로운 모색이 이루어졌다.

> 조선 민족의 생명력이 권력계급 자체의 타락 무신용이 폭로되자마자 민중 자신의 자조적 활동으로 말미암아 …민중의 실지 각성을 말미암아 근본적 개화가 생기게 되었습니다. …몰랐던 '민족'을 알려 하는- 일없든 '민족'을 찾으려 하는- 부서진 '민족'을 반죽하려 하는- 지질린 '민족'을 일으키려하는- 파무친 '민족'을 끄집어 내려하는 조선인의 갱생열이 다른 방도가 모조리 두색(杜塞)되었기 때문에 겨우 터져 있는 구멍을 뚫고 발표된 것이 그것(3·1운동: 인용자)이외다.[9]

3·1운동은 민족운동이면서 동시에 노동자와 농민이 참여했던 민중운동이었다. 문일평은 "3·1운동은 즉 갑오혁명(甲午革命) 이래 최대한 민중운동이다. …그러므로 3·1운동은 그 가치가 독립운동 자체보다도 그 독립운동에 표현된 민족의 각성과 여자의 각성이란 2대 신(新)현상에 있다. 이로 보면 3·1운동은 정치상뿐 아니라. 문화상에 하나의 신기원을 획하였다"[10]라고 평가한 점에서도 확인된다. 또한 3·1운동에서 민중의 역할은 국망(國亡)의 원인을 조선인 전체가 아닌 지배층의 책임으로

7 「조선민시론」 1, 『동명』 제1호, 1922. 9. 3, 4쪽. 「조선민시론」은 필자를 밝히고 있지 않다. 그러나 한나라 四郡에 관한 논지는 최남선의 1918년 『청춘』에 발표한 「계고차존」에 나타난다. 따라서 「조선민시론」의 필자를 최남선으로 보고자 한다.

8 현상윤, 「현하 조선 청년의 심리와 一轉機의 필요」, 『동명』 제3호, 1922. 9. 17, 6쪽.

9 「조선민시론」 1, 『동명』 제1호, 1922. 9. 3, 3~4쪽.

10 문일평, 「갑자(甲子)이후 60년간의 조선」, 『개벽』 제43호, 1924. 1, 129쪽.

돌릴 수 있는 근거를 제기했다.

> 조선 및 조선인으로 하여금 기골 없고, 능력 없고, 염치없고, 생명의 창조가 없어 보이기는 그 본질적 실상이 아니라 부패 타락한 대표계급에 限하는 特有 현상임을 입증하기 위하여 의식 또 무의식한 가운데 많은 숭고한 행위가 생겼습니다. 일 맡겼던 이의 불충으로 말미암아 잃어버린 그것을 민중 자신의 힘으로 회복하려하는 운동이 과연 경탄할 만치 깊은 근원과 넓은 범위로써 진행되었습니다.[11]

민족과 민중의 역량에 대한 자신감은 민족성 논의를 재론할 수 있는 계기를 제공했다. 일본인들이 주도했던 조선인에 대한 부정적인 인식과의 대결이 가능해진 것이다. 식민지 상황 속에서 민족성 논의는 비유적, 은유적으로 표현되었다. 3·1운동 직후 최남선은 "오늘날 우리 민족성의 결함을 말하는 이가 맨 먼저 손꼽는 것은 비사회적, 더 적절하게 말하면 스스로 서로 배제하는 통습(通習)이다. …비사회적 민족성 결함은 결코 최근 3백 년래의 일이 아니라 그전 이조(李朝) 초에도, 고려 일대에도, 신라조(新羅朝)에도, 병립한 삼국에도, 또 그 이전에도, 거의 일관적 관찰로 부칠 수 있다. …민족성에는 불가변적 근본성과 가변적 부착성이 있는데, 우리의 비사회적 경알성(傾軋性)은 환경의 제약으로서 유래한 부착성이기 때문에 우리 금후의 노력 여하는 앞으로 올 희망을 얼마만큼이라도 크고 실(實)답게 할 것이다"[12]라고 해서 '가변적 부착성'인 요소를 극복할 수 있다는 낙관적인 전망을 피력했다.

민족성에 대한 재인식은 민족사를 새롭게 구성할 수 있는 계기를 제

11 「조선민시론」 1, 『동명』 제1호, 1922. 9. 3, 3쪽.

12 「조선역사통속강화 개제」 (5), 『동명』 제7호, 1922. 10. 15, 8쪽. 이 글은 「조선역사통속강화」이고 부제에 開題가 표시되어 있다. 1930년 1월 14일부터 3월 15일까지 52회에 걸쳐 동아일보에 연재된 「조선역사통속강화」와 구분하기 위해 「조선역사통속강화 개제」로 표시한다.

공했다. 최남선은 한국사의 서술은 '민족발달사'[13]이어야 한다고 주장했다. 일반적으로 발달이라고 할 때 앞, 뒤 시대의 변화상에 주목해야 하며, 역사적 경험 가운데 부정적인 요소에서도 교훈적 요소를 강조해야 한다. 최남선은 "조선역사상에는 일치할 때에 일치하여 당연한 복보(福報)를 받은 좋은 예증도 많거니와 일치해야할 때에 일치하지를 못하여 무서운 재화(災禍)를 부른 궂은 예증도 적지 아니합니다. 잘한 것 못한 것이 마찬가지로 교훈입니다. 단 것보다 쓴 것이 흔히 더 좋은 약이 됩니다. 선례보다 악례(惡例)를 더 많이 가진 조선역사는 그 대신 교훈성이 그만치 우월한 것입니다"[14]라고 보았다.

그렇다면 한말부터 민족사가 서술되었다고 할 때, 그때와 3·1운동 이후 1920년대의 민족사 서술과의 차이점은 무엇일까? 1922년에 『동명』은 출간하면서부터 조선 민족의 '일치'를 강조했다. 이러한 물음을 화두로 작성한 글이 「조선민시론」이며, 이글에서는 한사군(漢四郡)의 사례가 적극적으로 해석 활용되었다. 민족사를 서술할 때, 고대사의 영역에서 서술하기 어려운 과제 가운데 하나가 중국 한나라가 설치했다고 하는 4군에 대한 해석과 평가일 것이다. 널리 알려진 대로 한국 고대사 중국의 '식민지'임을 강조하는 것은 당대 일제에 의한 식민지 상황을 인정하는 논리로 연결된다. 따라서 민족사가 새롭게 구성되기 위해서는 이러한 논리에 대한 대응이 필요했다. 최남선은 한사군의 사례를 민족공동체 단합의 역사적 사례로 제시했다.

> 역사를 보건대 우리가 조선인이란 자각을 가지게 된 시초는 2천여 년 전에 漢이란 이민족이 국토 한복판에 독립한 집단생활을 시작한 때로부터

---

13 「조선민시론」 7, 『동명』 제9호, 1922. 10. 29, 3쪽.

14 「조선민시론」 6, 『동명』 제8호, 1922. 10. 22, 3쪽.

외다. 이는 진실로 조선 사람이 종족을 이룬 뒤에 처음 당하는 큰 變象입니다. …이 때문에 모처럼 순정하게 발달하여가는 專農的 자유사회와 主神的 민족연립이 침융(侵融), 파괴, 저해(沮害), 조체(阻滯)되는 당면의 큰 사실을 대하여서… 本有한 同族을 안으로 단결하여 다른 곳에서 온 異民을 밖으로 제압하는 것이 당시 그네에게 최고 唯一事임을 발견하였습니다. …이때 이네들의 민족적 협조는 그다지 착실하지 못하였지마는 다만 대동일치 때문에 문화와 재력으로 훨씬 우월한 漢人의 僑郡을 불과 수십 년 동안에 거의 전멸케하는 대공적을 이루었습니다.[15]

한국 고대사에 대한 부정적 이해와 달리 최남선은 이글에서 당대의 시대적 상황을 '전농적(專農的) 자유사회와 주신적(主神的) 민족연립'이 발달하고 있었다고 이해했다. 2천 년 이전의 고대 조선 사회는 이미 농경사회가 정착되었고, '주신(主神)'이란 종교적 · 집단적 정체성이 수립된 것으로 보았다. 나아가 한사군의 설치를 민족적 자각의 계기로 적극적으로 해석했다. 그리고 대동일치 했기 때문에 문화와 재력에서 우월했던 중국인의 교군(僑郡)을 불과 수십 년 만에 거의 전멸하게 한 공적이 있다고 해석했다. 이렇듯 민족 일치의 사례를 조선사에서 확인하는 것이 최남선에게 중요했다. 이러한 역사 해석을 통해 그는 당대 일제의 고대사 인식과 대결의식을 나타냈다.

잡지 『동명』에서는 민족(혹은 민중) 독자를 대상으로 한 글쓰기가 이루어졌다. 3 · 1운동으로 민족이 재발견되었다고 할 때, 민족을 대상으로 한 글쓰기는 무엇을 고려해야 했을까? 「조선역사통속강화 개제」를 연재하던 도중에 최남선은 「필자에게서 독자께」란 글을 실었다. 여기서 그는 "통속강화는 본래부터 중등(中等) 정도를 지냄 즉 이 학생을 표준삼아서 쓰려는 것입니다. 그런데 개제가 너무 장황한 것은 얼마쯤 지리한 듯합

15 「조선민시론」 3, 『동명』 제3호, 1922. 9. 17, 3쪽.

니다 마는 조선 금일의 실세(實勢)－역사에 관한 준비 지식이 도무지 없고 용어조차 대체 서투른 조선에서 잡지의 연재물로 보통인을 대상으로 하여 쓰는 경우에는 도리어 필요한 단계로 생각되어 일부러 쫌 번거롭게 하는 것이오니 이 점 알아주시옵소서"[16]라고 밝혔다. '보통인'으로 표현된 대중(혹은 민중) 독자의 눈높이를 고려한 글쓰기가 시도된 것이다.

민족 단위의 역사적 가치에 주목했던 민족사 서술에서는 조선 예술품의 가치에 대한 강조가 이루어졌다. 설태희는 민족적 요소로 백두산, 을지문덕, 이순신 등의 위인을 강조하면서 "우리 조선(祖先)이 끼치신 혁혁한 훈업과 탁발(卓拔)한 예술은 영원히 우리와 함께 있어, 우리로 하여금 그를 저버리지 못하게 할 것이니, 누구의 폭위(暴威)로써 능히 이를 민멸(泯滅)케 할 수 있으래. 오! 조선은 오직 조선인의 조선인저"[17]라고 천명했다. 조선인의 역사적 활동 가운데 조선인의 예술적 업적에 주목하기 시작한 것이다.

물론 1910년대에도 조선 예술과 미술에 주목한다. 1915년에 안확은 "미술은 정신이 물류(物類) 중에 드러난 것이라. 그러므로 미술품의 영묘(靈妙) 여부는 재료의 양부(良否)에 관계함이 적고 사상의 표현에 존(存)하니… 국민의 문화 사상을 관(觀)함에 미술과 같은 것이 없으며, 또 미술공예의 성쇠는 국가 치란(治亂), 흥폐(興廢)에 수반하는 것이라"[18]라고 밝혀 국민성과 예술(미술)의 관련성을 강조했다.

조선 미술사 서술과 관련해서 국민을 강조했던 안확의 서술과 대비되어 3·1운동 이후에는 민족이 강조되었다. 아울러 전자의 글은 지식

16 최남선, 「필자에게서 독자께」, 『동명』 제10호, 1922. 11. 5, 6쪽.
17 설태희, 「조선은 오직 조선인의 조선」, 『동명』 제2호, 1922. 9. 10, 12쪽.
18 안확, 「조선의 미술」, 『학지광』 5, 1915. 5, 47쪽.

인 독자를 대상으로 했다면 후자의 글은 대중 독자를 염두에 두었다. 또한 1920년 전반기 조선 미술사에 대한 논의를 살펴보면, 조선 민족의 문화와 사상을 조선미술을 통해서 확인하고자 했던 점이 주목된다. 필연적으로 이러한 논의는 일본인에 의한 조선 문화 연구와의 대결이 불가피해졌다.

3. 일본인의 조선 연구와의 대결

근대적 학문 방법론의 소개와 수용과정은 분야별·주제별 연구의 확장 적용이 가능해졌음을 의미한다. 안확은 조선 미술사를 연구한 계기에 관해 "유사(有史) 이래 4천여의 세륜(歲輪)이 환전(換轉)할 새 그 찬란하다는 미술의 조성(造成)으로써 우리의 천직(天職)을 삼아 오도다. 천직이 있는 우리로서 금일에 이르기까지 아직도 일부(一部)의 미술사가 없다고 함은 우리의 무상(無上)한 수치가 아닐까. 과연 통탄함을 감당할 수 없는 바로다"[19]라고 밝혔다. 조선인에 의한 조선 미술사 연구의 필요성을 강조한 것은 자국 문화에 대한 자국인의 연구가 없음을 수치라고 본 것과 연동된다. 이것이 1920년대 조선 문화 연구의 문제의식과도 연결되는 화두였다.

당대 조선사 연구의 부족함을 극복하는 당면 과제를 일본에 미친 영향에서 찾았다. 한 사례로 1920년대 전반기 조선 미술사를 전체적으로 구상하고자 했던 박종홍은 "동(東)으로 유(流)하매 부상국(扶桑國, 일본을 의미함: 인용자)의 사천왕사(四天王寺)를 세우며 법륭사(法隆寺)를 설립했고 그들의 미술

19 박종홍, 「조선미술의 사적 고찰」 (1), 『개벽』 22, 1922. 4, 13쪽.

사에 있어서 황금시대의 조성자는 우리 배달족(倍達族)이 있음일새로다"[20] 라고 주장했다. 하지만 화려한 과거는 비참한 당대와 대비되어 설득력을 잃기 쉬웠다. 게다가 일본의 근대는 비판보다는 선호될 수밖에 없는 요소가 많았다. 조선 유적과 유물에 대한 일본인의 태도 역시 그러했다. 최남선은 일본인의 문화재 도굴 행위를 비판했지만 '고적조사사업'을 긍정적으로 평가했다.

> 최근 10, 20년 동안 몰염치한 일본 사람—멀끔한 불한당들이 들어와서 땅속까지 호비고 훑는 통에 모처럼 뒤에 온 학자의 보고가 기막히게 비참한 피해를 입은 것은 생각할수록 가석한 일이다. …그러나 미운 일본인은 동시에 고마운 일본인임을 생각하지 아니치 못할 것이다. 한 가지, 그래, 꼭 한 가지 일본인을 향하여 고맙다고 할 일이 있다. 그는 다른 것 아닌 '고적조사사업'이다. 모든 것이 다 마땅치 못한 가운데, 꼭 한 가지 칭찬하여 줄 일이 고적의 탐구와 유물의 보존에 대하여 근대적·학술적의 노력을 쌓아 감이다. 우리 자신으로 말하면 무안한 일이요, 부끄러운 일이요, 잔등이에 화톳불을 질러 놓은 일이지마는 조선 사람이 아니하는 조선 일을 일본인으로 하는 것이기에 그 功烈이 더욱 빛나는 것이다. 문화에는 국경이 없다할지라도— 학술에는 내남이 없다 할지라도, 일본인의 손에 비로소 조선인의 생명의 흔적이 천명된다 함은, 어떻게 큰 민족적 수치인 것은 더 할 말 없는 것이다.[21]

최남선의 위의 글은 조선의 유물과 유적을 대하는 입장에 따라 '미운 일본인'과 '고마운 일본인'은 구분했다. 그리고 후자의 경우 고적조사사업을 예를 들며 이들이 "고적의 탐구와 유물의 보존에 대하여 근대적·학술적의 노력"을 한 점에 주목했다. 『동아일보』에서도 1922~1924년 기사를 통해 일본인의 조선 유적과 유물 보존에 관해 높게 평가했다.[22]

---

20 박종홍, 같은 글, 21쪽.

21 최남선, 「조선역사통속강화 개제」 (4), 『동명』 제6호, 1922. 10. 8, 11쪽.

안확의 경우에도 "아 옛날의 문화는 동양에 선갑(先甲)이 되었으나 조선(祖先)의 유적은 땅속에 매몰할 뿐이요 누가 이를 발견하여 애중(愛重)할 마음을 세울 자가 없으며, 또 미술품 보존의 사상이 결핍하여 사원(寺院) 개인을 불문하고 그 저장이 부(富)하지 못하며"[23]라고 밝혔다. 물론 일제의 이러한 활동에 대한 비판도 존재했다. 박종홍은 1922년에 다음과 같이 주장했다.

> 당국에는 이른바 고적조사회라는 것을 설치한 듯하도다. 물론 다소간 그 효과가 나타나지 아니함은 아니나, 오직 그 조사라는 명목을 고수하야 조사함에 그칠 뿐이오. 한 걸음도 그 보존법에 유의함에까지는 나가지 못한 듯하도다. 곳곳에 名勝舊蹟保存會라는 몇몇 유명무실한 단체가 있다고 하여 그를 믿을 것인가. …유명하다는 사찰에서 이를 感하며 경향의 이른바 박물관이라고 칭하는 곳에서 이를 한탄하는 바로다. 우리는 그들에 대하여 과연 문외한이라. 그러나 경비의 곤핍함과 改築, 수선 등의 용이하지 못함은 짐작치 못하는 바도 아니거니와 일시적의 塗裝이 긴 세월의 경제를 위하는 대책이 아니며 고려함이 없는 보존과 진열의 法이 그 본의를 전하지 못할 것임도 추측하지 못하는 바가 아니로다.[24]

조선 미술사 연구 및 정리의 필요성은 1910년대부터 제기되었다. 안확은 "우리가 고대 미술을 보면 자가(自家) 보수(保守)의 지조가 무엇이며 고대 유물을 보면 애고(愛古)의 정(情)이 어떠하며 조선의 미술품이 외국 박물관에 진열하여 큰 칭찬을 받는다면 이를 듣고 외국에 대한 과시의 정(情)이 어떠한가. 미술의 관계가 이처럼 중대하거늘 소위 고등 학식을 닦는 사람은 사관열(仕官熱)에 눈이 빨갈 뿐이요 이에 대한 연구는 전혀

22 관련 기사로 「조선고적연구 일본학자 간에」, 『동아일보』 1922. 12. 7; 「동양문화보존 일중(日中) 협력 실행」, 『동아일보』 1924. 12. 27 등 참조.

23 안확, 「조선의 미술」, 『학지광』 5, 1915. 5, 51~52쪽.

24 박종홍, 「조선미술의 사적 고찰」 (8), 『개벽』 29, 1922. 6, 5쪽.

없는지라"[25]라고 밝혔다. 이러한 문제제기는 일본 유학생 독자를 대상으로 한 『학지광』에 발표한 글이다.

한편 조선의 유적과 유물 가운데 최남선은 고구려 벽화에 주목했다. 그는 "벽화는 진인(震人) 고유의 영활(靈活)한 소지(素地)에, 인도적 의장(意匠)과 페르시아적 기교와 남방 한토(漢土)의 문기(文氣)와 북방적 무풍(武風)을 융회화합(融會和合)하여 용주(鎔鑄) 출래(出來)한 기품(奇品)이니… 조선 고미술(古美術)의 정화(精華)요 동양 최고(最古)의 예술상 실적으로, 세계 예원(藝苑)의 절보(絶寶)임은 물론이거니와, 겸하여 당시 고구려의 문화가 여하히 세계적·패자적임을 볼 수 있을 것이요, 우리의 예술적 재원(才媛)이 얼마나 구원(久遠)하고 예술상 문벌(門閥)이 얼마나 귀영(貴榮)함을 증명하는 것이로다"[26]라고 평가했다. 그는 고구려의 벽화가 동양에서 제일 오래되었고, 세계적으로 귀중한 보물로 보았다.

최남선은 고구려 벽화의 예술적 가치를 높게 평가하면서, 그 가운데 매산리 사신총(용강), 안성동 쌍영총(용강), 우현리 대묘(대동강 서쪽), 통구 삼실총(압록강 서쪽) 등이 언급했다. 고구려 벽화 가운데 우현리 대묘(강서대묘)는 1912년에, 매산리 사신총(수렵총), 안성동 쌍영총, 통구 삼실총은 1913년에 정식으로 발굴되었다.[27] 그리고 이러한 고구려 벽화는 1902년의 평양 지역의 강서대묘가, 1907년 집안 지역에서 프랑스 학자인 에투아르 샤반느가 산연화총을 발견한 이후, 1912년경부터 본격적인 조사가 이루어졌다.

그렇다면 최남선은 당대 고구려 이러한 고분벽화에 대한 정보를 어

25 안확, 「조선의 미술」, 『학지광』 5, 1915. 5, 52쪽.

26 최남선, 「아등은 세계의 갑부」, 『청춘』 7, 1917. 5, 52쪽.

27 이종수, 2011, 『벽화로 꿈꾸다』, 하늘재, 270~291쪽.

디에서 얻었던 것일까? 4개의 벽화를 언급한 것은 누구에 의해, 언제 이루어진 것일까? 1910년대 세키노 타다시의 연구 성과가 바탕이 되었다고 판단된다. 1909년에 출판된 『한홍엽(韓紅葉)』에 실린 세키노의 「한국 예술의 변천에 대하여」에서는 아직 고구려 고분에 대한 논의가 없었다. 그는 1912~13년의 조사를 바탕으로 1914년에 「평양부근의 고구려 시대 분묘 및 회화」 전편을 발표했다. 세키노는 이글에서 평양지역 고구려의 무덤 8개에 대한 구조와 벽화에 대해 소개했는데, 고구려의 벽화에 대해 당시로부터 1,350~1,450년 전의 것이며, 고구려 벽화에 대해에 관해 "6조 시대의 회화의 대작(大作)은 지금 중국에서 발견되지 않으므로, 실로 동양 최고(最古)의 회화"[28]라고 평가했다.

세키노의 학술 활동에 대한 이해는 일찍부터 존재했다. 안확은 1915년 5월 『학지광』에 발표한 「조선의 미술」에서 "조선미술에 관한 연구는 도리어 외인(外人)이 각지에 유린(蹂躪)하여 고묘(古墓)를 발굴한다, 유물을 조사한다 하여 세키노(關野)·야스이(谷井) 같은 이는 조선 내지에 축도(蹴蹈)치 않은 곳이 없으며, 서적으로도 사쿠오 슌조(釋尾春芿) 같은 이는 『조선미술대관(朝鮮美術大觀)』을 출간하며 아라이 겐타로(荒井賢太郎) 같은 이는 『조선예술지연구(朝鮮藝術之硏究)』를 저술하고 기타 여러 잡지상에 조선미술에 대한 조사평론이 왕왕 노출하니 조선의 주인옹(主人翁)되는 자가 어찌 부끄럽지 않으며 어찌 안타깝지 않으며 어찌 애석하지 않으리오"[29]라고 밝혔다. 최남선은 고적 보존 활동에 대표적인 인물로 세키노 타다시의 활동을 높게 평가했다.

28 關野貞, 「平壤附近に於ける高句麗時代の墳墓及繪畫」, 『建築雜誌』 326호, 1914. 2; 1941, 『朝鮮の建築と藝術』, 岩波書店, 410쪽 재인용.

29 안확, 「조선의 미술」, 『학지광』 5, 1915. 5, 52쪽.

> 조선에서 실지의 유물·유적을 가지고 학술적 연구를 시작하기는 광무 6년에 동경제국대학의 세키노씨가 건축 조사에 착수한 것이 비롯이다. 그 결과가 그 이듬, 이듬해에 『한국건축조사보고』로 났다. 융희 3년(1909년: 인용자)에 대한정부에서 고건축물 및 고적조사를 著手하게 되매, 저즘께 인연으로 세키노씨가 그 소임을 맡게 되었다. 그 결과로 『한홍엽』, 『조선학술지연구』, 『동 속편』 등이 났다. 그 뒤에 일본 사람에게로 계승되어 규모가 점차로 확대되고 사업도 크게 진척되었다. 이로부터 선사 유적·고분·사적 등의 탐사·연구·발굴·보수 등 여러 방면으로 각 해당 방면 전문학자의 손에 상당히 볼 만한 성적이 생겼다. 병진(1904년: 인용자)이래로 해마다 내는 조사보고사와 평안남도에 있는 한치군 및 고구려의 유적에 관한 특별보고서, 시베리아에 있는 고민족의 유적에 관한 특별보고서 등은 다 그 노력의 산물이다. 그중에서도 『조선고적도보』(기존 간행 7책)는 순수한 학술적 편찬으로 귀중한 내용을 가져서 학계의 불후적 建樹가 되었다.[30]

최남선은 세키노의 많은 연구 업적 가운데 『한국건축조사보고』(1904년), 『한홍엽』(1909년), 『조선고적도보』(1915~1935년) 등을 긍정적으로 언급했다. 이러한 조선 문화 관련 책과 보고서에서 세키노의 한국 역사에 대한 이해가 반영되어 있었다. 식민사학이 그러했듯이 세키노의 조선 문화 인식은 기본적으로 첫째, 고대부터 당대까지 조선 예술품은 중국의 것을 대한 모방 했으며 둘째, 조선 예술의 '황금기'를 통일 신라 시대로 봄으로써 고려시대와 조선시대를 '쇠퇴기'로 본 점에 특징이 있다.[31] 중국을 모방한 것을 넘어선 독자성에 대한 모색이 그리고 통일 신라 시대를 예술적 절정기라고 할 때 고려와 조선시대 예술품에 대한 가치를 어떻게 볼 것인가 여부가 최남선을 포함한 당대 조선 문화 연구자들의 고민이 되었다.

---

30 최남선, 「조선역사통속강화 개제. (4), 『동명』 제6호, 1922. 10. 8, 11쪽.

31 한말 1910년대 세키노 타다시의 조선 예술품에 대한 입장에 관해서는 류시현, 2018, 「1900~1910년대 세키노 타다시(關野貞)의 조선 문화 연구」, 『인문사회과학연구』 제19권 제2호, 부경대학교 인문사회과학연구소 참조.

4. 민족사의 일환인 미술사 서술

민족(혹은 민중) 독자를 대상으로 한 미술사의 구상의 전제는 미술사 서술의 기반이 되는 민족사 서술의 방향을 살펴보는 것에서 출발해야 한다. 최남선은 「조선민시론」에서 삼국시대 신라의 역할을 적극적으로 해석했다. 그는 "고구려는 고구려의 소임 하나를 맡았었고, 신라는 신라의 소임 하나를 맡았었습니다. …고구려는 북쪽 한편을 뚱구려서 민족통일의 절반을 요리하는데 자아의 존엄을 중심으로 하여 조선 민족성의 일면을 개부(開敷)시킴이 그의 소임이었습니다. 신라는 남쪽 한편을 반죽하여서 민족통일의 나머지 일반을 관장하는데 가치의 생산을 주안으로 하여 조선 국기(國基)의 일부를 전고(奠固)시킴이 그의 소임이었습니다"[32]라고 보았다. 기존의 민족주의 사학이 부여계의 역사를 강조한 반면에[33] 그는 신라와 고구려의 역사적 역할에 동등한 가치를 부여한 것이다.

삼국시대 신라와 고구려의 강조는 당대 미술품에 대한 평가로 연결되었다. 안확은 "조선 미술은 그 연원이 중국 및 인도에서 수입하여 효방(傚倣)하였다"라는 일본인의 주장에 반론을 제기했다. 불교 수입 이전의 미술로 고구려 고분, 삼한 궁실의 유적, 부여왕의 옥관, 신석기 유적 등을 언급했다. 그리고 '불국사 대종(성덕대왕신종: 인용자)'에 대해서도 "당식(唐式)도 아니요 인도식도 아니요 순연한 한식(韓式)이며 첨성대, 석등, 동불 등은 동양미술사의 자료로 매우 중요한 표본이라 함은 서양미술가의

32 「조선민시론」 7, 『동명』 제9호, 1922. 10. 29, 3쪽.

33 일제강점기 민족주의 사학의 인식에 관해서는 이만열, 2007, 『한국 근현대 역사학의 흐름』, 푸른역사, 223~339쪽 참조.

일컫는 바이며" 또한 『고려도경』에서 고려청자를 언급한 부분 인용하면서 "이로 말미암아서 보면 우리 조선 미술품은 중국이나 인도의 제법(製法)을 모방함으로써 사상의 동기라 함은 만부당하니라"[34]라고 주장했다. 조선 미술의 독창성에 주목했다.

학술적 영역에서 일본 측의 조선 예술 연구에 관한 대응 논리가 구축되어 갔다. 당대 조선미술과 관련된 일본인의 연구는 중국에 대한 모방의 측면이 강조되었다. 따라서 조선학 연구는 중국과 인도의 문화를 수입하여 모방했다는 전제를 비판하고, 서양과 중국의 문화와 다른 조선 문화의 독자성을 찾는 것에서 시작해야 한다. 다시 말해 '조선적인 것'에 관한 연구는 중국과 일본이란 타자와의 관계망 속에서, 그리고 이에 관한 근대적 학문 방법론을 통해 체계적으로 정리해야만 했다. 이러한 이해의 연장선에서 민족사의 서술에서 신라의 삼국 통일에 대해 긍정적으로 평가했다.

> 고구려 이상의 일치력을 성취한 것이 신라의 유일한 制勝的 세력이었습니다. 통일의 대업을 성취할 무렵 신라는 사회의 유기적 기능을 극한까지 발휘한 좋은 표본이었습니다. 사회력과 민족 생명의 感應的 상관관계를 영묘한 천재로써 조소(彫塑)한다면 아무든지 통일 臨時의 신라 情形을 고대로 만들어 놀 것입니다. 이때 신라의 族能 발휘상은 일개 위대한 사회적 예술품으로 과연 무한한 감흥과 불후의 생명을 가졌습니다.[35]

최남선은 신라의 삼국 통일에 대한 재해석을 바탕으로 통일 신라의 예술품에 주목했다. 당대 민족주의 사학자들은 한국 고대사에서 고구려의 역사를 주목하면서, 신라의 삼국 통일에 관해 부정적이었다. 통일

34 안확, 「조선의 미술」, 『학지광』 5, 1915. 5, 50쪽.
35 「조선민시론」 6, 『동명』 제8호, 1922. 10. 22, 3쪽.

신라 시대의 미술사 연구는 중국을 모방하지 않는 신라 고유한 모습의 '순수한 조선적인 것'이 주목되었고, 이와 병행해서 조선 예술의 우월성을 천명할 수 있는 요소가 강조되었다.

한편 통일 신라 시대를 황금기라고 이해하는 인식을 넘어서기 위해서는 고려시대와 조선시대에 대한 적극적인 평가가 요구되었다. 최남선은 고려시대를 "국축(局縮)한 반도조선을 연장하여 대륙조선의 본태(本態)에 돌아가게 함이 고려인의 조선 전(全) 역사에 대하여 부담한 시간적 부서(部署)입니다. …고려 하나가 당시 천하에 재(在)하여 유일무이한 국가적 독립과 민족적 자활을 보유(保維)한 것을 보게 됨은 다만 조선사에서의 일대 이채(異彩)일 뿐 아니라 실상 세계사상에 거의 드믄 일대 특례(特例)라 할 것입니다"[36]라고 보았다. 그는 고려시대를 한반도란 공간적 단위를 넘어서 세계사적 의의가 있는 존재로 평가하고자 했다.

최남선은 고려의 후삼국 통일을 높게 평가했다. 고려의 역사적 사명에 관해 "고려 일대의 역사를 추진시킨 근본 동력은 '조선'의 북진입니다. …조선인의 민족적 발견이 고려인의 손에 그만큼 진보되고 향상된 것입니다. …고려 일대의 북면(北面) 회척(恢拓)은 어찌 말하면 한 뼘만도 못한 작은 땅일망정 그 관념상의 가치는 실상 알렉산더 세계 · 카이사르 제국 · 나폴레옹 천하보담도 더 웅장 더 위대한 훈업(勳業)인 것입니다"[37]라고 적극적으로 평가했다. 더불어 그러한 역할의 담당자로 "민족적 자각의 정통을 전승하는 민중"이 강조된 점이 거듭 주목된다.

민족사의 관점에서 고려시대를 긍정적으로 이해했지만 조선시대를 적극적으로 파악하기는 쉽지 않았다. 조선 지식인에게 국망의 원인이

---

36 「조선민시론」 10, 『동명』 제13호, 1922. 11. 26, 3쪽.
37 「조선민시론」 10, 『동명』 제12호, 1922. 11. 19, 3쪽.

라고 간주된 조선시대를 긍정적으로 조망하기는 어려웠다. 1910년대 중반 안확은 조선미술의 기원을 단군시대로부터 '독립적으로 대발달(大發達)' 한 것으로, "우미, 고상한 기품과 장엄 웅대한 풍격(風格)"이 있다고 보았다. 하지만 기본적으로 조선시대에 민족사적으로 '쇠퇴', '퇴축'을 경험했다고 보았다.[38] 미술품의 경우 불교와 달리 유교의 수용으로 인해 "불교 동점(東漸)이 미술 공예에 대하여 급격한 진보를 촉진하였다 하면 괴이하지 않으나 미술 동기가 불교라 함은 불가하며 유교 숭배가 오히려 미술을 방해하였다 함이 옳으며 이로써 동기라 함은 크게 불가하도다"[39]라고 비판적으로 보았다.

최남선의 경우도 그러했다. 근래 미술이 쇠퇴한 이유에 관해 정치적 압박, 탐관오리의 박탈과 함께 유교 때문이라고 보았다. 그는 유교에 관해 "유교가 발흥된 이후로 세상 사람이 미술은 오락적 완농물로 여기고 천대한지라… 미술의 부진은 유교의 천대를 수(受)하여 멸망에 이르렀다. …특히 미술의 발달뿐 아니라 만반사위가 다 이로써 퇴축을 작(作)한지라 이 때문에 유교는 우리 조선인의 대원수(大怨讐)라 하노라"[40]라고 보았다. 조선시대 유교로 인해 예술이 '천대'받았다고 평가했다.

최남선 스스로 그렇게 해석하지 못했지만, 조선 미술을 통사적으로 서술하기 위해서는 조선시대에 대한 긍정적 평가가 요구되었다. 최남선과 『동명』은 이러한 준비가 되어 있지 못했다. 그래서 그들은 조선 도자기에 대한 관심과 이에 대한 적극적인 평가를 한 일본인 2명의 글을 번역해서 소개했다. 『동명』에서는 야나기 무네요시(柳宗悅)의 「이조

38 안확, 「조선의 미술」, 『학지광』 5, 1915. 5, 50~52쪽.
39 안확, 같은 글, 50쪽.
40 안확, 같은 글, 51쪽.

도자기의 특질」[『시라카바(白樺)』(1922년 9월)]과 아사카와 노리다카(淺川伯敎)의 「이조도기(李朝陶器)의 사적(史的) 고찰」[『동명』 7~10호(1922년 10월 15일~11월 5일, 4회)], 『동명』 11~16호, 1922년 11월 20일~12월 17일(6회) 연재되었다.

번역은 서구 문명과 문화를 수용하는 지적(知的) 행위이면서 동시에 타자와의 교류를 통해 자기 정체성을 자각하는 문화적 실천이라고 할 수 있다.[41] 1922년 9월호 『백화』에 게재된 야나기의 「조선도자기의 특질」이란 글이 그 한 사례이다. 이글에서 야나기는 고려자기와 대비된 조선자기의 가치를 강조했다. 그렇다면 당대 야니기의 조선 문화에 관한 많은 글 가운데 이를 선택한 이유가 있을 것이다. 잡지 『동명』은 이 글을 번역 소개한 첫 부분에서 그 이유에 관해 일기자(一記者)의 필명으로 "한편으로는 씨의 사업을 찬양하는 의미도 있고, 또한 사도(斯道)에 유의하시는 독자 여러분에게 참고가 될 줄 믿습니다"[42]라고 밝혔다. 조선인 연구자의 각성을 요구하고 있는 점이 강조되었다.

번역된 야나기 무네요시의 이글에서 조선 시대에 대한 긍정적 입장이 주목된다. 그는 조선시대에 관해 "반도가 대륙에 대한 명수(命數)로 인하여 아직도 정치는 대명(大明)에 구애되지 않으면 아니 되었을 것이다. 그러나 이 시대에는 예술로든지 습관으로든지 문자로든지 조선은 가장 많이 자기의 개성 안에서 살 수 있었다. …말기의 예술이라 하여 늘 천시되고 냉시(冷視)되어 온 재래의 불운한 명수(命數)를 이로 말미암아 다소간이라도 엄정케 될 수 있으면 매우 다행이라 하겠다"[43]라고 전제했다. 야나기는 조선시대의 예술품을 재조명했다.

41 최경옥, 2005, 『번역과 일본의 근대』, 살림, 4쪽.

42 최남선, 「조선역사통속강화 개제. (8), 『동명』 제10호, 1922. 11. 5, 6쪽.

43 야나기 무네요시, 「조선도자기의 특질」 (1), 『백화』, 1922년 9월호; 『동명』 제7호, 1922. 10. 15, 18쪽.

야나기 무네요시는 조선시대를 문화와 정치를 구분해서 평가했다. 그는 "그 왕조는 외부에 대하여 위대한 왕조는 아니었다. …그러나 한 번 조선에 들어오면 중국의 수법은 저작(咀嚼)되고 변화되어 미(美)는 전혀 다른 방면에 전환하였다. …조선의 저의 독특한 화법으로써 자기의 문의(紋儀)로 고쳐 만들었다. …그것은 중국의 것도 아니고 일본의 것도 아니었다"[44]라고 밝혔다. 중국과 일본의 문화와 구분되는 독자적인 조선시대 문화에 주목한 것이다.

더불어 통일 신라 시대를 예술문화의 정점으로 생각하는 이해와 달리 고려시대, 조선시대 예술품에도 의미를 부여했다. 도자기에 대해 안확은 "도기작법은 대발달하니 의장 양식의 풍부와 그 수법 기공의 교묘 및 유약 등은 실로 놀랄 만하겠고… 그러나 이조시대에 지(至)하여는 크게 쇠퇴하여 거의 멸절지경(滅絶之境)에 이르렀도다"[45]라고 비판했다. 이러한 조선시대 대한 부정적인 인식에 반대해서 아사카와는 "이조는 도기가 쇠퇴한 것 같이 생각한다. 그러나 이것은 심한 독단이니 자세히 조사하여 보면 조선의 도기는 이조에 이르러서 진정한 고유한 색채가 표현되었다고 하고 싶다"[46]라고 주장했다. 나아가 조선 도자기에 대해 "잘된 것은 나는 보고 또 보아도 염증을 모른다. 이런 작품은 중국의 어디에도 없을 것이다. 그 시대에는 전혀 조선 것이 되어 있다. 그리고 그 아름다움은 타국의 우수한 작품과 서로 비교하여도 결코 손색이 없는 것이다"[47]라고 평가했다. 조선시대 도자기의 독자성을 부각한 것이

44 야나기 무네요시, 「조선도자기의 특질」 (3), 『백화』, 1922년 9월호; 『동명』 제9호, 1922. 10. 29, 13쪽.

45 안확, 「조선의 미술」, 『학지광』 5, 1915. 5, 51쪽.

46 아사카와 노리다카, 「이조도기의 사적 고찰」, 『동명』 제11호, 1922. 11. 12, 7쪽.

47 아사카와 노리다카, 「이조도기의 사적 고찰」, 『동명』 제12호, 1922. 11. 19, 7쪽.

다. 야니기도 고려시대와 조선시대의 도자기를 대비해서 다음과 같이 언급했다.

> 도자기에 있어서 李朝는 독립한 이조라고 나는 생각한다. …저 고려기에 볼 수 있던 섬세하고 우미한 감정이 예리한 형상이나 선은 이에서 현저한 변화를 받았다. 외형은 단순화하고 형과 양이 확대되어 감정보다도 오히려 의지의 미가 중심이 되었다. …고려조에는 그리 흔하지 않은 항아리가 이조에서는 주요한 제작이 되었다. …곡선 중에서 직선을 섞은 것은 智의 美와 力의 美를 탐구한 결과이다. 俄然히 변화를 받은 이조의 형상은 유교의 배경 없이는 생각할 수가 없다. 조선은 이 시대에 요예(窯藝)에서 일찍이 없던 위엄의 미를 구하였다. 고려작품에 여성의 미가 있었을 지경이면 이조 작품에는 남성의 미가 있다. 감정보다도 의지가 미를 지배함이라고 볼 수 있다.[48]

고려의 여성성과 조선의 남성성 대비한 것이 특징이다. 거듭 조선시대의 예술품에 대해 야나기 무네요시는 "대개는 그것이 말기의 작품이라 하여 천대하는 것 같다. …조선예술에 대한 새로운 변호를 세상에 보내려고 한다. …그 미(美)는 단순화에 복귀함에 있다. …복잡하고 기이한 형상은 거기에는 없다. …조선은 그 예술로 명예 있는 조선이다. …조선사를 펴놓고 잔인한 정치에 외면하는 사람은 있어도 미래 영원히 조선의 요예(窯藝)에는 예찬할 것이다. …불행하게도 그 민족은 목하 이러한 일을 의식할 여가도 없고 흥미도 없다. 얼마나 위대한 것이 자국에 있는가를 이해하는 사람은 거의 없다. 도리어 그 민족의 적이라고 생각하는 일본의 우리들이 그 미(美)를 옹호하라고 구(求)한다. …조선사람이 아니고 누가 조선의 것을 만들 수 있으랴. 고유한 예술이 점차

48 야나기 무네요시, 「조선도자기의 특질」 (2), 『시라카바』, 1922년 9월호; 『동명』 제8호, 1922. 10. 22, 12쪽.

로 민멸(泯滅)되어 가는 동양에서 조선의 공예는 특히 귀중한 것의 하나이다"[49]라고 평가했다. 조선 예술품의 가치를 동양적 가치와 연결시킨 점이 주목된다.

5. 맺음말

한말~1910년대의 시대적·문화적 과제와 대비된 1920년대 전반의 시대적, 문화적 과제 무엇인가 그리고 향후의 대안과 과제의 제시는 어떠한 방향으로 이루어졌는가에 대해 본고는 잡지 『동명』에 게재된 다양한 조선 문화 기사를 분석했다. 이를 통해 3·1운동 이후 대중(민중) 독자를 대상으로 한 미술사로 대표된 조선 예술품에 대한 소개가 이루어졌음에 주목했다.

1920년대 전반기를 살펴보는 것은 조선 역사와 문화 관련 개념들이 과학적이고 사전적 의미가 어떻게 이루어지는가에 관한 과정을 이해하고자 함에 있다. 조선학에 관한 연구는 1910~20년대 본격적으로 진행되었는데, 식민지 일본인의 조선 문화 정리에 대응해서 우리 입장에서 체계적이고 과학적인 조선 예술 문화에 관한 정리 작업이 이루어져야 한다고 보았다. 따라서 당대 미술사에 대한 작업은 일본인에 의한 연구에 대한 대응 차원에서 민족사 서술과 연동될 수밖에 없었다. 일본 사람들의 미술사 연구도 조선 예술품의 중국과 인도의 모방에 강조점을 두었다. 이에 대비되는 개념은 독립 혹은 독자성이다. 조선인 연

49 야나기 무네요시, 「조선도자기의 특질」 (4), 『시라카바』, 1922년 9월호; 『동명』 제10호, 1922. 11. 5, 7쪽.

구자들에게 조선 예술품의 독자성을 찾는 것이 요구되었다.

더불어 민족사 서술과 연동된 조선미술사의 서술 가운데서 통일 신라 시대와 대비된 고려시대, 조선시대를 어떻게 평가해야 하는지가 하나의 화두가 된다. 일본인 학자들은 통일 신라 시대를 황금기로 이해했으며, 그 뒷 시기를 쇠퇴기로 파악했다. 나아가 조선시대를 국망의 원인으로 파악했다. 당대 조선인 지식인들은 정치적으로 이러한 인식을 적극적으로 부정할 수 없었으며, 조선시대 예술품에 대한 긍정적 이해를 수반한 연구를 진행할 수 없었다. 이러한 상황에서 최남선과 『동명』의 편집진은 조선 시대와 그 시대의 도자기를 적극적으로 평가한 두 일본인 필자의 글을 번역해서 소개했다.

1920년대 전반기 당대의 과제인 조선적인 것의 아름다움을 일본인이 아닌 조선인의 손으로 규명해야 하며, 조선 미술의 동양 미술 속에서의 위상 확인해야 하는 것이 요구되었다. 그렇다면 조선학의 외연과 내포를 확정하는 작업과 관련해서 『동명』과 최남선의 조선 문화에 관한 논의에서 어떻게 보편성을 확보할 수 있는가? 이러한 물음은 보다 넓은 조선 미술사에 대한 논의 속에서 살펴봐야 한다.

논문 출처

2019, 「1920년대 초반 조선 지식인의 '조선 미술' 규정과 서술: 잡지 『동명』을 중심으로」, 『역사학연구』 73.

참고문헌

1. 자료

『개벽』.
『동명』.
『동아일보』.
『청춘』.
『학지광』.

2. 저서

류시현, 2009, 『최남선 연구』, 역사비평사.
이순자, 2009, 『일제강점기 고적조사사업연구』, 경인문화사.
이만열, 2007, 『한국 근현대 역사학의 흐름』, 푸른역사.
이종수, 2011, 『벽화를 꿈꾸다』, 하늘재.
이지원, 2007, 『한국 근대 문화사상사 연구』, 혜안.
조동걸, 1998, 『현대한국사학사』, 나남출판.
최경옥, 2005, 『번역과 일본의 근대』, 살림.
최석영, 2012, 『일제의 조선 연구와 식민지적 지식생산』, 민속원.
최혜주, 2010, 『근대 재조선 일본인의 한국사 왜곡과 식민통치』, 경인문화사.

홉스봄, 정도영 역, 1983, 『자본의 시대』, 한길사.

關野貞, 1941, 『朝鮮の建築と藝術』, 岩波書店.

3. 논문

고성애, 2013, 「박종홍 철학의 형성과정 연구」, 『철학사상』 제48권.

류시현, 2018, 「1900~1910년대 세키노 타다시(關野貞)의 조선 문화 연구」, 『인물사회과학연구』 제19권 제2호, 부경대학교 인문사회과학연구소.

우동선, 2003, 「세키노 타다시(關野貞)의 한국 고건축 조사와 보존에 대한 연구」, 『한국근대미술사학』 제11호 한국근현대미술사학회.

이윤수, 2018, 「안확의 朝鮮美 탐구」, 『유교사상문화연구』 제72집, 한국유교학회.

차순철, 2012, 「『한홍엽』과 조선인의 한국문화 인식과정 검토」, 『한국고대사탐구』 제11호, 한국고대사탐구학회.

17 1930년대 조선 역사과학의 연구방법론

조형열

1. 머리말

1930년대 조선사 서술은 사학사 연구에 따르면 민족주의사학, 마르크스주의사학, 실증주의사학이 경쟁하면서 전개되었다.[1] 민족주의사학은 조선의 혼, 얼, 심 등이 역사와 문화를 만들어온 원동력이라고 보았고, 조선 고유의 독창적 발전상을 찾고자 하였다. 실증주의사학은 조선사 연구의 목적을 사실 규명에 한정하고 문헌 고증을 통해 접근하였다. 그리고 오랫동안 사회경제사학으로 명명하다가 이념적 잣대를 걷어내고 마르크스주의사학으로 불려왔던, 그러나 보다 엄밀히 말하면 역사 전개에도 객관적·과학적 법칙이 관통하므로 스스로도 자신의 학문을

1 일제식민지시기 사학사를 세 가지 흐름으로 최초 분류한 것은 金容燮, 1966, 「日本·韓國에 있어서의 韓國史敍述」, 『역사학보』 31 참조.

역사과학이라고 불렀던 이들은[2] 역사유물론에 토대를 두었다.

방법론이 없는 연구는 성립하기 어렵다. 1930년대 조선의 역사학은 선명한 형태로 제시되지 못했다고 하더라도 위에서 살펴본 바와 같이 모두 각각의 방법이 있었다. 조선사의 전개를 규명하기 위해 얼마나 적절했는가 여부는 별개로 하더라도 말이다. 철학자이면서 역사이론에 깊은 관심을 보였던 신남철(申南澈)은 "방법론이야말로 정히 역사학에 '혼을 넣어주는' 것"이라고 말했다.[3] 방법이 역사서술의 개괄적 방향을 결정한다는 뜻이며, 따라서 방법론에 대한 검토는 역사 연구의 성격을 파악하는 데 중요한 의미를 갖는다.

이 글은 1930년대 조선 역사학 가운데 역사과학의 연구방법론을 분석하는 데 목적이 있다. 역사과학은 방법에 대한 의존도가 높은 역사학이었다. 마르크스주의자가 역사유물론을 따르는 것은 상식에 가깝다. 그렇지만 문제는 역사유물론도 수용과 해석의 대상이라는 점이다. 역사과학이라고 모두 역사유물론을 똑같이 이해하는 것은 아니다. 또한 조선사 체계를 수립하기 위해서는 다시 실증 단계가 필요한데, 역사유물론 해석에 따라 서로 다른 방법이 제시될 수 있는 가능성은 다분하다. 즉 생산력과 생산관계의 모순에 따른 사회구성의 변화라는 기본전제는 동일하더라도, 실제 연구의 적용에는 일정한 차이가 발생할 수밖에 없다.

선행연구는 역사과학 내에 두 개의 경향이 있다고 설명했다. 이는

2 백남운, 「'복고경제'의 임무」, 『동아일보』 1935. 9. 29.(하일식 엮음, 1991, 『백남운전집』 4, 이론과실천, 264쪽); 李清源, 「昨年 朝鮮學界의 收穫과 趨勢 一考」(7), 『동아일보』 1936. 1. 21.

3 신남철, 1934. 10, 「조선연구의 방법론」, 『青年朝鮮』 창간호(정종현 엮음, 2013, 『신남철 문장선집』 I, 성균관대학교 출판부, 282쪽).

세계사적 보편성론과 아시아적 특수성론으로 정리될 수 있다.[4] 1930년대 역사과학 연구자들 사이에, 특히 백남운(白南雲)의 『조선사회경제사(朝鮮社會經濟史)』 출간 이후 논쟁이 있었기 때문에 이와 같은 구도 설정은 자연스럽다. 그러나 선행연구는 이들이 기초한 방법론의 내용 파악에 한계가 있었다. 양자가 역사유물론을 어떻게 이해했고, 인류사의 발전법칙과 조선사의 전개를 합치시키기 위해 구체적으로 제시된 계획에 대한 분석이 충분하지 않았기 때문이다.

조선사 연구 전략으로서 방법론에 대한 검토는 조선사 서술의 성격을 파악하기 위해서도 필수적 과제이다. 이 글에서는 세계사적 보편성론이 역사유물론을 일원적으로 인식하고 일국사적 발전에 초점을 맞추었으며, 이를 증명하기 위해 조선사와 세계 각국의 사례를 비교하는 데 집중했음을 살펴볼 것이다. 또한 아시아적 특수성론이 다원적 발전 형태에 주목하며 그 가운데 국제적 영향을 중시하고, 조선사를 서구와는 다른 아시아사의 일환으로 유형화하고자 했던 점을 분석하고자 한다.

2. 세계사적 보편성론의 방법

1) 일원적 역사발전단계 인식과 일국적 계기

세계사적 보편성론을 대표하는 인물은 백남운과 김태준(金台俊)이었다.

4 방기중, 1992, 『한국근대사상사 연구』, 역사비평사; 洪宗郁, 2014, 「白南雲: 普遍としての〈民族=主體〉」, 趙景達 외, 『講座東アジアの知識人』 4, 有志舍.

이들은 1930년대 민족주의자들이 주도한 민족문화운동에 참가하는가 하면, 이러한 경험을 바탕으로 좌우익을 떠나 조선을 대표하는 학술문화기관 설립을 당면과제로 생각했다. 학술활동, 조선연구의 목적을 보편적 학문인 '과학적 조선학' 수립에 둔 마르크스주의 지식인이었다.[5]

이들은 조선사를 연구하는 학문적 태도로서 무엇보다 주체성을 중요하게 여겼다. 백남운은 1930년에 "외래학자의 학안(學眼)에 기인한 것도 오인의게는 평범한 것이 잇고 기(其) 두뇌에는 민족적 속성으로 인식하는 것도 오인의게는 역사적 과정에 불과한 바 잇슬 것이며 저의에게는 조소(嘲笑) 재료 되는 것도 오인의게는 피치 못할 생활고일 것이다. …조선을 대상으로 하는 인식—조선의 이해—은 역사적으로나 현실적으로나 절실한 체험자인 조선인 기중(其中)에도 과학(科學)의 학도(學徒)들이 일종의 우선권인 동시에 사회적 책임"이라고 하여, 조선인에 의한 연구를 제기했다.[6]

이와 같은 연구 자세는 『조선사회경제사』의 「서문(序文)」에서 더욱 분명한 형태로 제시되었다.

> "나와 같은 이는 원래 淺學非材이다. 따라서 이 혼돈화 된 조선 사학계에 몸을 던진다는 것은 하나의 모험이며 僭越이기도 하다. 다만 행인지 불행인지는 별문제로 하고, 나는 朝鮮生이다. 이 한 점만이 그 모험과 僭越을 감행하는 선험적 자격이 되는 것이다. 이러한 말을 적는 것이 형식적으로는 다소 부조리한 감이 있지만, 조선어를 해독하는 이들의 외관적인 대저작보다는 오히려 체험적인 것이며 보다 진실한 절규일 수 있을 것이다. 나는 조선의 인식에서 우선 자기비판을 고조하고 싶다."[7]

---

5 조형열, 2016, 「1930년대 마르크스주의 지식인의 학술문화기관 구상과 '과학적 조선학' 수립론」, 『역사학연구』 61 참조.

6 白南雲, 1930. 1, 「「朝鮮經濟の研究」의 讀感」, 『朝鮮之光』 89(『백남운전집』 4, 155쪽).

7 白南雲, 1933, 『朝鮮社會經濟史』, 改造社(『백남운전집』 1, 13~14쪽).

백남운은 위 인용문에서 스스로를 '조선생(朝鮮生)'이라고 규정하면서 바로 이것이 '선험적 자격'이 되고, 주체적 입장에서 '자기비판을 고조' 하겠다는 의지를 밝혔다. 조선인이기 때문에 모든 한계에도 불구하고 조선사를 연구할 수 있고, 이러한 연구를 통해 조선을 돌아보겠다는 뜻을 내비쳤다. 백남운은 『조선사회경제사』 출간에 대해서 스스로의 학문적 역할보다 "조선인의 현실적 존재로부터 반영되는 사회의식의 일단"[8]이 반영되었다고 하였다.

이와 같은 연구 태도는 김태준으로부터도 확인된다. 그는 조선문화를 연구하게 된 출발점이 '조선을 사랑하는 마음'에서 '시스템'을 세워보고자 하는 의도라고 말했다.[9] 그리고 근대 이후 조선의 지식인들이 '조선의 것'에 극도로 무관심하고 서구 근대문화 수입에만 몰두했던 현실에 비판적이었다. 김태준은 "갑오개화 후 선진국가의 찬연한 문명에 안광(眼光)을 빼앗긴 선배들은 일로(一路) 구미문화(歐美文化)의 흡취에 골몰하야 다른 곳에 곁눈을 빌리지 안코 직진하였던 것이다. 폐허화 하려는 현실은 지나간 조선의 죄(罪)라는 감정에서 외국문명의 급진적 기세에서 일체 '조선적(朝鮮的)'이라면 거절하여 버리는 상황"이라며,[10] 그로 인해 조선의 문화는 "백사(白沙) 속에 심은 식물과 가티 도저히 완전한 발육을 기대하기가 어려"운 것이라고 하였다.[11] 즉 조선이라는 구체적 현실에 대한 자기 인식이 없이는 조선문화, 민족문화의 발전도 이룰 수 없다고 생각했다.

---

8 白南雲, 1933. 11, 「『朝鮮社會經濟史』 출판에 대한 소감」, 『中央』 창간호(『백남운전집』 4, 86쪽).

9 金台俊, 1934. 5, 「自著自評 『朝鮮漢文學史』 방법론」, 『學燈』 6, 1쪽(김태준, 1990, 『김태준전집』 3, 보고사, 1쪽).

10 天台山人, 「古典涉獵隨感」(5), 『東亞日報』 1935. 2. 15.(『김태준전집』 3, 186쪽).

11 金台俊, 「古典探究의 意義」(2), 『朝鮮日報』 1935. 1. 27.(『김태준전집』 3, 135~138쪽).

이렇듯 조선인으로서 조선연구, 조선사 서술의 주축이 되어야 한다는 자의식과 내면에 깔린 우리 역사에 대한 자부심은 역사유물론 수용과 해석 과정에서도 일정한 영향을 미쳤을 것으로 판단된다. 즉 역사유물론으로 인해 조선사의 역사상이 손상되어서는 안 된다는 전제가 개입되었고, 이로 인해 이들이 받아들인 역사유물론은 일원론적 역사발전단계에 대한 이론이 될 수 있었던 것이다.[12]

백남운은 「조선경제사의 방법론」을 통해 조선민족의 역사발전단계를 가) 원시적 씨족공산사회, 나) 노예사회, 다) 아세아적 봉건사회, 라) 자본주의적 상품생산제도 등으로 구분한 바 있다.[13] 또한 김태준도 비슷한 시기 조선사의 전개과정을 삼국시대 노예제사회를 거쳐, 고려와 조선의 봉건제사회, 양란을 거치며 자본 축적이 나타나기 시작했다고 인식했다.[14]

안타깝게도 두 사람이 직접 역사유물론 일반에 대해 체계적으로 해설을 시도한 글은 없다. 백남운이 역사발전의 계기에 대해 일부 설명했지만, 세계사 차원에서 역사유물론을 어떻게 이해하고 적용할 것인지 분석한 내용은 찾아보기 어렵다. 그러나 조선이 대체로 원시공산제사회－노예제사회－봉건제사회－자본주의사회 역사단계를 거쳤다고 인식한 것을 보면, 세계사 전반의 발전과정에 대한 이해도 크게 다르지

12 이와 같은 경향이 나타나는 것은 조선만의 현상이 아니라 중국도 마찬가지였다. 아리프 딜릭은 1930년대 중국의 마르크스주의 역사학을 언급하며 일반형으로서 중국사의 전개 과정을 모색하는 심리를 중국사가 결코 열등하지 않다는 민족적 자존심의 문제로 이해했다. 아리프 딜릭, 1984, 「아시아적 생산양식론과 시대구분론」, 민두기 편, 『중국사시대구분론』, 창작과비평사 참조.

13 白南雲, 1933. 2, 「朝鮮經濟史의 方法論」, 『新東亞』 3-2(『백남운전집』 4, 93쪽).

14 金台俊, 「朝鮮文學의 歷史性」(전5회), 『朝鮮日報』 1934. 10. 27~11. 2(『김태준전집』 3, 169~176쪽).

않았다고 판단된다.

더구나 이들은 당시 가장 첨예한 문제가 될 수 있는 봉건제사회 단계가 조선이나 중국 등에서 중앙집권적 형태를 취하는 것도 본질상 의미가 없다고 보았다. 백남운은 "우리 조선이 과거에 동양문화권의 일대영역이었다고 한다면, 금일의 조선은 어쨌든 세계사적 규모에서 자본주의의 일환을 형성하고 있는 것 역시 사실인데, 그 모두가 역사적으로 규정된 것"[15]이라고 하면서, 아시아를 과거의 문화권으로 이해했다. 뒤이어서 "조선민족의 발전사는 아무리 아시아적일지라도 사회구성의 내면적 발전법칙 그 자체는 완전히 세계사적인 것"이라는 결론을 도출했다.[16] 최대한 아시아사회의 예외성을 부각시키지 않으려는 입장이 눈에 띤다.[17]

〈그림 1〉 세계사적 보편성론의 역사발전단계 인식

원시공산제사회	노예제사회	봉건제사회(분권적/중앙집권적)	자본주의사회

백남운과 김태준으로 대표되는 세계사적 보편성론 계열은 〈그림 1〉과 같이 역사발전단계를 인식했다. 이에 따르면 세계 어느 곳에서나 동일한 역사 전개가 관철되고, 봉건제사회의 형태가 다르다고 하더라도 그것은 겉모습일 뿐 별개 유형으로 분류될 것은 아니었다. 일원론적 관점 아래 사소한 차이는 해소되는 것이고, 각국사를 조망하는 준거

15 白南雲, 『朝鮮社會經濟史』(『백남운전집』 1, 13~14쪽).

16 白南雲, 위의 책(『백남운전집』 1, 22쪽).

17 이러한 태도는 아시아사회에 대한 차별 가능성 때문에 아시아적 생산양식론 수용을 문제시했던 것에서도 확인할 수 있다. 조형열, 2016, 「1930년대 조선 '역사과학' 계열의 보편특수성 인식과 아시아적 생산양식론 수용 양상」, 『전북사학』 49 참조.

로 제기되었다.

그런데 1930년대 후반에 이르면 세계사적 보편성론의 조선사 연구 가운데 약간의 변화 조짐이 나타나기도 하였다. 백남운은 1937년『조선봉건사회경제사(朝鮮封建社會經濟史)』 상(上)권 출간 당시 "동양사회의 일반적인 공통성의 반면에는 다종다양한 특수적인 역사적 모반(母班)이 잔존하고 있는 만큼, 역사운동에서의 실천과정도 공식주의적으로 규정되어서는 안 된다"고 썼다.[18] 아마도 공식주의 비판이 너무 거셌던 영향 탓일 텐데, 그는 아시아사회에는 선천적 원인에 따른 반점이나 사마귀를 가리키는 모반이 있다고 했다. 이는 결국 원시공산제사회의 성격과 연결되는 언급이었다. 그리고 해체 과정의 특징이 조선의 봉건제사회에 영향을 미쳤다는 뜻이 된다.

백남운은 나아가 "구주(歐洲) 내지는 일본형(日本型)과 구별되는 아시아적 봉건제의 유형"으로서 고려를 분석함으로써 "동양봉건사회사상에 있어서 종래의 블랭크를 보충할 수 있다면 망외(望外)의 다행"이라고 하여,[19] 조선에 대한 사례 연구를 통해 아시아적 봉건제사회의 성격 규명에 일익을 담당하겠다는 연구 자세를 취했다. 이는 각 발전단계 안에 별개 유형을 두지 않는 세계사적 보편성론으로서는 눈에 띄는 언급임에 틀림없다. 그러나 이 경우에도 백남운의 의도는 서구와의 차이를 밝히기보다 아시아사회의 동질성을 밝혀 세계적 특질로 융해되도록 하는 것이었다.

한편 세계사적 보편성론의 연구자들은 한 나라 안에서 자체 생산력의 발달에 따라 생산관계와 모순을 일으키면서 내재적 역량에 의해 발

18 白南雲, 1937,『朝鮮封建社會經濟史 上』, 改造社(『백남운전집』 3, 13쪽).

19 白南雲,『朝鮮封建社會經濟史 上』(『백남운전집』 2, 15~16쪽).

전하는 역사상을 지지했다. 백남운은 1927년부터 계(契)의 기원에 대해 조선의 환경에서 독자적으로 발생한 것이라는 발생사론(發生史論)을 주장했다. 그는 이 글에서 계(契)를 분석한 일본인 학자들의 주장을 검토했다. 야마미치 조이치(山道襄一)의 중국 수입설[『조선반도(朝鮮半島)』 전편], 카와이 히로타미(河合弘民)의 조선 독특의 사회제도라는 조합설(組合說, 「朝鮮の契」), 이타니 젠이치(猪谷善一)의 발생사론[發生史論, 「조선 계의 연구(朝鮮に於ける契の硏究)」, 『상학연구(商學硏究)』 4-2] 등을 들고 있다. 그리고 이 중에서 외래 전파설과 특수제도설을 비판하며, 이타니 젠이치에게 공감을 표했다.[20]

그는 또한 "외부적 경제사상(經濟事像), 경제적 제도 및 형식의 기술적(記述的) 나열은 기계론에 빠짐은 물론 조선 민족의 역사적 발전의 결정적 요소로서 생산력 및 생산양식의 전환관계를 구명(究明)할 수 없"다며,[21] 조선사 연구는 "조선 민족의 사회적 존재를 규정한 각 시대 경제조직이 내면적 관련, 내재적 모순의 발전 및 거기서 생겨난 생산관계의 계기적 교대의 법칙성과 불가피성을 과학적으로 논증하는 것"이라고 선언했다.[22]

김태준 역시 "역사의 토대를 항상 조선사회 구성의 제형태와 합하여 자연적 기초 위에서 분석하려 하였고, 또 장차도 그러할 용의를 가지고 있다"고 하여 역사유물론을 기반으로, 조선사회의 내적 상황을 인식론의 기초로 놓아야 함을 역설했다.[23] 내재적 모순의 강조야 어떤 마르크

20 백남운은 "논술 중에는 견강부회한 것도 많으나 대체로 보아서는 입론이 탁월한 점으로 畏友 猪谷씨의게 경의를 표한다"고 밝혔다(白南雲, 1927, 「朝鮮契의 社會史的考察」 1 · 2, 『現代評論』 1-6 · 1-7(『백남운전집』 4, 23쪽).

21 白南雲, 『朝鮮社會經濟史』(『백남운전집』 1, 23쪽).

22 白南雲, 위의 책.

23 金台俊, 「朝鮮文學의 歷史性」(1), 『朝鮮日報』 1934. 10. 27(『김태준전집』 3, 169쪽).

스주의자라도 동일했지만, 특별히 '조선산(朝鮮産)'으로서 조선사 연구를 제창한 이 두 사람에게 일국적 계기인 내인(內因)은 무엇보다 중요한 요소로 간주되었다. 그렇다면 이들에게 외인(外因) 또는 국제적 계기는 어떻게 받아들여지고 있었는지 살펴볼 필요가 있다.

백남운은 "후진국이 선진국의 문화를 모방하는 것은 이세(理勢)의 당연한 것"이라는 입장을 취했다.[24] 그리고 "사회 자체의 태생적인 역사적 운동과 외부로부터 들어온 작용은 하나의 상호관계 하에서 어느 정도 적극적 운동을 야기(惹起)"한다는 점을 부인하지 않았다.[25] 그러나 그러한 모방은 단순한 이식이 아니라, 내적 필요에 의해서 수용될 때만 의미를 갖는다는 점을 강조했다. 외부적 작용이 아무리 강력해도 내부의 생산관계의 변동을 일으킬 물적 토대가 마련되어 있지 않다면 새로운 변화를 야기할 수 없다는 것이 백남운의 생각이었다.

김태준은 문화 수용 과정에서 번역의 의의에 대해서도 그 가치를 높게 인정했다. 즉 "번역은 창작의 전제"라고 강조한 바 있었다.[26] 이와 같은 김태준의 인식은 민족문화의 가치와 함께, 외부로부터 수용되더라도 우리식으로 발전시킬 수 있다면 역사적 의의가 있다는 평가로 귀결되었다.

이처럼 세계사적 보편성론을 내세운 연구자들은 역사유물론의 일원성을 강조했다. 역사발전단계도 세계 각국을 통틀어 하나의 형태로 포괄될 수 있다고 보았고, 발전의 힘도 한 나라 안의 내적 계기가 중요하게 고려되었다. 외부의 국제적 계기는 내부에서 그것을 수용할 여건이

24 白南雲, 「朝鮮契의 社會史的 考察」(『백남운전집』 4, 34쪽).
25 白南雲, 『朝鮮封建社會經濟史 上』(『백남운전집』 2, 361쪽).
26 金台俊, 1933, 『朝鮮小說史』, 淸進書館, 44쪽.

조성되었을 때만 의미가 있었다. 백남운은 조선을 "전 인류사의 한 부문"이라고 하여[27] 조선사와 세계사의 관계를 설명했다. 김태준은 조선사람을 가리켜 "인류의 세포단체인 조선사람"이라고 하였다.[28] 바로 이와 같은 인식을 바탕으로 조선사를 인류사의 전개 가운데 배치하고자 하였던 것이다.

2) 조선사와 세계사의 동등 비교

세계사적 보편성론 계열은 조선사와 세계사의 공통점을 찾기 위해서 동등 비교의 방법을 구사했다. 조선이 세계 여러 곳의 일반적 발전경로와 다르지 않다는 것을 확인하기 위한 서술 전략이었고, 이는 비교적 이른 시기에 쓴 역사서술로부터 확인된다. 예를 들어 백남운의 비교 방법은 1927년 「조선계(朝鮮契)의 사회사적(社會史的) 고찰(考察)」에 나타났다. 그는 조선의 계와 외국 제도를 비교했다. 다음 〈표 1〉은 백남운이 이 글에서 외국 제도를 먼저 꼽고, 그것을 조선에서 찾아내고자 했던 방식을 그대로 따라서 만든 것이다.

〈표 1〉 백남운의 외국 제도와 조선 契에 대한 비교

명칭	지역/시기	성격	조선 유사 契 형태	출전
콜네기아 (Collegia)	로마 시대	- 최초 종교적 제사로 신 숭배 이후 사교 임무 - 제정 말기 守成策 활용 - 마기스텔(영수) 집회와 재산 관리 책임	- 향약계 - 貢契: 帝室용품 공급 책임	- 『福田博士經濟學研究』 前篇 工業史雜考 - Palgraue's Dictionary

27 白南雲, 『朝鮮社會經濟史』(『백남운전집』 1, 19쪽).

28 金台俊, 1933, 「序」, 金在喆 저, 『朝鮮演劇史』, 朝鮮語文學會(『김태준전집』 2, 143쪽).

명칭	지역/시기	성격	조선 유사 契 형태	출전
낄드(길드)	유럽 전 시기	10세기 이전 종교길드. 이후 비종교길드, 상인길드, 직공길드	- 동계: 동업자 강제 가입 조항 (상이점: 제품취체, 徒弟年期奉公制度)	- 『經濟大事典』 福田박사 해설 - 瀧本박사, 『歐洲經濟史』
미르(Mir)	러시아 1906년	- 토지공동경작제도 - 1861년 알렉산더 2세 칙령으로 개인 점유권 허여 - 1906년 칙령, 개인의 미르 탈퇴와 소유권 획득 제정 → 미르 폐지 → 백만 명 자작농 창설	- 동계: 개인주의 제도의 이식으로 자연분해 (상이점: 불하금 지불력 표준에 의해 토지 겸병 야기)	- Palgraue's Dictionary - 『經濟大事典』 小平權一 논문 - 『商業研究』 권4 猪谷善一 논문
五保制度	일본	- 경찰 담보 단체: 5戶 1保로 保長을 두고 상호감찰	- 한성 방리계 - 향읍 향약계 守成策으로서 유사	- 三浦박사, 『法制史の研究』 - 『商學研究』 권4 猪谷善一 논문
由比/琉球民 경작조합 에이組	일본/류큐	일본 고대 촌락농업조합	- 농계 - 응역계	- 三浦박사, 『法制史の研究』 - 『商學研究』 권4 猪谷善一 논문
保甲制度	중국	- 지방자치제도 - 인민 생명재산 자위단체	- 향약계 - 동계 - 방리계 盜難취체 · 도로교량 수리 등 기능 겸영, 統制의 다면성 유사	- 『磻溪隧錄』 - 穗積박사, 「五人組制度論」
無盡講	일본 무로마치 초기	- 신사참예 → 상호구조 · 인보공제 · 자금융통 겸영		- 粟西赳夫, 『日本金融制度史の研究』 - 三浦박사, 『法制史の研究』

대부분 그의 스승 또는 일본학계의 결과물에서 인용한 위 내용은 그가 세계 각국의 사회제도가 조선에도 공통적으로 있었다는 점을 증명하는 데 큰 관심을 기울인 사실을 보여준다. 일차적으로 조선의 계 형태를 유사성에 따라 배치하는 비교 방식을 택했던 것이다.

이와 함께 비교의 성과를 높이기 위해 어원학적 연구도 이용했다. 그는 계는 본래 '게'라는 우리말에 한자를 붙인 것으로 "기(忌)한다 개린다(擇意)라는 두 말이 종교적 의미로 불상(不詳)을 제거하라는 뜻이 있고… '개린다'는 말이 종교적 또는 토속적 의미를 가진 동시에 금전의 지불을 의미하는 것도 있다"고 하며, "'튜톤'어계인 'Gild'는 지불의 의미도 있고 혹은 공헌의 의미도 있다 하며 겔드(Geld) 즉 화폐라는 말과 겔나게(Gelage) 즉 공동회음이라는 말과는 '튜톤'어계의 동원(同源)이라 하야 상고 북구 민족의 제신회음(祭神會飮)하는 토속이 점차 공동생활 단체의 의식으로 변한 것이 즉 '길드'의 연원이라는 점"을 강조했다.[29] 즉 계가 조선만의 것이 아니라 역사발전단계상 필연적으로 발생하는 인류 공통의 것이라고 설명하기 위함이었다.

이러한 비교 방법은 김태준에게서도 확인된다. 그는 1933년『조선소설사(朝鮮小說史)』에서 조선시대 민간에 유행했던 소설의 내용을 중심으로 유사한 형태의 외국 소설과 비교하는 방식을 취했다. 약 7개의 소설을 대상으로 논지를 이끌어갔는데, 이를 정리하면 다음 〈표 2〉와 같다.

〈표 2〉 김태준의 조선 소설과 외국 소설의 비교

쟁기傳 (雄雉/장끼전)	「鼠의 嫁入」(일본, 無住法師,『砂石集』) 老鼠부부의 설화(일본, 岡白駒,『奇談一笑』) 쥐 이야기(인도,『반잔단드라』,『히도바데사』,『마하바라타』) 「雉子班歌」(중국, 漢代 樂府)
콩쥐팟쥐	「신데렐라」類, 페르로소의 포르투갈 古談 30편 중 3편과 유사 독일의 그림, 프랑스의 페늘 등 南方 吳姓人의 가정에 생긴 사실(중국, 唐代 段成式의『酉陽雜俎續集』권1)
鼠同知傳 (서용전·서옹전·서옥설)	鼠國 설화(중국),「隱れ里」(일본, 德川 초기)
鼈主簿傳(토끼전)	『本生經』(인도, 자타카經),「水母と猿」(일본)
興夫傳 (놀부전, 연의 각)	「舌切雀」,「花咲爺」(일본),「박 타던 처녀」(몽고)

29 白南雲,「朝鮮契의 社會史的 考察」(『백남운전집』 4, 14쪽, 23~24쪽). 이와 같은 길드에 대한 해석은 福田박사, 瀧本박사의 저작으로부터 가져온 것이다.

三說記	「三士橫入黃泉記」-「唐太宗入冥記」, 「錯轉輪」(중국)
	「五虎大將記」- 카누트 대왕의 退海談(덴마크), 對 卽墨大夫 사실(중국 齊나라 威王)
沈淸傳	專童子 · 法妙童子의 설화(인도), 小夜姬(사요히메, 일본)

김태준은 이 표를 만들면서 특별한 설명을 덧붙이지 않았다. 그러나 "국경선을 초월하고 세계 인류를 한집 식구와 같이 융통케 한 것은 위대한 문화의 힘이요, 문화는 어느 계급의 독점과 어느 국가의 전유(專有)를 용서치 아니하여 도처에 전파되엇으니 문화에 들어 넷 내 것이 당초부터 없으며 인류의 정신생활은 본대부터 세계적"이라고 비교 작업에 의미를 부여하고 있다.[30]

두 사람이 행한 작업은 계라는 사회제도와 소설이라는 문학의 특수 양식에 대한 내용이었기 때문에 이와 같이 분명한 형태를 띠기 쉬웠다. 그리고 이와 같은 비교 작업에서 나타나는 가장 큰 특징은 두 사람 모두 그 대상이 서구와 아시아 전역에 걸쳐 있다는 점이다. 즉 두 지역이 비교 과정에서 특정한 구분점이 되지 않았다. 조선사의 세계사적 보편성을 확인하기 위해 수집 가능한 수준에서 세계 전반에 대한 정보를 반영한 것이었다.

비교 방법은 1930년대 중반 이후 연구가 한층 무르익은 시점에도 이어졌다. 백남운은 『조선사회경제사(朝鮮社會經濟史)』에서 씨족제사회가 조선인에게 특수한 것이 아니고 인류의 모든 구성원들이 경험한 과정임을 역설했다. 그는 우리 민족도 무규율성교에서 군혼형태로 추이(推移)했으며 이는 "모든 문화민족이 공통적으로 경과해온 단계", "세계사적으

30 金台俊, 1933, 앞의 책, 92쪽.

로 정상적인 궤도"이며, '중국, 인도, 일본, 구라파, 아메리카 모두 그렇다'고 비교했다. 이를 위해 중국은 궈모뤄의 『중국고대사회연구(中國古代社會硏究)』, 인도는 엥겔스의 『가족 사유재산 국가의 기원』, 일본은 우생학자인 다나카 고가이(田中香涯)의 『일본 민족 변태 풍속의 연구(日本民族變態風俗の硏究)』, 독일은 그림(Grimm)의 『독일 고대 법제사(獨逸古代法制史)』에서 전거를 들었다.[31] 또한 원시씨족공동체의 특징을 열 가지로 거론하며 이를 그리스·로마와 비교해 "조선의 씨족제는 그 본질적인 특징을 갖춘 것으로 이로쿠오이인·그리스인의 씨족제 등과 비교해보면 거의 9푼 9리까지 유사성을 발견할 수 있는 것"이라고 결론을 내렸다.[32]

삼국의 성립 이후 서술에서 직접적 비교 방법은 현저히 줄어들었다. 그러나 비교 관점은 여전히 문맥에 흐르고 있었고, 그 자신도 후일 밝힌 바와 같이 이 과정은 "엥겔스의 저서에 의하여 희랍 및 로마형의 노예사회와도 조선 역사를 비교 검토"하는 것이었다.[33] 이는 또한 아테네 국가 성립 과정에서 공동체적 토지소유의 사적 소유화를 염두에 둔 것이었다고 생각된다.[34] 그밖에도 노론(老論)과 소론(小論)의 당쟁을 "전형적 봉건국가군의 간헐적인 지방적 전쟁상태와 유비"되는 것이라고 하는가 하면,[35] 조선후기 천주학이 서구 중세 말기에 법왕권에 대항하는 자연

31 白南雲, 『朝鮮社會經濟史』(『백남운전집』 1, 58쪽). 다나카 고가이는 이광수가 '민족개조론' 등을 집필할 때 많은 영향을 받은 것으로 알려져 있다. 백남운이 각종의 사례를 찾기 위해 다방면의 연구를 참조했음을 알 수 있는 대목이다. 참고로 유럽과 아메리카의 출전은 명시되지 않았다.

32 白南雲, 위의 책(『백남운전집』 1, 108쪽).

33 백남운, 1957, 「백남운 원사의 토론 요지」, 『삼국시기 사회경제 구성에 관한 토론집』, 과학원출판사(일송정, 1989, 348쪽).

34 F. 엥겔스 저, 김대웅 역, 2012, 『가족 사유재산 국가의 기원』, 두레, '5장 아테네 국가의 탄생' 참조.

35 白南雲, 「朝鮮民族의 進路 再論」, 『獨立新報』 1947. 5. 8~21(『백남운전집』 4, 379쪽).

과학 사상과 같이 지하운동으로 발전해갔고, 서구 봉건사회 붕괴기에 법왕권에 의해 자연과학 사상을 탄압한 것과 조선왕조가 천주학을 '사학(邪學)'이라 칭하며 취한 정책을 동일한 것으로 보았다.[36]

김태준도 「단군신화(檀君神話) 연구」에서, 앞서 『조선소설사』에서 제시한 비교를 통한 문화의 공통성을 조금 더 명확한 형태로 설명하고 있다.

> "신화는 創世記에 나오는 洪水 전설, 大三輪 전설, 羽衣 전설과 가티 인류 발전의 역사적 법칙이 그 生活史와 함께 필연적으로 공통한 것처럼 생활의 발전에 의하야 수시로 반영되어 나온 신화도 스스로 어느 정도까지의 세계사적 공통성을 가지고 나타난다는 것을 이저서는 안 된다. 서로 비슷한 구조를 가진 신화도 그 지방의 환경을 따라서 각각 달으다. 예컨대 조선의 '톡기'전은 인도에서는 '원숭이와 자라'의 대화로 되고 몽고의 '박타는 처녀'는 조선에서는 흥부놀부로 나타나고 심청 전설은 일본 내지에서는 長者의 딸과 小夜姬와의 교환으로 나타나지 안는가."[37]

김태준은 세계의 모든 신화는 일정한 공통성을 갖는다는 점을 강조했다. 그것이 어떻게 서로 영향을 주고받는지 따지는 것은 무용한 일이고 모든 신화는 신화로서 동질적 기반을 갖는다는 점이 지적되었다. 그리고 이는 『성경』의 시기로도 소급되어 이해되었다. 그러나 이러한 공통성은 지역적으로 다른 형태를 띠고 나타나기도 하는데, 차이에 먼저 주목해서는 안 되고 유사성의 지반에 대한 이해가 전제되어야 함을 역설했다. 모든 문화는 서구와 아시아 가릴 것 없이 공통적인 일반성을 공유하고 있다는 생각이 저변에 깔려 있었다.

---

36 白南雲, 「丁茶山의 思想」, 『東亞日報』 1935. 7. 6.(『백남운전집』 4, 115쪽).

37 金台俊, 「檀君神話 研究」, 『朝鮮中央日報』 1935. 12. 7.(『김태준전집』 2, 63쪽).

이처럼 백남운과 김태준은 조선에서 나타나는 역사적 현상은 세계사와 동질적인 전개과정 가운데 있다는 점을 비교 작업을 통해 획득하고자 했다. 이들에게 개별로서 조선사는 전체로서 세계사와 공통된 특징을 갖게 된다. 조선과 세계는 동일선상에 위치하는 것이고, 그 가운데 존재하는 차이는 일원적 역사발전단계 안에서 해소될 수 있는 것이었다.

3. 아시아적 특수성론의 방법

1) 다원적 역사발전단계 인식과 국제적 계기

아시아적 특수성론을 대표하는 연구자는 경성제대(京城帝大) 출신 마르크스주의자와 이청원(李淸源), 이북만(李北滿) 등 일본에서 활동하던 인물들이었다. 이들은 당시 소련으로부터 동아시아로 전파된 프롤레타리아 문화운동론의 영향을 받아 노농계급의 투쟁의식을 고취하기 위한 대중적 학술활동에 초점을 맞추었으며, 조선연구도 실천에 대한 기여를 위해 필요하다고 본 마르크스주의 지식인이었다.[38]

이들은 무엇보다 조선사를 연구하는 데 있어서 국제적 시야를 중시했다. 이들이 주로 활동했던 1930년대 전반기 '사회주의 잡지'의 다수 기사가 국제정세 분석이었으며, 특히 세계대공황의 여파가 이어지던 상황에서 혁명의 파고를 높이기 위해서도 이러한 관점이 더욱 강조되

38 조형열, 2017, 「1930년대 마르크스주의 지식인의 프롤레타리아문화운동과 '실천적 조선연구'론」, 『한국사연구』 177 참조.

었다. 그리고 이는 제국주의－식민지 체제로 표상되는 불균등발전의 연원에 대한 문제의식과 결합하여, 다원적 역사발전단계로 해석된 역사유물론을 받아들이는 경향으로 이어졌다. 이를 몇 가지 사례를 통해서 살펴보자.

문학가이자 일제식민지시기부터 해방공간에 이르기까지 프롤레타리아문화운동에 몸을 담은 김남천(金南天)은 백남운이 쓴 「조선민족(朝鮮民族)의 진로(進路)」(1946)에 대해 비판하면서, 다음과 같은 1928년 코민테른 6차대회의 세계 각 지역 분류를 근거로 제시했다. 운동과 관련된 언급이고 해방 직후에 재차 언급된 것이라 주의를 기울여야 하지만, 이들이 세계를 바라보는 시각을 보여준다는 점에서 흥미롭다.

> 첫째는 고도로 발달한 자본주의 제국(미 · 독 · 영 등)
> 둘째는 자본주의가 중위의 발전계단에 있는 제국(서반아 · 포 · 파 · 홍 · 빨칸제국)
> 셋째로 식민지 반식민지 제국(중국 · 인도 등)
> 넷째로 일층 뒤떠러진 제국(예컨대 아프리카 어떤 지방)

김남천이 이와 같은 분류를 인용한 것은 조선이 해방 이후에도 세 번째에 포함되기 때문에, 이러한 지역에서는 무엇보다 당면의 과제가 부르주아민주주의 혁명이라고 주장하기 위해서였다.[39] 이러한 세계의

39 金南天, 「白南雲씨 「朝鮮民族 進路」 批判」, 『朝鮮人民報』 1946. 3. 11(심지연, 1987, 『朝鮮革命論 研究: 해방정국논쟁사 2』, 실천문학사, 221쪽). 뒤이어 김남천은 포포프의 「민주주의혁명의 전화의 역사적 조건」을 인용했는데, "차등 제국은 유력한 중세기적 봉건적 제관계를 가지고 있거나 혹은 경제에 있어서나 정치적 상부구조에 있어서나 '아세아 생산방법'을 가지고 있다. …부르조아민주주의 혁명이 사회주의 혁명으로 전화하는 순시대의 성과로서만 비로소 가능한 것이다. 사회주의 건설의 성공은 이러한 제국에서는 푸로레타리아독재 제국의 직접적 지지 없이는 거의 불가능할 것이다"라고 한 부분을 해방 이후 조선이 나아갈 길로 상정했다.

분류 방식은 사실상 조선의 지위를 특정 수준으로 고정화 하는 것이었다. 이는 레닌의 『제국주의론』에서 기원한 것으로 보이는데, 이 시기 국제공산주의운동의 세계 인식을 보여준다. 그리고 이와 같은 현실 조선의 세계사적 위치 설정이 불균등발전, 다원적 역사발전단계에 대한 고민에 영향을 미쳤다고 판단된다.

그렇다면 이들이 활동하던 시기의 좀 더 구체적인 언급을 살펴보자. 김광진(金洸鎭)은 1930년대 쓴 두 편의 학술논문에서 세계 각국의 발전 형태는 다양하다는 것을 전제했다. 예를 들면 1934년 그는 『자본론』을 인용해서 "아메리카에 있어서의 금은산지의 발견, 토착인민의 소멸 노예화 및 광산 내로의 매몰, 동인도의 점령과 약탈의 개시, 흑인에 대한 상업적 수렵장에로의 아프리카로의 전화, 이 같은 사실은 자본주의 생산시대의 서광으로 되는 것이다. 이 같은 목가적(牧歌的) 제(諸) 과정은 원시적(原始的) 축적(蓄積)의 주요 계기"라고 하였다.[40]

또한 같은 책을 인용해 "원시적 축적의 여러 가지 계기는 다소간 시간적인 순열을 이루어 특히 스페인 포르투갈 네덜란드 프랑스 영국에 분배되게 되었다. 영국에서는 이 계기들이 17세기 말엽 식민제도 국채(國債)제도 근대적 조세제도 및 보호제도에 체계적으로 종합된다. 이 방법들은 일부는 예컨대 식민제도와 같이 가장 격렬한 강력에 의존한다"고 하여 '식민제도'의 경제적 기초를 이루기 위한 원시적 축적 형태를 제시했다.[41]

김광진은 이를 원시적 축적의 여러 가지 방법 가운데 '가장 격렬한 강력'이 작용하는 것이라고 설명했다. 그리고 조선도 이러한 영향을 받

40 金洸鎭, 1934, 「李朝末期に於ける朝鮮の貨幣問題」, 『普專學會論集』 1, 329쪽.
41 金洸鎭, 위의 글, 341쪽.

았고, 조선에서 전개된 토지조사사업은 독일에서 전개된 농민 축출 형태의 대규모 토지 수용이 매우 불완전한 방식으로 전개된 것으로 이해했다.[42]

또한 김광진은 1937년에 『가족 사유재산 국가의 기원』을 통해 유럽의 국가 형성에서 나타나는 세 가지 유형을 제시했다.

> "아테네는 가장 순수한, 전형적인 형태를 보이고 즉 이러한 국가는 직접 또 주로 씨족사회 자신의 가운데 발달하는 계급대립으로 발생한다. 로마의 씨족사회는 씨족 밖에 있던 권리를 가지지 못하고 의무를 지고 있던 다수의 블레부스(평민)의 가운데 많은 수가 귀족이 된다. 블레부스의 승리는 옛 혈족제도를 타파해 그 조각 위에 국가를 건설하고 그 가운데 말할 것도 없이 씨족적 귀족과 블레부스와 전적으로 융화된다. 마지막으로 로마제국을 정복한 도이치人에 있어서 국가는 직접으로 타 종족의 큰 영역—이것을 지배하기 위해 어떠한 수단도 씨족제도는 제공하지 않고— 정복으로 발생한다."[43]

김광진은 이러한 구분 아래 세 번째 길, 내부적 변화가 지체된 가운데 정복을 통해 국가를 형성하는 프랑크왕국의 사례를 조선이 걸어온 길로 고려했다.[44] 이처럼 김광진은 마르크스를 통해 두 시기—국가 성립기와 자본주의화 과정— 세계사의 다양한 경로들을 우선 상정했다. 그리고 이를 통해 조선 또는 아시아가 어떠한 형태에 속하는지 모색했다.

42 金洸鎭, 위의 글, 341쪽.

43 金洸鎭, 1937, 「高句麗社會の生産様式: 國家の形成過程を中心として」, 『普專學會論集』 3, 775쪽.

44 엥겔스는 프랑크왕국이 정복전쟁으로 형성되었고 왕·귀족 외에 자유농민이 존재하며, 그들의 지위 확보를 위해 촌락공동체가 존재했다고 설명했다(F. 엥겔스, 앞의 책, 352~353쪽).

다음으로 박문규(朴文圭)는 1931년에 불과 10쪽의 짧은 논문을 통해 농업 자본주의화 유형에 대한 해설을 시도했다. 토지조사사업을 농업자본주의화 유형과 관련지어 설명한 것은 박문규가 처음이었다. 그는 레닌의 『러시아에 있어서 자본주의의 발전』을 따라 미국형과 프러시아형의 길을 상정했다. 특히 프러시아형의 경우 봉건적 토지소유와 자본가적 생산방법의 결합에 의해 혁명이 이루어졌기 때문에 봉건유제(封建遺制)가 오랫동안 존속하여 농민이 이중적 압박을 받을 수밖에 없는 상황을 서술했다. 그리고 그 가운데 조선은 식민지라는 특수조건을 제외하면 후자인 프러시아형에 속한다고 보았다.[45]

박문규는 농업자본주의화의 보편성과 그 과정에서 존재하는 특수성에 대한 논의를 진전시켰다. 박문규는 위에서 제기한 두 가지 형태의 농업자본주의화 과정을 조선에 적용하면 다음과 같이 근대적 토지소유제도의 확립과정이 진행되었다고 설명했다.

> "하나는 종래 토지의 현실적 보유자이며 경작자인 농민을 희생하고 과거의 수조권지를 토지사유권자로 하는 방법, 다른 하나는 토지의 현실적 보유자이며 경작자인 농민을 토지사유권자로 함으로써 봉건적 수조권자를 청소하여 자유스러운 농업의 발전을 기하는 방법. 그렇다. 토지조사사업을 규정한 역사적 제조건은 마침내 조선에 있어서 근대적 토지사유제도의 확립을 전자의 방법에 의함을 면치 못하게 하였다."[46]

박문규는 프러시아형의 '변형'이라는 방법을 제시한 것이었다. 즉 조선 역시 식민지 이식자본에 의한 것이지만 농업자본주의화의 첫 단계

45 朴仁洙, 1931, 「封建遺制와 金融資本과의 野合」, 『新興』 4, 1쪽, 5~6쪽.

46 朴文圭, 1933, 「農村社會分化の起點としての土地調査事業に就いて」, 『朝鮮社會經濟史研究』, 京城帝國大學法文學會, 23~24쪽.

로서 토지소유권의 확립이 이루어졌다고 보았다.

이와는 달리 이청원은 별도의 발전형을 추구하지 않았다. 그는 아시아적 생산양식 논쟁에 있어서, 일본학계에서 제기되고 있던 노예제－봉건제－자본제 외에 별도의 경제적 사회구성을 설정하는 것에 반대했다. 이청원이 반대하는 가장 큰 이유는 마르크스가 제시한 역사적 소유 형태는 위에서 말한 딱 세 가지이고 노예제를 건너뛴다든지, 봉건제를 거치지 않는다든지 하는 경우는 있어도 새로운 사회구성체를 만드는 것은 있을 수 없다는 입장이었다.[47] 그는 독일 · 영국이 노예제를, 아메리카가 농노제를 경유하지 않은 것처럼 예외적으로 각 단계를 건너뛰는 경우도 있긴 하지만, 문명사회가 노예제 · 봉건제 · 자본제 이외의 예속형태를 가질 수 없다는 점을 강하게 견지했다.[48]

그렇지만 이청원은 아시아적 변형을 강조했다. "동일의 경제적 기초가 조선이 가진 역사적 지리적 인종적 조건에 제약되어 나타난 '변형과 농담'"에 의해서 나타나고 그것이 아시아적 생산양식의 내용과 동일하다고 보았다.[49] 그렇기 때문에 이청원의 경우 실제로 아시아적 생산양식론의 영향을 바탕으로 세계사 내에 여러 발전 형태가 이미 전제되었던 것이다.

---

47 다음과 같은 그의 글을 예로 들 수 있다. "아세아적을 세계사적 범주와 별개의 독특한 경제적 사회구성을 의미한 것은 아니엿엇다. 그것은 세계사의 일정한 사회구성을 의미한 것이엿섯으므로, 만약 지금 일본 內地에 잇어서의 「아세아」적 생산양식 즉 平野義太郎, 相川春熙, 森谷克己 등등처럼 한 개의 독특한 경제적 사회구성으로 본다면 커다란 실천적 잘못을 초래하는 것이다"(李淸源, 「조선인 사상에 잇어서의 「아세아적」형태에 대하야」(1), 『東亞日報』 1935. 11. 30).

48 李淸源, 1935. 5, 「アジア的生產樣式とは河か」, 『生きた新聞』 1-5, 38쪽.

49 李淸源, 1935. 4, 「アジア的生產樣式と朝鮮封建社會史」, 『唯物論研究』 30, 147쪽.

〈그림 2〉 아시아적 특수성론의 역사발전단계 인식

<table>
<tr><td rowspan="4">원시공산제사회</td><td>노예제사회</td><td>봉건제사회</td><td rowspan="4">자본주의사회</td></tr>
<tr><td>아시아적 노예제사회</td><td>아시아적 봉건제사회</td></tr>
<tr><td colspan="2">봉건제사회</td></tr>
<tr><td colspan="2">아시아적 봉건제사회</td></tr>
</table>

아시아적 특수성론의 입장에 따르면 역사상 확인할 수 있는 생산양식은 원시공산제, 노예제, 봉건제, 자본제라는 것은 동일하지만, 원시공산제의 해체 과정에 따라 각 지역 역사의 전개 방식은 다양할 수 있었다. 그리하여 어떤 지역에서는 서양에서도 노예제를 거치지 않고 봉건제적 생산양식으로 나아가게 된다. 또한 원시공산제의 영향이 급격히 소멸되지 않을 경우 공동체적 소유가 남게 되고 이는 비교적 지체된 발전 형태를 형성하게 되는 것이다.

이처럼 세계사의 여러 가지 발전 경로를 상정하는 방식은 역사 발전이 시간차를 가질 수밖에 없고, 따라서 한 지역·국가의 역사 전개가 순수한 형태로 이루어질 수 없다는 점에 착목한 결과였다. 이러한 문제의식은 필연적으로 일국적 관점의 내재적 발전뿐만 아니라 외부적 영향을 강조하는 태도를 취했다. 물론 이들이 대외관계와 외부적 자극을 강조하는 입장을 취했다고 해도, 내면적 접근 자체를 부인한 것은 아니다.[50]

50 김광진은 경제학의 발달사를 조망하면서 正統學派가 利己心이라는 인간의 본성에 의해 역사가 발전한다고 본 점을 비판했다. 그리고 이는 이 학파가 가진 계급적 성격에 따른 것이며 역사유물론의 입장은 "일체의 역사적 발전과정을 생성, 발전, 몰락의 과정으로 파악"하는 것이라고 주장했다(金洸鎭, 1934. 10, 「과학의 당파성 = 역사성」, 『青年朝鮮』 창간호, 4쪽). 이청원도 "각 시대의 경제적 조직의 내면적 관계, 내재적 조건의 발전 및 그것이 일어난 생산관계의 계기적 발전의 일반 합법칙성과의 불가피성을 과학적으로 논증"하는 것이 역사과학의 과제라고 지적했다(李清源, 1935. 7, 「朝鮮社會經濟史の研究について」, 『社會』 4-6, 29쪽).

박문규는 조선 자본주의화 과정을 분석하면서 제국주의 국가로부터 침투되는 자본이 식민지에서 작동하는 방식을 검토했다. 그는 "자본이 선진적 자본주의국에서 후진국에 수출되는 것은, 그 자본이 그 본국에 잇서서 절대로 과잉자본인 때문이 아니다. 그것은 후진국에 잇서서는 본국에서보담 더 만흔 이익을 낫키 때문이다. 그럼으로 선진국의 자본은 이자를 낫는 자본형태로서 또는 이윤을 낫는 자본형태로서 끈님업시 후진국으로 수출된다"고 하여, 현재 조선에 투하된 자본을 이자 또는 이윤을 창출하기 위한 목적의 자본수출로 이해했다.[51] 이러한 자본수출 관점의 강조는 제국주의 국가의 의도와 그에 따른 후진국 · 식민지의 경제적 변화, 즉 자본주의화의 진전과 그에 따른 경제수탈의 양면성을 함께 고려하려는 목적에 따른 것이었다.[52]

> "내부적인 자연적 발달의 일면만을 究明한 외에 씨족제 조직의 붕괴에 가장 큰 楔片的 역할을 한 외부적인 '모티프'를 도외시했다. 환언하면 古朝鮮과 三韓·高句麗 사이에 있는 漢族(소위 樂浪時代)에 대해서는 아무런 검토도 없었다."[53]

위 인용문은 한흥수(韓興洙)가 백남운의 『조선사회경제사』를 비평하는

51 朴仁洙, 1931, 「封建遺制와 金融資本과의 野合」, 『新興』 4, 8쪽. 이러한 문제의식은 후속 연구에서도 줄곧 유지되었다. "선진국의 과잉자본—물론 상대적 의미에서—이 후진국에 투자됨에는 세 개의 형태를 취하게 된다. 첫째, 본국에 비하여 보다 높은 지대를 목적으로 하는 자본, 둘째, 본국에 비하여 보다 높은 이윤을 목적으로 하는 자본, 셋째, 본국에 비하여 보다 높은 이자를 목적으로 하는 세 개의 형태이다"(朴文圭, 1934. 2, 「조선농촌과 금융기관과의 관계」, 『新東亞』 4-2).

52 레닌은 『제국주의론』에서 자본수출에 대해서 다음과 같이 지적했다. "자본수출은 그것을 수입하는 나라의 자본주의 발전에 영향을 미치며, 그 발전을 크게 가속화시킨다"[V. I. 레닌 저(남상일 역), 1988, 『제국주의론』, 백산서당, 96쪽].

53 韓興洙, 1935. 12, 「朝鮮原始社會論: 白南雲씨 저 『朝鮮社會經濟史』에 대한 비판을 겸하야」, 『批判』 3-6, 2~19쪽.

논문에서 백남운이 한사군을 다루지 않은 것을 문제 삼은 부분이다. 그는 백남운이 내재적 발전을 규명하는 데만 주력해 원시공산제사회가 붕괴하는 결정적 계기로서 외부적 모티브를 거론하지 않았음을 비판했다. 한흥수는 내적 계기와 외적 영향을 함께 볼 때만 조선사의 전개를 올바르게 살필 수 있다는 점을 제기한 것이다.

이는 이북만에게서도 확인된다. 그는 1936년에 조선후기의 경제상황을 서술하면서, "주로 지리적 관계로 인해 외계(外界)의 세계(世界)와 어떠한 교섭도 없어서, 아시아적 정체성 때문에 어떠한 생산력의 발전도 없어서, 전형적인 영세농경으로 하등의 기술적 진보도 안 보여 붕괴의 길을 걷고 있다"고 언급했다.[54] 조선후기의 정체성을 강조하기 위한 언급이지만, 이북만은 외부 세계와의 교섭과 내적 생산력의 발전을 동일선상에서 검토했다.

이처럼 아시아적 특수성론의 연구자는 현실의 자본주의 발전 정도가 차이가 나듯이 역사 발전 경로 역시 다양하게 존재한다는 점을 전제했다. 또한 국제적 발전의 불균등으로 인해 야기되는 외부적 영향을 내적 계기와 함께 동일한 조건으로 중요하게 간주했다. 세계사적 보편성론이 민족주체성에 기초해서 일원론적 역사 전개와 외인을 흡수한 내인에 주목한 것에 비해, 아시아적 특수성론의 입장은 조선의 세계사적 위치를 찾고자 했으며 안팎으로부터 일어난 변화를 유기적으로 살펴보겠다는 문제의식을 갖고 조선사 연구에 임했다.

---

54 林田朝人, 1936. 12, 「李朝末葉の經濟狀態に關する若干の考察: 特に資本制生産樣式への轉化の基本的前提條件の缺如に就いて」, 『歷史科學』 5-12, 73쪽. 이북만은 해방 이후 이 논문이 자신이 쓴 것임을 밝혔다(李北滿, 1948, 『李朝社會經濟史硏究』, 大成出版社, 14쪽 참조).

2) 서구와 차이의 강조를 통한 아시아사의 유형화

아시아적 특수성론은 세계사적 보편성론이 세계사와의 비교를 통해 적극적으로 동등성을 획득하고자 했던 것에 비해, 활발한 비교 작업을 진척시키지 못했다. 이는 첫째, 학문 역량의 차이였다. 백남운과 김태준은 연구 폭이 넓었기 때문에 다양한 사례들을 검토하면서 이를 실행했다. 그러나 실천운동의 측면에서 조선연구를 꾀했던 이들은 마르크스주의 원전에 기초한 분석이 대부분이었다. 둘째, 아시아적 생산양식론의 적극적 수용으로 인해 이미 조선을 범주화하기 위한 전거를 획득하고 있었다.

그렇지만 이들은 취합할 수 있는 자료 수준에서 서구의 역사 전개와 조선·아시아를 비교했다. 그리고 이를 통해 서로의 거리를 확인하는 유형화 전략을 취했다. 아시아적 특수성론 계열은 조선사에 대한 통사적 접근을 시도한 인물이 많지 않았기 때문에 이청원이 이러한 작업을 주도적으로 진행했다.

이청원은 "유럽 고대가 운하(運河)에 의해 이 사업이 수행되었기 때문에 이 문화를 해안문화(海岸文化)라고 하는 것 같이, 조선의 따라서 동양의 생명선인 인공관개(人工灌漑)는 하천에 의해 수행되었기 때문에 이것을 하천문화(河川文化)라고 불러야 한다"고 주장했다.[55] 유럽 고대의 문화적 특징은 운하라는 자연환경에서 비롯되었고, 아시아의 경우 하천을 이용한 수리관개시설에 기초했다는 의미였다. 『자본론』에 등장하는 인공관개의 이론과 또한 마르크스의 「영국의 인도지배」 등에 의거해 기후와 지형상의 조건이 아시아사회의 성격을 규정한다고 보았다.[56]

55 李淸源, 1935. 4, 「アジア的生産樣式と朝鮮封建社會史」, 『唯物論硏究』 30, 140쪽.

이청원은 『조선사회사독본(朝鮮社會史讀本)』에 '부록'으로 「대조세기별조감표(對照世紀別鳥瞰表)」를 실었다. 그는 이 표를 작성하면서 다음과 같은 해설을 붙였다.

> "본표는 支那, 朝鮮, 日本으로 나누고, 世界史를 정리하지 않고 紀年만 西曆으로 든 것은 지면의 제한에 의한 것이지만, 이밖에도 三國이 매우 밀접한 관련을 對照하는 것이 중요하다고 생각했기 때문이다."[57]

표를 작성한 이유에 대해 조선의 역사를 이해하는 데, 세 나라의 관계를 대조하는 것이 중요하다고 보았다. 실제 책의 서술은 이와 같은 공통의 기반 위에서 이루어지지는 못했다. 그러나 위 언급은 세 나라의 역사 전개를 함께 아울러서 살펴야 한다는 문제의식이 전제되었음을 보여준다.

또한 그는 조선인의 사상에도 아시아적 특수성이 반영되었다고 하면서 서양과 조선을 분리해서 이해했다. 그는 서구 자본주의 국가에는 각 계급마다 권리 개념이 있는 데 반해, 조선에는 삼강오륜(三綱五倫) 사상이 있어서 가부장적 관념이 지배적이라는 것을 비교했다. 따라서 현재 조선의 상황은 기형적으로 발달된 이식자본주의 시기라고 불렀다.[58]

이청원은 레닌의 명제를 빌려서 아시아 개념이 "지리적 범주가 아니라 일정한 경제적 사회구성의 특질을 의미한 것"이라고 보았다. 그는 레닌이 가부장적 농업을 기초로 한 봉건 · 반(半)봉건적 사회구성 그리고 그로 인해 파생되는 발전의 정체성 등과 이러한 유제(遺制)가 주되게 나

56 李淸源, 위의 글, 132쪽, 140쪽.

57 李淸源, 1936, 『朝鮮社會史讀本』, 白揚社, 309쪽.

58 李淸源, 「朝鮮人 思想에 잇어서의 「아세아적」형태에 대하야」(1), 『東亞日報』 1935. 11. 30.

타나는 것을 아시아사회의 특징으로 이해했다고 설명했다. 그리고 늘 이와 같은 아시아의 성격을 강조한 것은, 봉건주의의 가장 유해한 측면이므로 실천을 통해 즉각 철폐해야 할 대상으로 인식했기 때문이라고 덧붙였다.[59]

사실상 레닌이 아시아를 필연적으로 낙후할 수밖에 없는 지역이라고 본 것은 아니다. 그가 아시아를 지리적 범주가 아니라 경제적 사회구성이라고 한 것을 보면, 그는 현재 생산력 발달이 정체된 곳의 사례로 아시아를 꼽았다. 그러나 이와 같이 아시아가 낙후의 대표 격으로 제시되면서 이는 거꾸로 아시아는 발달된 서구와는 다른 지역으로 인식될 수 있었던 것이다.[60]

이청원은 레닌의 말을 인용하면서도 아시아 일반의 특징을 하천문화라고 규정한 것에서 알 수 있듯이, 아시아를 하나의 자연적 지리적 단위로 인식하고 생산양식의 변동이 지체된 사회라고 그 공통점을 찾았다. 이는 서양의 자본주의 발전 과정을 정상적으로 인식한 뒤, 조선 그리고 아시아에 반(半)봉건적 특질이 온존한다는 점을 강조했던 것이다.

그리고 이와 같은 아시아사회 유형화의 방식은 해방 직후에도 그대로 이어졌다. 조선과학자동맹(朝鮮科學者同盟)의 주축 인물인 김한주(金漢周)는 아시아에서 자본주의가 성장할 수 있다는 것은 일반적으로 부정되고

59 李淸源, 위의 글.

60 아시아에 대한 차별의식이 이와 같은 규정으로 나타난 것은 분명해 보인다. 레닌은 서구적 근대화를 강하게 지향하는 사람이었다. 따라서 그는 아시아적 후진성에 대해서 못마땅하게 생각했다. 이는 레닌의 농민문제 이해 등에서도 나타나는데 공동체적 유제를 반드시 청산해야 할 과제로 생각했고 근대적 노동규율을 강조했다. 그리고 러시아 농민문화·하층문화에 남아 있는 습속을 아시아적 특수성으로 이해했다. 레닌은 그루지아 출신의 스탈린을 '아시아놈'이라고 부르기도 했다. 당시 러시아에서 '아시아놈'이 욕이라는 사실이 국제적 마르크스주의 진영의 아시아 인식을 보여준다(한형식, 2011, 『맑스주의 역사 강의』, 그린비, 283~284쪽).

있다며, 발전의 속도가 지체된 것이 아시아사회 일반의 특징이라고 하였다.

> "「아세아적 생산양식」 또는 「아세아적 봉건제」 문제와 관련하야 세계사적 발전과정의 一線性은 전형적 동양사회에 관한 限 주체적 계기에 있어서는 부정되고 있다. 문제의 동양사회의 내적 생산력은 스스로 중세기적 舊殼으로부터 탈각하야 근대 자본주의적 생산양식으로 발전적 조건을 구비치 못하였다"[61]

김한주는 아시아사회 정체의 원인을 명확히 밝히지 않았다. 그러나 그는 아시아사회는 주체적으로 자본주의화 할 수 없는 환경에 놓여 있다고 보았다. 즉 김한주는 지역적 조건의 문제를 제기한 것은 아니지만, 아시아를 생산력의 발달에 따른 내재적 자본주의화가 불가능한 지역으로 형상화했다.

아시아적 생산양식론이 "동양의 특수한, 중국의 역사적 발전의 당면의 정치적 경제적 사회적 분석"에 초점을 맞춰 출발했듯이,[62] 아시아사의 유형화는 서구에 비해 상대적으로 뒤처진 후진적 아시아사회의 혁명적 전개에 대한 예비라는 문제의식이 깔려있었다. 그리고 이를 바탕으로 서구와는 다른 아시아 일반의 발전노선을 찾기 위해 아시아사회의 공통점에 주목했던 것이다.

백남운은 1930년대 후반으로 갈수록 조선에 대한 연구를 통해 아시아사회의 보편성을, 그리고 궁극적으로 세계사적 보편성을 확인하려 했다. 그에 반해 아시아적 특수성론의 연구자들은 세계사의 다양성을

61 金漢周, 1946, 「李朝時代 手工業 研究」, 朝鮮科學者同盟 편, 『李朝社會經濟史』, 勞農社, 194쪽.

62 李淸源, 1935. 5, 「アジア的生産様式とは河か」, 『生きた新聞』 1-5, 34쪽.

전제한 뒤 서구와 아시아의 간격을 확인하는 데 조선사 연구의 초점을 맞췄다. 다원론적 역사발전단계 인식은 차이를 각 단계 내에 용해하기보다 오히려 선명하게 드러내면서, 전체 가운데 특수한 조선의 위치를 찾고자 하는 시도였다.

4. 맺음말

이 글은 1930년대 조선 역사과학의 연구방법론을 역사유물론의 수용 방식과 발전 계기 인식, 역사유물론 체계의 조선사 연구 적용을 위한 구체적 수행 전략 등을 중심으로 살펴본 것이다.

역사과학은 내부에 세계사적 보편성론과 아시아적 특수성론이라는 두 개의 연구경향이 있었다. 이는 1930년대 당대 논쟁을 통해서 모습을 드러냈고, 학술활동의 지향에 대한 차이를 내포하며 연구방법론도 서로 다른 특징을 보였다.

세계사적 보편성론은 민족주체적 학술활동을 강조하며 '과학적 조선학' 수립을 주장했던 연구자 집단으로부터 발원했다. 이들은 조선의 열등성을 부각하는 이론과 서사에 대해서 비판하며 역사발전단계를 일원적으로 인식했다. 원시공산제－노예제－봉건제－자본주의사회로의 전개를 세계사에 공통된 과정이라고 간주했으며, 봉건제의 형태에 대해서도 외형적인 것일 뿐 큰 의미를 부여하지 않았다. 일원적 발전단계가 제기된 만큼 발전의 원동력도 일국적 계기가 중시되었다. 생산력과 생산관계의 모순이라는 일차적 조건이 중용되었고, 주변국의 국제적 계기 등은 내부에서 수용할 조건이 성숙했을 때에 한해서 의미를 평가받았다. 그리고 이를 증명하기 위해 조선의 제도와 사건 등이 세계와 비교의 대상이 되었고, 서구 아시아를 구분하지 않고 동등성을 확인했다. 이는 결과적으로 조선사가 세계사와 동일하게 발전하고 있다는 서술 체계를 예비한 것이었다.

아시아적 특수성론 계열은 소련으로부터 프롤레타리아문화운동의 영향을 받아 학술활동을 시작했던 이들이 주축이었다. 이들은 세계대공황기라는 시대적 조건의 영향을 받으며 국제주의적 관점을 채택했다. 코민테른이 제시한 발전 정도에 따른 세계 분류 방식을 따랐고, 마르크스와 레닌 등이 역사 전개의 제형태를 설명한 문헌을 바탕으로 다원적 역사발전단계를 제시했다. 세계사에서 생산 형태는 원시공산제, 노예제, 봉건제 밖에 없다는 걸 인정하지만, 때로는 노예제 단계를 건너뛸 수도 있고, 봉건제의 변형이 일어날 수 있다는 점에 주목했다. 그렇기 때문에 이는 발전 계기 인식에 있어서도 국제적 계기에 눈을 돌리게 하였다. 자본수출과 대외관계 등이 침략과 동반해 생산양식의 변동을 추진할 수 있다고 강조했다. 그리고 이를 증명하기 위해 서구와 아시아의 차이를 부각시키며 각각을 유형화하는 실증 전략을 취했다. 따라서 이는 조선사를 아시아사의 일환으로 배치하고 조선사가 서구와 달리 변형과 정체(停滯)를 골자로 전개되어 왔다는 역사서술로 이어졌다.

논문 출처

2018, 「1930년대 조선 역사과학의 연구방법론」, 『사림』 64.

참고문헌

1. 자료

『東亞日報』.

『普專學會論集』.

『新東亞』.

『新興』.

『批判』.

『朝鮮社會經濟史研究』.

『社會』.

『生きた新聞』.

『歷史科學』.

『唯物論研究』.

李淸源, 1936, 『朝鮮社會史讀本』, 白揚社.

朝鮮科學者同盟 편, 1946, 『李朝社會經濟史』, 勞農社.

李北滿, 1948, 『李朝社會經濟史研究』, 大成出版社.

김태준, 1990, 『김태준전집』 1-5, 보고사.

백남운 저, 하일식 엮음, 1991, 『백남운전집』 1-4, 이론과실천.

신남철 저, 정종현 엮음, 2013, 『신남철 문장선집』 Ⅰ, 성균관대학교 출판부.

2. 저서

V. I. 레닌 저(남상일 역), 1988, 『제국주의론』, 백산서당.
방기중, 1992, 『한국근대사상사 연구』, 역사비평사.
심지연, 1987, 『朝鮮革命論 硏究: 해방정국논쟁사 2』, 실천문학사.
F. 엥겔스 저(김대웅 역), 2012, 『가족 사유재산 국가의 기원』, 두레.
한형식, 2011, 『맑스주의 역사 강의』, 그린비.

3. 논문

金容燮, 1966, 「日本·韓國에 있어서의 韓國史敍述」, 『역사학보』 31.
아리프 딜릭, 1984, 「아시아적 생산양식론과 시대구분론」, 민두기 편, 『중국사시대구분론』, 창작과비평사.
조형열, 2016, 「1930년대 마르크스주의 지식인의 학술문화기관 구상과 '과학적 조선학' 수립론」, 『역사학연구』 61.
조형열, 2016, 「1930년대 조선 '역사과학' 계열의 보편특수성 인식과 아시아적 생산양식론 수용 양상」, 『전북사학』 49.
조형열, 2017, 「1930년대 마르크스주의 지식인의 프롤레타리아문화운동과 '실천적 조선연구'론」, 『한국사연구』 177.

洪宗郁, 2014, 「白南雲: 普遍としての〈民族=主體〉」, 趙景達 외, 『講座東アジアの知識人』 4, 有志舍.

18 전석담 역사학의 숨은 '발원지'와 해방 전후 한국 사회경제사 인식

도호쿠제국대학 경제학과와 '시대구분론'을 중심으로

주동빈

1. 머리말

맑스주의경제학은 역사와 경제이론을 연결하여 경제사 서술에 영향을 미쳤다. 오늘날 연결고리의 '퇴조'에도 불구하고, 사회경제사학의 계보에서 그 영향력은 무시할 수 없다.[1] 특히 1930년대 맑스주의는 맑스주의'들'로 변화했고, 역사서술 방식도 다양화하고 있었다.

1930년대 일본의 사례는 크게 두 가지를 보여준다. 첫째, '아시아성'은 정체성(停滯性)이 아닌 '지역적 특수성' 인식으로 전화되기 시작했다.[2] 이 과정은 1930년대 중후반 스탈린의 '아시아성'에 대한 기각과 보편법

---

1 테사 모리스 스즈키 지음, 박우희 옮김, 2001, 『일본의 경제사상』, 솔출판사, 98~99쪽; 정진성, 2019, 「'경제학'으로서의 경제사 연구」, 『경제사학』 70, 278~280쪽.

2 홍순권, 1994, 「1930년대 한국의 맑스주의 역사학과 아시아적 생산양식 논쟁」, 『東亞論叢』 31 참조.

칙의 강조시기와[3] 맞물렸다. 둘째, 1930년대 초반 일본에서는 그로스만(Henryk Grossman, 1881~1950), 바르가(Eugen Varga, 1879~1964) 등 특기할 만한 책들이 번역되었다.[4] 특히 바르가의 저서는 소련공산당의 영향력 속에서 '역사적 특수성'과 '국가'의 역할을 강조하는 경제사 서술 수용이 확인되는 한 사례였다.[5]

1930년대에 맑스주의를 처음 배운 '새세대' 조선인 연구자의 문제의식이 누구로부터 '발원'했는지 이해하는 것은 학설사적 중요성을 갖는다. 특히 전석담(全錫淡, 1916~?)은 백남운과 22세 차이가 있고, 일본 아카데미 안에서 맑스주의를 배우기 시작했다. 그는 조선어판 『자본론』의 최초 공동 번역자였고, 아카데미 안에서 조선경제사를 오래 학습하였다. 또한 해방 후 조선공산당-남조선로동당 계열의 한 연구자로서 박헌영과 공저로 책을 발간했다.[6]

다만 전석담은 관련 자료의 미비로 이분화된 사회경제사학 분류 계열의 일원으로서 고찰되었다. 기존 연구는 '중도파' 대(對) '조선공산당 계열'이란 해방 후 정치적 입장에 의한 분류법에서 크게 벗어나고 있지 않다.[7] 전석담의 저작들은 이후 한국의 학술장에서 암묵적으로 '소비'

3 에릭 홉스봄 지음, 이경일 옮김, 2012, 『세상을 어떻게 바꿀 것인가』, 까치글방, 181~182쪽.

4 ヘンリーく・グロースマン 著, 有沢広己・森谷克己 訳, 1932, 『資本の蓄積並に崩壞の理論』, 改造社; ヴァルガ 著, 經濟批判會 譯, 1935, 『大恐慌とその政治的結果』, 叢文閣 참조.

5 노경덕, 2010, 「세계경제대공황과 스딸린주의 경제학 담론, 1929~1936: 바르가를 중심으로」, 『역사교육』 115, 231~244쪽.

6 박종린, 2019, 「해방 직후 사회주의자들의 3·1운동 인식」, 한국역사연구회 3·1운동 100주년기획위원회 엮음 『3·1운동 100년 1: 메타역사』, Humanist 참조.

7 백남운 연구는 방기중, 1992, 『한국근현대사상사연구』, 역사비평사 참조. 전석담에 대해서는 임영태, 1989, 「북으로 간 맑스주의 역사학자와 사회경제학자들」, 『역사비평』 8; 강진철, 1989, 「社會經濟史學의 導入과 展開」, 『국사관논총』 2; 염인호, 1994, 「이청원, 전석담」, 조동걸 외 편 『한국의 역사가와 역사학(하)』, 창작과비평사;

되었고,[8] 1987년 6월항쟁 이후 재출간되었다.[9] 그런데 그의 통사(通史) 체재가 가진 특이성[10]의 '유래'는 검토되지 못했다. 새로 발굴된 자료를 통해 그의 학설적 '비공식성'과 정치적 '공식성' 사이의 괴리를 고찰하고 싶다.

본고는 전석담의 '시대구분론'과 '발원지'로서 도호쿠제국대학 경제학과의 관계에 주목한다. 그는 비교적 젊은 나이에 통사를 썼다. 따라서 그 특징은 사회경제사 인식에 따른 '시대구분론'과 '발원지'로서 대학이라는 접점에 집중하면 분명해질 것이다. 그는 대학 시절 스승을 공식적으로 인용한 적이 없다. 그러나 일본사학사 시대구분 논의의 주요 인물들이 이 과에 재직 중이었다. 전통시대 글은 전석담의 해방 이전에 쓰인 유일한 글과 그 글에 기반을 둔 해방 후 통사 서술을 나카무라 키치지(中村吉治, 1905~1986)의 첫 단행본과 비교한다. 근현대 서술은 우노 코조(宇野弘藏, 1897~1977)에 영향을 받은 일본의 조선사 서술에 대한 기존 연구를 토대로 해서,[11] 전석담의 "후진(後進)" 개념 사용을 분석할 것이다.

이환병, 2002, 「해방 직후 맑스주의 역사학자들의 한국사 인식」, 『한국사학사학보』 5; 한국역사연구회 북한사학사연구반 편, 2003, 『북한의 역사 만들기』, 푸른역사; 오웬 밀러, 2011, 「해방공간과 전석담의 역사 인식: 근대 국민국가로의 이행과 마르크스주의 역사학」, 임지현 외편, 『근대 한국, '제국'과 '민족'의 교차로』, 책과함께; 趙亨烈, 2015, 『1930년대 조선의 '歷史科學'에 대한 학술문화운동론적 분석』, 고려대 한국사학과 박사학위논문 참조.

8 김용섭은 '동학난' 연구사에서 전석담을 다루었다(金容燮, 1958, 「東學亂硏究論: 性格問題를 中心으로」, 『歷史教育』 3, 84~85쪽). 또한 서울대 경제학과 66학번인 정운찬은 학부 시절 신영복으로부터 전석담의 『조선사교정』(1948)을 추천받았고, 읽고 크게 감명을 받았다고 썼다. 정운찬, 2007, 『가슴으로 생각하라』, 따뜻한손, 80~84쪽.

9 전석담, 1989, 『민중조선사』, 범우사; 전석담 외, 1989, 『조선근대 사회경제사』, 이성과현실: 1989, 『조선에서 자본주의적 관계의 발생』, 이성과현실; 전석담, 1990, 『조선경제사탐구』, 범우사; 전석담, 2000 『근대 조선 경제의 진로』, 아세아문화사 참조.

10 강진철, 1989, 앞의 논문; 조동걸, 1998, 『현대한국사학사』, 나남출판 참조.

11 일본의 '조선사' 연구에 우노가 미친 영향력에 대해서는 마츠모토 다케노리, 2009, 「조선의 "식민지 근대"에 관한 최근의 논의에 대해서: 일본의 문맥에서」, 『동방학지』 147; 마츠모토 다케노리, 2015, 「'전후' 일본에 있어서의 조선근대경제사연구의 계보」,

전석담의 글을 「해방 전후 월북 이전(1941~1949)」, 「월북 후 비공식성의 유지(1950년대)」, 「공식주의화(1960년대 이후)」로 3분하여, 맨 앞 시기를 분석한다. 2장에서는 전석담의 대학 입학 과정과 학과의 커리큘럼, 3장에서는 학과 교수들의 사상, 4장에서는 앞서 보았던 학설과 전석담의 통사 구성을 교차시켜 확인한다. 주요 사료는 전석담의 「학생원부」 등 개인에 대한 문서, 도호쿠제대 경제학과 교수들의 당대 연구서들이다.

2. 전석담 역사학의 숨은 '발원지', 도호쿠제국대학 경제학과

1) 전석담의 도호쿠제국대학 법문학부 입학 과정

해방 후 여운형 계열 정치인이자 김일성종합대학 교수를 역임하고 훗날 월남한 이동화(李東華, 1907~1995)의 회고는, 지금까지 전석담의 생애에 대한 가장 구체적인 기록이었다.

> "밤이 이슥해서 감방으로 들어가니 전석담(全錫淡) 군이 먼저 들어와 있었다. 전군은 동북제국대학 경제학과를 졸업한 후 경성대학 대학원에서 한국경제사를 전공하고 있었다. 그는 황해도 대지주의 아들로서 큰 키에 수려한 용모를 갖춘 귀공자형의 청년이었다. 전군은 후에는 남로당(南勞黨)으로 넘어갔지만 처음에는 몽양집단에 소속되어 있었다."[12]

『역사문화연구』 53 참조. 한국 우노경제학 연구사는 박창렬, 1995, 「우노 코조(宇野弘藏)의 순수자본주의 이론」, 『이론』 13; 김수행, 2004, 「자본론의 연구방법에 관한 일본의 논쟁」, 『마르크스주의연구』 1-2; 이병천, 2011, 「우노 코조의 단계론과 현대 자본주의론」, 『사회경제평론』 36 참조.

12 李東華, 1985, 「해방 전후의 정치집단과 呂運亨」, 『오늘의 책』 5, 278쪽.

〈그림 1〉 전석담의 「학생원부」 사진(1940)

「학생원부」를 보면, 이동화의 회고는 대개 사실과 부합한다. 전석담은 황해도 은율군 장련면 '만석꾼' 집안 다섯째 아들로 태어났다. 그는 경성제2고등보통학교(1929~1934년), 구제 마츠야마고등학교 문과 을류(1934~1937년), 도호쿠제대 경제학과 제2부(1937년 4월 12일~1940년 3월 26일, 이상 〈부록 1〉), 경성제대 대학원(1940년 4월 30일~)을 거쳤다.

경성제2고등보통학교 재학 당시의 기록은 현재 하나가 확인된다.

> 1. 자산 약 10만 엔 정도를 가졌으나 상세 불명
> 1. 경성제2공립고등보통학교 재학 중. 신용보통으로 악평 없음. 1916년 4월 12일생[13]
> 1. 기타 사업상 참고가 될 수 있는 사항을 확인하지 못함(1933. 12. 5)[14]

이 건은 고보 시절인 1933년 11월 24일 조선총독부 농림국장이 경성 종로경찰서장에게 토지매립권 양도·매매 관계로 의뢰해서 조사되었다. 약 10일 뒤 와룡동파출소 순사가 종로경찰서장에 위 내용을 보고했다. 전석담은 통학을 위해 경성부 익선동 33-23번지에 살고 있었다. 이곳은 조카가 태어난 집이기도 했다. 이때 그는 이미 '천석꾼' 이상의 자산가였다. 다만 1933년 10월 계모의 사망으로, 이 시점부터 넷째 이복형 전석렬이 전석담의 후견인이 되어[15] 1939년 6월까지 그의 자산까지 함께 관리했다.

몇 개월 뒤인 1934년 3월, 전석담은 경성제2고등보통학교를 졸업하고 구제 마츠야마고등학교(이하 '마츠야마고')에 입학했다. 그해 마츠야마고 문과 경쟁률은 약 5.95 : 1(지원자 345명, 합격자 58명)이었다.[16] 식민지 조선의 시골 대지주 집안 '도련님'이 경성 유학 후 경성제대 예과가 아닌 일본 본국의 구제고등학교에 진학했다. 경제적으로는 부족함이 없던 식민지기 대지주 집안 인물이 어떤 직업선택을 하는지에 대하여, 김영모는 정치가, 자본가, 관료·교수의 3분류법으로 대별했다.[17] 전석담의 선택지 역시 이 중에 있었을 것이다.

---

13 이 날짜는 음력으로 보인다. 호적과 「학생원부」에 생일이 5월 15일로 적혀 있기 때문이다. 「全錫洌戶籍(寫本, 1935. 12. 11)」, 朝鮮總督府 土地改良, 1939, 『(昭和一四年)公有水面埋立工事竣工認可(黃海·全南·全北)』, CJA0005998(이하 이 문서철 인용은 문서번호만 표기), 190~192쪽; 〈부록 1〉 참조.

14 臥龍洞 警察官派出所 道巡査 鄭宣謨 → 京城鐘路警察署長 殿, 「身元調査ニ干スル之件報告(1933. 12. 5)」, CJA0005998, 209쪽.

15 「全錫洌戶籍(寫本, 1935. 12. 11)」; 朝鮮總督府 農林局長 → 京城鐘路警察署長 宛, 「身元調ニ関スル件(1933. 11. 24)」, CJA0005998, 190~192, 210~211쪽.

16 그해 마츠야마고 전체는 7.34 : 1(851명 대 116명), 전체 구제고등학교 중 문과는 5.94 : 1, 문과·이과 전체는 약 10.6 : 1 정도의 경쟁률을 보였다. 文部大臣官房文書課 編, 1938, 『日本帝國文部省第六十二年報(自昭和9年4月至昭和10年3月)上卷』, 155~159쪽.

17 金泳謨, 1971, 「日帝時 大地主의 社會的 背景과 移動」, 『亞細亞硏究』 14-2 참조. 전석담 가족의 사회적 지위와 직업선택에 관해서는 별도의 연구를 기약하고자 한다.

약 5년 뒤인 1939년 6월 전석담은 대학 마지막 한 학기를 남겨두고 돌아올 채비를 했다. 동양척식주식회사(이하 '동척')에 담보로 잡힌 자기 몫의 부동산을 이복형에게서 분리하여 담보 해제했다. 이때 동척 평양지점에서는 기존 거래자가 아닌 그를 처음 보았음에도, "인물 진지함(人物眞面目なり)"[18]이라 쓰고 있다.

반면 그로부터 약 2년 전인 1937년 초 마지막으로 작성되었을 마츠야마고의 평가는 다르다. 전석담의 고교 시절 학년별 점수는 65~66점, 석차는 각 학년별로 23번 / 29명, 30번 / 32명, 27번 / 30명 순이었다. 마츠야마고의 시선에서 보면 그는 스포츠에 취미를 가졌던 농구부원이었고, 결석일수가 많은 "불열심"하고 "태만"한 학생이었다(〈부록 1〉). '성적 불량'과 "태만"의 선후관계를 알기는 어렵다. 그러나 높은 경쟁률을 뚫고 진학한 구제고등학교 재학 과정에서 그의 지망 대학이 결정되었을 가능성이 높다.

일본 구제고등학교는 '제국대학 예과' 수준의 고학력자를 양성했다. 1935년 기준 구제고등학교 졸업생 수와 제국대학-관립대학 입학자 수는 거의 같았다. 대학·학부·학과에 욕심내지 않는다면, 제국대학-관립대학 입학은 어려운 일이 아니었다.[19] 마츠야마고는 메이지기 '제국대학 예과'적 성격을 띠고 설립된 '넘버스쿨'은 아니었다. 하지만 구제고등학교의 시대적 경향을 벗어나지 않았다.[20] 전석담이 졸업한

---

18 「信用調査書(全錫淡, 1939.6.15)」, 『東洋拓殖株式会社·平壤支店扱貸付金関係(簿册番号17C番240号)』, 財001502458100(쪽수 없음, 이하 「信用調査書」는 모두 본 서류철로, 번호 생략).

19 이 논점은 아마노 이쿠오 지음, 박광현·정종현 옮김, 2017, 『제국대학: 근대 일본의 엘리트 육성 장치』, 산처럼; 정종현, 2019, 『제국대학의 조센징』, 휴머니스트 참조.

20 '넘버스쿨'이란 일본 구제고등학교 중 1886~1887년, 1900~1908년 '대학예과'로서 먼저 설립된 8개 교를 말한다. 1918년 말 대학령과 함께 공포된 신(新)고등학교령에 따라서,

1937년 마츠야마고 졸업자 수는 총 112명(1934년 입학자 116명)으로, 이후 진로는 도쿄제대 19명, 교토제대 39명, 도호쿠제대 3명, 규슈제대 3명, 오사카제대 5명, 관립대학 14명, 공·사립대학 19명, 미상 10명이었다.[21]

다만 조선인 학생의 도호쿠제국대학 경제학과 제2부 졸업은 특이한 일이었다. 1945년 8월 15일 해방까지 총 729명의 조선인이 5개 제국대학을 졸업했고, 그중 106명이 도호쿠제대를 졸업했다.[22] 그러나 1926~1942년 이 과 졸업자 중 조선인은 전석담 1명이었다.[23] 학풍을 염두에 둔 주도적 선택이거나 고교 시절의 '점수를 맞춘' 선택이었을 것이다. 전석담의 선택을, 같은 시기 재일유학생들의 대학 및 학과 선택과정 속에서 유추해보고 싶다.

일단 도호쿠제대 진학의 문제이다. 전석담의 학부(영문과) 1년 선배인 김기림은 와세다대에 합격했지만 도호쿠제대 법문학부에 진학했다. 기존 연구는 그 동기(動機)로서 2·26사건 이후 도쿄의 엄혹해진 분위기와 조선인 감시 강화[당시 도쿄에 있던 이상(李箱)의 예], 조용한 연구환경, 센다이(仙台)의 매력, 값싼 학비 등을 거론한다.[24] 마지막 요인은 전석담과 관련이 없었을 것이다. 1937~1939년 전석담 개인의 학자금은 매년 1,500엔이었

고등학교는 문과·이과 분류의 '고등보통교육' 담당의 중등 단계의 학교로 재설계되었다. 다만, 구제고등학교의 실체는 여전히 '제국대학 예과'에 가까웠다. 마츠야마고는 신고등학교령 발포 이듬해인 1919년 니가타·마츠모토·야마구치고와 함께 신설되었다. 고등학교 수는 신고등학교령 이전 8개에서 1940년 기준 총 32개(관립 25개, 공립 3개, 사립 4개)로 급증했다. 아마노 이쿠오 지음, 2017, 위의 책, 70~86쪽

21 文部大臣官房文書課 編, 1938, 앞의 책, 155~159쪽; 1943『(秘)大日本帝國文部省第六十五年報(自昭和12年4月至昭和13年3月) 上卷』, 157~158쪽.

22 「옮긴이의 말」, 아마노 이쿠오 지음, 2017, 앞의 책, 284쪽.

23 東北帝國大學, 1943,『(昭和17年度)東北帝國大學一覽』, 664~670쪽.

24 青柳優子, 2009,「金起林の生涯」, 青柳優子 編著『朝鮮文學の知性 金起林』, 新幹社, 210쪽; 장인수, 2012,「도호쿠제대 법문학부의 분위기와 김기림」,『사이間SAI』 14, 134~138쪽.

다.[25] 1935년 도호쿠제대 법문학부 학생이 하숙할 경우 평균 학자금 월액이 57엔 30전인데,[26] 그 2배를 웃도는 월액 기준 125엔을 소비하고 있다. 즉 성적상 도쿄제대나 교토제대는 어렵더라도, 도호쿠제대 특유의 '분위기'에 매력을 느꼈을 수 있다.

다음은 법문학부 진학의 문제이다. 후술하겠지만, 1933년 이래 도호쿠제대 법문학부 내 각 학과·학부별 졸업 필수과목은 1학년 때부터 분리되어 있었다. 다만 전석담 입학 시점의 일본 본국 『관보』는 다른 대학·학부와 다르게 여전히 이 학부 입학생을 학부 단위로만 표기하고 있다.[27] 즉 모집 단위는 여전히 학과가 아닌 학부 단위였을 것이다. 그럼에도 전석담은 정식 졸업연한인 3년 만에 졸업했다. 1학년부터 경제학과 제2부를 선택했던 것이다.

그렇다면 경제학과에 진학한 이유는 무엇일까. 훗날 동국대에서 함께 근무한 최호진(崔虎鎭, 1914~2010)은 전석담보다 1년 늦게 규슈제대에 진학, 경제학과를 졸업했다. 회고에 따르면, 조선인들은 출세할 수 있는 자연과학·의학·법학을 선택하지만 정치학과·경제학과는 경성제대에도 없고 하기 어렵거나 해서는 안 된다고 생각하여 택하지 않았다. 반면 그는 연구를 위해 경제학과에 진학했다는 것이다.[28] 전석담의 동기 역시 여기에 겹칠 수 있다.

25 1937~1938년은 호적 내 재산 중 학자금, 1939년은 전석담의 생활비 명목으로 표시되어 있고, 금액은 같다. 전석렬 자녀 중 장남이 1931년생임을 생각하면 역시 전석담의 몫이다. 「全錫洌戸籍(寫本, 1935. 12. 11)」; 「信用調査書(全錫洌, 1937. 6)」; 「信用調査書(全錫洌, 1938. 5)」 참조.

26 東北帝國大學學生課 編, 1936, 『(昭和十年十一月現在)東北帝國大學学生生活調査報告』(東北大学百年史編集委員会 編, 2010 『東北大学百年史 9 資料 2』, 229~249쪽). 자택 통학의 경우 30엔 30전, 하숙료는 평균 25엔 80전이었다.

27 「入學許可」, 『官報』 第3111號, 1937. 5. 20, 608~609쪽.

28 최호진·윤석범, 1991, 「나의 학문 나의 인생」, 『역사비평』 15, 250~253쪽.

〈표 1〉 도호쿠제대 경제학과의 학년별 필수과목·선택과목(1922~1937)

필수·선택과목 구분	제1학년	제2학년	제3학년
필수과목(제1부)	경제원론 **경제사[中村吉治]** 사회운동사 통계학 경제지리학 외국서강독제1부 **헌법** **민법제1부**	재정학 경제정책론 사회정책론 화폐론 **교통론** 외국서강독제2부 **민법제2부** **상법제1부**	농업정책론 금융론 경제학사 외국서강독제3부 **상법제2부**
선택과목(제1부)	통계수학 **법률학개설** **형법학** **사회학개론** (제2외국서강독) (국가원론)	회계학 **식민정책론** 연습 특수강의 행정법 (제2외국서강독) (정치학)	경영학 **연습** 특수강의 **민법제3부** **(제2외국서강독)** **(사회법론)**
필수과목(제2부)	경제원론(和田佐一郎) **경제학** 사회운동사(服部英太郎) 통계학 외국서강독제1부 **국가원론** **법률학개설** **사회학개론**	재정학(長谷田泰三) 경제정책론(宇野弘蔵) 사회정책론(服部英太郎) 화폐론(中村重夫) **식민정책론** 외국서강독제2부 **정치학**	농업정책론 금융론 경제학사 외국서강독제3부 **연습**
선택과목(제2부)	통계수학 **경제지리학** **헌법학** (제2외국서강독) **국사개론** **서양고대중세사**	회계학 **교통론** 연습 (제2외국서강독) 특수강의[中村吉治] **철학개설** **서양근세사**	경영학 특수강의 **정치학사** **외교사** **서양철학사** **사회법**

출처: 東北帝國大學, 1938, 『(昭和12年度)東北帝國大學一覧』, 154~184쪽; 東北帝國大學法文學部, 1938, 『(昭和13年度)東北帝國大學法文學部學生要覽』, 58~61, 69~72쪽.

비고: ① 볼드체(굵은 글씨)는 제1부와 제2부 사이에 겹치지 않는 과목 ② 1938년 학생요람에 담당교수가 명시된 경우만 교수명 작성 ③ 양 부 과목이 겹치는 경우 제2부에만 담당교수 체크, 외국서 강독은 영어·독어가 나뉘므로 미표기 ④ 괄호 친 과목명은 출전 중 전자에는 없고 후자에만 소재.

한편 전석담이 졸업한 경제학과 '제2부'는 무엇이었을까. 다수의 고등교육기관에서 제2부는 야간부나 열반(劣班)을 의미했다. 그러나 이 경우는 제1부가 취업부, 제2부가 연구부로 보인다. 그 이유는 우선 첫째, 도호쿠제대 법문학부에서 법과 제1 · 2부가 공법 · 사법 전공, 문과가 문학 · 사학 · 철학의 각 부문으로 이루어진 5개 부 19개 전공으로 구성되었으니, 경제학과 1 · 2부도 이수과목 차이 분류로 보는 것이 자연스럽다. 창설 당시 이 학부는 자유로운 학풍을 지향, 학부 단위로 입학하여 졸업 시 이수과목과 시험에 따라 문학사 · 법학사 · 경제학사 취득이 가능하게 했다. 그러나 1933년 교육방침 · 커리큘럼 변경과정에서 1) 입학 후 학생이 각 과를 선택 · 소속하게 했고, 2) 졸업하려는 9개 부에 각각 맞게 수업을 이수하도록 하였으며, 3) 학년제를 도입해 그에 맞는 수업을 듣게 했다.[29]

둘째, 우노 코조는 학과 창설 시 자신이 커리큘럼을 짰다며, "취업조"와 "연구조"로 분리했다고 회고했다. 시험을 준비하는 "전자에는 법과 관계 과목을 많이" 하고, "후자"에는 "경제학 이외에서는 역사, 철학" 등의 과목을 넣게 하였다는 것이다.[30] 그렇다면, 법학 과목이 많은 1부가 "취업조", 역사 · 철학이 포함된 2부가 "연구조"였다고 할 수 있다(〈표 1〉).

전석담이 학과의 학풍에 매력을 느꼈음은 「학생원부」에서 알 수 있다. 고교시절 "불열심"하고 "태만"했던 그는, 대학 입학 후 "1개년 적극적"인 "성격"이었다(〈부록 1〉). 그가 매력을 느꼈을 학풍과 '비적극적'이 되었을 2학년 초 시점의 학과 분위기를 읽어내고 싶다.

29 東北大学百年史編集委員会 編, 2003, 『東北大学百年史 4 部局史 1』, 187~188쪽.
30 宇野弘蔵, 2017a, 『(改装版)資本論五十年』 上, 法政大学出版局, 250~251쪽.

2) 학과 분위기와 교수진 구성, 그리고 조선으로의 복귀

> "1935년 전후 어찌된 영문인지, 도호쿠대학의 우리 학과에는, 그때까지 적었던 중국 유학생들이 갑자기 늘어나고 있었습니다. 대체로는 성(省)에서 선발된 유학생인 듯했지만, 그중 2, 3명을 제외하면, 모두 『자본론』을 영어라든지 일본어로 공부하고 있고, 우리 집에도 3, 4명이 무리지어서 곧잘 오고 있었습니다. 비상히 성실한 공부가(勉強家)들이었습니다."[31]

우노의 위 회고는 전석담 입학 직전 학과의 분위기를 보여주고 있다. 나카무라 키치지도 이 즈음 학과에 중국인 학생이 늘어났다고 회고했다.[32] 또한 1941년 학교 일람을 보면, 이전에는 입학자 수가 적던 중국인이 이 학과 미졸업자 중 1935~1937년 입학자의 다수를 차지했다.[33] 반면, 앞서 보았듯 이 과에 조선인 학생은 없었다. 이 학과의 분위기가 해방 전후 한국에 잘 안 알려진 이유일 것이다.

〈표 2〉 도호쿠제대 법문학부 제4합동연구실(경제) 구성(1938)

교수	和田 佐一郎(1894~1944)	경제원론, 독경제서강독
교수	長谷田 泰三(1894~1950)	재정학
교수	服部 英太郎(1899~1965)	사회정책론, 사회운동사
교수	中村 重夫(1901~1981)	화폐론, 금융론, 영경제서강독
조교수	宇野 弘蔵(1897~1977)	경제정책
조교수	中村 吉治(1905~1986)	경제사, 일본경제사
조교수	木下 彰(1903~1982)	농업정책론
강사	末永 茂吉(1908~1977)	경제학사, 독경제서강독

출처: 東北帝國大學法文學部, 1938, 앞의 책, 110쪽.

31 宇野弘蔵, 2017a, 앞의 책, 514~515쪽.

32 中村吉治, 「隨想」, 『東北大学新聞』 1956. 9. 2(中村吉治, 1988a, 『學界五十年』, 刀水書房, 151~154쪽 재수록).

33 1941년 기준 미졸업자 중 1935년 입학자 9명 중 8명, 1936년 17명 중 9명, 1937년 21명 중 5명이 중국인이다. 東北帝國大學, 1942, 『(昭和16年度)東北帝國大學一覽』, 466~467쪽.

경제학과 교수·조교수 구성도 분위기 확인에 참고가 된다(〈표 2〉). 첫째, 기노시타, 스에나가 등의 본교 출신 조교수·강사를 제외하면, 모두 도쿄제대 출신들이다. 본교 출신들은 초기부터 도호쿠제대에서 가르쳤던 도쿄제대 출신 교수들의 영향을 받았을 것이다.[34]

그중 우노의 영향력은 단연 독보적이었다. 우노는 도쿄제대 경제학과 오우치 효에(大內兵衛)로부터 스카웃 제의를 받기도 했다고 회고했다. 그러나 도쿄에서는 맑스를 수업에서 읽기가 까다로워 거절했다는 것이다.[35] 연구실은 1934년부터 우노를 편집위원으로 이와나미서점(岩波書店)에서 연 2회 논문집『연구연보경제학』을 발행했다(1938년 편집위원 나카무라 시게오로 변경, 1939년부터 연 1회 발간). 지면상 상술은 어렵지만, 본 논문집은 학과 교수들을 중심으로 주로 경제학 이론, 경제사, 경제정책에 관한 논문을 수록했다.

소속 연구자들은 고전경제학과 맑스주의를 학습했다. 예컨대 1938년 학부 수업 원서 강독은 아담 스미스, 데이비드 리카도, 브루노 힐데브란트 등 고전파·역사학파 경제학자의 원서를 대상으로 했다.[36] 또한 우노의 주도로 오찬회(昼食会)를 통해 맑스·레닌·힐퍼딩, 그리고 맑스주의 이데올로기와 경제학의 관계에 대해 깊은 이야기를 했다. 오우치 등의 도쿄대 경제학부 교수들이나 사키사카 이츠로(向坂逸郎) 등이 출장강의를 와서 오찬회에 함께할 때도 있었다고 한다. 연구실의 스나가(須永重光)는 "우노 선생"은 "우리들(연구실 성원)에 비평을 구했지만, 의견을 말하기보다는, 배울 뿐"이었다고 회고했다.[37]

34 이 방법은 정준영, 2013, 「경성제국대학 교수들의 귀환과 전후 일본사회」, 『사회와 역사』 99 참조.

35 宇野弘蔵, 2017a, 앞의 책, 503~504쪽.

36 東北帝國大學法文學部, 1938, 앞의 책, 71~72쪽.

그런데 둘째, 우노를 제외하고 교수와 조교수, 강사의 구성은 대개 나이 순으로 구성되었다. 최연장자인 와다가 1936년 병중에 「경제원론」 강좌 대강(代講)을 맡길 정도로 신뢰했고,[38] 훗날 학문적으로 일가를 이루었다고 평가받는 우노가 조교수에 머물렀다. 회고에 따르면, 정당한 절차를 거친 교수회의 의뢰에도 불구하고 1933년 일본 문부성은 우노의 교수 임용을 거부했다. 이 임용 거부는 같은 해 '경대사건(京大事件)'과 관련이 있었다.[39]

이 '경대사건'이란, 문부성이 1933년 5월 26일 교토제대 법학부 교수 다키카와(瀧川幸辰, 1891~1962)에 대한 휴직 처분을 강행한 사건이다. 그의 형법 학설이 대학령이 규정하는 대학교수의 '국가사상의 함양' 의무에 위배된다는 명목이었다.[40] 다만 문부성의 우노 교수 임용 거부는 학내에서 다키카와 '휴직' 처분과는 다르게 받아들여진 것으로 보인다. 다시 말해 교토제대와는 달리 당장 대학 내 '자치'를 둘러싼 학내 분쟁으로 번지지는 않았다.

이 분위기 속에서, 전석담이 1학년이었던 단 한 해만 "적극적"이었던 이유는 무엇일까? 그가 2학년이 되던 시점에, 학과를 넘어 대학 내 분위기를 급랭시킨 사건이 있었다. 소위 '노농파교수그룹사건(혹은 '제2차 인민전선 사건')'이었다.[41] 1937년 12월 15일 전국 18개 부현에서 일본무산당

---

37 須永重光, 1973, 「経済研究室の昼食会」, 『宇野弘蔵著作集第3巻月報』, 岩波書店, 3~4쪽.

38 1930년 2월~1932년 4월 핫토리 유학 시절의 사회정책사의 대강도 해달라고 했듯이, 와다는 1936년 자기 강좌의 대강을 우노에게 맡겼다. 宇野弘蔵, 2017a, 앞의 책, 510~511쪽.

39 中村吉治, 1980, 「法文學部經濟學科: 東北大学の思い出」, 『研究年報 経済学(経済学部三十周年記念特別号)』, 5~7쪽.

40 이 사건의 개요에 관해서는 松尾尊兊, 2005, 『瀧川事件』, 岩波書店 참조.

및 관련 대중단체 인물들이 466명 검거되었다('제1차 인민전선 사건'). 이어서 1938년 2월 1일 9개 부현에서 우노를 포함해 도쿄제대의 오우치 효에, 아리사와 히로미(有沢広巳) 등 교수들을 중심으로 총 38명이 검거되었던 것이다.[42]

당시 우노는 바로 검거·기소되었고 12월 휴직을 명령받았다.[43] 1938년 법문학부 일람에는 우노가 경제정책론 담당으로 나오지만(〈표 1·2〉), 1938년 3월~1939년 5월 약 1년 3개월간 형무소에 있던 그가[44] 실제 가르칠 수는 없었다. 1941년 도호쿠제대 법문학부 교수진은 그에게 복직을 권유하려 하였으나 실패하였고, 그는 퇴직했다.[45] 우노는 아시아-태평양전쟁기 무역협회와 미츠비시경제연구소에 있다가, '패전' 이후 오우치 효에의 권유로 도쿄대학 경제학부 교수로 재직했다. 은퇴 후 호세이대학에서 강의, 1977년에 사망하였다.[46]

앞서 보았듯, 전석담은 늦어도 대학 1학년 때부터 경제학과 제2부(연구과)를 지향했다. 그러나 '노농파교수그룹사건'을 전후해 '냉담'해졌다. 앞서 보았듯, 그는 마지막 학기만 남겨둔 1939년 6월 동척 평양지점을 방

---

41 이 해 2월 10일부터 취조가 개시되었고, 그 외 「모리노카이[杜野会]」라고 불리는 법문학부 재학생·졸업생 친목회 관계자가 계속 검거되어 7월 말에는 23명이 되었다고 한다. 과의 연혁에 대해서는, 1980, 「東北大学経済学部年譜」, 『研究年報 経済学(経済学部三十周年記念特別号)』, 82~125쪽.

42 「[人民戦線派に第二次鐵槌]官私大の教授等九名」, 『東京朝日新聞』 1938.2.2; 小田中聡樹, 1970, 「人民戦線事件」, 我妻栄 等編 『日本政治裁判史録 昭和·後』, 第一法規出版, 291~294쪽; 安田浩, 1980, 「解題「人民戦線事件篇について」」, 『昭和思想統制史資料 第4巻』, 生活社, 3~12쪽.

43 1980, 「東北大学経済学部年譜」, 『研究年報 経済学(経済学部三十周年記念特別号)』, 88~89쪽.

44 宇野弘蔵, 2017a, 앞의 책, 530~531쪽.

45 당시 일람에는 우노가 1923년 10월 20일 임용, 1941년 1월 23일 퇴직된 것으로 쓰여 있다. 東北帝國大學, 1942, 앞의 책, 531~534쪽.

46 우노의 이력은 1974, 「宇野弘蔵年譜」, 『宇野弘蔵著作集』 別巻, 岩波書店, 557~558쪽; 「三段階論の宇野弘蔵氏死去」, 『朝日新聞』 1977. 2. 23.

문해 이복형으로부터 자신 몫의 부동산을 분리하여 담보해제했다. 적어도 이 시점에서는 조선으로 돌아올 채비를 한 것이다.

이후 전석담은 3년 만에 학부를 졸업한 후, 1달 후 경성제대 대학원에 경제학 전공으로 입학하였다. 연구주제는 「이조농정사연구」였다.[47] 그의 지도교수는 전공상 시카타 히로시(四方博)로 생각된다.[48] 앞서 1941년 9월 운동에 관계되어 감옥에 있었다는 이동화의 회고가 있지만, 1942년까지 대학원 재학이 확인된다.[49]

전석담은 경성제대 예과에 가지 않았으면서, 왜 경성제대 대학원으로 갔을까. 해방 이후 그의 저작활동을 역사, 이론, 정책 비평 등으로 분류할 수 있다면, 이론이나 정책을 공부할 생각이었을 수 있다. 1938년 이후 학내 분위기가 냉각되고 '메리트'로서 우노가 사라진 것이, 경성제대로 돌아가 조선경제사의 길을 선택하게 했을 가능성이 높다. 이후 전석담의 글에서는 도호쿠제대 스승들의 흔적을 찾아보기 어렵다. 숨은 '발원지'가 된 이유다.

요컨대 본 장에서 크게 두 가지를 알 수 있었다. 첫째, 동아시아 내 맑스주의의 「최후의 성채」라 불리던[50] 도호쿠제대 경제학과의 학풍이다. 둘째, 이 학과가 전석담에 미쳤을 영향력이다. 예컨대 그는 훗날 조선어판 『자본론』을 독어판 · 영어판 · 일역판을 대조해 공동번역했다.[51]

---

47 「大學院入學許可: 京城帝國大學」, 『朝鮮總督府官報』 第3990號, 1940. 5. 13. 5쪽,

48 경성제대 시절 시카타의 전석담에 대한 간략한 회고는 2012, 「「京城帝大」における社会経済史研究(1962. 12. 25)」, 『東洋文化研究』 14, 学習院大学東洋文化研究所, 530쪽,

49 京城帝國大學 編, 1941 『(昭和15年)京城帝國大學一覽』, 267쪽; 1943 『(昭和17年)京城帝國大學一覽』, 231쪽.

50 이 표현은 大内秀明, 2014, 「勞農派と宇野弘蔵の三段階論」, 大内秀明 · 平山昇, 『土着社會主義の水脈を求めて: 勞農派と宇野弘蔵』, 社会評論社 참조.

51 칼 맑쓰 著 · 프리드리히 엥겔스 編, 崔英撤 · 全錫淡 · 許東 共譯, 1947, 「譯者의 말」, 『資本論 第1卷 第1分册』, 서울출판사, 1~2쪽.

월북 후 러시아어 개념을 재인용한 것 이외에,[52] 그는 대개 한문 · 조선어 · 일본어 책을 인용했다. 이 과의 필수과목 중 영어 · 독어 원서 강독이 있는데(〈표 1〉), 그 영향을 받았던 것으로 보인다. 즉 전석담에게 이 학과의 영향력은 적지 않았을 것이다.

3. 주요 교수들의 방법론

도호쿠제대 경제학과에는 일본 전근대 농촌사회사의 거두가 된 나카무라 키치지, 일본 근현대 경제사 서술의 골격을 마련한 우노 코조가 있었다. 전석담이 조선초기 농정사로 대학원에 입학했고 근현대사 역시 통사(通史) 서술로 잘 알려진 점을 감안하면, 앞서 언급한 학과 교수들 중 이 두 명은 영향력 면에서 대표성을 갖는다고 할 수 있다.

1) 나카무라 키치지 : '일본근세사회사' 개척과 호패제도·오가통법으로 본 농민

나카무라는 문학사 출신 경제학과 교수라는 독특한 경력을 가졌다. 담당 「경제사」 과목이 경제학과 제2부의 필수과목은 아니었지만, 선택과목으로 「특수강의(일본경제사)」가 있었다(〈표 1〉). 그는 1920년대 이전까지 정치사 중심이었던 일본사 서술을 문서주의에 입각한 사회사 서술로 끌고 왔다. 일본 패전 전에는 사회사 · 농민사 · 촌락공동체 연구자로서

52 1955년 『력사과학』 2호에 실린 박시형의 "농민 = 소유자(Крестьян-Собственник)" 개념을 재인용하고 있다. 전석담, 1956, 「조선에서의 봉건적 토지 국유제에 대하여」, 『력사과학』 2, 86쪽.

'중세'에서 '근세'로의 전환, 전후에는 츠치잇키(土一揆), 즉 농민봉기의 전문가였다.[53]

그의 회고를 보면, 그가 맑스주의에 대한 관심 속에서 사회사로 나아갔던 사실을 알 수 있다. 그는 도쿄제대 사학과 학부 시절 학생들끼리 하인리히 크노(Heinrich Cunow)의 『마르크스의 역사사회 및 국가이론』 일역본을 읽다가, 2년 상급생인 하니 고로(羽仁五郎, 1901~1983)와 알게 되어 영향을 받았다. 독서 과정에서 그는 농민사 · 농촌사에 관심을 갖게 되었다. 그리고 학부 졸업논문을 관련 주제로 썼다. 그런데 그는 이 과정에서 히라이즈미 기요시(平泉澄, 1895~1984) 조교수로부터 "백성의 역사를 한다고 하면, …돼지에도 역사가 있습니까 하고 추궁당했다"고 한다. 그는 "자칫하면 쫓겨날지도 모른다"고 생각했지만, 결국 "「근세초기의 농정」이란 제목"의 "졸업논문으로 제출"했다.[54] 이 논문은 첫 저서 『근세초기농정사연구』(1938)의 밑바탕이 되었다.

그의 시대구분론에서는 2가지 독특성이 드러난다. 첫째, 일본사에서 고대 노예제 결여론이다. 나카무라는 1935년[55]과 1941년[56] 일본 전근대 사회사 연구사를 정리했다. 그는 "세계사적 공식" 적용에 노력하는 이들도 있지만, 연구가 진행될수록 일본에서 노예제는 결여되었던 것이 점차 확실해진다고 하였다.

둘째, '봉건제' 개념이다. 그는 "봉건제"를 "자본주의 사회"처럼 "일반

---

53 나가하라 게이지 지음, 하종문 옮김, 2011 『20세기 일본의 역사학』, 삼천리, 56 · 134 · 179 · 250쪽.

54 斎藤晴造 外, 1968, 「経済史とともに四十年—中村吉治教授を囲んで」, 『研究年報 経済学』 29-3 · 4, 1968(中村吉治, 1988(a) 앞의 책, 67~70쪽 재수록).

55 中村吉治, 1935, 「輓近国史学動向 · 社會史」, 『歴史教育講座 第七輯』, 四海書房(中村吉治, 1988b, 『社会史研究史』, 刀水書房, 91쪽 재수록).

56 中村吉治, 1941, 「社会史」, 『社会経済史学』 10-9 · 10, 1088~1089쪽.

적 단어"로 썼다. 권력형태의 '통일성'과 '분권성'은 "나라들에 따라서 특수성이 있"지만, 서양과 일본 모두 봉건제 개념을 쓸 수 있다. 봉건제는 "분권적… 정치형태", "신분적으로 고정된 사회"이다. 또 "자연경제가 기본적 형태"이고, "농업이 기본적이며, 토지와 농민이… 토대가 된다."[57]

즉 일본 봉건제의 특수성에 대한 그의 분석도 토지와 농민의 결합을 위한 공동체·국가형태 차이에 기반을 두었다. 그는 중세와 근세 모두 "봉건제"라 하였다. 그 자신은 중세에서 근세로의 이행과정인 근세초기를 연구했다. 중세봉건제는 전기에는 "장원제", 후기에는 "다이묘영지제(大名領知制)" 아래의 농촌이다. 반면 근세봉건제에서는 농촌의 종횡 통제를 위한 "기초적 제도로서의 호구제도, 토지제도, 연대책임제도 등이 발달했"다. 이 제도들은 전국시대에 "확대강화"되었고, 도쿠가와 막부에서 확립되었다.[58]

요컨대 나카무라는 국가에 의한 사회적 통제가 강화되는 것이 "근세봉건제가 조직되고, 도쿠가와 막부 정권이 확립되는 과정"이라 보았다. 봉건제 재조직과정에서 사회제도의 재편성이 근세봉건제하의 농민의 성격을 보여준다는 의미였다. 예컨대 『근세초기농정사연구』는 총 5편으로, 편별로 공조와 부역, 인구통제, 신분통제, 기초적 제제도의 발전(호구제도, 토지제도와 농민통제, 오인조제 등의 연대제), 농촌진흥정책을 순서대로 다루었다.[59] 다시 말해 '호적제도'와 '오가통법'의 강조가 이 책의 핵심 내용이었다. 그는 근세봉건제에서 확립된 이 인구통제 정책들에 대해서 이렇게 적었다.

---

57 中村吉治, 1942, 「封建制度史」, 『新講大日本史 12: 日本社會經濟史(下)』, 雄山閣, 1~3쪽.
58 中村吉治, 1938, 『近世初期農政史研究』, 岩波書店, 468~487쪽.
59 中村吉治, 1938, 위의 책, 1~3 · 468~469 · 475쪽.

"도산(逃散)의 금지도 신분의 확립도… 토지제도의 완성도 역시 그렇다고 할 수 있다. 특히 오인조제 등에서는, 통제의 제규정을 서로 경계하여 존봉(尊奉)함과 동시에, 인보공조(隣保共助)의 제규정이 강하게 나타나고 있었다. 상부상조하여 일인의 백성도 쇠망하도록 하지 않고, 도산(逃散)시키지 않고, 규정의 연공제역(年貢諸役)은 수행시키는 것이 거기서는 나타나고 있었다. 그렇기 때문에… 통제와 유지가 서로 모든 면에 포함되고 있었다고 하게 되는 것이다."[60]

"일정표준의 토지를 가진, 장부[帳面]에 의한 백성의 존속이고, 일정한 담세력과 노무제공능력을 가진 봉건농민의 유지인 것이었다. …이전의 자유와 의식주 전반을 제한하고, 신분적으로 고정되었던 백성이, 토지처분의 자유도 잃었다고 하는 것이다. …봉건적 제(諸)제한이란 것이 여기서 백성에 부여되고 있는 것이 결국 명백했다. 더해서 그러한 백성으로서의 성격이, 농민정책의 완료에 따라서 성립했고, 그리고 이 성격을 가졌던 백성이 유지되어야만 했다. 그것이 근세봉건사회의 기본인 농민의 모습이었다."[61]

즉 '전전' 나카무라의 입론은 크게 두 가지였다. 첫째, 일본사에서 노예제는 부정되었고, 보편적 개념으로서 "봉건제"는 공동체 · 국가에서 나타나는 일본적 특수성과 결합되어 분석되었다. 둘째, 전국시대와 에도 막부 초기, 즉 "근세봉건제"에서 인구통제 · 호구조사, 오인조제 등 농촌노동력의 전유(專有)를 위한 제도가 특수성으로서 제시되었다. 즉 농촌통제기구로서 국가 · 공동체론이 농민 및 사회사를 보기 위한 방법론으로서 마련되었다.

2) 우노 코조: 기계적 유물론 비판과 '관계로서의 후진(後進)' 개념

우노의 강좌는 이 학부 학생들이 "가장 열심히 청취하는" 강의로 꼽

60 中村吉治, 1938, 위의 책, 480쪽.
61 中村吉治, 1938, 위의 책, 482쪽.

혔다.[62] 그는 독어 · 영어 독해가 능통하여 당대 서구 경제학계의 논쟁을 두루 섭렵했다.[63] 그는 '우노경제학'이라 불리는 독특한 경제사 방법론을 마련했다. 우노경제학은 원리론 · 단계론 · 현상분석의 3단계로 이루어진다. 우노는 『자본론』을 기반으로 경제원론을 다시 작성하여 원리론을 제시했다. 또한 국가의 경제정책을 기준으로 자본주의의 역사적 '발전단계'를 제시했다. 마지막으로 위 방법론을 토대로 개별적 · 단기적 현상을 분석했다. 다만 우노가 일본 내에서 본격적으로 유명해진 것은 1940년대 후반이었다. 그 이전 그는 일본학계에서 소외되어 있었다.[64]

우노경제학을 상술하자면, 우선 첫째로, 시장원리만을 통해 자본주의 경제체계의 작동원리를 설명한 '원리론'을 분석의 기준으로 삼았다. 이른바 '순수자본주의론'이다. 그는 『자본론』의 체계를 유통론 · 생산론 · 분배론의 3편을 통한 경제원론으로 재편성했다. 원리론의 요체는 1936년 와다 교수 대강을 위한 「경제원론」 강의노트에서 처음 제시되었다.[65]

둘째, 국가의 경제정책을 기준으로 '단계론'을 제시하여 지배적 자본의 축적양식에 따라서 자본주의의 역사적 발전단계를 3단계로 분류했다. 중상주의(상인자본) → 자유주의(산업자본) → 제국주의(금융자본)로 분류하고,

---

62 有沢広巳, 「宇野弘蔵氏著『經濟政策論』」, 『東京朝日新聞』 1937. 4. 5.

63 그는 1922년 9월~1924년 9월 베를린에 유학했다. 「宇野弘蔵年譜」 참조.

64 테사 모리스 스즈키 지음, 2001, 앞의 책, 154~161쪽.

65 「講義プリント「經濟原論」(1936年)」(1974 『宇野弘蔵著作集』 別巻, 岩波書店, 491~553쪽). 그는 1) 가치실체론을 전제하지 않으면서 『자본론』 1권 1편을 유통론으로 독립시켜 우선 상품, 화폐, 자본을 논했다. 이후 2) '노동가치설'을 맑스와 달리 상품교환 차원이 아닌 생산론에서 논증했다. 1936년 강의노트와 전후 『경제원론』의 차이는 鈴木鴻一郎, 1973, 「解題」, 『宇野弘蔵著作集』 第1巻, 岩波書店, 528~529쪽; 齋藤晴造, 1974, 「解題」, 『宇野弘蔵著作集』 別巻, 岩波書店, 586~588쪽.

각 시대별 '국가'의 경제정책론과 '제도'를 분석했다. 이 내용은 10년 이상 강의한 「경제정책론」의 강의노트에 기반을 두고 1936년 출판되었다.[66]

다만 원리론에서 제시된 시장경제의 '원리'는 어디까지나 '원리'였다. 또한 단계론에서 제시된 국가정책의 변화과정은 타국과의 관계 속에서 설명되어야 했다. 즉 현상분석을 위한 '불순물'이 분석 단위에 포함되어야 했다.

따라서 셋째, '관계로서의 후진(後進)' 개념이 제시되었다. 분석단위가 일국에 그치는 것을 뛰어넘기 위한 방법이었다. 우노의 '후진' 개념은 해방 후 로스토 등의 '근대화론'이 제시한 '후진성'이 아닌[67] '후발성(後發性)' 개념에 더 가깝다.[68] 『자본론』 1권의 부농－농업노동자 분해를 통해 생겨난 '순수자본주의'는, 우노경제학에서는 실제가 아닌 전형(典型) 혹은 영국의 일국적 사례에 한정된 것이었다. 두 가지 '불순물'이 포함되었다. 세계자본주의체제 속에서 분석대상인 일국이 가지는 '위치'와, 그 '위치'로 인해서 산업자본이 스스로 생산하지 못하는 '상품'이자 자본주의의 약한 고리가 되는 '노동력'의 성격이었다.[69]

위의 "후진성(後進性)" 개념은 1930년대 일본 자본주의 논쟁에서 우노경

66 宇野弘蔵, 1936, 「序」, 『經濟政策論 上卷』, 弘文堂書房, 1~3쪽; 齋藤晴造, 1974, 「解題」, 『宇野弘蔵著作集』 第7卷, 岩波書店, 501~512쪽; 大黒弘慈, 1999, 「宇野弘蔵の〈純粋〉: 戰前·戰中の思想形成」, 『批評空間』 Ⅱ-20, 83~85쪽. 우노 코조 자신의 시대구분론 도식은 宇野弘蔵, 2017b, 『(改装版)資本論五十年』 下, 法政大学出版局, 879쪽의 그림 참조.

67 로스토의 '후진국' 개념과 한국사에 미친 영향은 박태균, 2009, 「박정희 정부 시기를 통해 본 발전국가 담론에 대한 비판적 시론」, 『역사와 현실』 74 참조.

68 우노의 '선진국/후진국' 개념이 '선발국/후발국' 개념에 가깝고, 후자로 사용하는 것이 '가치중립적'이라는 지적에 대해서는 마츠모토 다케노리, 2009, 앞의 논문, 106쪽.

69 우노의 '불순(不純)' 개념과 '논리－역사' 비판은 長原豊, 1999, 「〈資本の論理学〉の歴史記述: 宇野弘蔵に於ける論理と歴史」, 『批評空間』 Ⅱ-20 참조.

제학이 가지는 독특성을 시사하고 있다. 강좌파는 일본 사회의 봉건제적 성격(농민층 미분해, 천황제이데올로기), 노농파는 자본제적 성격을 강조했다. 1935년 11월 우노는 『중앙공론』 논문에서 강좌파 야마다 모리타로(山田盛太郎)를 『자본론』 1권 13장 4~8절, 7편 특히 23~24장의 인용으로 비판했다.[70] 반면, 우노는 이 글을 통해 노농파가 후발자본주의 국가로서 일본의 완만한 농민층 분해를 대면하지 않은 점을 지적하려 했다고 회고했다.[71]

내용은 다음과 같다. 일본은 자본주의 사회이다. 다만 독일과 같은 '후진자본주의' 국가이다. '후진국'은 '선진국'과의 관계 속에서 자본주의를 발전시킨다. 특히 '후진국'은 '선진국'을 따라잡는 과정에서 "현저히 다른 형태"로 "원시적 축적"과 "산업혁명"을 겪는데, 특히 자본의 유기적 구성이 높은 생산수단 도입으로 노동력 시장이 상대적으로 협소해지고 농민층 분해는 완만하게 나타난다. 또한 산업정책 수행을 위해 금융자본과 결합하여 국가독점자본주의로의 전환 과정을 강화한다. 국가는 국민 통합을 위한 "국가주의(예컨대 일본은 천황제 이데올로기: 필자 주)"를 제시하고, 노동운동의 성격은 위의 노동력 구성에 기초한다.[72]

이 점에서 "봉건제 비판 / 서양의 이상화"로서 오츠카 히사오(大塚久雄), "봉건제 찬미 / 근대의 초극"으로서 오코우치 가즈오(大河内一男)는 단선적 일국발전사관이 될 수 있지만, 국내외의 '불순물'을 일국사적 분석에 포함시키는 우노의 방법론은 당대 일본자본주의의 '발전'과정과 동시병

70 宇野弘蔵, 1935, 「資本主義の成立と農村分解の過程」, 『中央公論』 576, 22쪽.

71 宇野弘蔵, 2017a, 앞의 책, 352~384쪽.

72 宇野弘蔵, 1935, 앞의 논문, 2~22쪽. 해설은 마츠모토 다케노리, 2015, 앞의 논문, 79~80쪽.

행적인 '모순'을 발견하는 단초가 될 수 있었다.[73]

오늘날 일본학계에서 우노는 여전히 영향력이 있다. 첫째, 가라타니 고진은 우노의 영향을 받아 자본주의의 '전위'인 산업자본이 스스로 생산하지 못하는 것이 '인간(노동력)'과 '자연'이라며, 상업자본의 역할을 강조했다.[74] 둘째, '후진국'으로서 일본 자본주의 발전과 국가이데올로기의 관계이다. 메이지 천황제 국민국가라는 '모듈' 논의를 제시한 니시카와 나가오(西川長夫)를 연상할 수 있다.[75] 셋째, '식민지 근대'론에서 세계자본주의체제로의 편입이라는 '동시대성'과 지체(遲滯)로서의 '단계성'에 입각한 분석을 제시한 마츠모토 다케노리(松本武祝)의 입론은 우노 이론에 기반을 둔 것이다. 단 우노는 '동시대성'을 산업기술 · 제도에 한정한 반면, 마츠모토는 규율장치, 매스컴, 대중문화로 범위를 확대했다.[76]

전석담이 조선초기 농정사 연구자로 남아 있는 이상, 우노는 당장 소환될 일이 없었다. 그러나 해방은 당시 만 29세였던 그가 개인 연구에 몰두하게 놔두지 않았다. 통사(通史)를 이른 나이에 쓰게 되었고, 자신의 학문적 역량을 총동원해야 했다. 특유의 역사서술방법론을 가진 옛 스승들이 소환되었다. 어떻게 '원용'되었을까?

73 宇野弘蔵, 2017a, 앞의 책, 352~384쪽; 大黒弘慈, 1999, 앞의 글, 80~83쪽.

74 가라타니 고진 지음, 김경원 옮김, 2010, 「한국어판 서문」, 『마르크스 그 가능성의 중심』, 이산, 13~14쪽.

75 西川長夫, 1995, 「序 日本型國民國家の形成: 比較史的觀點から」, 西川長夫 · 松宮秀治 編著 『幕末 · 明治期の国民国家形成と文化変容』, 新曜社 참조. 이 개념을 한국사에 원용한 연구로는 도면회, 2003, 「황제권 중심 국민국가체제의 수립과 좌절」, 『역사와 현실』 50, 85~86쪽.

76 마츠모토 다케노리, 2009, 앞의 논문, 114~121쪽.

4. 해방 전후 전석담의 통사(通史) 구성

1945년 8월 해방을 맞이했을 때, 전석담은 만 29세였다. 그는 경제사·운동사를 축으로 한국사 통사를 작성했고 『자본론』을 한국어로 번역하기 시작했다. 그는 해방 후 경성상업전문학교, 국민대, 동국대 등에서 경제학을 가르쳤다. 월북 시점은 1949년 2월 『호남신문』 논설[77]과 『조선경제사』 발간이 확인되는 것으로 보아 빨라도 이때 이후로 보인다.

그는 자신의 통사를 "쓰다 소키치(津田左右吉)의 『특수문화설』"과 백남운의 "공식적인 일반화"와 차별화되는 제3의 영역에 두었다. 특수성의 "완전한 해소는 세계적 규모에 있어 사회주의적 원칙이 지배하게 됨으로써만 가능"하므로, "세계사적인 일원적인 역사법칙의 조선역사로의 구체적인 적용" 속에서 조선사회를 논증할 필요성을 제시했다.[78]

전석담의 시대구분론은 고대 노예제 결여-'아시아적 봉건사회'-관료층의 무능으로 인한 '자발적 근대화'의 실패와 식민지화로 이어진다.[79] 이 논의는 '공식주의'에서 벗어났다는 높은 평가도 받는 반면[80] 『조선사교정』(1948)에서 「원시」와 「봉건」으로 시대를 양분하여 '근대'로 전환한 독립운동과 해방조차 후자에서 보고 있다며 비판받기도 했다.[81] 이와 같은 엇갈린 평가가 어디서 기인했는지, 도호쿠제대 스승들의 '방법'을 통해 보고자 한다.

---

77 全錫淡, 1949, 「韓國經濟의 方向」(上)·(中)·(完), 『호남신문』 1949. 2. 3.~5.

78 全錫淡, 1949, 『朝鮮經濟史』, 博文出版社, 15~19쪽.

79 이환병, 2002, 앞의 논문, 56~69쪽.

80 강진철, 1989, 앞의 논문 참조.

81 조동걸, 1998, 앞의 책, 344쪽.

1) 전통시대: '이조봉건제론'과 조선초기 농민 인식

전석담의 전통시대 서술의 특징은 크게 두 가지로 지적되었다. 첫째, 조선에서는 유럽형의 노예제 지양 위에서 봉건사회가 형성되지 않았고 공동체적 유제가 당시까지 잔존해 '낙후성'의 근간이 되었다는 것이다. 둘째, 여말선초 '신흥세력'에 의한 토지의 사적 점유와 조선공산당-남조선로동당이 수행하려는 토지개혁의 질적 차이를 주장하는 것이었다.[82]

그러나 전석담은 경제결정론에 입각한 공식적 역사서술에 그치지 않고, '봉건제'와 결합한 조선적 '특수성'을 공동체·국가에서 찾으려 했다. 그는 '아시아적 생산양식론'과도, 백남운의 공식적 5단계론과도 거리를 두었다. 그는 모리타니 카츠미(森谷克己)와 달리 '아시아성'은 독자적 생산양식이 아닌 봉건제(보편성)와 결합된 특수성이라고 규정하겠다고 명시했다. 그는 "봉건 제도 성립의 두 가지 경로"는 "원시공산사회-노예사회-봉건사회"라는 "전형"과 "『원시공산사회-봉건사회』"라면서 조선은 후자에 속한다고 보았다.[83]

즉 전석담에게 백남운의 '5단계론' 수용은 '전형'적, '공식주의'적이었다.[84] 그는 박극채를 인용, 국유에 대립되는 '봉건제=장원제도'라는 서구적 모델을 조선사회에 대입하고 "봉건 국유제"를 "전국민적 공유(共有)"로 본 백남운의 한계를 지적했다. 권력교체기인 "이조 봉건제 사회"는

---

82 염인호, 1994, 앞의 글, 231~233쪽.

83 全錫淡, 1949, 앞의 책, 21~22·27~28쪽.

84 한편 홍종욱은 백남운의 '아시아적 봉건제론' 수용 과정은 보편주의를 지키기 위한 조정이었다고 지적한 바 있다. 洪宗郁, 2014, 「白南雲: 普遍としての〈民族=主体〉」, 趙景達 外編, 『講座 東アジアの知識人 第四巻』, 有志舍, 110~115쪽.

유럽형 "장원"이나 일본 막번제와 다른 "관료적 집권봉건제" 아래 "『대토지 사유자』" 중 "『농촌지주』형(토호)"에 대비 『관료지주』형이 폭넓게 존재하는 사회였다.[85]

다만 전석담의 '아시아적 봉건제론'은, 박극채의 '봉건적 국유'론[86]과도 일부 달랐다. 연구자로서 전석담의 출발 지점이므로, 조금 자세히 살펴보고 싶다. 앞서 보았듯 전석담은 1940년 4월 30일 「이조초기농정사」 전공으로 경성제대 대학원에 입학했다. 1년 뒤, 그는 해방 전의 유일한 글에서 국가-지주-소농이란 3분법에 따라 조선 초기 토지문제를 고찰했다.

> "**따라서 농민의 도산유망(逃散流亡, 농경폐기(農耕廢棄))을 미연에 방지하며 혹은 쇄환(刷還)하는 강력적인 방책이 절대필요**로 하게 되니 이미 태조 계유 2년에는 유이자(流移者)를 장형(杖刑)에 처하게 하고 그 후 경국대전에는 사형을 규정하였다. **이와 같은 위협정책과 아울러 조직적인 대책도 강구하였는지 호패지법, 오가통법이 이것**이다. 호패는 각인이 모다 이것을 패용하게 하고 거기에는 패영자의 신분 주소 성명은 물론이요 신장 면색(面色) 수염의 유무에 이르기까지 화인(火印)되어 있었다(태종실록 권 26 계사 13년 9월 기유). 오가통법은 세조 원년에 실시된 것인데 오가를 일통으로 삼아 연대책임을 지게 한 것이다. 통의 조직에 있어서 경외유품과 유음자제는 이것을 제외하였으니 오가통법의 취지가 나변(奈邊)에 있는가를 웅변히 말하여준다. 이러한 모든 시책에도 불구하고 농민의 도망유산은 물결 흐르듯한 것이니 이는 다음이 아니라 농민과 토지의 결합관계에 큰 무리가 있었기 때문이다. **이조초에 있어서는 평안도 황해일대에 비옥한 한광지가 수없이 널려 있었고 국가가 또한 극력 경간을 장려하였거늘 그럼에도 불구하고 농민이 감히 붙이고저 아니하였으니 이때의 토**

85 全錫淡, 1949, 앞의 책, 35~40쪽.

86 박극채의 '봉건적 국유'론에 대해서는 홍종욱, 2007, 「해방을 전후한 경제통제론의 전개」, 『역사와 현실』 64, 325~326쪽.

지문제는 토지부족에 있은 것이 아니라 문제는 오히려 사회관계에 있었던 것이 분명하다. 이조봉건체제의 근원적인 모순은 여기에 있다고 하여야겠다." (*밑줄과 굵은 글씨는 필자 강조)[87]

위 글에서 전석담은 "아시아적 봉건체제"로서 조선초기의 토지소유를 국가-지주-소농의 세 계층 모델로 분석했다. 우선 첫째, 위 글은 시기상 학부 시절의 영향을 더 많이 받았을 것이다. 둘째, '권력교체기'인 조선초기의 '국가 · 공동체'에 주목했다. 대학원 시절 지도받았을 시카타와 유사해 보인다. 그러나 시카타는 조선'초기'의 호적'정책'보다는, 식민지기 인구현상과의 연관성 속에서 조선'후기' 계층구조 변동을 조선'사회'의 후진성으로 해석했다.[88] 오히려 1살 손위인 김석형이 조선초기의 역(役)에 주목했던 점에서 전석담과 유사하다.[89]

위 모델에 근거해, 전석담은 박극채의 "봉건적 관료지배" 논의를 비판했다. 그에 의하면, 박극채는 "관기(官紀)의 해이(解弛)와 관료에 의한 중간착취의 증대"라는 "봉건적 관료기구의 자기모순만을" 보므로 "영구적 정체론의 구렁 속에 빠지게" 된다. 전석담은 국가소유와 토호(『농촌지주』형)들의 사점(私占) 충돌이 시대적 모순이라고 보면서도, 농민을 정주(定住)하게 하는 것이 양자의 이해관계가 공통되는 지점이라 했다. 즉 조선시대 "(1) 지대 형태는 생산물 지대와… 노동 지대 형태(부역)", "각종형태의 공물"도 포함되며, "(2) …공물이나 부역은 일반농민이 전담하고

87 金錫淡, 1941, 「李朝初期의 土地問題」, 『朝光』 7-7, 194쪽. 이름은 원문 그대로이다.

88 따라서 최근에는 시카타의 '거울상'으로서 봉건사회 해체 현상에 주목하는 것이 아니라, "조선왕조의 국가적 필요"로서 조선후기 호적 '정책'에 주목할 필요성이 제기되고 있다. 손병규, 2013, 「시카타 히로시(四方 博)의 조선시대 '인구 · 가족' 연구에 대한 재검토」, 『한국사학보』 52 참조.

89 전석담은 자신이 쓴 통사에서 김석형이 쓴 1941년 『진단학보』 논문 「이조초기 국역편성의 기저」를 인용했다. 全錫淡, 1949, 앞의 책, 73 · 82쪽.

양반이나 토호는 면"할 수 있고, "또한 전조(田租)가 비교적 헐"한 것은 "중간지주층(토호)에 의한 중간착취의 여유"를 남겨둘 필요성 때문인 것이다.[90]

'봉건시기' 권력교체기의 3분류법에 입각한 분석법은 나카무라가 쓰던 방법이다. 토지는 "관료토호" 수중에 집중되었다. 반면 소농들은 농업생산력이 높아도 땅을 부치고자 아니했고, 정주(定住)의 강제는 '호패패용'과 '오가통법'으로 나타났다. 따라서 『조선경제사』에서 근대 이전 서술이 조선시대에 집중되고, 제2부 1편 「이조 봉건사회의 생산구조」가 「토지소유관계」, 「농민과 농민통제」, 「농민수탈의 제형태(전조 · 공물 · 부역 · 기타)」로 정리되었다.

그런데 그는 『조선사교정』(1948)에서 "관료적 집권 봉건제"의 "성립"(삼국통일)－"발전"(고려)－"완성"(조선) 『조선경제사』(1949)에서 "이조봉건제" 개념을 사용했다. 특히 나카무라와 달리 "근세봉건제" 개념을 쓰지 않았는데, 조선사회의 자체적 '이행' 가능성을 낮게 본 까닭일 것이다.[91] '봉건제'를 일반개념으로 보고 노예제 결여 사회의 '공동체성'에 주목한 점은 나카무라와 유사했다. 그러나 전석담은 유럽의 '장원'이나 일본의 '막번' 등에 필적할 중앙정부와 '대토지사유자'의 관계에 대한 '조선적 특수성' 도출에 어려움을 겪었던 듯하다.

요컨대 전석담은 첫째, 노예제 사회가 존재하는 역사발전단계론은 '전형'일 뿐, 조선은 그 경로를 걷지 않았다고 보았다. 둘째, 국가－지주－농민의 3분류법을 통해 국가－지주 간 길항관계를 '관료적 집권봉건

90 全錫淡, 1949, 위의 책, 40~45쪽.

91 나카무라는 "근세봉건제"의 출발점으로서 에도 막부를 일종의 "전제적 경찰국가", "절대왕정과 이쿠얼(equal)"이라 보았다. 斎藤晴造 外, 1968, 「経済史とともに四十年—中村吉治教授を囲んで」, 『研究年報 経済学』 29-3 · 4(中村吉治, 1988a, 앞의 책, 91쪽).

제'의 기본적 모순으로 보면서도, "봉건적 관료기구의 자기모순만을 보"는 박극채와는 달리 농민에 주목했다. '농민'은 부역 · 공물의 주요 담당자로서, 조선초기부터 유랑할 수 없게 호패제도 및 오가작통으로 정부가 결박하려 한 존재들이었다.

이 점에서 조선초기 농정사를 연구의 출발점으로 삼은 전석담과 전국시대 · 에도막부 초기 농정사를 다룬 나카무라의 연관성은 컸다. 다만 둘의 사정은 달랐다. 나카무라는 일본의 사료편찬계 소속 연구자 중, 기존에 우위를 점한 정치 · 외교 · 제도사가 아닌 사회 · 경제사 연구자로서는 처음 꽃을 피웠다.[92] 반면 전석담은 이후 사회사 관련 작업을 심화시키지 못했다. 해방 후 자료 문제와 북한 사학사 구축작업에 대한 집중이 이유였다고 생각된다.

2) 근현대: '관계로서의 후진(後進)' 개념 적용과 식민지 분석의 딜레마

맑스주의 역사학에서 자본주의의 역사는 넘어서야 할 당대사(contemporary history)로, 완료된 역사가 아니다. 그렇다면 전석담은 식민지기의 사회구성체를 어떻게 보았는가. 『조선경제사(1949)』는 1부 방법론, 2부 이조 사회경제사, 3부 일제하라는 체재(體裁)를 갖고 있다. 따라서 이 책의 3부 분석을 중심으로, 전석담의 일본자본주의와 식민지 조선의 사회경제사 인식을 차례로 보고 싶다.

우선 주목되는 점은, 전석담이 일본 자본주의 분석을 위해 "후진성" 개념을 사용했던 것이다. 위 책 3부는 1편 「식민지적 경제관계의 확립 = 발전」, 2편 「식민지적 경제관계의 총결」, 3편 「3 · 1운동」으로 편성되

92 나가하라 게이지 지음, 2011, 앞의 책, 55~57쪽.

고 있다. 특히 1편에서 그는 19세기 독일과 일본이 농민층 분해가 끝나지 않은 채 자본주의로 이행한 "후진국"의 특성을 보여준다고 했다. 1948년과 1949년 발간된 통사의 개항 부분에서 "후진" 개념이 등장하는 몇 개의 문장을 거론해보자.

> ㉠ "세계자본주의가 이미 제국주의의 단계에 돌진['발전', 1949년]하고 있는 시기에 자본주의국가로서 국가적 경쟁장["경쟁", 1949년] 리(裡)에 등장한 일본은, 그 후진성을 조선과 중국의 희생으로써 보충할 수 밖에 없었다."[93]
>
> ㉡ "조선은, 자본주의의 길을 달려가는 일본의 상품 시장을 형성하고 있었으며 이 시장은 후진(後進) 청국의 진출로 말미암아 큰 위협을 느끼게 되었다."[94]
>
> ㉢ "※ 일본 자본주의는 일청(日淸), 일로(日露) 양 전쟁 간에 산업자본이 확립되었다. // 제4조[1894년 조일잠정합동조관, 「무역을 장려하기 위하여, 전라도 연안에 있어서 일통상항(一通商港)을 열 것」]는, 자본주의 국가가 봉건적 후진 국가에 대하여 강요하는 상례(常例)로서 개항을 요구하는 것이다."[95]

『조선사교정』과 『조선경제사』 안의 세 문장은 거의 흡사하다. 그는 특히 "일본자본주의의 강력적 창출과 육성은, 명치혁명 이래 급격히 강화된… 농민대중으로부터의 가혹한 수취와 노동자 특히 부인, 유소년공에 대한 노예적 사역의 기초 위에서만 가능"했다며 "일본 공업 중 가장 급속히 발전한 방적업은 그 대표적 부문"이라고 하였다.[96]

즉 전석담은 우노의 '관계로서의 후진' 개념을 분석틀로서 받아들

93 全錫淡, 1948, 『朝鮮史教程』, 乙酉文化社, 86쪽; 全錫淡, 1949, 앞의 책, 211쪽.
94 全錫淡, 1948, 위의 책, 88쪽; 1949, 위의 책, 213쪽.
95 全錫淡, 1948, 위의 책, 88~89쪽; 1949, 위의 책, 213~214쪽.
96 全錫淡, 1949, 위의 책, 209~218쪽.

였다. 전석담은 1957년 시대구분 논쟁에서 "제2차 대전 이전"의 "『봉건 론쟁』"을 거론하며 "봉건 잔재를 과소평가하지 말아야 하"는 점과 "봉건 잔재가 자본주의의 장성 발전에도 불구하고", "유지"·"강화"되지 않는다는 점을 강조하고 있다.[97] 즉, 제2차 세계대전 발발 이전 발간된 우노의 1935년 『중앙공론』 논리와 중첩되는 주장을 펴고 있는 것이다.

다만 전석담은 식민지 조선의 분석에서 사회구성체 문제에 맞닥뜨렸을 가능성이 높다. 우노경제학을 적용한 '전후' 일본의 초기 조선사 연구도 유사한 딜레마를 겪었다. 우노경제학은 19세기 말 제국주의 단계에서 일본 '본국'의 특징을 분석하기 위한 이론이었다. 우선 '외삽'된 식민권력과 조선사회의 관계를 어떤 '사회구성체'로 볼지 문제가 남는다. 즉 식민지에 대한 분석틀이 제시되지 않았고, 1980년대에 등장할 신흥공업국(NICs)화 논의를 염두에 둔 것도 아니다.[98] 그리고 식민지'공업화' 과정이 역사 속에 병존하여 '낙후론'과 충돌한다. 마지막으로 재정·금융·무역을 강조하면 자본주의체제로의 편입에, 구래의 생산관계 잔존과 '상대적 과잉인구'를 강조하면 '봉건사회'의 잔존에 무게를 싣게 된다.[99]

전석담은 우노경제학 내의 두 경향 사이에서 외줄타기를 하면서도, '낙후론'에 방점을 찍었다. 그는 "생산 부면"의 "봉건적 요소의 온존", "유통 부면"의 "근대적 상품화폐 경제의 지배"를 식민지 조선의 특징이

97 전석담, 1957b, 「일제 통치하의 조선사회는 봉건 사회였는가? 자본주의 사회였는가?」, 『경제연구』 3, 55쪽.

98 마츠모토 다케노리, 2009, 앞의 글, 122쪽.

99 식민지성·후후발성 논의에 대해서는 마쓰모토 다케노리 지음, 윤해동 옮김, 2011, 「한국어판에 대한 감사의 글」, 『조선 농촌의 식민지 근대 경험』, 논형, 5~10쪽.

라 보았다.[100] 이후 『조선경제사』 3부 1편에서 토지조사사업과 "근대적 화폐금융제도의 확립"을 "식민지적 경제관계"의 "기초공작", "산미증식계획"을 "상품판매 시장", "자본투하 시장" 전환에 의한 "발전"으로 표현했다. 2편에서는 "식민지적 경제관계의 총결"로서 "반봉건적 농업생산관계의 확대 재생산"과 "광공업 발달의 식민지적 파행성"에 주목했다.[101]

다시 말해 식민지 농업의 "전자본주의적 지대징수방법"의 온존은 "소작농민에 대한 수취"를 더욱 확실하게 했고, "일제의 식민지적 반(反)공업화정책"은 그것을 심화시켰다.[102] 반면 "식민지에 대한 제국주의 본국의 경제정책은 그 필연적인 결과로서 일정한 한계 내에서 자본제적 생산을 발전시키"지만, 식민지에서 "근대산업의 그와 같은 발전은 제국주의적 발전에 봉사한다는 운명적 성격"을 가지므로 "광공업의 발달은 그 전형"이었다.[103]

요컨대 해방 직후 전석담의 식민지기 서술은 '생산부문'에서 내적으로 자기충돌했다. "반(反)공업화정책"과 "일정한 한계 내의 자본제적 생산 발전"이란 인식의 공존이 그 예이다. 앞서 보았듯, 우노는 1930년대 일본자본주의논쟁 과정의 양극단을 지양하기 위해 '불순물'을 제시했다. 그러나 전석담은 해방 이후 정치적 논쟁 가운데 '낙후론'으로 귀결되었다.

이 인식은 월북 후 다소의 '수정'을 거쳤다. 전석담은 1954~1955년 인

100 全錫淡, 1948, 앞의 책, 111쪽.
101 全錫淡, 1949, 앞의 책, 5~6쪽.
102 全錫淡, 1949, 위의 책, 263~264쪽.
103 全錫淡, 1949, 위의 책, 275~276쪽.

민경제대학 조선사 강좌장임이 확인된다.[104] 1957년에는 이 대학 부교수, 1960년대까지 과학원 력사학연구소 성원으로 활동했던 것으로 보인다.[105] 그의 연구목록을 보면,[106] 실증연구보다는 1950년대 말~1960년대 초 시대구분과 사회성격을 둘러싼 논쟁[107]에 집중했다.

이 논쟁 과정에서 1957년 전석담이 식민지 '자본제론자'임을 명시한 것은 주목된다. 그 근거는 ① 개항기와 달리 1910년대 이후 자본주의적 상품화폐경제가 지배적이었던 점, ② 금융－화폐 제도가 "산간 벽지"까지 "모세관(毛細管)을 뻗쳤"던 것, ③ 철도·도로 등의 인프라가 확장된 것, ④ 근대적 산업이 식민지적 편파성을 띠었지만 "근대적 산업 프롤레타리아트가 발생 발전"하게 한 것, ⑤ 토지조사사업 등의 법령으로 "근대적 사유권이 확립"된 것 등이었다. 또한 일각에서 제기된 급속한 공업화에 따른 '1930년대 근대화론'을 의식하면서도, 재정·금융제도의 정비라는 점에서 1910년대를 '자본주의 확립기'로 보았다.[108]

물론 생산관계 내의 "특수한 성격 즉 식민지적, 반봉건적 성격을 띤 자본주의 사회"였다는 단서조항을 달았다. 따라서 해방과 북한 정부 수립은 봉건성의 탈피와 사회주의 혁명으로의 이행과정을 동시에 내포

104 朴慶植, 1956, 「全錫淡「朝鮮民族の形成について」」, 『歴史学研究』 191, 35쪽; 이신철, 2008, 『북한 민족주의 운동 연구: 1948~1961, 월북·납북인들과 통일운동』, 역사비평사, 348~364쪽.

105 김광운, 2003 「북한 역사학계의 구성과 활동」, 한국역사연구회 북한사학사연구반 편, 앞의 책, 36~40쪽.

106 본고에서 직접 인용된 것 외 전석담의 연구목록은 임영태, 1989 앞의 글; 한국역사연구회 북한사학사연구반 편, 2003, 앞의 책 참조.

107 소련 사학계의 토론문화와 이 시기 북한 사학사에 미친 영향에 대해서는 홍종욱, 2020 「북한 역사학 형성에 소련 역사학이 미친 영향」, 『인문논총』 77-3 참조.

108 전석담, 1957a, 「일제 통치하 조선 경제 사회의 몇가지 문제」, 『경제건설』 3, 41~42쪽; 전석담, 1957b, 앞의 글, 56~59쪽. 두 글의 논리 전개 순서는 다르지만, 핵심내용은 거의 같다.

한다고 보았다.[109] 또한 농·공구성비는 반봉건사회의 기준이 아니고, 메이지시대 이후의 일본은 '봉건성'이 잔존해 있어도 모두 자본주의 사회라고 부른다[110]는 해방 직후부터 가지던 입장을 재차 고수했다. 다만 1960년 이후 그는 시대구분론에서 '계급투쟁설'로 후퇴하고,[111] 1970년에 허종호·홍희유와 공동 출간한 『조선에 있어서의 자본주의적 관계의 발생』에서 '자본주의 맹아론'으로 탈바꿈했다.[112]

이렇듯 전석담의 글에는 도호쿠제대 경제학과의 흔적이 남아 있었다. 그는 전통시대 서술에서는 노예제결여론과 '국가-지주-농민'의 3분류법에 입각한 '이조봉건제론', 근대사에서는 제한적 "자본제적 생산"을 인정하고 "관계로서의 '후진(後進)'" 개념을 사용했다. 식민지 사회구성체에 대해서는 불명료한 입장을 취했으나, 1957년 '자본제론'을 명시했다. 이 개념들은 해방 후 조선공산당의 공식적 움직임과 거리를 둔 백남운 등과 맞서는 도구로 사용되었지만, 이청원·박극채 등 선배 봉건파 연구자들과도 차이가 있었다.

반면 해방 직후 전석담은 나카무라와 우노를 직접 인용하지 않았다. 두 스승은 일본의 '전전'보다는 '전후' 사회경제사에 더 많은 영향을 미쳤다. 직접 인용되지 않았다는 점은 해방 후 조선 사회경제사학 내부

109 전석담, 1957a. 앞의 글, 42~43쪽.

110 전석담, 1957b. 앞의 글, 58~59쪽.

111 예컨대 1960년의 한 글에서는 근세사를 병인양요부터, 김일성의 '교시'대로 3·1운동까지로 보고 있다. 박춘성·전석담, 1960. 「조선 근세사의 시기 구분에 대하여 (4)」, 『력사과학』 3, 77~81쪽.

112 이 책은 1964년 사회과학원 역사연구소의 자본주의 발생에 관한 학술토론회의 결과물이다(김광운, 2003 「북한 역사학계의 구성과 활동」, 한국역사연구회 북한사학사연구회 편, 앞의 책, 40쪽). 1960년을 변곡점으로 전석담의 논조는 시대구분론에서 '계급투쟁설'이나 '자본주의맹아론'으로 전환되는 점, 단독저작물보다 공동저작물이 많은 점에 유의할 필요가 있다.

에서 '각주의 정치학'이 존재했다는 점을 의미한다. 도호쿠제대의 '맑스주의'는 당시 조선의 학술지형상 외면되었을 가능성이 높다.

즉 1930년대 청년기를 맞이했던 '낀 세대'가 맑스주의를 원용하는 방식은 앞 세대의 학문적 권위와 탈식민 과정의 조선이란 '공간성'을 소여(所與)로 했다. 다시 말해 '세대적 규정성'과 해방 후 '정치적 역관계'에 규정될 수밖에 없었다. 다만 도호쿠제대 사회경제사학의 '전후' 일본에 대한 영향력을 감안하면, 전석담이 처해 있던 연구사적 '딜레마'는 학설사적 논의대상이 된다. 특히 우노의 제자 중 오우치 츠토무(大內力)에 대한[113] 1980~1990년대 한국 경제사 연구자들 일부의 수용과정 역시 차후 논의대상이 될 것이다.

5. 맺음말: 숨은 '발원지'와 '각주의 정치학'

본 논문은 두 가지를 밝혔다. 첫째, 전석담의 학력을 중학교 시절부터 대학원 시절까지 논증했고, 도호쿠제대 경제학과 학풍과 맑스주의의 관계를 논했다. 둘째, 전석담의 통사(通史) 서술체계가 도호쿠제대 경제학과 스승들의 방법을 모사·원용한 점을 다루었다. 직접인용은 되지 않았으나, 그들의 대표적 '방법론'과 비교해보면 그 유사성은 선명해진다.

생각해볼 점이 있다. 우선 첫째, 전석담은 남조선로동당 출신이고 조선초기 사회경제사 연구자였다. 또한 황해도 북부의 지주 출신이므

113 '후진성' 개념 등에 대한 오우치 츠토무와 우노 코조의 공통점, 차이점에 대해서는 테사 모리스 스즈키 지음, 2001, 앞의 책, 161~166쪽 참조.

로 '출신성분' 면에서 불리했다. 그럼에도 월북 후 상당 기간 북한에서 지위를 유지한 것은, 사회사 연구를 통한 특수성 고찰과 독특한 입장에 있었다고 보인다. 단 1941년 이후 사회사 방법론은 더 구체화되지 못했다.

둘째, 전석담의 방법들은 해방 후 한반도의 상황에 따라 달리 '원용' 되었다. 대학 스승들의 방법은 세계사적 사조 속에서 '5단계설'과는 멀어지고 있었고, 공동체 · 국가형태론을 염두에 두었다. 다만 이 논의들은 해방 후 전석담에게 주로 '낙후론'으로 원용되었다. 반면 1950년대 북한 시대구분 논쟁에서는 식민지 '자본제론'으로 전환되기도 했다.

해방 후 전석담은 왜 우노 · 나카무라를 직접 인용하지 않았는가. '각주의 정치학' 때문일 것이다. 통사 구성에서 두 스승은 중요한 매개고리였다. 그러나 해방 후 논쟁은 조선인 연구자들과 경성제대 등 식민지 학술장, 새로운 국가 건설 과제란 소여(所與) 속에 있었다. 즉 학부 시절 스승의 인용은 해방 공간에서 하등의 정치적 이니셔티브를 지닐 수 없었다.

또한 전석담의 글들은 '자본주의 맹아론'과는 거리가 있었지만, 1960년 이후 '공식적' 서사로 변형 · 편입되고 있다. 해방 전후 그의 통사 체계 안에서 정치적 '공식주의'와 학문적 '비공식주의'의 공존/괴리가 나타났던 시대적 상황, 전후 남북한의 탈식민 과정에서 '후진성' 개념에 대한 개발주의적 수용 · 인식 문제는 추후의 과제가 될 것이다.

한편 소련 · 서구 맑스주의의 영향력은 거의 논의하지 못했다. 다만 해방 당시 만 29세였던 전석담이 청년기에 처음 마주한 일본 아카데미즘의 영향력이 컸을 것이란 점, 우노도 바르가 등 '전전' 소련 · 서구학계를 염두에 두고 방법론을 만들었던 점을 재차 지적해둔다.

본고는 전석담 개인의 학력(學歷)과 인식론을 다루었다. 차후 별도의 논고를 통해 1930년대 청년기를 보냈던 식민지기 자산가로서 전석담의 '배경'을 논의하고 싶다.

논문 출처

2020, 「전석담 역사학의 숨은 '발원지'와 해방 전후 한국 사회경제사 인식: 도호쿠제국대학 경제학과와 '시대구분론'을 중심으로」, 『역사와 현실』 118.

〈부록 1〉 전석담 「학생원부」(1940) 번역본

<table>
<tr><td colspan="2">본적</td><td>조선 황해도 은율군 장련면 동부리 990</td><td colspan="3">가사담당자 주소씨명</td><td colspan="3">조선 평양부 경상리 83-1 전석렬</td></tr>
<tr><td colspan="2">족적(族籍)
호주명 및
호주와의 관계</td><td>전석렬 弟</td><td colspan="3">보증인 주소씨명</td><td colspan="3">同右 同人</td></tr>
<tr><td colspan="2">본학 입학</td><td>1937.4.12</td><td rowspan="3">학자</td><td>지출자별</td><td>씨명</td><td>본인과의 관계</td><td colspan="2">주소</td></tr>
<tr><td colspan="2" rowspan="2">본학 졸업</td><td rowspan="2">1940.3.26.
경제학사</td><td>지급자</td><td>전석렬</td><td>형</td><td colspan="2">同右</td></tr>
<tr><td>대여자</td><td></td><td></td><td colspan="2"></td></tr>
<tr><td colspan="2">학과(교실)
본과 청강생별</td><td>경제학 제2부</td><td rowspan="3">가정</td><td rowspan="2">가족</td><td>씨명</td><td>연령</td><td>직업 / 근무처</td><td>본인과의 관계</td></tr>
<tr><td colspan="2">이름</td><td>全錫淡
(ゼン・シャク・ダン)</td><td>전석렬
최씨(성담)
명식
영식
중식
원식
용식
은식</td><td>29
27
13
7
6
5
3
2</td><td>농업</td><td>형
형수
여조카
남조카
남조카
남조카
남조카
여조카</td></tr>
<tr><td colspan="2">생년월일</td><td>1916. 5 .15.</td><td>개황</td><td colspan="4"></td></tr>
<tr><td rowspan="4">약력</td><td rowspan="2">학력</td><td>1934. 3.
경성공립제2고등보통학교 졸업</td><td colspan="3">휴학 그 외의 학적이동 등의 사유 연월일</td><td colspan="3"></td></tr>
<tr><td>1937. 3.
마츠야마고등학교 문과 을류 졸업</td><td colspan="3" rowspan="2">본학학교
교련
합부</td><td colspan="3" rowspan="2"></td></tr>
<tr><td>직업</td><td>없음</td></tr>
<tr><td>상벌</td><td>없음</td><td colspan="3">비고</td><td colspan="3"></td></tr>
</table>

마츠야마고등학교 조

성질		온화(溫化)					
품행		방정(方正)					
動惰		결석 1년 10일 2년 19일 3년 19일					
건강		강장(强壯)					
취미기호		스포츠					
특유의 기능 (재교 중의 위원선수 등 유격자는 그 등급 등)		농구부원					
사상상 주의를 요해야 할 사항		1. 외견 온건한 것 같으나 깊게는 알기 어려운 바가 있고 선인(鮮人)으로서의 동포의식은 상당한 것 같고 사상적으로도 주의를 요함					
상벌		없음					
교련의 합부 및 성적		성적 병(丙) (규정 제1조 제4조 해당자, 쾌활(快活)하지만 교힐(狡黠) 또한 태만하여 불열심하여 성적 불량임					
학업	학년/조사사항	제1학년	제2학년	제3학년			
	평균점수	66.0	65.0	66.0			
	석순(席順)	29명 중 23번	32명 중 30번	30명 중 27번			
비고							

본학(도호쿠제국대학 경제학과: 역주) 조

성격	1. 쾌활 기개(氣槪)가 있음. [1개년 적극적(흐린 글씨: 역주)]
특징	
취미 기호	탁구, 축구, 농구
건강	187cm 5, 가슴둘레(胸圍) 90cm, 체중 67kg 5, 영양 량(良) 개평 갑(甲)
소속단체 기타	
학업	
졸업 후의 근무처	

출처: 「全錫淡」, 東北帝國大學 学生課『昭和12年入学法文学部学生原簿(2)』, 1940(문서번호 學生/1993/58-2, 도호쿠대학 사료관 소장).

비고: 가족 면담 중 전석렬의 차남(次男)은 중식(重植)이 아니라 '동식'이라고 한 점을 확인하여, 이 점을 부기해 둠(전○식 인터뷰, 2021. 10. 27).

참고문헌

1. 저서

가라타니 고진(柄谷行人) 지음, 김경원 옮김, 2010, 『마르크스 그 가능성의 중심』, 이산.

나가하라 게이지(永原慶二) 지음, 하종문 옮김, 2011, 『20세기 일본의 역사학』, 삼천리.

마츠모토 다케노리(松本武祝) 지음, 윤해동 옮김, 2011, 『조선 농촌의 식민지 근대 경험』, 논형.

방기중, 1992, 『한국근현대사상사연구』, 역사비평사.

아마노 이쿠오(天野郁夫) 지음, 박광현 · 정종현 옮김, 2017, 『제국대학: 근대 일본의 엘리트 육성 장치』, 산처럼.

에릭 홉스봄(Eric Hobsbawm) 지음, 이경일 옮김, 2012, 『세상을 어떻게 바꿀 것인가』, 까치글방.

이신철, 2008, 『북한 민족주의 운동 연구: 1948~1961, 월북 · 납북인들과 통일운동』, 역사비평사.

정종현, 2019, 『제국대학의 조센징』, 휴머니스트.

조동걸, 1998, 『현대한국사학사』, 나남출판.

趙亨烈, 2015, 『1930년대 조선의 '歷史科學'에 대한 학술문화운동론적 분석』, 고려대학교 한국사학과 박사학위논문.

Tessa Morris-Suzuki, 박우희 역, 2001, 『일본의 경제사상』, 솔출판사.

한국역사연구회 북한사학사연구반 편, 2003, 『북한의 역사 만들기』, 푸른역사.

2. 논문

강진철, 1989, 「社會經濟史學의 導入과 展開」, 『국사관논총』 2.

김수행, 2004, 「자본론의 연구방법에 관한 일본의 논쟁」, 『마르크스주의연구』 1-2.

金泳謨, 1971, 「日帝時 大地主의 社會的 背景과 移動」, 『亞細亞研究』 14-2.

노경덕, 2010, 「세계경제대공황과 스딸린주의 경제학 담론, 1929~1936: 바르가를 중심으로」, 『역사교육』 115

도면회, 2003, 「황제권 중심 국민국가체제의 수립과 좌절」, 『역사와 현실』 50

마츠모토 다케노리, 2009, 「조선의 "식민지 근대"에 관한 최근의 논의에 대해서: 일본의 문맥에서」, 『동방학지』 147.

마츠모토 다케노리, 2015, 「'전후' 일본에 있어서의 조선근대경제사연구의 계보」, 『역사문화연구』 53.

박종린, 2019, 「해방 직후 사회주의자들의 3 · 1운동 인식」, 한국역사연구회 3 · 1. 운동100주년기획위원회 엮음 『3 · 1운동 100년 1: 메타역사』, Humanist

박창렬, 1995, 「우노 코조(宇野弘蔵)의 순수자본주의 이론」, 『이론』 13.

박태균, 2009, 「박정희 정부 시기를 통해 본 발전국가 담론에 대한 비판적 시론」, 『역사와 현실』 74.

손병규, 2013, 「시카타 히로시(四方 博)의 조선시대 '인구 · 가족' 연구에 대한 재검토」, 『한국사학보』 52.

염인호, 1994, 「이청원, 전석담」, 조동걸 외 편 『한국의 역사가와 역사학(하)』, 창작과비평사.

오웬 밀러, 2011, 「해방공간과 전석담의 역사 인식: 근대 국민국가로의 이행과 마르크스주의 역사학」, 임지현 외 편, 『근대 한국, '제국'과 '민족'의 교차로』, 책과함께.

이병천, 2011, 「우노 코조의 단계론과 현대자본주의론」, 『사회경제평론』 36.

이환병, 2002, 「해방 직후 맑스주의 역사학자들의 한국사 인식」, 『한국사학사학보』 5.

임영태, 1989, 「북으로 간 맑스주의 역사학자와 사회경제학자들」, 『역사비평』 8.

장인수, 2012, 「도호쿠제대 법문학부의 분위기와 김기림」, 『사이間SAI』 14.

정준영, 2013, 「경성제국대학 교수들의 귀환과 전후 일본사회」, 『사회와 역사』 99.

정진성, 2019, 「'경제학'으로서의 경제사 연구」, 『경제사학』 70.

홍순권, 1994, 「1930년대 한국의 맑스주의 역사학과 아시아적 생산양식 논쟁」, 『東亞論叢』 31.

홍종욱, 2007, 「해방을 전후한 경제통제론의 전개」, 『역사와 현실』 64.

홍종욱, 2020, 「북한 역사학 형성에 소련 역사학이 미친 영향」, 『인문논총』 77-3.

大黒弘慈, 1999, 「宇野弘蔵の〈純粋〉: 戦前・戦中の思想形成」, 『批評空間』 Ⅱ-20.

大内秀明, 2014, 「勞農派と宇野弘蔵の三段階論」 大内秀明・平山昇 『土着社會主義の水脈を求めて: 勞農派と宇野弘蔵』, 社会評論社.

西川長夫, 1995, 「序 日本型國民國家の形成: 比較史的觀點から」 西川長夫・松宮秀治 編著 『幕末・明治期の国民国家形成と文化変容』, 新曜社.

長原豊, 1999, 「〈資本の論理学〉の歴史記述: 宇野弘蔵に於ける論理と歴史」, 『批評空間』 Ⅱ-20.

青柳優子, 2009, 「金起林の生涯」 青柳優子 編著 『朝鮮文學の知性 金起林』, 新幹社.

洪宗郁, 2014, 「白南雲: 普遍としての〈民族=主体〉」, 趙景達 外 編 『講座 東アジアの知識人 第四巻』, 有志舍.

제6부

반(反)식민지 민족운동 전선의 여러 단면

19 국제공산당과 국제공산청년회 속의 한인 혁명가

박진순과 조훈의 활동 비교

윤상원

1. 머리말

엇갈린 인연이 있다. 비슷한 시간, 가까운 공간에서 같은 목표물을 바라보며 전진하지만 절대로 서로 손을 잡지 않는 사람들이 있다.

질긴 인연이 있다. 결코 같이 가고 싶지 않았지만 도도한 역사의 흐름 속에 함께 휩쓸려 가게 되는 사람들이 있다.

이 글은 질기면서도 엇갈린 인연을 가진 사람들에 대한 이야기이다. 민족해방과 세계혁명이라는 같은 꿈을 꾸었던 사람들, 그 꿈을 이루기 위해 역사 속에 자신을 던진 사람들, 그러나 서로에게 생채기를 내고 결국은 함께 역사의 희생물이 되어야 했던 사람들에 대한 이야기이다. 한국사회주의운동의 초기에 국제공산당과 국제공산청년회에서 주요 지위를 맡아 중요한 역할을 했던 두 사람인 박진순과 조훈의 질기면서도 엇갈린 인연에 대한 이야기이다.

"세계혁명의 총참모부"를 자임하며 1919년에 창립한 제3공산주의인터내셔널, 즉 코민테른과 그 자매단체인 공산주의청년인터내셔널, 즉 킴은 1920~30년대 식민지 반식민지 국가들의 민족해방운동에 큰 영향을 미쳤다. 식민지 조선의 경우도 마찬가지였다. 민족해방의 가능성을 사회주의혁명에서 찾았던 식민지 조선의 혁명가들은 코민테른과 킴을 각각 국제공산당과 국제공산청년회라고 부르며 깊은 관계를 맺어왔다. 그들에게 국제공산당과 국제공청은 민족해방운동과 사회주의운동의 든든한 지원군이며 후원자들이었다. 하지만 빛이 있으면 어둠이 있는 법. 국제공산당과 국제공청이 가진 '권위'는 때로 식민지 조선의 혁명가들에게 질곡으로 다가오기도 했다. 특히 분파로 갈린 혁명세력들이 자신들의 정통성을 그 '권위'에서 찾으려고 할 때, 질곡은 비극을 낳기도 한다. 초기 한국사회주의운동의 혼돈은 많은 부분 여기에서 연유했다.

한국사회주의운동 초기 국제공산당과 국제공청에서 주요한 위치에 올랐던 박진순과 조훈은 각기 다른 분파, 즉 상해파와 이르쿠츠크파에 속해 있었다. 이는 그들이 혼돈의 중심에 서 있었음을 뜻한다.

이 글의 목적은 박진순과 조훈이 국제공산당과 국제공청을 통해 한 활동을 프리즘으로 초기 한국사회주의운동의 변화과정을 바라보려는 데 있다.[1] 한 사람의 활동을 온전하게 평가하기 위해서는 그의 활동을 자신이 가진 사상 안에서 설명하는 '내재적 접근법'이 필요하다. 자신의 사상을 드러낸 저작이 많은 박진순의 경우 '내재적 접근법'을 통해

1 연구사적으로 볼 때 한국사회주의운동 연구는 김준엽, 김창순의 선구적 업적(김준엽, 김창순, 1967, 『한국공산주의운동사』 1권, 청계출판사)을 극복해가는 과정이었다. 그리고 초기에 국한해서 본다면 1980년대 이후 여러 연구자들의 성과가 임경석의 연구(임경석, 2003, 『한국사회주의의 기원』, 역사비평사)로 집대성되었다고 할 수 있다. 이 글 역시 임경석을 비롯한 여러 선배 연구자들의 연구에 많은 빚을 지고 있음을 밝혀둔다.

박진순의 활동을 규명하려는 선구적 연구들이 있었다.[2] 하지만 남긴 글이 거의 없는 조훈은 이런 접근법이 불가능하다. 중요한 위치를 점하고 있었음에도 그에 대한 연구가 거의 없는 이유이기도 하다. 때문에 이 글은 오로지 겉으로 드러난 두 사람의 활동만을 바라보기로 한다. 또한 국제공산당과 국제공청에서의 활동을 중심으로 하기 때문에 시기를 1925년 조선공산당의 창립까지로 한정하고자 한다. 이후 두 사람의 운명과 인연에 대해서는 추후 연구과제로 남겨놓을 것이다.

2. 디아스포라 지식인에서 혁명가로: 박진순

1) 혁명적 민족주의자 청년

코민테른 집행위원회 위원이 되기 전까지 박진순의 생애에 대해서는 잘 알려져 있지 않다. 기존의 연구에서 정리된 그의 생애는 주로 1979년 마트베이 티모피예비치 김이 저술한 『원동에서 소비에트 권력을 위해 싸운 한인 국제주의자들(Корейские интернационалисты в ворьбе за власть советов на Дальнем Востоке)』[3]의 박진순 항목을 따르고 있다. 이 항목에서 마트베이 김은 출생에서부터 1928년까지 박진순의 생애와 활동을 3쪽

2 전명혁, 2006, 「1920년 코민테른 2차대회 시기 박진순의 민족 식민지 문제 인식」, 『한국사연구』 134, 207~209쪽; 임경석, 2019, 「반식민주의 역사인식과 마르크스주의: 박진순의 『개벽』 기고문을 중심으로」, 『사림』 56, 37~66쪽.

3 Матвей Ким, 1979, Корейские интернационалисты в ворьбе за власть советов на Дальнем Востоке(1918-1922)(원동의 소비에트 권력을 위한 투쟁에서 한인 국제주의자들), изд. наука, Москва[이 책은 1990년 『일제하 극동시베리아의 한인 사회주의자들』(역사비평사)이라는 제목으로 번역되었다].

에 걸쳐 비교적 자세히 서술하고 있다. 그런데 이 항목에는 러시아혁명이 일어난 1917년부터 한인사회당 제2차 당대회가 열린 1919년까지 박진순의 활동에 대한 정보가 없다.

위 저술의 공백을 메꾸어줄 자료가 있다. '러시아국립사회정치사문서보관소(РГАСПИ)'에 소장된 박진순의 개인 문서에는 그가 직접 쓴 것으로 보이는 2개의 이력서가 있다. 하나는 1928년 12월에 작성된 것이고[4], 다른 하나는 1937년 10월에 작성된 것이다.[5] 이력서들이 작성된 시기에 주목할 필요가 있다. 전자는 박진순이 소련공산당에 입당을 청원하면서 작성했다. 후자는 스탈린 대숙청의 광풍 속에서 자신의 결백을 증명하기 위해 작성한 것으로 보인다.[6] 절박감의 강도는 달랐겠지만 읽는 사람들로 하여금 자신의 혁명적 순수성을 이해시키고자 하는 열망이 이력서 전체에 녹아 있다. 그런 사정을 이해하고 조심스럽게 이력서들을 읽어가면 박진순의 생애와 활동에 좀 더 사실적으로 접근할 수 있을 것이다.

박진순은 1898년 러시아 원동 연해주 수찬에서 농민의 아들로 태어났다.[7] 이력서에서 그는 자신이 고성 박씨이며 16세기 초에 선조가 '모

4 В интернациональную контрольную комиссию автобиографические сведения члена Корейской компартии Пак-Диншунь(국제검사위원회 앞 고려공산당 당원 박진순의 이력 정보), 1928. 12. 22. РГАСПИ Ф.495 оп.228 д.481 с.76-82об(이하 '1928년 박진순 이력서'로 약함).

5 Краткая автобиография Пак-Диншуна(박진순의 약력), 1937. 10. 10, РГАСПИ Ф.495 оп.228 д.481 с.51-56(이하 '1937년 박진순 이력서'로 약함).

6 이러한 노력에도 결국 박진순은 반혁명 혐의로 체포되어 1938년 3월 19일 소련 최고재판소 군사협의회에서 최고형인 총살형을 선고받고 처형됐다[Светлана Ку, 2000, Корейцы жертвы политических репрессий в СССР 1934~1938(스탈린 시대 정치탄압 한인 희생자들), том 1, Москва, с.121].

7 마트베이 김은 박진순이 1897년 4월 15일 태어났다고 적고 있다. 달리 확인할 수 없는 상황에서 박진순 자신의 이력서를 따르는 것이 옳다고 생각된다.

든 권리와 신분'을 박탈당하고 함경북도로 귀양을 왔다고 적고 있다. 그리고 1890년대에 자신의 아버지가 연해주로 이주해왔다고 했다.[8] 이력서에는 그의 출생지가 수찬이라고만 적혀 있는데, 마트베이 김은 좀 더 자세히 니콜라예프카 마을이라고 적시하고 있다.[9] 니콜라예프카는 한인 김(金)공심(김 막심 니콜라예비치)에 의해서 개척된 마을로서, 그의 이름을 따 니콜라예프카로 명명되었으며, 한인들은 신영동(新營洞)이라고 불렀다.[10] 그의 출생지가 남부 우수리주와 수이푼 지역의 '남7사 북4사'와 함께 수찬 지역의 대표적 원호인 마을인 니콜라예프카라는 사실은 자신의 아버지가 수찬 지역 한인 의병운동 지도자로 이동휘와 가까운 사이였다는 이력서의 진술을 이해하게 해준다.[11] 이런 환경 속에서 1905년부터 한인학교를 다니던 그는 자연스럽게 민족적 정체성을 형성해 간 것으로 생각된다.

1912년 박진순은 러시아학교로 진학하여 1916년까지 학업을 계속했다. 마트베이 김에 따르면 박진순이 다닌 러시아학교는 한인들이 다우지미 또는 큰영이라고 부르던 블라디미로-알렉산드로프스크시에 있었는데, 이 학교에서 박진순은 자신의 사상을 형성하는 데 큰 영향을 준 교사 A. H. 야료멘코를 만나게 되었다고 한다. 그를 통해 박진순은 사회주의 사상을 습득하고, 러시아에서 전개된 혁명운동의 과정을 이해할 수 있게 되었다는 것이다.[12] 즉, 마트베이 김은 박진순이 1917년 러시아혁명 이전부터 사회주의자였다고 주장했다. 러시아혁명 이후

8 1928년 박진순 이력서, c.76.

9 Матвей Ким, Там же, c.63.

10 뒤바보, 「俄領實記」, 『獨立新聞』 1920. 3. 4.

11 1928년 박진순 이력서, c.76.

12 Матвей Ким, Там же. c.63-64.

내전 기간 자신이 쓴 일기를 토대로 「공산주의자의 일기(Дневник Коммуниста)」[13]를 펴낸 야료멘코는 1912년에 러시아사회민주당(볼)에 입당한 직업적 혁명가였다. 마트베이 김 스스로 박진순과 함께 야료멘코로부터 배웠다고 하는 것으로 보아 이 진술은 신빙성이 있는 것으로 판단된다. 더구나 야료멘코는 자신의 일기에서 1918~1919년 올가 지역에서 제자인 박진순과 함께 빨치산 활동을 했음을 밝히고 있기도 하다.[14]

그런데 박진순은 자신이 1917년 러시아혁명 이전에는 사회주의자가 아니었다고 밝히고 있다. 그는 1915년에 안중근의 전우였던 김응렬이 조직한 비합법 혁명조직인 '대한독립단'에 입단했으며, 1917년 2월혁명 직후에는 블라디보스토크로 가서 국민회의 비서로 일했다는 것이다.[15] '대한독립단'의 실체에 대해서는 아직 밝혀진 바가 없다. 그런데 김응렬은 일제 정보당국으로부터 1909년 연추에서 단지동맹을 한 11명 중 한 명으로, 1914년부터 수찬의 블라디미로－알렉산드로프스크에 거주하고 있다고 파악되고 있었다.[16] 심지어 박진순은 민족주의자라는 표식이 곧 죽음을 불러올 수도 있는 1937년의 상황에서, 자신은 "1917년 5월까지 스스로를 혁명적 민족주의자로 생각했으며, 이상적인 정부형태를 민주공화국이라고 생각했다"[17]고 진술했다.

---

13 А.Н. Яременко, 1923, Дневник Коммуниста(공산주의자의 일기), Революция на Дальнем Востоке(원동에서의 혁명), выпуск I, государственное издательство, с.133-279.

14 А. Н. Яременко, Там же, с.198.

15 1928년 박진순 이력서, с.76об.

16 「朝憲機 第697號, 斷指者ノ所在」, 1914. 10. 19, 『不逞團關係雜件－朝鮮人ノ部－在滿洲部』 4권.

17 1937년 박진순 이력서, с.51.

2) 사회주의자로의 변신과 한인사회당

박진순이 혁명적 민족주의자에서 사회주의자로 변신하게 된 첫 계기는 2월혁명 이후 성립된 케렌스키의 임시정부가 이동휘를 체포한 사건이었다. 1914년 제1차 세계대전이 발발하자 일제의 추적을 피하기 위해 연해주를 떠나 북간도로 갔던 이동휘는 1917년 2월혁명이 가져다 준 새로운 상황에 대한 희망과 포부를 안고 블라디보스토크로 돌아왔다.[18] 그러나 블라디보스토크에서 그를 기다린 것은 감옥이었다. 1917년 4월 중순경 블라디보스토크에 도착한 이동휘는 러시아헌병대에 체포되어 군감옥에 수감되고 말았다.[19] '독일정탐'. '중동철도 파괴공작'의 주도인물이라는 혐의였다.[20]

연해주의 한인사회는 곧장 대대적인 이동휘 석방운동에 돌입했다. 그러자 러시아 당국은 그를 하바롭스크로 이감하였다가 다시 아무르주의 알렉세예프스크(혁명 후 스바보드니, 자유시)의 군감옥으로 이감했다. 박진순 역시 이동휘의 석방을 위해 백방으로 노력했다. 그는 2명의 동지와 함께 대표로 선정되어 임시정부와 이동휘의 석방을 교섭했다.[21] 그러나 노력은 수포로 돌아갔다. 이동휘가 석방된 것은 체포된 지 7개월이

---

18 이영일, 『리동휘 성재 선생』 44쪽.

19 『新韓民報』 1917년 10월 4일자.

20 「朝憲機 第143號, 排日鮮人李東輝逮捕二關スル件」, 1917. 5. 14, 『不逞團關係雜件－朝鮮人の部－在西比利亞』(이하 『在西比利亞』) 6권. 반병률은 이동휘가 러시아당국에 체포된 배경을 3가지로 꼽고 있다. 첫째, 2월혁명으로 수립된 러시아임시정부가 차르 체제하에서 맺은 대외조약의 준수, 연합국과의 동맹관계를 기초로 한 전쟁의 계속 그리고 토지문제 해결을 향후 소집될 제헌의회로 연기한 점에서 차르체제의 연장이라는 것. 둘째, 오랫동안 일본이 추진해 온 공작의 성과라는 것. 셋째, 한일합병 이후 노령 한인사회의 고질적인 지방 파벌싸움의 소산이라는 것(반병률, 1998, 『성재 이동휘 일대기』, 범우사, 131~134쪽).

21 1928년 박진순 이력서, c.76об-77.

지난 11월 하순이었다. 10월혁명으로 바뀐 시베리아의 정세 때문에 이동휘는 석방될 수 있었다. 박진순에 따르면 이동휘는 네이부트(Нейбут), 수하노프(Суханов), 우트킨(Уткин) 등 블라디보스토크의 노동자병사소비에트 간부들과 원동지방소비에트 간부들의 노력에 의하여 석방될 수 있었다.[22]

10월혁명 이후 이동휘를 중심으로 한 혁명적 민족주의자들은 점차 사회주의자로 변모해 갔다.[23] 우선 이동휘 자신이 러시아의 감옥에서 러시아혁명을 만나고, 감옥생활과 석방과정에서 볼세비키들의 도움을 받아 러시아혁명에 대한 자신의 인식과 전망을 새롭게 그려나갔다. 바로 사회주의야말로 독립운동을 성공적으로 실천할 수 있는 가장 유력한 방도라고 생각하게 된 것이다. 때문에 이동휘는 옥중에서 동지들에게 다음과 같은 편지를 보냈다.

> "이번에 블라디보스토크에서 온 이로부터 러시아 혁명당이 성공하여 신정부가 설립되었다는 말을 듣고 기쁜 나머지 열렬한 축하의 뜻을 표명했다. 우리 동포도 또한 재활동의 기회를 얻었다."[24]

박진순 역시 사회주의자로서의 면모를 확실하게 보여주기 시작했다. 그는 1937년의 이력서에 자신이 1917년 5월부터 볼세비키의 강령을 받

22 Ив. Гоженский, 1923, Участие корейской эмиграции в революционном движении на Дальнем Востоке(원동의 혁명운동에서 한인 이주자들의 참여), Революция на Дальнем Востоке(원동에서의 혁명), выпуск I, государственное издательство, c.361.[Ив. Гоженский(이반 고젠스키)는 박진순의 필명이다].

23 1928년 박진순 이력서, c.77. 1928년 이력서에서 박진순은 혁명적 민족주의자들이 사회주의자로 변모해가는 과정에서 이동휘의 역할을 크게 부각시키고 있다. 그런데 1937년 이력서에서는 이동휘의 이름을 거의 언급하지 않는다.

24 「朝憲機 第306號, 露國革命ノ朝鮮人二及ホス影響」, 1917. 10. 16, 『在西比利亞』 6권.

아들여 한인들 사이에서 볼세비키의 정신을 확산하는 활동을 했다고 적었다.[25] 그리고 이는 결국 최초의 한인사회주의정당인 한인사회당의 결성으로 이어졌다.

그런데 한인사회당의 결성과 관련된 기존 연구와 박진순의 이력서 사이에는 간극이 있다. 두 이력서 사이에도 차이가 있다. 두 이력서의 한인사회당 창립 부분을 비교해 보자.

〈1928년 이력서〉
"나는 '한인사회당 창립대회 소집을 위한 조직위원회'에 들어갔다. 대회는 1918년 4월에 열렸다. 나는 강령위원회의 위원이었다."[26]

〈1937년 이력서〉
"1917년 11월 말에 김립을 의장으로 '한인사회당 조직위원회'가 만들어졌다. 나는 원동의 러시아 볼세비키들로부터 이념적, 물질적 원조를 받아낼 조직위원회의 비서였다. …1918년 4월 한인사회당 창립대회에서 나는 한인사회당 중앙위원회 위원 겸 제2비서로 선출되었다."[27]

기존 연구에서는 한인사회당 결성의 기원을 1918년 2월 하바롭스크에서 소집된 '조선인정치망명자회의'로부터 잡고 있다. 이는 1927년 10월혁명 10주년을 맞아 연해주에서 출간된 『십월혁명십주년과 쏘베트고려민족』[28]을 비롯한 각종 자료에서 언급되어 있다. '한인사회당 창립대회 소집을 위한 조직위원회'는 박진순의 이력서 외에는 발견되지 않는다. 더구나 박진순이 한인사회당 창립대회에서 중앙위원회 위원으

25 1937년 박진순 이력서, c.51.

26 1928년 박진순 이력서, c.77.

27 1937년 박진순 이력서, c.51об-52.

28 십월혁명십주년 원동긔념준비위원회 편찬, 1927, 『십월혁명십주년과 쏘베트고려민족』, 해삼위도서주식회사, 46쪽.

로 선임되었다는 기록은 그의 이력서에서만 찾을 수 있다. 한인사회당 발기인 중 한 명이고 창립대회에 참가하였던 이인섭의 회고에도 박진순의 이름이 등장하지 않는다.[29] 박진순의 한인사회당 창립대회 참가 여부는 좀 더 숙고해야할 문제로 판단된다.

박진순의 이력서 내용 중 다른 자료에서 확인되는 부분은 앞서 언급한 바와 같이 그가 1918~1919년 올가 지역에서 적군 빨치산에 가담하여 활동했다는 사실이다.[30] 이에 대해 박진순은 1918년 6월 니콜스크-우수리스크에서 개최된 제2차 전로한족중앙총회에 참석했으나, 곧이어 체코군단의 봉기가 일어나 연해주 일대를 백군과 제국주의 간섭군이 장악하게 되자 올가로 가게 되었다고 설명하고 있다.[31]

한국사회주의운동의 역사에서 박진순이 그 이름을 본격적으로 드러내는 것은 1919년 4월 25일 블라디보스토크 교외에서 열린 한인사회당 제2차 당대회부터였다. 한인사회당과 신민단의 통합대회였던 이 대회에서 박진순은 중앙위원으로 선출되었다.[32] 박진순은 이 대회에 3만 명(신민단 2만 명, 한인사회당 1만 명)을 대표하는 49명의 대표자가 참석했다고 증언한다.[33] 신민단의 단원이 2만 명이라는 것은 과장된 표현으로 보인다. 그러나 한인사회당의 주요 성원 중의 한명이던 이인섭 역시 신민

29 이인섭, 「한인사회당: 한인공산당 대표회와 중앙간부에서 토의 결정하였던 문제들」, 『이인섭 친필 노트』 12권; 「한인사회당」, 『이인섭 친필 노트』 35권.

30 А. Н. Яременко, Там же, с.198.

31 1937년 박진순 이력서, с.52-52об.

32 윤병석 편, 1998, 「老兵 金規勉 備忘錄」, 『誠齋 李東輝 全書』 下卷, 독립기념관 한국독립운동사연구소, 125쪽.

33 Пак Диншунь, 1919, Социалистическое движение в Корее, Коммунист Интернационал(박진순, 「조선에서 사회주의운동」, 『꼬뮤니스트 인떼르나찌오날』), М-Пг., No.7-8, с.1173.

단원을 2만 명이라고 보고[34]하는 것으로 보아 그들 내부에서 바라보는 신민단의 위상을 알 수 있다.[35]

대회에서는 조선혁명이 나아갈 방향에 대한 논의를 한 후 강령을 채택했다. 그리고 1919년 3월 초에 모스크바에서 결성된 코민테른에 가입하기로 하고 박진순, 이한영, 박애 등 3명의 대표를 파견하기로 결정했다.[36] 박진순의 이력서에 따르면 원래 대회에서 자신은 빨치산운동을 조직하기 위해 간도로 파견되기로 결정됐으나, 이후 코민테른과의 연락을 위해 모스크바로 파견지가 변경됐다고 한다.[37] 만일 이 진술이 사실에 부합한다면, 아마도 코민테른이 결성됐다는 소식이 늦게 전해진 때문이었을 것이다. 대회가 끝난 후 3개월이 지난 7월, 3명은 모스크바를 향해 출발했다. 그러나 내전이 진행되고 있던 시베리아를 횡단하여 모스크바까지 가는 길은 순탄치 않았다. 이한영은 옴스크에서, 박애는 예카테린부르크에서 병이 들어 계속 갈 수가 없었다. 박진순만이 무사히 모스크바에 도착할 수 있었다. 블라디보스토크를 떠난 지 5개월이 지난 11월 말이었다.[38]

34 Доклад тов. Ли-Иншеви о Корейской организации "Шин-Мин-Дан"(Ново-Корейская партия)(신민단에 대한 이인섭의 보고), 1920. 7. 13, РГАСПИ Ф.495 оп.135 д.26 с.11.

35 일본 정보문서에 따르면 신민단의 인원이 수십만 명에 이른다고 하는데 그것은 과장으로 보인다고 파악하고 있다(「機密 第78號, 鮮人ノ行動ニ關スル件」, 1919. 7. 8, 『在西比利亞』 8권, 40항).

36 ак Диншунь, 1919, Там же, с.1173.

37 1928년 박진순 이력서, с.77об.

38 「老兵 金規勉 備忘錄」, 앞의 책, 126쪽.

3. 망명 독립운동가에서 혁명가로: 조훈

1) 망명과 나자거우사관학교 그리고 우랄

1897년 전라북도 전주에서 태어난 조훈은 일제가 조선을 강점한 이후 북간도로 망명한 많은 조선의 지사들 중 한 명이었다. 1936년 동방노력자공산대학에서 교사로 근무하던 당시 제출한 조사서와 스프랍카에 조훈은 자신이 1914년 간도로 망명하여 1916년까지 사관학교에 재학하면서 민족운동단체인 광복단에서 활동했으며, 1916년부터 1917년까지 우랄의 나제진스크에서 노동을 하였다고 기록하고 있다.[39] 단답식으로 처리된 짧은 조사서 안에서 우리는 무엇을 알아낼 수 있을까?

반병률에 따르면 광복단은 이동휘가 1911년 북간도에 체류하는 동안 북간도 항일그룹들의 대표자회합을 소집하여 항일운동의 비밀핵심지도부 역할을 하기 위해 조직한 독립운동단체였다고 한다. 광복단은 노령지역에서 1917년 혁명 이전에 조직된 전투적인 청년비밀결사조직인 철혈단과 1918년에 통합되어 철혈광복단이 되었다는 것이다.[40] 자료의 부족으로 광복단의 회원들과 구체적인 활동내용을 알 수는 없지만 이동휘가 조직한 단체가 맞다면, 조훈이 다녔다는 사관학교는 필시 나자거우사관학교였을 것이다.

1913년 10월 말 러시아 연해주에서 비밀군사지휘부인 대한광복군정부를 조직한 이동휘는 1914년 4월 러시아와 중국의 국경지대인 북간도

39 Анкетный лист, Те-хун(조사서, 조훈), 1936. 2. 11, РГАСПИ Ф.495, оп.228, д.440(이하 '조훈의 조사서'으로 약함), с.24-25; Справка Те-хун(조훈의 스프랍카), 1936. 4, РГАСПИ Ф.495, оп.228, д.440(이하 '조훈의 스프랍카'로 약함), с.53.

40 반병률, 1998, 『성재 이동휘 일대기』, 범우사, 78~79쪽.

왕청현(汪清縣) 나자거우(羅子溝) 한인촌에 장교양성을 위한 사관학교를 설립했다.[41] 대전학교(大甸學校), 동림학교(東林學校), 태평구무관학교(太平溝武官學校) 등으로도 불린 나자거우사관학교는 "설립 이래로 노중령의 '위국헌신(爲國獻身)하는 청년'들의 최다수를 배출한 학교로 인정"받았다.[42] 하지만 제1차 세계대전의 발발로 연해주에서 항일활동이 불가능하게 되고, 일본의 강력한 요구로 중국 당국 역시 한인 독립운동가들에 대한 대대적인 탄압조처를 취했다. 이렇게 되자 나자거우사관학교 역시 간도 주재 일본영사관의 요구로 폐쇄됐다. 사관학교의 후보생들 중 40여 명은 제1차 세계대전 이후 노동자를 대거 모집하고 있던 우랄지방 페름의 대공장으로 가서 일한 노임으로 학업을 계속하자는 맹약을 맺고 러시아로 떠났다.[43]

우선 러시아 연해주로 온 사관후보생들은 블라디보스토크에서 조선인, 중국인 노동자들을 모집하여 시베리아로 보내던 통사(뽀드랴치크) 김병학의 주선으로 기차에 올랐다. 오성묵, 김시학 등이 그들을 지도했다. 그들은 블라디보스토크를 떠나 하얼빈, 만주리, 옴스크를 거쳐 페름에 도착했다. 그리고 페름에서 나제진스크 목재소로 옮겨졌다.[44] 그러나 이들의 노동조건은 가혹했다. 김 마트베이는 당시 나제진스크의 목재소에서 일한 바 있는 오성묵에 대해 서술하며 다음과 같이 쓰고 있다.

"그는 페름주의 벌목장에 근무하게 되었다. 벌목장에는 여러 국적의 노동자들이 일했다. 그러나 그들의 운명은 똑같았다. 열심히 일했지만 푼돈을

41 뒤바보, 「俄領實記(9)」, 『독립신문』 1920. 3. 30, 1면.
42 四方子, 「北墾島 그 過去와 現在」, 『독립신문』 1920. 1. 1.
43 뒤바보, 「金알넥산드라傳」, 『독립신문』, 1920. 4. 20.
44 이인섭 지음, 반병률 엮음, 2013, 『망명자의 수기』, 한울아카데미, 163~164쪽.

받았다. 노동시간은 새벽부터 밤늦도록 끝이 없는 것 같았다. 모든 노동쟁의는 간단하게 진압됐다. 경찰이 끼어들었고 정의는 늘 주인 편에 있었다. 그러나 박해받고 학대받는 노동자들 사이에서 차리즘, 제국주의 전쟁, 노동자들에 대한 잔혹한 착취 등에 대항하여 정치선전활동을 벌이던 사람들도 있었다. 볼세비키는 사회적 불의에 대항하는 투쟁의 목적과 방법을 노동자들에게 가르쳐 주었다."[45]

위에서 마트베이 김이 언급한 볼세비키에는 대표적인 한인 혁명가 김 알렉산드라 페트로브나도 있었다. 1917년 초 나제진스크에서 일하는 나자거우사관학교 출신 학생들의 혹독한 노동조건과, 그로 인해 학생들이 병에 걸렸다는 소식이 널리 퍼졌다. 김 알렉산드라는 블라디보스토크에서 온 조응순 등과 함께 이 사관학교 학생들의 문제를 해결했다. 그리하여 노동하면서 공부할 뜻을 보인 십여 명을 제외한 나머지 학생들은 연해주로 돌아올 수 있었다. 이 학생들에 대한 김 알렉산드라의 관심과 애정은 특별했다. 학생들 역시 그녀를 좋아했고 모든 점에서 신뢰했다. 나자거우사관학교 출신 학생들은 우랄의 나제진스크 벌목장에서의 경험과 김 알렉산드라와의 만남을 계기로 사회주의혁명가로 변모해갔다.[46]

2월혁명 이후 김 알렉산드라의 적극적인 활동으로 우랄지방에는 러시아사회민주당의 지도 아래 다수의 조선인과 중국인이 참여한 '우랄노동자동맹'이 조직됐다. 나자거우사관학교 출신 학생들이 우랄노동자동맹이 참여한 것은 당연했다. 또한 그들은 김 알렉산드라가 원동으로 간 후 순차적으로 하바롭스크에 도착했다. 그리고 1918년 창립된 한인

45 Матвей Ким, Там же. с.73.

46 뒤바보, 「김알렉산드라 小傳」, 『독립신문』 1920. 4. 20.

사회당에 가담하여 한인사회당 세력 강화에 크게 기여했던 것으로 추정된다.

우랄로 간 나자거우사관학교 출신 학생들에 대해서는 지금까지 곳곳에서 많이 이야기되어 왔다. 그러나 유감스럽게도 우리는 아직도 그들의 면면을 정확히 파악하지 못하고 있다. 다만 그들이 참여하여 옴스크에서 창설된 한인 최초의 볼세비키적 노동단체인 우랄노동자동맹의 주도자 이인섭, 오성묵, 김용환, 심백원 등이 한인사회당에 참여한 것을 확인할 수 있다.[47]

이상의 내용을 볼 때 1914년 간도로 망명한 조훈은 북간도에서 광복단에 참가하고, 나자거우사관학교에 입학했으며, 나자거우사관학교 폐교 이후에는 40여 명의 동지들과 함께 우랄의 나제진스크 벌목장에서 노동자로 일했던 것으로 보인다. 그런데 1917년 2월혁명 이후 다른 동지들과 함께 원동으로 돌아오지 않고 현지에 남았다. 그 이유에 대해서는 정확히 알 수 없지만, 아마도 그는 2월혁명 이후 현지에 남아 노동하면서 공부하기를 희망했던 10여 명의 학생들 중 한 명이었던 것으로 추정된다.[48] 그리고 그는 서시베리아에서 사회주의 혁명가가 되어갔다.

2) 사회주의자로 변신과 이르쿠츠크 그룹

2월혁명 이후 나제진스크 벌목장에서는 벗어났으나 원동으로 돌아

47 이인섭, 「알렉산드라 페트로브나 김-스탄케비치를 추억하면서」, 『이인섭 친필노트』 30권.

48 뒤바보, 「김알렉산드라 小傳」, 『독립신문』 1920. 4. 20.

오지 않고 서시베리아에 남았던 조훈은 10월혁명 이후 러시아 전역에서 내전이 일어나자 이르쿠츠크로 와서 합동민족연대에 입대했다.[49] 조훈이 입대했다는 합동민족연대는 어떤 부대인가?

러시아혁명 이후 서시베리아지역인 이르쿠츠크에도 한인 무장부대가 존재하고 있었다. 1919년 11월경 이르쿠츠크는 백파 콜차크 정부의 지배 아래 놓여 있었기 때문에 한인 공산주의자들은 "비밀히 군사혁명단체를 조직하고 러시아공산당에 연락하면서 암리(暗裡)로 활동"[50]하고 있었다. 1920년 들어 이르쿠츠크에서 백파를 구축하는 운동이 일어나자 한인들도 이에 참여하여 공산주의조직과 무장부대를 편성했다.[51] 당조직과 거의 동시에 편성된 한인 무장부대는 '고려특립중대(高麗特立中隊)'라는 명칭으로 불렸으며 설립되자마자 '합동민족연대(合同民族聯隊)'에 참여해 시베리아 내전에 참가했다.[52] 김승빈은 이들이 중대(中隊) 병력이 아닌 대대(大隊)였다고 주장했다. 즉 1920년 러시아인민혁명군 5군 사령관의 주도로 국제연대가 조직되었는데 이 국제연대의 일부로 한인공산대대가 조직되었다는 것이다. 그에 따르면 '이르쿠츠크공산대대'라고 불리는 이 부대는 대대장 최(崔) 미포지, 중대장 한호, 남도희, 최영훈을 비롯해 약 400명의 병력으로 조직되어 있었다.[53] 1921년 1월 이르쿠츠크에 설립된 코민테른 원동비서부가 이 군대를 관할하게 된 후 이 군대는 원동비서부에 의해 성립된 임시고려혁명군정의회(臨時高麗革命軍政議

---

49 조훈의 조사서, c.24-25.

50 김준엽, 김창순 편, 1976, 「在魯高麗革命軍隊沿革」, 『韓國共産主義運動史 資料篇』 2권, 아세아문제연구소, 22쪽.

51 金正明 編, 『朝鮮獨立運動』 第5卷, 97쪽.

52 「在魯高麗革命軍隊沿革」, 앞의 책, 22쪽.

53 Ким Сын Бин, 1981, *Очерк партизанского движения Корейцев на Дальнем Востоке(1918-1922)*(김승빈, 『원동 한인빨치산운동 개관』), c.13.

會)에 부속되었다.[54]

조훈은 이르쿠츠크에서 합동민족연대에 참여하면서 동시에 당조직에도 참가한 것으로 보인다. 조훈은 이때 조직된 이르쿠츠크 한인공산당의 집행부 위원으로 선정되었다.[55] 그가 러시아공산당 당원이 된 것도 이때였다.[56] 1920년 7월 이르쿠츠크 한인공산당의 발기로 러시아에 소재하는 한인 사회주의 단체의 대표자회의가 열렸다. 임경석에 따르면 이 대회의 정식 명칭은 '전로한인공산당 제1회 대표원회의'였다. 그리고 대의원들은 대회 마지막 날 '전로한인공산당 중앙총회'를 선출했다. 이후 상해파와 함께 초기 한인사회주의운동을 이끌어갈 이르쿠츠크그룹이 탄생하는 순간이었다.[57] 이후 조훈에게는 이르쿠츠크파라는 이름과 함께 분파주의자라는 딱지가 죽을 때까지 따라다니게 된다. 개인적으로는 옛 스승(이동휘) 및 옛 동지들(나자거우사관학교의 동기들)과 대척점에 서게 되는 순간이었다.

전로한인공산당 중앙총회는 전체 한인의 통일공산당을 결성하기 위한 당 창립대회 대표를 선발하기 위해 각지로 파견원들을 보내기로 했다. 국내에 연고가 있는 조훈이 조선 파견원으로 선발됐다.[58] 조훈은 국내로 들어가기 위해 하얼빈을 경유하기로 했다. 하얼빈에서 조훈은

54 「在魯高麗革命軍隊沿革」, 앞의 책, 23쪽.

55 Протокол No.1 собрания Корейской коммунистической ячейки 7-го марта 1920 года г. Иркутск(1920년 3월 7일 이르쿠츠크 한인공산당 제1회의록), РГАСПИ Ф.495, оп.135, д.14, с.1об.

56 조훈의 조사서, с.24об.

57 임경석, 앞의 책, 210~216쪽.

58 Протокол No.21 заседания Центрального Комитета Корейских коммунистических организации совместно с ответственными корейскими партработниками (한인공산당 중앙총회와 책임일군 제21회 연석회의록), РГАСПИ Ф.495, оп.135, д.19, с.51об.

황기정(黃基楨)이라는 가명으로 재하얼빈 제국총영사관경찰서에 여행증명원을 제출한다. 1921년 2월 12일에 제출한 여행증명원에는 "원적지가 강원도 통주이고 하얼빈에서 상업을 하는 황기정이 부모를 만나기 위한 목적으로 3개월간 원적지로 여행하겠다"고 적혀 있다.[59]

조훈은 국내로 무사히 잠입하여 파견 목적을 달성한 것 같다. 이성태는 당시 조훈이 서울에서 무산자동맹회 조직 책임을 맡은 김한과 연결되었다고 증언했다.[60] 김 마트베이는 자신의 책에서 조훈의 조선에서의 활동을 다음과 같이 적고 있다.

> 1921년 1월 조훈은 비합법적으로 조선에 들어갔다. 며칠 후 서울의 어떤 신문은 지하활동가의 사진과 함께 기사를 게재했다. 보도에 따르면 조훈은 공산당 조직을 목적으로 조선에 파견된 코민테른의 첩자로 이미 체포된 듯하다는 것이다. 그러나 조훈은 자신의 체포 보도를 자유의 몸으로 읽고 있었다. 동지들이 그를 숨겨주었다. 그러나 이러한 보도의 발표 사실은 경찰 앞잡이가 지하활동가의 흔적을 발견했다는 점을 증명해 준다. 심각한 체포 위험에 봉착했다.
>
> 마침 그때 소련 선박이 조선 항구에 정박하고 있었다. 동지들의 도움으로 조훈은 그 배의 선창으로 숨어들어가 가까스로 상해에 도착했다.[61]

국내에서 임무를 수행한 후 상해에 도착한 조훈은 곧바로 이르쿠츠크로 돌아갔다. 그곳에서는 조만간 고려공산당 창립대회가 열릴 터였다.

---

59 「旅行證明願」, РГАСПИ Ф.495, оп.228, д.440, с.4.

60 Ким Чун Сен(김춘성), Материал против члена ВКП(б) Те-Хуна(전소연방공산당(볼) 당원 조훈에 대한 반대 자료), 1937. 7. 25, Ф.495, оп.228, д.440, с.78. 물론 이 자료는 김춘성(이성태)이 조훈이 밀정이라고 주장하는 문서이니만큼 주의해서 읽어야 한다.

61 Матвей Ким, Там же. с.96-97.

4. 국제공산당 집행위원회 위원 박진순

1) 국제공산당 제2차 대회에서 집행위원회 위원으로 선임

1919년 12월 천신만고 끝에 모스크바에 도착한 박진순은 본격적으로 활동을 시작했다. 먼저 한인사회당 당원 명부와 한인사회당 2차 당대회 결과를 밝힌 보고서 「조선에서 사회주의운동(Социалистическое движение в Корее)」을 코민테른 집행위원회에 제출하고, 코민테른에 가입의사를 밝혔다. 이 보고서는 곧바로 코민테른의 기관지인 『공산주의 인터내셔널(Коммунист Интернационал)』 7~8호 합본에 게재되었다.[62]

박진순은 또한 러시아정부 외무인민위원부와 교섭에 나섰다. 그는 1920년 1월 외무인민위원부장인 카라한에게 편지를 보내 러시아혁명이 아시아의 피압박 민족들과 국제적 제휴를 해야 한다고 역설했다.[63] 그리고 한인사회당에게 동아시아에 사회주의 사상을 확산시키기 위한 출판사와 선전부 설립 자금을 지출해달라고 요청했다.[64] 5월에는 상해 대한민국임시정부의 전권대표로 한형권이 도착했다. 당과 정부를 대표한 두 사람의 노력으로 러시아정부는 금화 200만 루블을 제공하겠다는 약속을 하게 되었다.[65]

---

62 Пак Диншунь, 1919, Там же.

63 Диншунь Пак, Открытое письмо тов. Л.М. Карахану(카라한 동무 앞 편지), 1920. 1. 8, РГАСПИ ф.495, оп.135, д.22, с.4-7.

64 Доклад уполномоченного Корейской делегации ЦК Корейской Социалистической партии Диншунь Пак Народному Комиссариату по Иностранным Делам(외무인민위원부 앞으로 보내는 한인사회당 중앙위원회 전권대표 박진순의 보고), 1920. 1, РГАСПИ ф.495, оп.135, д.22, с.25-28.

65 Письмо Полномочного Представителя Хан Хенквона Народному Комиссару по Иностранным Делам РСФСР(러시아공화국 외무인민위원회에 보낸 전권대표 한형권의 편지), 1920. 7. 5, АВП РФ ф.0146, оп.103, д.12, с.9.

6월이 되자 박진순은 다가오는 코민테른 2차 대회 참석을 준비했다. 그는 당시 코민테른 의장이던 지노비예프에게 편지를 보내 자신에게 코민테른 대회 석상에서 조선문제와 동양문제에 대한 보고를 맡겨달라고 요청했다.[66] 1920년 7월 박진순은 코민테른 제2차 대회에 의결권을 가진 정식 대의원 자격을 가지고 참석했다. 민족식민지문제위원회에 배속되어 그 문제에 대한 보고를 하기도 했다. 대회 마지막 날인 8월 7일, 박진순은 코민테른 집행위원회 위원으로 선임됐다.[67] 집행위원회 위원 총수는 26명이었다. 그중에서 박진순은 원동을 대표하는 위원이었다.[68]

코민테른 2차 대회가 끝나고 박진순은 '코민테른 재외전권위원(Заграничный уполномоченный Коминтетна)'이라는 직위를 가지고 9월 초 상해로 출발했다. 임시정부 전권대사로 파견됐던 한형권과 함께 하는 여정이었다. 그의 임무는 동양혁명을 촉진할 한, 중, 일 세 나라 혁명가들의 연합기관인 '동양공산당'을 조직하는 것이었다.[69] 직위와 임무만 가지고 간 것이 아니었다. 그에게 러시아정부가 원조하기로 한 금화 200만 루블 중 40만 루블이 지급되었던 것이다. 박진순은 40만 루블이 한인사회당 중앙위원회에 지급됐다고 판단했다.[70] 그러나 이 40만 루블은 이후 민족

66 Пак Диншунь, Письмо Зиновьеву(박진순, 지노비예프 앞 편지), 1920. 6. 30, РГАСПИ ф.495, оп.135, д.22, с.32-33.

67 1928년 박진순 이력서, с.77об.

68 Г. М. Адибеков, Э. Н. Шахназарова, К. К. Шириня, 1997, Организационная структура Коминтерна(『코민테른 조직기구』), Москва РОССПЭН, с.21.

69 Чуньу, Телеграмма Коминтерн No.2(춘우, 코민테른 앞 전보 2호), 1920. 10. 17, РГАСПИ, Ф.495, оп.135, д.22, с.62.

70 В интернациональную контрольную комиссию докладная записка о 400 тыс. рублях члена Корейской компартии Пак-Диншунь(국제검사위원회 앞 고려공산당 당원 박진순의 40만 루블에 대한 보고서신), 1928. 9. 11. РГАСПИ Ф.495 оп.228 д.481 с.70.

해방운동 전선에 큰 문제를 일으키게 된다.

상해에 도착한 박진순은 이동휘 등 한인사회당 동지들을 만나고 중국과 일본의 공산주의자들을 접촉하며 '동양공산당' 조직 준비에 착수했다. 그는 바쁘게 움직였다. 당시 상해에는 블라디보스토크에 있던 러시아 외무인민위원부 원동전권위원 빌렌스키가 파견한 보이틴스키와 김만겸이 코민테른 동아비서부를 설치하여 활동하고 있었다.[71] 동아비서부는 박진순의 지휘 아래로 들어와야 했다. 원동혁명을 위해 조직된 각 기관의 정리가 필요했다. 그런데 뜻하지 않은 변수가 생겼다.

박진순이 모스크바를 떠난 직후인 1920년 9월 15일 코민테른 집행위원회는 원동에 코민테른 비서부를 조직한다는 결정을 내렸다.[72] 곧 동양민족부를 중심으로 비서부 조직사업이 착수됐다. 마침내 1921년 1월 15일에 열린 코민테른 집행위원회 상무국은 러시아공산당 시베리아국 동양민족부를 코민테른에 이관할 것과 슈먀츠키를 원동 주재 코민테른 대표자로 임명하여 그에게 동양민족부의 재편을 위임한다는 결정을 내렸다.[73] 이 결정에 따라 이르쿠츠크에 "원동의 모든 공산주의사업과 일반적인 혁명사업을 조정하는 기관"으로 코민테른 원동비서부가 조직됐다.[74] 조선문제에 대한 결정권도 코민테른 원동비서부로 이관됐

71 Председатель Времен. Бюро Востазиат. Секретариата Виленский, Краткий Доклад о зарубежной работе среди восточно-азиатских народов.(период сентябрь-1919 г. по август-1920 г.)(임시동아비서부 의장 빌렌스키, 「동아시아 민족사이에서 활동 보고(1919.10-1920.8)」), РГАСПИ Ф.495 оп.154 д.2 с.2-5.

72 Доклад исполкому Коминтерна об организации и деятельности секции восточных народов при СИББЮРО ЦК РКП(「러시아공산당 중앙위원회 시베리아국 산하 동양민족부의 조직과 활동에 대해 코민테른 집행위원회에 보내는 보고」), 1920. 12. 22, РГАСПИ, Ф.495, оп.154, д.27, с.39-44.

73 РОССПЭН, 2001, ВКП(б), Коминтерн и Япония(소련공산당, 코민테른과 일본) 1917-1941, Москва, 253~254쪽에서 재인용.

다.[75] 원동비서부는 코민테른 국외활동의 명실상부한 최고기관으로 자리를 잡았다. 슈먀츠키가 전권위원에, 보이틴스키가 책임비서에 선임됐다.[76]

앞에서 서술한 "원동의 모든 공산주의사업과 일반적인 혁명사업을 조정하는 기관"으로 코민테른 원동비서부가 조직됐다는 것은 무슨 의미인가? 그것은 동아시아에 관한 여러 갈래의 논의가 정리됐음을 뜻했다. 이제 동양혁명에 대한 사업은 러시아공산당의 손을 떠나 코민테른의 책임 아래로 들어갔다. 코민테른 원동비서부가 조직되었다는 것은 '코민테른 재외전권위원'으로서 박진순의 직위를 정지시킨다는 것을 뜻했다. 코민테른 동아비서부도 역시 해체되었다. 이는 코민테른의 동양혁명 노선이 '지원'에서 '직접 지도'로 전환됐음을 의미했다.

물론 박진순이 공식적으로 '코민테른 재외전권위원'이라는 직위를 가지고 있기는 했지만 그가 그 직위를 맡을 수 있었던 이유는 코민테른 제2차 대회에서 한인사회당이 코민테른의 지부로 가입하고 조선혁명에서 그 역할을 인정받았기 때문이었다. 코민테른은 한인사회당을 동양혁명의 중추기관으로 인정하고 박진순을 통해 한인사회당을 간접적으로 지도하고 후원하는 역할을 하려고 했던 것이다. 그러나 코민테른 원동비서부의 설립은 기존에 박진순이 해왔던 사업을 모두 부정하는 조치였다.

---

74 Положение о Дальневосточном секретариате Коминтерна(코민테른 원동비서부에 대한 규정), РГАСПИ, Ф.495, оп.154, д.78, с.1-2.

75 「원동비서부와 원동국의 관계(노문)」, РГАСПИ, Ф.495, оп.154, д.78, с.5.

76 Список сотрудников дальне-восточного секретариата коминтерна состаящих на лицо 1-му наября 1921 г. согласно утвержденных штатов от 1-го июля с.г.(1921년 11월 1일 현재 코민테른 원동비서부 임직원 명단), РГАСПИ, Ф.495, оп.154, д.91, с.1-2.

원동비서부는 "중국, 일본, 조선, 티벳 및 몽골의 모든 공산주의사업과 혁명사업을 조정하는 기관"이라는 규정에 맞게 모든 사업들을 '직접 지도'하고자 했다. 이는 식민지, 반식민지국가에서 민족혁명의 가치를 인정한 코민테른 제2차 대회의 '식민지 · 반식민지 테제'에 어긋나는 것이었다. 이는 제2차 대회 이후 코민테른의 전반적 좌경화의 경향을 보여주는 것이기도 했다.[77]

2) 고려공산당(상해파) 중앙위원

박진순은 활동의 방향을 고려공산당 창당으로 바꾸었다. 한인사회당 중앙위원이었던 박진순은 1921년 4월 1일 이동휘 등과 함께 '한인사회당총간부대표'의 명의로 「제3회 한인사회당 대표회 소집통지서」를 공표했다.[78] 하지만 상해에서 한인사회당을 고려공산당으로 바꾸려던 시도는 뜻하지 않은 분열을 불러오게 된다.

당시 상해에는 1920년 5월경 조직된 한국공산당이 활동하고 있었다. 한국공산당은 앞에서 살펴본 코민테른 동아비서부의 김만겸과 상해 임시정부 내 한인사회당 세력의 연합전선이었다.[79] 여기에 상해의 저명한 독립운동가들인 여운형, 조동호, 안병찬, 최창식 등도 가담했다. 즉 한국공산당은 상해의 한인사회당 세력이 코민테른 동아비서부의

77 김철수, 1999, 「본대로, 드른대로, 생각난대로, 지어만든대로」, 『遲耘 金錣洙』, 한국정신문화연구원 현대사연구소, 14쪽.

78 한인사회당총간부대표(제3국제공산당 한인부) 李東輝 · 金立 · 金圭冕 · 朴鎭順, 「제3회 한인사회당 대표회 소집통지서」, 1921. 4. 1, РГАСПИ Ф.495, оп.135, д.47, с.97.

79 Ким Мангем, Краткий очерк о корейском коммунистическом движении (История образования Иркутской и Щанхайской групп)(조선 공산주의운동 약사), РГАСПИ Ф.495 оп.63 д.63 с.29-35.

협조를 얻어 진보적 민족주의자들까지 포함하여 전한국의 공산당을 창건하기 위해 조직한 기관이었다.

그런데 1920년 겨울 박진순이 "엄청난 양의 돈과 상해에서 비슷한 대회를 소집하려는 계획"[80]을 가지고 상해로 오자 한국공산당 내에서 한인사회당 세력과 김만겸을 중심으로 하는 세력 사이에 알력이 생겨났다. 이 모스크바 자금의 처분권을 한국공산당에 넘기라는 요구를 거부한 이동휘는 3월 20일 열린 중앙총회에서 "자기와 김립, 이한영은 한인사회당 간부요 공산당원은 아니라"고 하며 한국공산당에서 탈당하겠다고 공식 선언했다.[81] 그리고 곧바로 위의 「제3회 한인사회당 대표회 소집통지서」를 공표한 것이다.

이를 계기로 한국공산당의 남은 세력들은 이르쿠츠크 그룹과 결합했다. 주로 러시아지역 한인들의 대표들만으로 이루어져 대표성에 한계를 가지고 있던 이르쿠츠크 그룹에게 한국공산당의 결합은 천군만마를 얻은 것 같은 힘을 주었을 것이다. 상해를 근거로 한 한국공산당 세력의 존재로 인해 이르쿠츠크파 고려공산당은 지역적 한계성을 벗어났다고 주장할 수 있었다. 김만겸과 안병찬은 1921년 5월 이르쿠츠크에서 열린 고려공산당 창립대회에 한국공산당을 대표해 참가했으며 중앙위원으로 선임됐다. 이들은 그 후 상해에서 이르쿠츠크파 고려공산당 상해지방위원회를 조직하고 그 위원이 됐다. 추후 살펴보게 될 조훈의 주요 활동 근거지가 마련된 것이다.

한인사회당 3차 당대회는 1921년 5월 20~23일에 상해 프랑스 조계 내에서 개최됐다. 조선 내지, 중국, 만주, 일본 등지의 한인 공산단체를

80 Ким Мангем, 위의 글, РГАСПИ Ф.495 оп.63 д.63 л.29-35.
81 春谷, 「東海 동무여」, 1931. 3. 26, РГАСПИ Ф.495 оп.135 д.47 с.136-137.

대표하는 30여 명이 참가했다. 러시아지역 공산단체 대표자들은 출석하지 못했다. 다만 이동휘, 박진순, 김립, 김하구, 장민섭, 조응순 등이 노령 대표를 자임했다. 대회 마지막 날 참가자들은 조선의 사회주의운동을 지도할 최고기관인 고려공산당이 성립됐음을 선포했다. 당의 중앙기관은 '고려공산당 중앙 총감부'로 명명됐다. 박진순은 17명으로 구성된 중앙총감부 위원으로 선출됐다.[82]

새롭게 창립된 (상해파) 고려공산당은 코민테른과의 연락을 위해 3명의 전권대표단을 선정했다. 박진순은 이동휘, 홍도와 함께 전권대표단에 선정됐다. 이들은 대회가 끝난 지 약 한 달이 지난 6월 18일 모스크바로 출발했다. 시베리아 경유노선을 택한 홍도와 달리 이동휘와 박진순은 뱃길을 택했다. 베를린으로 유학을 가고자 했던 이극로가 동행했다.[83] 일행은 4개월의 긴 여정 끝에 10월 모스크바에 도착했다. 11월 26일 박진순은 이동휘, 홍도와 함께 레닌을 접견했다. 2년 전 코민테른 집행위원회에서 만난 이후 2번째 만남이었다. 통역으로 김 아파나시가 동석했다.[84] 러시아어에 능통한 박진순이 있는데도 김 아파나시가 통역으로 동석한 점이 특이하다. 박진순이 공식적인 조선대표단의 일원으로 인정받았기 때문에 공식적인 접견에 그를 통역으로 이용하는 것은 부적절하다는 외교 관례 때문인 것으로 추측된다.

---

82 고려공산당(상해파) 창립대회에 대해서는 임경석, 앞의 책, 377~380쪽 참조.

83 이극로는 상해에서 출발하여 홍콩-베트남 사이공-싱가포르-스리랑카 콜롬보-포트사이드-지부터-수에즈운하-알렉산드리아-나폴리까지 배를 타고 가서, 육로로 로마를 거쳐 밀라노-스위스 베른-제네바-베를린에 도착하고, 다시 독일 슈테튼 항구에서 배를 티고 에스토니아 레발 항구에 이르러, 기차를 타고 레닌그라드를 거쳐 모스크바에 도착하는 여정을 상세하게 기록으로 남겼다(이극로 지음, 조준희 옮김, 2014, 『고투 사십년』, 아라, 68~76쪽).

84 Матвей Ким, Там же, с.46-47ю.

레닌을 접견한 이후 대표단은 본격적인 외교전을 펼치기 시작했다. 이미 그해 6월부터 7월에 걸쳐 이르쿠츠크파 고려공산당 대표들이 모스크바로 와서 활동을 하고 난 이후였다. 1921년 5월 이르쿠츠크에서 당대회를 개최하여 창립된 고려공산당(이르쿠츠크파)은 코민테른 제3차 대회와 국제공산청년회(КИМ) 제2차 대회에 대표단을 파견하였다. 이어 노동조합인터내셔널(프로핀테른)에도 대표를 파견했다. 대표단의 활동으로 1921년 여름에는 이르쿠츠크파 고려공산당의 우세가 확고히 정착된 듯이 보였다. 상해파 고려공산당 대표단은 이러한 상황을 역전시켜야 했다. 상해파 대표단의 외교 노력은 전방위적이고 다층적으로 전개됐다. 그 결과 코민테른 집행위원회 산하에 조선 사회주의자들의 분쟁문제를 다룰 조선위원회가 설립됐다. 상해파 대표단의 외교활동이 거둔 성과였다. 조선위원회에서는 1921년 11월 15일 이른바 '11월 결정서'로 불리는 조선문제 결정서를 내놓았다.[85]

코민테른 집행위원회 조선위원회는 이듬해인 1922년 4월 이른바 '4월 결정서'로 불리는 조선문제 결정서를 또 내놓았다. 이것은 '11월 결정서' 이후에도 해결되지 않은 상해파와 이르쿠츠크파의 분쟁을 해결하기 위한 것이었다. '4월 결정서'는 양 파의 균형을 깨뜨리지 않는 선에서 상해파의 입장에 손을 들어준 결정이었다고 평가된다.[86] 그런데 양 파의 균형을 깨뜨리지 않기 위해 통합 장애 인물에 대해 잠정적인 징계를 내렸다. 징계안이 담긴 4월 결정서 2항의 내용은 다음과 같다.

---

85 모스크바의 외교전에 대해서는 임경석, 앞의 책, 462~494쪽 참조.

86 임경석, 2008, 「코민테른의 1922년 4월 22일자 한국문제결정서 연구」, 『대동문화연구』 62, 391~421쪽.

"박진순, 박애, 최고려, 김규식 동무는 고려공산당이 통합될 때까지 당 사업에 직접 간여함을 금지한다."[87]

박진순은 이미 이르쿠츠크파는 물론 코민테른 동양부장 사파로프에게도 불신과 증오의 대상이었다. 조선문제위원회는 양당 통합의 순조로운 진행을 위해서는 박진순의 당무 개입을 일시적이나마 금지하는 것이 필요하다고 판단했던 것이다.

당무정지의 처분을 받은 후 박진순은 그 기회를 이용해 학업을 계속하고자 1922년 모스크바국립대학교 사회학부에 입학해 1925년 졸업했다. 이 기간 동안 그는 고려공산당의 사업에 전혀 관여할 수 없었다.[88] 그런 사이 국제공산청년회 집행위원으로 선임되어 상해로 파견된 조훈은 이후 한인 사회주의운동에 큰 흔적을 남기게 된다.

5. 국제공산청년회 집행위원회 집행위원 조훈

1) 국제공산청년회 제2차 대회에서 집행위원회 위원으로 선임

'전로한인공산당 중앙총회'가 주도한 전한공산당 창립대회가 1921년 5월 4일 이르쿠츠크에서 개최됐다. 국내외 각지의 한인 공산단체들의 대표자 85명이 참석했다. 한인사회당을 제외하고 개최된 창립대회에서는 11명의 위원으로 구성된 중앙위원회가 구성됐다. 5월 15일 7시 12일

87 Постановление комиссии президиума ИККИ по Корейским делам(조선 문제에 관한 코민테른 집행위원회 간부회 결정서), 1922. 4. 22, РГАСПИ ф.495, оп.135, д.55, л.1.

88 1928년 박진순 이력서, с.79.

간에 걸친 창립대회가 폐막했다. 고려공산당 창립이 선언되고 코민테른 가입 결의서가 낭독됐다.[89]

창립대회는 곧이어 열릴 코민테른 제3차 대회와 국제공산청년회 제2차 대회에 파견할 대표자도 선출했다. 조훈은 배달모와 함께 국제공산청년회 제2차 대회 파견자로 선출됐다.[90] 파견단은 곧바로 모스크바로 떠났다. 1921년 6월 22일 개최된 코민테른 제3차 대회에 이르쿠츠크 당대회에서 선출된 5명의 대표자들이 참석했다. 남만춘, 한명세, 장건상, 서초, 안병찬이 그들이다. 그런데 이들 외에 조훈도 대회에 참석한 것으로 보인다. 조훈에게 발급된 '코민테른 제3차 대회 위임장'이 있기 때문이다. 프랑스어와 러시아어로 작성된 위임장에는 "조훈 동무는 코민테른 제3차 대회에 의결권을 가진 대표이다"라고 적혀 있다.[91] 조훈은 고려공산당 대표가 아닌 국제공청의 대표로 코민테른 대회에 참석한 것으로 추정된다.

코민테른 제3차 대회가 끝나갈 무렵인 7월 9일 국제공산청년회 제2차 대회가 개최되었다. 조훈은 대회에서 조선문제에 관해 보고했으며, 마지막 날에는 국제공청 집행위원회의 위원 가운데 한 사람으로 선임됐다. 국제공청 제2차 대회는 고려공산청년회 중앙기관을 조직할 것을 결의했다. 이 결의를 수행할 전권은 조훈에게 부여됐다.[92] 조훈은 자신에게 부여된 전권을 행사하기 위해 곧바로 북경으로 향했다.

---

89 고려공산당(이르쿠츠크파) 창립대회에 대해서는 임경석, 앞의 책, 349~366쪽 참조.

90 Протокол заседания 14 мая: 14-ое заседание(5월 14일자 제14차 회의록), РГАСПИ ф.495, оп.135, д.38, л.25.

91 Мандат No.298, Ⅲ Конгресс Коммунистического Интернационала(코민테른 제3차 대회 위임장 298호), РГАСПИ ф.495, оп.228, д.440, л.13-14.

92 임경석, 앞의 책, 2003, 462~463쪽.

원래 공산청년회운동의 중심지는 상해였다. 당시 상해는 동양 최대의 국제도시였다. 3·1운동 이후 민족해방운동에 자신을 던지기로 결심한 많은 청년들이 상해로 몰려들었다. 이들 중 일찍 사회주의를 받아들인 이들을 중심으로 상해 고려공산청년단이 조직됐다. 상해 고려공청은 상해의 한인 청년들 사이에 공산주의를 선전하고 조직을 확대하기 위한 활동을 했다.[93] 상해 고려공청은 상해의 한국공산당 그중에서도 김만겸과 연계하여 조직되어 있었다. 일본 정보당국도 상해의 고려공청이 김만겸파에 속한다고 파악하고 있었다.[94] 때문에 상해 고려공청은 1921년 5월 2개의 고려공산당이 창립될 때 한국공산당 잔류파와 함께 이르쿠츠크 당대회를 지지했다. 이후 상해 고려공청은 자연스럽게 고려공산당(이르쿠츠크파) 상해지부의 자매 조직으로 전환됐다.

이런 상황에서 국제공산청년회의 전권을 받은 조훈이 모스크바로부터 돌아왔다. 그는 상해 대신 북경을 선택했다. 당시 이르쿠츠크 고려공산당 중앙위원회가 임시로 북경에 있었기 때문이었다. 조훈은 이괄, 김호산, 박헌영, 그리고 남공선을 위원으로 고려공산청년회 중앙총국을 조직했다. 박헌영이 책임비서로 선임됐다.[95] 중앙총국은 조직을 확대하기 위한 일꾼 양성과 선전사업을 주요 활동 목표로 삼았다. 26명의 공청회원으로 단기과정을 조직해 11명을 졸업시켰다.

이듬해인 1922년 3월 고려공청 중앙총국의 구성에 변화가 일어났다. 이괄, 김호산, 남공선이 이러저러한 이유로 중앙총국의 위원직에서 물러난 후 김단야와 임원근 그리고 단기과정 졸업생인 고준(안병진)이 새롭

93 상해고려공산청년단 대표, 『보고』, 1921. 11, РГАСПИ ф.533, оп.10, д.1880, л.17-19.

94 이정박헌영전집편집위원회, 2004, 『이정 박헌영 전집』 2권, 역사비평사, 47쪽.

95 이정박헌영전집편집위원회, 2004, 『이정 박헌영 전집』 4권, 역사비평사, 151~152쪽.

게 중앙총국 위원이 되었다. 위원의 변경과 함께 국제공청으로부터 중앙총국을 국내로 옮기라는 명령이 내려왔다.[96] 그동안 해외를 중심으로 전개되던 한인 사회주의운동이 국내로 그 중심축을 옮기는 순간이었다.

2) 국내 고려공산청년회 중앙총국 조직

고려공산청년회 중앙총국을 국내로 이전하는 사업이 진행됐다. 먼저 고준이 조선으로 들어갔다. 그는 귀국하여 휘문고등보통학교 2학년에 편입했다. 다음은 박헌영과 김단야, 임원근의 차례였다. 그러나 그들의 귀국 시도는 실패로 돌아갔다. 4월 3일 안동에서 먼저 신의주로 건너간 김단야가 신의주경찰서에 체포된 데 이어 박헌영과 임원근은 안동의 잠복지에서 체포되고 말았다.[97] 이들은 신의주지방법원에서 제령(制令) 제7호 위반 혐의로 1년 6월의 징역을 선고받고 평양형무소에 수감됐다.[98]

큰 낭패였다. 이대로 손을 놓고 있을 수는 없었다. 수감된 3명의 중앙위원을 대체할 사람들을 찾아 중앙총국을 재건해야 했다. 조훈은 자신이 직접 국내로 들어가기로 했다. 위조신분증이 필요했다. 전북 무주 출신으로 광동중학교(廣東中學校) 2학년을 마친 김창일로 위장하기로 했다. 학교에서 "학생 김창일은 고려 전라북도 무주군 사람으로 25세인데 일찍이 본교에서 수업하여 2학년이다. 현재 병으로 인해 휴학하고 귀

96 「高共青一般進行情況」(위의 책, 152~153쪽).

97 이정박헌영전집편집위원회, 2004, 『이정 박헌영 전집』 4권, 역사비평사, 54~62쪽.

98 「法廷에 現한 共産黨. 공소한 김태연 등 3명의 사실, 고려공산당의 내용은 어떤가」, 『동아일보』 1922. 9. 22.

국해 병을 치료하고자 하여 수업증서를 발급해 주기를 요청하니 이에 다음과 같이 증명을 발급한다"[99]라는 내용의 증서를 발급받고 조선으로 향했다.

당시 조선에는 분파투쟁에 대한 반성으로 상해파와 이르쿠츠크파 고려공산당 배격운동이 일어나고 신흥 사회주의자들이 강력한 공산주의 그룹을 결성하고 있었다. 1922년 3월에서 6월 사이에 조선공산당(중립당)이 결성된 것이다.[100] 조훈은 중립당의 주요 성원들을 고려공청 중앙총국의 위원으로 받아들였다. 즉 자신과 고준 외에 노농연맹회 소속의 전우(정재달), 서울청년회의 김사민 그리고 중립당 대표인 김사국을 위원으로 선정해 그해 8월 제3차 중앙총국을 구성한 것이다. 중앙총국은 김사국과 김사민이 중앙총국에서 탈퇴하고 중립당 및 중앙총국과 대립하기 시작한 이후에는 새롭게 김한과 이영을 받아들여 11월 제4차 중앙총국을 구성했다.[101] 말썽이 많기는 했지만 고려공산청년회 중앙총국을 조선으로 이전시킨다는 방침을 어느 정도 완수하기는 했다. 조훈은 제4차 중앙총국이 구성된 후 국제공산청년회 제3차 대회에 참가하기 위해 조선을 떠나 모스크바로 향한 것으로 보인다.[102]

1924년 1월 2년 전 압록강을 건너다 일본경찰에 체포되었던 전 중앙위원들이 출옥하여 서울로 올라왔다. 그들은 자신들이 조선에 돌아온 애초 목적을 잊지 않았다. 그들은 우선 신흥청년동맹 결성에 참여하며

---

99 「證書」, РГАСПИ Ф.495, оп.228, д.440, с.5-6.

100 История и деятельность нейтральной коркомпартии: доклад делегата Тену (중립조선공산당의 역사와 활동: 대표자 전우의 보고), РГАСПИ Ф.495, оп.135, д.64, с.51-57.

101 「高共青一般進行情況」(앞의 책, 160~161쪽).

102 Мандат No.49, Ⅲ Конгресс Коммунистического Интернационала Молодежи (국제공산청년회 제3차 대회 위임장 49호), РГАСПИ ф.495, оп.228, д.440, л.18.

국내의 사회주의운동에 조금씩 개입하기 시작했다. 결국 그들은 1924년 3월 국제공산청년회 집행위원회에 의해 고려공청 중앙총회의 위원으로 다시 임명됐다. 박헌영은 다시 책임비서의 임무를 맡았다. 그런데 해방 이후 박헌영은 자신이 1924년 3월 조훈과 만난 후 그로부터 고려공산청년회 중앙총국을 다시 지도하라는 과업을 받았다고 기술했다.[103]

당시 조훈이 조선에 있었던 것일까? 그 무렵 그는 블라디보스토크의 고려총국(코르뷰로)에서 공청 담당위원으로 활동하고 있었다. 조훈의 조선행을 추정할 수 있는 자료가 있다. 일본 정보당국은 1924년 9월 "노국공산청년당원(露國共産靑年黨員) 조훈이 올해 5월에 경성에 들어와 공산청년당 조직에 분주했는데, 목적을 달성하기 위해 서로 힘쓰자고 신흥청년회와 밀약을 맺고 블라디보스토크로 돌아갔다"[104]는 내용의 정보보고를 올린다. 시기에 약간 차이가 나기는 하지만 조훈이 고려공산청년회 사업을 위해 서울에 와서 신흥청년동맹과 접촉했다는 사실을 추정할 수 있다. 그리고 조훈이 신흥청년동맹과 접촉했다면 당연히 이전 고려공청 중앙총국 위원을 만났을 것이라고 생각해볼 수 있다.

감옥에서 나온 트로이카(박헌영, 김단야, 임원근)가 중앙총국을 다시 책임진 이후 조선에서 고려공산청년회 활동은 급속히 활발해졌다. 전조선민중대회, 지방청년단체대회 등의 각종 집회 결사에 관여하고 노농총동맹과 청년총동맹에 영향력을 행사했다. 모스크바의 동방노력자공산대학(KYTB)에 젊은 혁명가들을 파견하는 것은 고려공청의 중요한 활동이

103 이정박헌영전집편집위원회, 2004, 『이정 박헌영 전집』 2권, 역사비평사, 57쪽.

104 「京鍾警高秘 第11253-2號, 國際共産靑年デー運動狀況ニ關スル件」, 1924. 9. 6, 『京城地方法院 檢事局 文書: 檢察行政事務に關する記錄』 2권.

었다.[105] 5명이던 중앙총국의 위원은 7명으로 늘어났으며, 후보위원도 5명을 선발해 놓았다. 위원이 체포될 경우 그를 대체하기 위하여 20명의 공청원이 보충되어 있기도 했다.[106] 조봉암이 박철환이라는 이름으로 고려공청의 위원이 된 시기도 이 때이다.

고려공청 중앙총국의 활동은 국제공산청년회의 지시와 원조 아래 진행됐다. 그리고 이 둘을 잇는 매개는 국제공산청년회의 전권위원인 조훈이었다. 고려공청 중앙총국은 조훈을 통해 국제공산청년회와 연결되어 있었다. 고려공청의 보고는 조훈을 통해 국제공청에 전달되었고, 국제공청의 지시는 조훈을 통해 고려공청으로 하달되었다. 이 과정을 아주 명확히 보여주는 편지가 있다. 고려공청 중앙총국 책임비서 박헌영이 조훈에게 보내는 편지는 "조훈 동무 매우 느젓습니다"로 시작하고 있다.

> 조훈 동무 매우 느젓습니다. 勿論 祕密을 保障하야가면서 意見을 聽取케 되닛가 不得已 時日도 걸릿거니와 充分히 듯지도 못한 感이 업지 안습니다. 그러나 이 地帶에서 祕密로는 이 以上 알아볼 수도 업습니다. 그르고 우리 靑年總局에서 보는 바는 別로 남김이 업시 다하얏습니다. 靑年會責任者會議는 곳 열어서 事業設計에 對한 報告 二月 末日 以前에는 莫斯科에 達하게 하겟습니다. 雜誌 號外는 방금 出版에 부첫스니까 오는 十日 以內에는 上海에 到達되겟고 今年 靑年總同盟年大會가 四月中에 開催될 듯하니 이에 對하야 미리 至今부터 活動을 하여야 되겟소. 이에 對하야 만이 생각하오. 今番 間島總局에 中東線道幹部와 協議하야 滿洲總局을

105 Доклад ЦБ Коркомсомола(고려공산청년회 중앙총국 보고), 1924, РГАСПИ ф.533, оп.10, д.1885, л.13-14об.

106 Секретарь ЦБККСМ Пак Хенен, Исполительному Комитету КИМ, отчет ЦБ Корейского КСМ(고려공산청년회 중앙총국 비서 박헌영, 국제공산청년회 집행위원회에 보내는 고려공산청년회 중앙총국 보고서), 1924. 12. 10, РГАСПИ ф.495, оп.135, д.98, л.122-129.

組織하고 前間島責任者 李昌會 동무가 本總局의 承認을 要求하로 왓슴으로 그것을 滿洲部라 곳치고 朴允世 동무를 中央總局委員으로 任命하는 同時에 滿洲部責任者로 指定하고 滿洲에 한하야 共靑運動에 關한 指令을 주엇소. 現在 그 管內 야체치크는 十一個오 會員은 六十餘名이며 出判事業과 講習을 哈爾賓에서 하기로 하얏는데 經費는 그곳에 잇는 當機關으로서 나올 수 잇다 하니 歸路에 黨責任者 及 朴允世 동무를 차지 보시오.[107]

박헌영은 이 편지와 함께 「당(黨)의 파열(破裂)의 원인(原因) 급(及) 당(黨)의 조직방침(組織方針)」, 「조선(朝鮮)의 현상(現狀) 급(及) 당(黨)의 계획(計劃)」, 「김약수(金若水)의 의견(意見)」, 「내지부책임자(內地部責任者)의 의견(意見)」을 국제공산청년회에 보냈다. 보고문의 내용이 상세하기도 하지만, 박헌영은 이 편지에서 고려공청 중앙총국의 사업을 간략히 설명하고 있다. 그런데 편지의 후반부로 가면 박헌영이 윗선인 조훈에게 단순히 보고하는 것 뿐 아니라 새로운 사업에 대한 의견을 제시하고 조훈의 반응을 요구하고 있음을 알 수 있다. 실제로 이후 조훈은 박윤세와 연락하며 고려공청 만주총국의 사업을 총괄하고자 했다.

1924년 이후 고려공산청년회 중앙총국의 활동은 1925년 4월 17일 조선공산당의 창립과 다음날인 18일 고려공산청년회의 창립으로 결실을 맺는다. 조선공산당이 화요회, 북풍회, 조선노동당을 표면단체로 하는 비밀혁명기관인 코르뷰로 내지부, 카엔당, 스파르트타쿠스단의 3파 연합체였던데 비해, 고려공산청년회는 고려공청 중앙총국이 거의 그대로 이전되어 창립됐다. 또한 고려공산청년회의 박헌영, 김단야, 임원근, 조봉암 등이 조선공산당의 창립과 이후 활동에 주도적인 역할을 한 것

107 박헌영, 「조훈 동무 매우 느젓습니다」, 1925. 1. 25, РГАСПИ ф.533, оп.10, д.1891, л.137.

을 볼 때 조선공산당과 고려공산청년회 창립에 중앙총국이 한 역할을 가늠해 볼 수 있다. 그리고 그 배후에는 국제공산청년회 전권위원인 조훈이 있었다.

6. 맺음말

박진순과 조훈은 모두 식민지 조선의 해방을 염원하는 혁명적 민족주의자로 출발하여 러시아혁명을 현장에서 겪으면서 사회주의자로 변신했다. 각각 한인사회당과 이르쿠츠크 한인공산당에서 조직생활을 시작한 두 사람은 이후 초기 한인사회주의운동의 커다란 두 분파인 상해파와 이르쿠츠크파의 핵심으로 성장했다.

먼저 두각을 나타낸 이는 박진순이었다. 한인사회당 대표로 코민테른 2차 대회에 참가한 박진순은 코민테른 집행위원회의 위원이 되었다. 원동의 혁명 전체를 책임지는 막중한 자리였다. 게다가 러시아 외무인민위원부로부터 40만 루블에 달하는 혁명자금도 지원받았다. 그러나 40만 루블은 애초에 존재하던 분파투쟁을 더 격렬하게 만드는 계기가 되었다. 결국 박진순은 분파투쟁의 당사자로 지목되어 당 사업에서 제외됐다.

1920년 이르쿠츠크에서 러시아공산당에 가입한 조훈은 1921년 5월 열린 고려공산당(이르쿠츠크파) 창립대회에서 국제공산청년회(КИМ) 파견 대표자로 선임됐다. 이후 6월 모스크바에서 열린 코민테른 3차 대회에 참석하고, 7월에는 국제공청 총회에 조선대표로 참가했다. 여기에서 조훈은 국제공청의 전권위원이 됐다. 이후 조선과 중국에서 전개된 한인 혁명가들의 공산청년회 운동은 조훈을 중심으로 전개됐다.

비록 지금까지는 크게 주목을 받지 못했지만, 한국의 혁명운동과 사회주의운동에서 조훈의 역할은 매우 컸다. 코민테른 집행위원회 집행위원으로 선출된 박진순처럼 국제공청의 중앙집행위원인 조훈의 권위는 매우 높았다고 생각된다. 더욱이 동양혁명을 총괄하는 자격을 가졌던 박진순이 이후 코민테른 원동비서부의 창립과 상해파, 이르쿠츠크파의 파쟁으로 인해 역할과 활동에서 제약을 받을 수밖에 없었던 반면, 조훈은 국제공청 집행위원으로서의 권위를 통해 조선 혁명의 새로운 세대들을 지도할 수 있었다. 그리고 조훈이 북경에서 결성한 고려공청 중앙총국에서 활동하며 공산주의자가 된 박헌영, 김단야 등이 국내에서 조선공산당과 고려공청을 조직함으로써 결국 조훈의 길이 초기 한국사회주의운동의 길이 되었다고 할 수 있다.

논문 출처

2019, 「국제공산당과 국제공산청년회 속의 한인 혁명가: 박진순과 조훈의 활동 비교」, 『마르크스주의연구』 16-3.

참고문헌

1. 자료

1) РГАСПИ(러시아국립사회정치사문서보관소) 자료

Ф.495 оп.2 д.6 л.10. Доклад No.272 из протокола заседании малого бюро ИККИ, 1921. 1. 15.

Ф.495 оп.135 д.14 л.1об. Протокол No.1 собрания Корейской коммунистической ячейки 7-го марта 1920 года г. Иркутск.

Ф.495 оп.135 д.19 л.51об. Протокол No.21 заседания Центрального Комитета Корейских коммунистических организации совместно с ответственными корейскими партработниками.

ф.495 оп.135 д.22 л.4-7. Динщунь Пак, Открытое письмо тов. Л. М. Карахану, 1920. 1. 8.

ф.495 2.135 д.22 л.25-28. Доклад уполномоченного Корейской делегации ЦК Корейской Социалистической партии Динщунь Пак Народному Комиссариату по Иностранным Делам, 1920. 1.

ф.495 оп.135 д.22 л.32-33. Пак Динщунь, Письмо Зиновьеву, 1920. 6. 30.

Ф.495 оп.135 д.22 л.62. Чуньу(춘우), Телеграмма Коминтерн No.2, 1920. 10. 17,

Ф.495 оп.135 д.26 л.11. Доклад тов. Ли-Иншеви о Корейской организации “Шин-Мин-Дан” (Ново-Корейская партия), 1920. 7. 13.

ф.495 оп.135 д.38 л.25. Протокол заседания 14 мая: 14-ое заседание.

Ф.495 оп.135 д.47 л.97. 한인사회당총간부대표(제3국제공산당 한인부) 李東輝 · 金立 · 金圭冕 · 朴鎭順, 「제3회 한인사회당 대표회 소집통지서」, 1921. 4. 1.

Ф.495 оп.135 д.47 л.136-137. 春谷, 「東海 동무여」, 1931. 3. 26.

ф.495 оп.135 д.55 л.1. Постановление комиссии президиума ИККИ по Корейским делам, 1922. 4. 22.

Ф.495 оп.135 д.63 л.29-35. Ким Мангем, Краткий очерк о корейском коммунистическом движении (История образования Иркутской и Щанхайской групп).

Ф.495 оп.135 д.64 л.51-57. История и деятельность нейтральной коркомпартии: доклад делегата Тену.

ф.495 оп.135 д.98 л.122-129. Секретарь ЦБККСМ Пак Хенен, Исполительному Комитету КИМ, отчет ЦБ Корейского КСМ, 1924. 12. 10.

Ф.495 оп.154 д.2 л.2-5. Председатель Времен. Бюро Востазиат. Секретариата Виленский, Краткий Доклад о зарубежной работе среди восточно -азиатских народов.(период сентябрь-1919 г. по август-1920 г.).

Ф.495 оп.154 д.27 л.39-44. Доклад исполкому Коминтерна об организации и деятельности секции восточных народов при СИББЮРО ЦК РКП, 1920. 12. 22.

Ф.495 оп.154 д.78 л.1-2. Положение о Дальневосточном секретариате Коминтерна.

Ф.495 оп.154 д.78 л.5. 「원동비서부와 원동국의 관계(노문)」.

Ф.495 оп.154 д.91 л.1-2. Список сотрудников дальне-восточного секретариата коминтерна состаящих на лицо 1-му наября 1921 г. согласно утвержденных штатов от 1-го июля с.г.

Ф.495 оп.228 д.440 л.4. 「旅行證明願」.

Ф.495 оп.228 д.440 л.5-6. 「證書」.

ф.495 оп.228 д.440 л.13-14. Мандат No.298, Ⅲ Конгресс Коммунистического Интернационала.

ф.495 оп.228 д.440 л.18. Мандат No.49, Ⅲ Конгресс Коммунистического Интернационала Молодежи.

Ф.495 оп.228 д.440 л.24-25. Анкетный лист, Те-хун, 1936. 2. 11.

Ф.495 оп.228 д.440 л.53. Справка Те-хун, 1936. 4.
Ф.495 оп.228 д.440 л.78. Ким Чун Сен, Материал против члена ВКП(б) Те-Хуна, 1937. 7. 25.
Ф.495 оп.228 д.481 л.51-56. Краткая автобиография Пак-Диншун а, 1937. 10. 10.
Ф.495 оп.228 д.481 л.70. В интернациональную контрольную комиссию докладная записка о 400 тыс. рублях члена Корейской компартии Пак-Диншунь, 1928. 9. 11.
Ф.495 оп.228 д.481 л.76-82об. В интернациональную контрольную комиссию автобиографические сведения члена Корейской компартии Пак -Диншунь, 1928. 12. 22.
ф.533 оп.10 д.1880 л.17-19. 상해고려공산청년단 대표, 『보고』, 1921. 11,
ф.533 оп.10 д.1885 л.13-14об. Доклад ЦБ Коркомсомола, 1924.
ф.533 оп.10 д.1891 л.137. 박헌영, 「조훈 동무 매우 느젓습니다」, 1925. 1. 25.
ф.533 оп.10 д.1908 л.1-9. 「高共青一般進行情況」, 1925(?).

2) 자료집

김준엽, 김창순 편, 1976, 「在魯高麗革命軍隊沿革」, 『韓國共産主義運動史 資料篇』 2권, 아세아문제연구소.
김철수, 1999, 「본대로, 드른대로, 생각난대로, 지어만든대로」, 『遲耘 金錣洙』, 한국정신문화연구원 현대사연구소.
윤병석 편, 1998, 「老兵 金規勉 備忘錄」, 『誠齋 李東輝 全書』 下卷, 독립기념관 한국독립운동사연구소.
이인섭, 「한인사회당-한인공산당 대표회와 중앙간부에서 토의 결정하였던 문제들」, 『이인섭 친필 노트』 12권.
이인섭, 「한인사회당」, 『이인섭 친필 노트』 35권.
이인섭, 「알렉산드라 페트로브나 김-스탄케비치를 추억하면서」, 『이인섭 친필노트』 30권.
이정박헌영전집편집위원회, 2004a, 『이정 박헌영 전집』 2권, 역사비평사.
이정박헌영전집편집위원회, 2004b, 『이정 박헌영 전집』 4권, 역사비평사.

2. 저서

김준엽, 김창순, 1967, 『한국공산주의운동사』 1권, 청계출판사.

반병률, 1998, 『성재 이동휘 일대기』, 범우사.

십월혁명십주년 원동그녀념준비위원회 편찬, 1927, 『십월혁명십주년과 쏘베트고려민족』, 해삼위도서주식회사.

이극로 지음, 조준희 옮김, 2014, 『고투 사십년』, 아라.

이인섭 지음, 반병률 엮음, 2013, 『망명자의 수기』, 한울아카데미.

임경석, 2003, 『한국사회주의 기원』, 역사비평사.

Г. М. Адибеков, Э. Н. Шахназарова, К. К. Шириня, 1997, *Организационная структура Коминтерна*, Москва РОССПЭН.

Матвей Ким, 1979, *Корейские интернационалисты в ворьбе за власть советов на Дальнем Востоке(1918-1922)*, изд, наука, Москва.(이 책은 1990년 『일제하 극동시베리아의 한인 사회주의자들』(역사비평사) 이라는 제목으로 번역되었다.)

Ким Сын Бин, 1981, *Очерк партизанского движения Корейцев на Дальнем Востоке(1918-1922)*.

Светлана Ку, 2000, *Корейцы жертвы политических репрессий в СССР 1934~1938*, том 1, Москва.

3. 논문

임경석, 2008, 「코민테른의 1922년 4월 22일자 한국문제결정서 연구」, 『대동문화연구』 62집.

임경석, 2019, 「반식민주의 역사인식과 마르크스주의 -박진순의 『개벽』 기고문을 중심으로-」, 『사림』 제56호.

전명혁, 2006, 「1920년 코민테른 2차대회 시기 박진순의 민족 식민지 문제 인식」, 『한국사연구』 134집.

А. Н. Ярёменко, 1923, “Дневник Коммуниста”, *Революция на Дальнем Востоке*, выпуск I, государственное издательство, с.133-279.

Ив, Гоженский, 1923, “Участие корейской эмиграции в революционном движении на Дальнем Востоке”, *Революция на Дальнем Востоке*, выпуск I, государственное издательство.
Пак Диншунь, 1919, “Социалистическое движение в Корее”, *Коммунист Интернационал*, М-Пг., No,7-8.

20 신간회 인천지회와 지역유지

윤효정

1. 머리말

신간회는 민족단일당 형태의 협동전선으로 창립에서 해소까지 근 4년간 존재했다. 그리고 신간회에는 비타협적 민족주의자들(좌파 민족주의자들 혹은 민족주의 좌파)과 사회주의자들이 참여했다고 알려져 있다. 전자는 통상적으로 1920년대 중후반 민족주의 운동 계열에서 자치운동이 대두되었을 때 이에 반대해 반자치 항일 노선을 견지한 이들로 정의[1]된다.

민족주의자들 중 비타협적 조류가 신간회에 참여했다는 입론은 중앙 차원뿐 아니라 신간회 지회(이하 지회)에도 적용되면서, 지회 참여자들

1 조지훈, 「한국민족운동사」, 고려대학교 민족문화연구소 편, 1964, 『한국문화사대계』 1, 774쪽; 박찬승, 1993, 「1920년대 중반~1930년대 초 민족주의 좌파의 신간회운동론」, 『한국사연구』 80, 74쪽; 이균영, 1993, 『신간회 연구』, 역사비평사, 46쪽.

의 성격 파악에서 신간회 창립 이전 항일독립운동의 경험이 하나의 분석 기준이 되었다.[2]

그러나 학계 일각에서는 그간 자치운동 진영으로 분류된 이들의 신간회 참여가 검출되었다. 즉 자치운동을 지지했다고 알려진 천도교 신파와 기독교 계열의 수양동우회 인사들도 신간회에 입회했다는 점이 해명되었다.[3] 이들의 신간회 참여는 신간회의 성격으로 이해된 비타협성·항일성을 불안정하게 만들었다.

게다가 신간회 운동론에 대한 재분석이 시도되었다. 비타협적 운동은 타협운동(자치운동)과 대립할 때에만 유의미성을 가진 수동적인 운동이었다는 견해[4]가 제시되었다. 또한 그간 비타협적 민족주의자들과 제휴를 천명한 사회주의자들의 정치 선언문으로 알려진 '정우회 선언'이 조선 자치제 실시를 염두에 둔 무산계급의 합법정당 운동론, 즉 '의회' 참가전술을 표현한 합법정치운동론으로 분석[5]되기도 했다. 이는 반자치·비타협이라는 신간회 운동의 성격에 대한 근원적인 문제제기였다.

또한 신간회 운동론의 핵심을 '당면한 일상적 이해'에서 찾고 이를 합법정치운동론으로 개념화한 연구[6]도 진행되었다. '일상'의 발견은 기

---

2 이균영, 1993, 앞의 책, 375쪽; 강재순, 1996, 「신간회 부산지회와 지역사회운동」, 『지역과 역사』 1, 1996, 42쪽; 김승, 2004, 「한말·일제하 밀양지역 민족운동과 사회운동」, 『지역과 역사』 15, 234쪽; 이윤갑, 2004, 「일제하 경상북도 지역의 신간회 지회운동」, 『동방학지』 123, 261쪽; 남정원, 2006, 「1920년대 후반 신간회 대구지회의 설립과 활동」, 『계명사학』 17, 305쪽.

3 김권정, 2000, 「기독교세력의 신간회 참여와 활동」, 『한국민족운동사연구』 25; 장규식, 2001, 「신간회운동기 기독주의 사회운동론의 대두와 기독신우회」, 『한국근현대사연구』 16; 이현주, 2003, 「일제하 (수양)동우회의 민족운동론과 신간회」, 『정신문화연구』 92; 성주현, 2005, 「1920년대 천도교의 협동전선론과 신간회 참여와 활동」, 『동방학보』 10.

4 한상구, 1994a, 「1926~28년 민족주의 세력의 운동론과 신간회」, 『한국사연구』 86, 162쪽.

5 한상구, 1994b, 「1926~28년 사회주의 세력의 운동론과 신간회」, 『한국사론』 32, 202~213쪽.

존 비타협적 운동론 속에서 외면되거나 그것과 반대[7]되는 요소의 부각이었다. 이는 타협 · 비타협의 구도에서 벗어나 신간회 운동을 바라봐야 한다는 지적이었다.

한편 '정우회 선언'이 다시금 탐구의 대상이 되면서, 그것이 사회주의자들의 '혁명운동 전술'로 자치운동을 부정하지 않는 일종의 개량운동 노선으로 파악[8]되기도 했다. 또한 지회 운동을 지역정치라는 맥락에서 지역민들의 일상이익에 주목해 분석한 연구[9]도 진행되었다. 이는 식민지 체제와 대립적이지 않았던 신간회 운동의 속성을 나타낸 것이었다.

이처럼 신간회 연구는 참여 인사들의 성격, 참여 정치세력의 운동론, 지회 운동의 일상 이익 운동 등 여러 차원에서 타협－비타협의 이항대립 구도를 벗어나는 방향으로 진행되어 왔다.

이 연구는 그간 신간회 운동의 비타협적 성격에 대한 학계의 의문을 공유하면서 신간회 인천지회(이하 인천지회)의 참여 주체를 세밀하게 살펴보고자 한다. 인천지회는 지역유지들이 적극 참여한 사례에 해당한다. 이들은 기존 신간회의 참여 세력으로 알려진 비타협적 민족주의 세력과 사회주의 세력에 속하지 않는 층위였다.

---

6 윤덕영, 2010, 「신간회 창립과 합법적 정치운동론」, 『한국민족운동사연구』 65, 113~114쪽.

7 '당면이익획득운동'은 민족개량주의 운동의 한 갈래로 분류(지수걸, 「1930년대 초반기(1930~33) 사회주의자들의 민족개량주의운동 비판」, 학술단체연합심포지움 준비위원회 엮음, 1988, 『80년대 한국 인문사회과학의 현단계와 전망』, 역사비평사, 274쪽)되었고, '합법운동', 자치운동과 동일선상에서 이해(박찬승, 1992, 『한국근대정치사상사연구』, 역사비평사, 1992, 349~350쪽)되었으며, 비타협적 운동과 대립적인 것으로 파악(이애숙, 1994, 「세계 대공황기 사회주의진영의 전술 전환과 신간회 해소문제」, 『역사와 현실』 28, 75~76쪽)되었다.

8 김영진, 2016, 「정우회 선언의 방법과 내용」, 『사림』 58, 94~95쪽.

9 김영진, 2022, 「신간회 경서지회와 지역정치」, 『한국학연구』 33.

지역유지는 재산·학력·당국 신용·사회 인망을 갖춘 지역사회의 유력자로 식민지 지방 통치 체제에서 형성·발전된 총독정치의 매개집단으로 정의되며, 이들은 공식적인 정치 부문인 지방자문기관 뿐 아니라 비공식적 차원의 여러 사회단체에도 관여했다.[10]

그리고 이들의 정치적 성격은 민족을 기준으로 파악되지 않는다. 지역유지층은 식민당국의 신용과 사회 인망이라는 민족을 기준으로 할 때 모순적인 요소를 모두 갖추고 있었다.[11] 즉 이들은 식민권력과 밀접하면서도 조선 민중으로부터 지지받았다는 점에서 친일과 항일의 구도로 파악하기 어려운 존재였다. 그리고 신간회 공주지회 사례에서 지역유지의 참여가 검출되었다.[12] 지역유지에게 신간회 지회는 이들이 비공식적으로 참여한 여러 사회단체 중 하나였던 셈이다.

민족(민중)과 식민 통치의 중간에 있었던 지역유지의 지회 참여는 비타협과 항일의 틀에서 벗어나 신간회 운동을 새롭게 이해하려고 할 때 주목할 만하다. 이념을 떠나 지역 사회를 단위로 민족·사회운동을 전개했던 이들과 지역유지층의 연대 사례는 항일이 아닌 합법, 정치, 일상, 개량 등을 키워드로 한 새로운 신간회 이해를 보완해 줄 것이다.

그간 인천지회는 주로 신간회 해소운동(이하 해소운동)과 관련해 다뤄져 왔다.[13] 따라서 해소운동의 주체에 대한 관심에 비해 지역유지를 포함한 전반적인 인천지회 참여 인사들에 대한 관심은 부족했다고 할 수

10 지수걸, 1996, 「일제하 공주지역 유지집단 연구: 사례 1－서덕순(1892~1969)의 '유지 기방'과 '유지 정치'」, 『역사와 역사교육』 1, 62쪽; 2010, 「지방유지의 '식민지적' 삶」, 『역사비평』 90, 157쪽.

11 지수걸, 1999, 「일제하 충남 서산군의 '관료－유지 지배체제': 『瑞山郡誌』(1927)에 대한 분석을 중심으로」, 『역사문제연구』 3, 1999, 58쪽.

12 지수걸, 1996, 앞의 논문.

13 이균영, 1993, 앞의 책, 476~479쪽; 이애숙, 1994, 앞의 논문, 63~64쪽.

있다.

이 연구는 설립에서 해소까지 전 시기에 걸쳐 지역유지층의 참여와 이탈에 주목해 인천지회 간부진의 구성과 성격을 전반적으로 살펴보고자 한다.

본문에서는 첫째, 조선공산당(이하 조공) 인사들을 비롯한 지역 사회 활동가층과 더불어 지역유지층의 지회 참여 실태를 검토하고자 한다. 인천지회 설립 이전 지역유지들이 중심이 되어 조직한 신정회(新正會)에 주목했고, 지회 내에서 지역 사회 활동가층과 지역유지층의 협동과 견제가 어떻게 나타났는지 살펴볼 것이다.

둘째, 인천지회의 활동을 조선 민족의 일상이익 옹호 운동이라는 맥락에서 살펴보고자 한다. 이를 통해 지역 사회 활동가들과 지역유지들이 신간회 내에서 협동했던 범주가 확인될 것이다. 또한 회원 수의 변화상, 간사회 · 집행위원회의 개최 추이, 활동 상태 등을 중심으로 인천지회 운동의 시기 구분을 시도하고자 한다.

마지막으로는 해소를 가결한 인천지회 정기대회의 경과 과정과 지역 사회 활동가들의 지역유지 배제와 지역유지층의 이탈을 통해 지역운동 차원에서 해소가 가지는 의미를 파악해 보고자 한다.

2. 지역 사회 활동가층과 지역유지층의 신간회 인천지회 설립

인천 지역에서 신간회 지회 설립 문제는 1927년 11월경에 가시화되었다. 그리고 24일 개최된 설립준비위원회에서 선정된 설립준비위원들은 이후 인천지회 간부진의 모태가 되었다. 강복양(康復陽), 고일(高逸, 高義璇), 곽상훈(郭尙勳), 김헌식(金憲植), 이범진(李汎鎭), 유두희(劉斗熙), 최진하(崔晋夏)가 이에 해당했다.

인천지회 설립준비위원은 크게 두 그룹으로 구분할 수 있다. 첫째는 고일, 유두희, 강복양, 곽상훈 등 지역사회 활동가들이다. 우선 고일과 유두희는 비밀결사 조공의 당원이었다. 이들은 모두 1925년 조공에 가입했고, 같은 해 11월과 1926년 여름의 제1 · 2차 검거를 피해 1927년 12월 초순 인천 야체이카를 복구했다.[14]

조공의 활동은 합법적 대중단체 활동과 연동되었다. 조공은 1926년 6 · 10만세운동으로 불거진 대검거 이후 같은 해 12월 제2차 당대회를 기점으로 활동을 재개했다. 당대회의 중요 결정은 민족당 방침으로 1927년 2월에 창립된 신간회는 그 실현물이었다.[15] 또한 조공은 청년운동 부문에서는 기존 계층 · 직업 · 성별 등으로 구분된 청년단체들을 해체하고 지역별 청년단체로 단일화를 꾀했다.[16]

고일과 유두희의 합법적 대중단체 활동은 이와 같은 조공의 전반적인 민족 · 사회운동의 재편 과정과 맥을 같이했다. 이들은 기존 인천청년연맹의 해체와 인천지역 단일 청년단체인 인천청년동맹(이하 인천청맹)의 창립을 위해 활동[17]했고, 고일은 1927년 11월 28일 인천청맹 발회식과 제1회 총회에서 집행위원장으로 선출되었다.[18] 또한 인천청맹의 정비

---

14 京高秘 第8036号, 昭和3年10月27日, 「秘密結社朝鮮共産黨並ニ高麗共産青年會檢擧ノ件」, 梶村秀樹 · 姜德相 編, 1972, 『現代史資料』 29, みすず書房, 99쪽; 「朴慶浩等 13名事件 豫審終結決定書全文」(1), 『朝鮮日報』 1930. 6. 25.

15 최규진, 1997a, 「1920년대 말 30년대 초 조선 공산주의자들의 신간회 정책」, 『대동문화연구』 32, 266쪽; 임경석, 2002, 「김철수와 조선공산당 제2회 대회」, 『역사비평』 60, 184쪽; 전명혁, 2006, 『1920년대 한국 사회주의 운동 연구』, 선인, 319쪽.

16 1927년 청년운동의 재편 과정에 대해서는, 안건호 · 박혜란, 「1920년대 중후반 청년운동과 조선청년총동맹」, 한국역사연구회 근현대청년운동사 연구반, 1995, 『한국 근현대 청년운동사』, 풀빛 참조.

17 「仁川青聯解體와 青年同盟創立」, 『朝鮮日報』 1927. 9. 28.

18 「仁川青年同盟 發會式과總會」, 『朝鮮日報』 1927. 12. 1.

와 거의 동시에 신간회 지회 설립 준비가 시작되었다. 이처럼 1927년 11월 하순 합법 공간의 인천청맹 창립과 신간회 지회 설립 운동은 같은 해 12월 초순 이면의 조선공산당 인천 야체이카의 복구 과정과 짝을 이루었다.

이외 강복양은 인천 지역의 노동운동가로, 인천지회 설립 이전까지 줄곧 인천노동총동맹의 간부[19]로 활동했다. 또한 곽상훈은 인천소년단의 단장[20]이었다. 이 두 명의 사상 지형을 보면, 강복양은 조공의 당원이었던 유두희, 고일, 이승엽(李承燁) 등과 함께 인천노동총동맹에서 설립한 무산 아동을 위한 노동학원의 교사[21]였다. 비밀결사 활동을 하지는 않았지만 사회주의 사상을 지녔던 것으로 보인다. 한편 곽상훈의 경우 민족주의자였다는 증언[22]이 있다.

이 지역 사회 활동가들은 인천지회 간부진을 정리한 〈표 1〉에서 보듯 1927년 12월 5일 인천지회 설립대회에서 선정된 간사진의 한 부분을 차지했다. 강복양, 곽상훈, 유두희는 간사로 선출되었고, 새롭게 등장한 조준상(曺埈常)은 인천 야체이카에 속했던 조공 당원이었다.[23] 게다가 강복양, 곽상훈, 유두희는 임시간사회에서 총무간사로 선정되었고, 유두희와 고일은 대의원으로 선출되었다.

한편 유창호(柳昌浩)는 인천무도관의 간사장으로 체육인이었다.[24] 지역 사회의 대중운동 단체의 임원을 지낸 적은 없으나 무도관 사업의 일환

19 「仁川勞總의 常務執行委員」, 『朝鮮日報』 1925. 8. 2.

20 「仁川少年軍總會」, 『東亞日報』 1925. 6. 26.

21 「仁川勞働學院開學」, 『朝鮮日報』 1925. 9. 4. 이승엽은 1925년 9월 조선공산당에 가입했다(「朝鮮共產黨 判決書全文」②, 『朝鮮日報』 1928. 3. 5).

22 安喆洙 증언(이균영, 1993, 앞의 책, 531쪽에서 재인용).

23 「高麗共產青年會員身元調」, 高等法院檢事局事相部, 『思想月報』 1-5, 1931. 8, 282쪽.

24 「仁川武道館創立」, 『朝鮮日報』 1927. 6. 14.

으로 무산 아동을 위한 교육사업을 병행[25]했고, 인천지회 설립 당시 무도관을 인천지회의 임시 회관으로 제공[26]했다. 즉 그는 인천 지역의 영향력 있는 체육 인사로서 지역 사회 운동을 후원했다.

요컨대 설립대회를 통해 구성된 인천지회 간부진의 한 축에는 비밀결사 조공이 있었고, 표면적으로는 청년 · 노동 · 소년 운동 부문의 지역 사회 활동가층이 있었다. 그리고 이들의 정치이념은 사회주의와 민족주의를 포괄했다.

인천지회 설립의 두 번째 부류는 지역유지층이었다. 설립준비위원 중 김헌식, 이범진, 최진하가 이에 해당했다. 이들 3인은 인천 조선물산소비조합의 창립위원[27]이었고, 김헌식과 이범진은 각각 동조합의 감사[28]와 이사장[29]을 지냈다. 한편 김헌식은 인천금융조합의 감사[30]이기도 했다.

그리고 이들은 언론인이었다. 김헌식과 이범진은 동아일보 인천지국을 경영했던 이우구락부(以友俱樂部)의 멤버[31]이자 각각 동아일보 인천지국 지국장과 기자[32]로 언론 방면에 영향을 미쳤다. 또한 최진하는 조선일보의 지국장이었다.[33]

또한 이들은 광범위한 지역 사회의 네트워크를 통해 학교 후원과 같

25 「仁川武館에 兒童學院創立」, 『朝鮮日報』 1927. 8. 23.

26 「新幹仁川支會 去5日에創立」, 『東亞日報』 1927. 12. 8.

27 「消費組合의發起總會」, 『朝鮮日報』 1923. 1. 30.

28 「消費組合任員會」, 『朝鮮日報』 1923. 6. 18.

29 「最後까지奮鬪하자」, 『東亞日報』 1924. 4. 30.

30 「仁川金融組合總會」, 『朝鮮日報』 1923. 4. 18.

31 「7個團體參加」, 『東亞日報』 1924. 1. 16; 「以友俱樂總會」, 『東亞日報』 1924.04.16.

32 「社告」, 『東亞日報』 1927. 9. 14; 「4社支局協調로 仁川記者團發起」, 『朝鮮日報』 1926. 1. 24.

33 「謹告」, 『朝鮮日報』 1931. 2. 8.

은 지역 사업을 전개했다. 김헌식, 이범진, 최진하는 각각 인천공립보통학교 후원회의 회장, 평의원, 교장감사역을 맡았고, 이 후원회는 조선인 유력자뿐 아니라 재조일본인들을 포괄했다.[34] 한편 이범진은 정리총대(町里總代)를 선정하기 위한 전형위원 중 한 명[35]으로, 부(府) 행정에 관여했다.

이처럼 인천지회 설립준비위원에 참여했던 한 그룹은 물산장려운동처럼 민족운동에 참여하고 민족 언론에 영향을 미치기도 했지만, '지역'이라는 카테고리 아래 민족적 경계를 넘나들면서 지역 개발 운동을 전개했고 정치적으로는 식민지 지방 행정에 주변적으로 개입한 지역유지층이었다.

이후 인천지회 설립대회를 계기로 더 많은 지역유지들이 신간회 운동에 개입했다. 우선 설립준비위원이었던 김헌식, 이범진, 최진하 중 이범진과 최진하는 간사로 선출되었고, 이 중 최진하는 총무간사로 선정되었다(〈표 1〉).

또한 지회장이었던 하상훈(河相勳), 간사 서병훈(徐丙薰), 홍재범(洪在範), 양제박(梁濟博) 역시 지역유지층에 속했다. 하상훈과 홍재범은 인천상업회의소 평의원[36]을 지냈고, 인천물산객주조합의 회계와 조합장으로 활동[37]했던 인천 지역의 대표적인 자본가였다. 이외 서병훈은 이범진이 이사장으로 있었던 조선물산소비조합의 이사[38]였고, 양제박은 조선물

34 「仁普後援會組會」, 『朝鮮日報』 1931. 6. 24.

35 「仁川府各町里總代 選擧銓衡委員決定」, 『朝鮮日報』 1923. 2. 16.

36 「仁商議員選擧 去25日에」, 『東亞日報』 1923. 6. 28; 「仁川商業會議所」, 『朝鮮日報』 1923. 8. 7.

37 「仁川客主組合 第13回定總」, 『朝鮮日報』 1927. 6. 26.

38 「最後까지奮鬪하자」, 『東亞日報』 1924. 4. 30.

산주식회사의 주주[39]였다.

아울러 이들은 다양한 지역 발전을 위한 사회 활동을 전개했다. 하상훈과 서병훈은 이범진과 함께 인천 공립보통학교 후원회의 평의원[40]이었다. 이들의 교육 사업은 민족보다는 지역에 초점이 두어졌다. 이 후원회는 재조일본인들과의 네트워크에 기반해 '지역' 교육의 진흥을 꾀했다. 하상훈의 교육관에서 민족적 요소는 적극적이지 않았다. 그는 '초등 정도의 학교'와 '여자 중등학교'의 부족을 근거로 지역 발전에 필요한 사업으로 교육 사업을 꼽았다. 이와 동시에 '민족적 관념'과 '민족적 각성'을 중시[41]했지만 그의 실천에서 민족 문제는 지역 문제와 분리되지 않았다.

또한 하상훈과 홍재범은 인천 미두취인소의 이전 반대 활동을 전개하면서 '지역' 경제를 옹호했다. 홍재범은 인천부민대회에서 인천의 곡물 집산이 경성에 비해 많다는 점을 근거로 인천 미두취인소의 경성 이전은 '사적인 것'이라 비난했다. 또한 같은 자리에서 하상훈은 인천이 경성에 비해 '기득권'이 있다는 점을 근거로 인천 미두취인소의 경성 이전을 반대했고 지역 경제 측면에서 '단결'하여 총독부에 항의하자고 연설[42]했다.

그리고 하상훈, 서병훈은 언론사에 관계했다. 하상훈은 동아일보의 기자였던 동시에 이우구락부의 간사장을 지냈고, 서병훈은 이우구락부의 임원[43]으로 활동하는 한편 1927년 9월 김헌식이 지국장을 맡기 전까

---

39 「仁川物産의 株主會流會 주주의반대로」, 『東亞日報』 1930. 3. 4.

40 「仁普敎育後援會總會」, 『朝鮮日報』 1923. 7. 14; 「仁普後援會線會」, 『朝鮮日報』 1931. 6. 24.

41 「全朝鮮主要都市16處人士의 地方問題觀」, 『東亞日報』 1930. 4. 4.

42 「仁川府民大會」, 『朝鮮日報』 1931. 4. 2.

지 동아일보의 인천지국장[44]이었다.

마지막으로 정치적 측면에서 지회장 하상훈은 인천부협의원 선거의 추천 후보 중 한 명[45]이었고, 홍재범·양제박과 함께 인천부 정리총대 선거 전형위원 중 하나[46]였다. 즉 이들은 식민지 지방 행정 당국과 크게 대립하지 않았다.

이상 인천지회 설립 주체의 한 축은 경제적으로는 자본가로 교육·경제 등 지역 개발을 위한 사회 활동을 전개하면서 정치적으로는 식민지 지방 당국과 친밀했던 지역유지들이었다. 민족적 관념과 각성을 중시하기도 했지만 이는 지역이라는 범주 내에 머무는 것이었다.

다만 이들은 조선 민중으로부터 친일인사로 인식되지는 않았다. 오히려 이들은 대중으로부터 신뢰받았기 때문에 인천지회의 간부가 될 수 있었다. 대표적으로 하상훈은 설립대회에서 해소를 가결한 마지막 정기대회까지 회장과 집행위원장의 자리를 놓치지 않았다. 다섯 번의 대회 중 하상훈은 1927년 12월 설립대회, 1929년 1월 정기대회에서 회원 투표를 통해 회장이 되었고, 1931년 2월 정기대회에서도 회원 투표로 집행위원장으로 선출되었다. 이외 1929년 7월 임시대회와 1930년 5월 정기대회에서 집행위원장으로 선정된 방법은 자료상 확인되지 않지만, 통상적으로 회장·집행위원장의 경우 회원 투표로 진행되었기 때문에 이 두 번의 대회에서도 투표로 선출되었으리라 여겨진다. 그만큼 하상훈에 대한 사회적 인지도는 높았다.

43 「仁川記者決議」, 『東亞日報』 1924. 3. 10; 「以友俱樂總會」, 『東亞日報』 1924. 4. 16.
44 「社告」, 『東亞日報』 1927. 9. 14.
45 「仁川公認候補 懇談會에서豫選」, 『東亞日報』 1926. 11. 8.
46 「仁川府各町里總代 選擧銓衡委員決定」, 『朝鮮日報』 1923. 2. 16.

요컨대 인천 지역 신간회 운동은 다소 이질적인 두 그룹, 즉 지역 사회 활동가층과 지역유지층을 중심으로 했다. 전자는 합법적인 청년, 노동, 소년 운동 단체에서 활동했지만 비밀결사 조공과 같이 식민지 체제와 대립적인 요소를 품고 있었다. 반면 후자는 식민지 체제와 갈등 요소를 가지고 있었다고 해도 이는 식민지 지방 당국의 통치 영역 내에 존재했다는 점에서 전자와 달랐다.

지역 사회 활동가들, 특히 조공 당원들이 민족협동전선운동의 실천 과정에서 지역유지들과 연대할 수 있었던 이유는 무엇이었을까. 첫째, 신간회 창립 무렵 코민테른의 민족협동전선론이 '일부 중부르조아지'까지 포괄[47]했기 때문이다. 그런데 중부르조아지가 누구이고 '일부'의 범주가 어떠한지에 대한 설명이 생략되었기 때문에 이는 어느 정도 자율적[48]이었다.

결국 문제의 초점은 조공의 활동가들이 중부르조아지와 제휴하고자 했을 때 어떤 요소를 중시했는가이다. 인천 지역에 한정할 때, 조공의 활동가들은 물산장려운동에 주목했던 것으로 보인다. 인천지회 설립 준비위원과 설립대회에서 간사가 된 지역유지 7명은 모두 조선물산소비조합의 발기인이었다.[49] 지역유지들은 경제적으로 자본가들을 포함했고 지역과 민족의 경계에서 사회적 활동을 전개했다. 인천의 조공 당원들은 이들 중 물산장려운동의 경험과 같이 민족적 감수성을 가진 이들을 일차적으로 고려했던 것으로 보인다.

---

47 이는 코민테른의 '4월 결정서'(1927)에 나온다. 이에 대해서는, 최규진, 1997a, 앞의 논문, 268~269쪽; 전명혁, 2006, 앞의 책, 325쪽.

48 김영진, 2021, 「1920년대 중반 코민테른과 민족통일전선: 1926년 3월 결정서에서 1927년 4월 결정서까지」, 『사림』 78, 323쪽.

49 「消費組合發起人」, 『朝鮮日報』 1923. 1. 30.

둘째, 조공의 신간회 운동론이 합법적이고 개량적인 노선[50]이었기 때문이다. 조공의 활동가들은 6·10만세운동의 실패 원인을 대중의 투쟁 역량의 부족[51]에서 찾았다. 즉 사회주의자들의 신간회 기획은 대중의 무기력에서 출발했다. 따라서 조공의 신간회 운동 노선은 6·10만세운동과 같은 대중의 시위투쟁보다는 합법적인 영역 안에서 대중의 의식 각성에 초점이 두어졌다. 따라서 협동 대상을 고려할 때도 항일정신보다는 대중적 영향력 요소를 중요한 기준으로 취할 여지는 매우 컸다.

특히 인천 지역유지층의 사회적, 대중적 영향력은 강력했다. 이는 인천지회 설립 이전에 조직된 신정회의 출범에서 일정 부분 확인된다. 1927년 6월 6일에 창립된 신정회에 대해 당시 언론사들은 '인천 각 방면을 망라하여 계급과 파벌을 타파'한 '전인천적 집단체',[52] '인천 사회를 대표할 만한 기관'[53]으로 칭했고, 그 회원 수가 200여 명에 이른다고 보도했다. 훗날 신간회 인천지회는 67명의 회원으로 설립되었고, 짐작할 수 있는 최대 회원 수는 119명이었다(인천지회 규모에 대해서는 후술). 즉 200명 남짓의 인원을 포괄한 신정회는 지역 사회에서 무시할 수 없는 존재였다.

신정회 창립준비위원들을 보면 지역유지들이 월등히 많았다. 총 12명의 창립준비위원 중 김헌식, 이범진, 최진하, 양제박, 서병훈, 나시극(羅時極), 이창문(李昌文), 이동오(李東旿), 문장백(文章伯) 9명이 이에 해당했다.

50 한상구, 1994b, 앞의 논문, 202~213쪽; 김영진, 2016, 앞의 논문, 94~95쪽; 윤효정, 2022, 「신간회의 '민족동권(民族同權)' 운동과 식민지 체제의 균열적 성격: 재만동포옹호운동을 중심으로」, 『한국학연구』 64, 81쪽.

51 РГАСПИ, Ф.495, ОП.135, Д.146, ЛЛ.20-31, 1927년 2월 10일, 「조선공산당 제2차 창립대회에 대한 조선공산당 중앙위원회 대표 김철수의 보고서」, 강성희 역, 2015, 『러시아문서 번역집 XXI 러시아국립사회정치사문서보관서(РГАСПИ)』, 선인, 180쪽.

52 「全仁川을網羅 新正會創立」, 『東亞日報』 1927. 6. 9.

53 「全仁川을網羅한 新正會創立大會」, 『朝鮮日報』 1927. 6. 9.

나시극은 조선물산소비조합의 창립위원[54]이었고, 이우구락부의 임원[55]이었다. 또한 이동오는 매일신보 기자[56]로, 김헌식, 최진하, 이범진, 서병훈, 하상훈 등이 관계했던 인천공립보통학교 후원회의 평의원[57]이었다. 인천 지역 이익을 위한 활동은 문장백과 이창문에게서도 나타난다. 문장백은 '인천 발전을 위'하여 '인천의 사회사업에 노력하며 발전책을 강구할 기관'임을 자처한 인천진흥회의 위원[58]이었고, 이창문은 인천 미두취인소 이전 반대 활동[59]을 전개했다. 한편 나시극과 이창문은 정리총대 선거 전형위원 중 하나[60]였다.

이처럼 신정회 창립위원들은 지역 발전과 개발을 위한 여러 사업을 전개했을 뿐 아니라 정치적으로는 식민지 지방 통치의 주변에 존재한 지역유지들이었다.

나머지 신정회 창립위원 3인은 곽상훈, 강복양, 고일 등 사회 운동가들이었다. 이들이 신정회 창립의 중심 주체는 아니었을 것이다. 특히 조공의 당원이었던 고일이 신정회의 기획자일 리는 없었다. 무엇보다도 이미 신간회가 창립된 이후였고 '지역단체'임을 표방한 신정회는 민족단일당을 표방한 신간회와는 성격을 달리했기 때문이다. 사실 조공의 입장에서 신정회는 해체해야 하는 대상이었다. 실제 신정회의 해체는 인천지회 설립대회 직후에 개최된 임시간사회에서 논의(〈표 3〉)되었고, 그 제의자는 조공의 유두희[61]였다.

---

54 「消費組合의發起總會」, 『朝鮮日報』 1923. 1. 30.

55 「以友俱樂部總會」, 『朝鮮日報』 1923. 5. 1.

56 「4社支局協調로 仁川記者團發起」, 『朝鮮日報』 1926. 1. 24.

57 「仁普後援會線會」, 『朝鮮日報』 1931. 6. 24.

58 「仁川振興會」, 『東亞日報』 1927. 4. 21.

59 「仁取移轉의 反對를絕叫」, 『東亞日報』 1931. 4. 1.

60 「仁川府各町里總代 選擧銓衡委員決定」, 『朝鮮日報』 1923. 2. 16.

결국 신정회는 지역유지들이 중심이 된 인천 부민들을 포용한 일종의 '시민단체'로 지역유지층의 대중적 영향력을 보여주는 단체였다. 따라서 인천 부민들에게 강한 영향력을 행사하고 있었던 지역유지들은 사회주의자들의 관심 대상이 될 수 있었다.

요컨대 인천의 사회주의자들은 대중적 지지를 받고 있었던 지역유지층에 주목하면서, 이 중 물산장려운동과 같이 민족적 요소를 지닌 지역유지들과 협동했다. 신정회 창립준비위원 중 훗날 신간회 설립에 관여한 지역유지들과 그렇지 않았던 지역유지들의 차이는 물산장려운동이었다. 신간회에 참여하지 않은 지역유지들 중 나시극을 제외한 인사들은 조선물산소비조합과 무관했다.

조공의 당원이 굳이 신정회 창립에까지 참여한 이유는 자료로서 명확하게 확인되지는 않는다. 추론컨대, 신정회에 참여하면서 신정회의 진용을 신간회 지회 설립 운동으로 재편하고자 했던 것으로 보인다. 조공의 김준연(金俊淵)을 초청해 '사회운동과 민족운동의 관계'라는 제목으로 진행한 신정회 주최 사상강연회[62]는 이와 같은 맥락에서 이해할 수 있다. 또한 신정회가 '민족적 단일당 촉성'에 기여해야 한다는 어느 논객의 주관적 기대[63]는 신간회 지회 설립을 준비하고 있었던 조공 사회주의자들의 의지를 넌지시 보여준다. 즉 조공의 인천 신정회 참여는 인천 지역 야체이카와 합법적 대중단체들의 정비가 완료되지 않은 상황에서 신간회 인천지회 설립 준비를 위해 선택한 임시방편이었다고 할 수 있다.

---

61 「仁川支會設立」, 『朝鮮日報』 1927. 12. 8.

62 「仁川思想講演 聽者도熱中」, 『朝鮮日報』 1927. 7. 13.

63 仁川 汕哉學人, 「新正會에與함」, 『朝鮮日報』 1927. 6. 14.

한편 지역유지들의 입장에서도 신간회가 대세가 되어 가던 상황에서 신간회 지회 설립으로 가는 편이 자신들의 사회적 입지를 다지는 데 유리하다고 판단했던 이들이 나타난 것으로 보인다. 신정회가 창립되었던 1927년 6월 6일까지 설립된 신간회 지회는 7개에 불과했다. 그러나 신정회 창립 이후 인천지회의 설립 준비가 본격화된 11월 이전까지 신간회 지회는 61개(누계 68개)로 늘어났다.[64] 즉 신간회 지회 조직의 활성화 상황이 신정회에 참여한 일부 지역유지들의 판단을 변화시켰다고 할 수 있다.

결국 조공을 비롯한 사회 운동가들은 신정회에 가담한 지역유지들 중 물산장려운동에 참여한 이들과 제휴해 신간회 인천지회를 설립했다. 이로써 신정회는 지역유지들의 시민단체에서 신간회 인천지회 설립의 한 기여요소가 될 수 있었다.

그러나 인천지회에 참여한 지역유지들이 물산장려운동에 참여했고 민족적 감성을 가지고 있었고 친일인사로 낙인되지 않았다고 해도 이들은 식민지 체제와 대립하지 않는 혹은 타협하는 성질을 지니고 있었다. 따라서 이와 같은 지역유지들의 정치적 성향은 견제되어야 할 필요가 있었다. 이는 조공 당원들과 사회 활동가들의 총무간사와 대의원 진출로 나타났다.

1927년 12월 5일 설립대회에서 선정한 간부진 중 지역유지층·지역사회 활동가층은 각각 6명(하상훈, 이범진, 서병훈, 홍재범, 양제박, 최진하), 4명(유두희, 조준상, 강복양, 곽상훈)으로 유사한 비중을 차지했다.

반면 같은 날 열린 임시간사회에서 선정한 총무간사진은 세 명의 지

64 윤효정, 2017, 「신간회의 창립 과정 연구: 조선공산당의 활동을 중심으로」, 『민족문화연구』 75, 382쪽 부표에서 집계했다.

역 사회 활동가들(곽상훈, 강복양, 유두희)과 한 명의 지역유지(최진하)로 지역 사회 활동가층의 비중이 훨씬 컸다.

또한 신간회 전체대회에 출석해 의결권을 행사하는 지회 대표 격인 대의원 두 명은 모두 조공 당원(유두희, 고일)이었다. 특히 대의원과 관련해서는 조공의 의도성이 많이 엿보인다. 간사로 선임되지 않았던 고일이 대의원으로 선정되었기 때문이다. 이는 지역유지들과 제휴하면서도 이들의 정치적 위험성을 인지하고 있었던 조공 활동가들의 의도로 파악된다.

이와 같은 인천지회 간부진 구성은 조공 검거 사건으로 유두희, 고일이 체포[65]된 이후에도 크게 달라지지 않았다. 1929년 1월 27일 정기대회에서 선정한 회장·간사 중 지역유지층과 지역 사회 활동가층은 각각 4명으로 같은 비중을 차지했다. 지역유지층은 하상훈, 홍재범, 서병훈 외에 갈형대(葛亨大)가 새롭게 간사가 되었다. 갈형대는 인천 미두취인소 이전 반대 활동을 전개하면서 하상훈 등과의 네트워크를 지니고 있었다.[66]

지역 사회 활동가층은 곽상훈, 강복양 외에 이승엽과 권충일(權忠一)이 충원되었다. 이승엽은 조공 활동으로 복역한 후 1929년 이래 인천지회와 인천청맹에서 활동[67]했고, 권충일은 인천청맹의 활동가[68]로 1929년 1월 인천지회의 간사가 되었다.

그러나 대의원은 강복양, 권충일, 곽상훈으로 모두 지역 사회 활동가

65 유두희는 1928년 7월 말, 고일은 같은 해 8월 8일에 검거되었다(「警察部刑事 仁川서 活動」, 『東亞日報』 1928. 8. 10).

66 「仁川府民大會」, 『朝鮮日報』 1931. 4. 2.

67 「仁川青盟大會 지난11日에」, 『東亞日報』 1929. 5. 14.

68 「仁川青年同盟 發會式과總會」, 『朝鮮日報』 1929. 12. 1.

들[69]이었다. 또한 1929년 2월 17일에 있었던 간사회에서 선정한 총무간사 4인도 모두 지역 사회 활동가들이었다. 강복양, 권충일, 곽상훈 외에 이성규(李星奎)가 충원되었는데, 그는 일찍이 인천노동총동맹에서 강복양, 이승엽 등과 함께 활동[70]했다.

이처럼 인천지회는 조공을 비롯한 지역 사회 활동가층과 지역유지층을 중심으로 설립되어 활동을 전개했고, 전자는 총무간사와 대의원에 적극 진출함으로써 후자의 영향력을 제어하고자 했다.

〈표 1〉 신간회 인천지회 간부진

설립준비회 1927. 11. 24	· 준비위원 康復陽, 高逸, 郭尙勳, 金憲植, 李汎鎭, 劉斗熙, 崔晉夏
설립대회 1927. 12. 5	· 회장 河相勳 · 간사 이범진, 강복양, 곽상훈, 유두희, 徐丙熏, 洪在範, 柳昌浩, 梁濟博, 曹埈常, 金鳳基, 최진하
임시간사회 1927. 12. 5	· 총무간사 곽상훈(서무재정부), 강복양(정치문화부), 유두희(조사연구부), 최진하(조직선전부) · 대의원 유두희, 고일, 후보 곽상훈
정기대회 1929. 1. 27	· 회장 하상훈 · 간사 趙文鉉, 곽상훈, 李承燁, 홍재범, 서병훈, 葛亨大, 강복양, 김봉기, 權忠一 · 대의원: 강복양, 권충일, 곽상훈, 후보 조문현
간사회 1929. 2. 17	· 총무간사 곽상훈(서부재정부), 강복양(정치문화부), 권충일(조직선전부), 李星奎(조사연구부)
임시대회 1929. 7. 26	· 집행위원장 하상훈 · 집행위원 곽상훈(서무부), 서병훈(재정부), 강복양, 韓亨澤(정치문화부), 권충일, 李寶云(조직선전부), 홍재범, 김봉기(조사연구부), 후보 韓萬億, 嚴華燮, 李昌文 · 검사위원 유창호(장), 이승엽, 김봉기

69 「新幹仁川支會 新任役員」, 『朝鮮日報』 1929. 1. 30.

70 「仁川勞總의 常務執行委員」, 『朝鮮日報』 1925. 8. 2.

정기대회 1930. 5. 31	· 집행위원장 하상훈 · 집행위원 곽상훈, 권충일, 서병훈, 한만억, 秦宗赫, 엄화섭, 이보운, 林昌福 · 검사위원 홍재범, 유창호 · 대의원 곽상훈, 권충일, 후보 하상훈 · 경기도연합회 대의원 곽상훈, 권충일, 하상훈.
정기대회 1931. 2. 10	· 집행위원장 하상훈 · 집행위원 권충일, 李昌植, 유창호, 곽상훈, 고일, 이보운 · 검사위원 홍재범(장), 조준상, 서병훈 · 대의원 권충일, 후보 곽상훈 · 해소진행위원 권충일, 유창호, 곽상훈

출처: 「仁川支會準備會」, 『朝鮮日報』 1927.11.27; 「仁川支會設立」, 『朝鮮日報』 1927. 12. 8; 「新幹仁川支會 去5日에創立」, 『東亞日報』 1927. 12. 8; 「新幹仁川支會 新任役員」, 『朝鮮日報』 1929. 1. 30; 「新幹仁川支會幹事會」, 『東亞日報』 1929. 2. 21; 「新幹仁川支會 임시대회」, 『朝鮮日報』 1929. 7. 28; 「仁川新幹大會」, 『朝鮮日報』 1930. 6. 3; 「新幹組織體를 解消키로遂可決」, 『朝鮮日報』 1931. 2. 14.

3. 인천지회의 활동

1) 회원 수의 변동

인천지회 설립준비위원회가 열렸던 1927년 11월 24일 인천지회 회원은 56명이 모집[71]되었다. 그리고 같은 해 12월 5일 인천지회 설립대회가 개최되었을 때 67명의 회원이 입회[72]했다.

설립 이후 인천지회 회원 수의 변동 추이를 보자. 이는 대의원 수를 통해 어림잡을 수 있다(대의원 선출 현황은 〈표 2〉). 신간회 전체대회에 출석해 의결권을 가지는 대의원의 인원은 '회원 30인당 한 명'[73]으로 회원 수에

71 「新幹仁川會準備」, 『朝鮮日報』 1927. 11. 23.

72 「新幹仁川支會 去5日에創立」, 『東亞日報』 1927. 12. 8.

73 「신간회 강령 및 규약」(1927), 이균영, 1993, 앞의 책, 225쪽.

비례했기 때문이다. 이와 같은 신간회 규약에 따라 67명의 회원으로 설립된 인천지회는 두 명의 대의원을 선출할 수 있었다.

그리고 1929년 1월 27일 인천지회 정기대회에서는 세 명의 대의원을 선거했다. 대의원 수의 증가는 회원 수의 증가를 반영했다. 규약에 기준할 때 인천지회의 회원은 처음 67명에서 90명 이상 120명 미만 사이로 증가했다.

이 무렵의 규모는 1930년 5월 31일 정기대회 때까지 유지되었던 것으로 보인다. 이 시기 인천지회의 회원은 116명이었다.[74] 기존 세 명에서 두 명으로 대의원 수가 줄었지만, 이는 지회 규모의 축소 때문이 아니라 규약 개정 때문이었다. 1929년 6월 복대표대회에서 통과된 개정 규약에서는, ▸100명 이하는 1명, ▸100명에서 500명까지는 100명당 1명, ▸500명에서 1,500명까지는 150명당 1명, ▸1,500명부터는 200명당 1명의 대의원을 선출하도록 규정했다.[75] 116명의 회원을 포용한 인천지회는 100~200명 규모의 지회로 대의원은 두 명까지 뽑을 수 있었다.

이후 한 명의 대의원을 선정한 1931년 2월 10일 정기대회 시점 인천지회 회원의 양적 규모는 개정 규약에 근거할 때 '100명 이하'였다. 정확한 수치는 알 수 없지만 116명으로 집계되었던 1930년 5월 회원 수에서 감소한 것은 분명했다.

요컨대 인천지회의 회원 규모는 1927년 12월 67명에서 1929년 1월 90명 이상 120명 미만으로 증가했고, 1930년 5월 116명으로 정체되었다가, 1931년에 접어들면서 100명 이하로 축소되었다. 또한 인천지회는 설립부터 해소까지 신간회 지회 중 규모가 작은 지회에 속했다. 1929년 1월

74 京鍾警高秘 第14794號, 1930年 10月 11日, 「新幹會代表會員選擧狀況ニ關スル件」, 5쪽.

75 「신간회 강령 및 규약」(1929), 이균영, 1993, 앞의 책, 224쪽.

정기대회 시점의 회원 수를 최대 119명으로 어림잡아도 지회 규모를 가늠하는 최소 인원 100명을 크게 초과하는 수치는 아니었기 때문이다.

〈표 2〉 신간회 인천지회 대의원 선출 현황

일자	회합명	대의원 수	대의원 성명
1927. 12. 5	임시간사회	2명	劉斗熙, 高逸, (후보) 郭尙勳
1929. 1. 27	정기대회	3명	康復陽, 權忠一, 곽상훈, (후보) 趙文鉉
1930. 5. 31	정기대회	2명	곽상훈, 권충일, (후보) 河相勳
1931. 2. 10	정기대회	1명	권충일, (후보) 곽상훈

출처: 「仁川支會設立」, 『朝鮮日報』 1927. 12. 8; 「新幹仁川支會 去5日에創立」, 『東亞日報』 1927. 12. 8; 「新幹仁川支會 新任役員」, 『朝鮮日報』 1929. 1. 30; 「仁川新幹大會」, 『朝鮮日報』 1930. 6. 3; 「仁川新幹도 解消를決議」, 『東亞日報』 1931. 2. 14.

2) 간사회·집행위원회의 개최 추이

신간회 지회의 회합은 지회의 의사를 결정하는 지회대회와 지회대회에서 결정한 사안을 집행하는 간사회·집행위원회로 구분된다.

인천지회는 앞에서 언급했듯 꾸준히 지회대회를 열었고 매해 대의원을 선출했다. 이는 전반적인 신간회 지회 상태와 대조된다. 1930년도 신간회 지회의 대의원 선출률은 급격한 하락세를 보였다. 전국 131개 지회 중 지회 자체의 회합을 통해 대의원을 선정한 지회 수는 26개로 20%에 불과했다. 또한 1931년도 대의원 선출률은 15%까지 떨어졌다.[76] 그럼에도 불구하고 인천지회에서는 정기대회를 통해 대의원 선거를 진행했다. 대회 개최와 대의원 선출 현황의 측면에서 볼 때 인천지회의 운영은 안정적이었다.

76 윤효정, 2018, 「1929년 이래 신간회 지회의 쇠퇴 추이 검토」, 『역사학연구』 72, 197쪽.

그러나 간사회·집행위원회의 개최 상황은 이와는 달랐다. 인천지회 간사회와 집행위원회 등 회합 일자와 논의 사항은 〈표 3〉과 같다. 인천지회에서는 1927년 12월 5일 설립대회를 개최했고, 다음 대회인 1929년 1월 27일까지 총 세 차례에 걸쳐 간사회를 열었다. 또한 같은 해 7월 26일 임시대회 시점까지 두 차례의 간사회를 개최했다.

그리고 간사회와 간사회 사이에는 총무간사회가 열렸을 것이다.[77] 간사회가 대회와 대회 사이에 직무 수행을 하는 기관이라면 총무간사회는 간사회와 간사회 사이에 세부 사항을 집행하는 기관이었다. 총무간사는 지회에 따라 선정할 수도 있고 선정하지 않아도 무방했는데, 인천지회의 경우는 총무간사회를 두었다.

이렇듯 1927년 12월 5일 설립 이래 1929년 7월 26일 임시대회 이전까지 인천지회는 다섯 번의 간사회를 열었고, 이 사이 총무간사회를 중심으로 인천지회의 활동을 전개했다고 할 수 있다.

그런데 인천지회는 1929년 7월 26일 임시대회에서 개정 규약에 따라 지회 집행위원장과 집행위원을 선출한 이래 줄곧 집행위원회를 개최하지 못했다. 인천지회 집행위원회는 1930년 11월 5일에 가서야 열렸다. 1929년 7월 26일 임시대회 이래 1년 3개월 이상, 1930년 5월 31일 정기대회 이후 5개월 이상의 시간이 지나간 이후였다. 또한 집행위원회의 미개최는 상무집행위원의 미선정으로 이어졌다.

이처럼 인천지회는 1929년 7월 임시대회 이후 활력을 상실했다. 이는 무엇보다도 경찰의 경계에 기인했다. 경찰은 1929년 7월 인천지회

77 신간회 인천지회 총무간사회의 개최 상황은 신문자료를 통해 확인되지 않는데, 이는 인천지회에만 국한되지는 않는다. 각 언론사는 신간회 본부의 총무간사회·중앙상무집행위원회는 보도했지만, 지회의 총무간사회·상무집행위원회까지는 보도하지 않았기 때문이다.

임시대회에서 '기타 안건'의 모든 토의를 금지[78]했을 뿐 아니라 1930년 2월 12일로 예정된 인천지회의 정기대회 역시 갑작스럽게 금지했다.[79]

또한 광주학생운동 이후 대중시위투쟁 등 지역 사회 운동의 변화는 인천지회의 활동을 제약하는 요소가 되었다. 특히 1930년 3·1만세기념 대중시위투쟁을 위한 격문 산포 사건은 지역 사회 운동의 변화를 예고하는 한편, 인천지회를 비롯한 인천 지역 사회운동 단체 간부들에 대한 검거 확대로 이어졌다.[80]

인천지회의 침체 상태는 1930년 5월 31일 정기대회의 논의 사항에 반영되었다. 대회에서는 임원 개선과 예산, 회비 문제 등 회 운영을 위한 가장 기초적인 사안 정도만을 논의했다. 즉 인천지회 대회는 전체대회에 출석할 대의원을 선출했지만 지난 활동과 앞으로의 비전을 논의하는 공론의 장이 되지 못했다.

그리고 오랜 공백을 깨고 1930년 11월 5일 인천지회 집행위원회가 개최되었다. 그러나 집행위원회의 개최가 인천지회의 활동 재개였다고 보기는 어렵다. 이날의 회합은 무엇보다도 신간회 본부(이하 본부)의 질문에 대한 답변을 위해, 즉 외적인 요청으로 소집되었다. 본부 내에서는 같은 해 9월에 치르고자 한 전체대회가 금지되자 중앙집행위원회에 전체대회의 권한을 대행(이하 대행대회)하자는 의견이 제기되었다. 최종적으로 10월 25일에 열린 중앙상무집행위원회에서는 관련 임시규정을 만들어 각 지회 앞으로 보내 11월 8일까지 회답할 것을 통지하기로 했다.[81]

78 「仁川新幹大會 위원을개선」, 『東亞日報』 1929. 7. 31.

79 「仁川新幹支會 定期大會禁止」, 『東亞日報』 1930. 2. 10.

80 「仁川檄文事件으로 各團體를大搜索」, 『朝鮮日報』 1930. 3. 4.

81 京鍾警高秘 第15445號, 1930年 10月 27日, 「集會取締狀況報告(通報)」, 3쪽.

인천지회 집행위원회는 대행대회안을 중심적으로 논의했고 이에 반대하고 서면대회의 개최를 제의했다(〈표 3〉). 이와 같은 결정은 인천지회 집행위원들의 성실성과 성의를 반영했다. 그러나 집행위원회가 지회 내부의 필요가 아닌 본부 요청이라는 외부적 요인에 의해 개최되었다는 점에서 이를 적극적으로 평가하기는 어렵다.

또한 얼마 후인 1930년 12월 18일 인천지회 집행위원회는 다시 소집되었고 이 자리에서 대행대회를 '부득이 양해'하기로 하고 대행대회에서 선출된 중앙집행위원들을 '인정'하기로 했다. 기존 대행대회를 반대했지만 결과적으로 대행대회를 치른 이상 지회 차원에서 대행대회의 정당성 여부를 다시 타진했던 것이다.

그리고 다른 한편으로 신간회 강령 위반으로 견책된 중앙상무집행위원이 대행대회를 통해 중앙집행위원으로 다시 선출된 점에 대해서는 '부인'하기로 결의했다. 이는 본부 간부 박문희(朴文熺)가 천도교 신파의 주요 인사들을 회견하면서 '신간회 지도 정신에 배치된 언동', 즉 자치운동을 협의했다는 '자치운동 의혹' 사건에 대한 인천지회의 입장이었다. 이 문제는 대행대회 당일 신간회 경성지회 측의 공개적인 문제제기[82]로 신간회 내부에서뿐 아니라 사회적으로까지 불거졌다.

대행대회와 본부 간부의 행위에 대한 지회의 합의된 결정 발표는 인

82 金起林, 「新幹會全體大會代行中央執行委員會光景」, 『三千里』 11, 1931. 1, 10쪽. 박문희의 '자치운동 의혹' 사건에 대한 학계의 해석은 박문희가 자치운동에 가담했다고 보는 경우(梶村秀樹, 「新幹會研究를 위한 노트」, 스칼라피노 · 李庭植 외 6인, 1982, 『신간회 연구』, 동녘, 207~210쪽; 박찬승, 1992, 앞의 책, 351쪽; 이균영, 1993, 앞의 책, 385쪽)와 천도교 신파를 신간회로 포용해 신간회의 대중적 기반을 확대하고자 한 것으로 이해하는 견해(이애숙, 1994, 앞의 논문, 80~82쪽; 김형국, 2000, 「1929~1931년 사회운동론의 변화와 민족협동전선론」, 『국사관논총』 88, 271쪽; 윤효정, 2009, 「민중대회 사건 이후 신간회 중앙본부 주도인물들의 결집과 활동」, 『한국근현대사연구』 51, 345~347쪽; 윤덕영, 2022, 「1930년 전후 합법적 정치 운동의 퇴조와 신간회를 둘러싼 민족주의 세력의 동향」, 『한국학연구』 64, 135~140쪽)로 대별된다.

천지회 집행위원회의 신간회 운동에 대한 관심을 보여준다. 그러나 이 집행위원회의 회의 내용 역시 인천지회 내부의 요구와 향후 전망 등을 포함하지 못했다. 따라서 인천지회 집행위원회의 개최가 즉각적인 인천지회의 활동력 회복을 의미하지는 않았다.

다만 1930년 11월 5일 인천지회 집행위원회에서는 상무집행위원을 선출한 것으로 보인다. 자료 제약으로 말미암아 구체적인 상황을 파악하기는 어렵지만, 이날의 집행위원회에서는 인천지역 사회단체연합회관 건축 기성회 모금을 상무집행위원에게 일임했다. 당일 상무집행위원을 선정했다고 판단된다. 또한 이어서 개최된 12월 18일 집행위원회에서는 1931년도 전체대회를 겨냥한 지회 정기대회를 소집하기로 했고, 이 준비를 상무집행위원에게 맡겼다(<표 3>).

1930년 11월 상무집행위원의 선정과 지회대회의 준비는 인천지회의 활력으로 이어질 수 있는 요소였다. 물론 형식적인 차원에 그칠 수도 있는 것이었다. 즉 인천지회는 1930년 말 지회대회를 눈앞에 두고 현상유지와 변화의 갈림길에 서게 되었다.

그리고 1931년 2월 10일 인천지회의 마지막 정기대회가 열렸다. 이날 인천지회는 임원 개선과 재정 문제 등 회의 기본적인 운영과 관련된 사항뿐 아니라 신간회 해소 문제를 논의했고 오랜 논쟁 끝에 해소를 가결했다. 해소는 전반적인 민족·사회운동의 변화를 의미했다. 즉 인천지회는 전체 운동의 변화에 적극적으로 대응하기로 했다. 따라서 인천지회의 마지막 대회는 지회 운동이 새로운 국면에 들어갔음을 의미했다.

요컨대 인천지회의 활동력은 지회대회의 개최와 대의원 선출 여부를 기준으로 볼 때는 안정적인 것으로 보이지만, 간사회·집행위원회의 개최 현황과 활동 상태에서 볼 때는 활동기·침체기·재편기 등으로 구분된다. 즉 1927년 12월 5일 설립에서 1929년 7월 26일 임시대회 이전까지는 활동기, 1929년 7월 26일 임시대회에서 1931년 2월 10일 정기대회까지는 침체기, 1931년 2월 10일 정기대회 이후는 재편기에 해당된다.

3) 조선 민족의 일상이익 운동

인천지회의 활동은 총무간사회가 중심이 되었다. 이 점은 전반적인 인천지회의 활동 추이에서 확인된다. 간사회의 모임이 있었던 1927년 12월 5일에서 1929년 7월 26일까지의 시기를 보자.

우선 인천 지역에서는 1927년 12월 15일 재만동포옹호동맹(이하 인천동맹)이 조직되었고, 인천지회는 이에 주도적으로 참여했다. 인천동맹은 곽상훈, 고일, 하상훈, 김헌식, 유두희, 강복양, 이범진, 권투(權鬪), 김유근(金有根), 홍재범, 최진하 등 11명의 실행위원을 선출했다.[83] 이 중 인천지회 간부진은 회장 하상훈, 간사 곽상훈, 유두희, 강복양, 이범진, 홍재범, 최진하, 대의원 고일 등 8명이었다. 또한 곽상훈, 강복양, 유두희, 최진하 등 네 명의 총무간사들은 모두 인천동맹에 참여했다(〈표 1〉). 같은 해 12월 5일 총무간사를 선정한 임시간사회 이후 인천동맹의 조직까지 인천지회 간사회가 별도로 소집되지 않았다는 점을 고려할 때, 인천동맹의 재만동포옹호운동은 인천지회 총무간사회가 중심이 되었다고 할 수 있다.

또한 인천지회는 1929년 1월 원산총파업에 대한 대응 활동을 전개했다. 당시 원산상업회의소 측에서는 인천상업회의소에 노동자 모집을 요청했고, 인천상업회의소에서는 이를 다시 국수회(國粹會) 인천지부에 의

83 「友誼的으로解決 이십여사회단체연합으로된 仁川擁護同盟의決議」, 『朝鮮日報』 1927. 12. 17. 본 기사에는 '康渡陽'으로 나오나 '康復陽'의 오기로 보인다.

릐했다. 모집된 노동자들은 300여 명에 달했다.[84]

인천지회, 인천청맹, 인천노동연맹 등의 간부들은 1월 24일 저녁 6시부터 각 노동자들을 방문해 원산총파업에 대한 진상을 말하면서 인천 노동자들의 원산 출발을 저지하고자 했고, 인천지회의 곽상훈과 인천노동연맹의 권투는 원산으로 출발하기로 한 25일 노동자 군중 앞에서 노상 연설을 진행했다.[85] 또한 이 사건으로 검거되어 구류 처분을 받은 이들은 인천지회의 곽상훈, 인천청맹의 권충일과 송공례(宋公禮), 인천노동연맹의 이창식(李昌植)이었다.[86] 인천지회의 곽상훈은 총무간사였다. 이 활동 역시 인천지회 총무간사회와 관련되었다.

마지막으로 경북기근동포 구제 활동을 보자. 1929년 5월 27일 인천경북기근구제회(이하 구제회)가 발기되었다. 구제회는 처음 인천지회와 인천청맹이 중심이 되어 제의되었다. 다만 경찰의 금지로 '인천 유지의 발기' 명목으로 만들어졌다. 구제회의 임원은 회장을 포함해 11명이었고, 인천지회에서는 홍재범, 곽상훈, 이승엽, 서병훈, 이성규 등 5명이 참여했다.[87] 홍재범, 이승엽, 서병훈은 인천지회의 간사였고, 곽상훈은 간사 겸 총무간사였으며, 이성규는 총무간사였다(〈표 1〉). 경북기근동포 구제 운동이 전개되었던 시점 역시 간사회에서 총무간사들을 선출한 이후로 별도의 간사회는 소집되지 않았다. 따라서 이 활동 역시 인천지회 총무간사회가 중추가 되었다고 할 수 있다.

이렇듯 1927년 12월 5일 설립에서 1929년 7월 26일 임시대회까지 인

84 「勞働者出發防止 各團體路上講演」, 『東亞日報』 1929. 1. 26.
85 「國粹會行動阻止로 仁川各團徹夜活動」, 『朝鮮日報』 1929. 1. 26.
86 「路上講演幹部 各各拘留處分」, 『東亞日報』 1929. 1. 27.
87 「萬難을무릅쓰고 饑饉救濟의運動」, 『朝鮮日報』 1929. 5. 30.

천지회는 총무간사회를 중심으로 ▸재만동포옹호운동, ▸국수회 인천지부의 노동자 원산 송출 저지 활동, ▸경북기근동포 구제 운동 등을 전개했다.

이상의 활동 내용은 모두 조선 민족의 일상이익과 관련되었다. 즉 식민지 현실에서 조선인의 삶을 지켜내기 위한 활동이었다. 우선 재만동포옹호운동은 만주 조선인들에 대한 중국 관헌의 추방 사건에 대해 만주에서 조선 민족의 생존과 생활 안정을 도모하기 위한 운동이었다.[88] 원산총파업 시기 국수회 인천지부의 노동자 원산 송출 저지 활동 역시 조선인 노동자의 생존을 위한 활동이었고, 경북기근동포 구제 운동도 어려움에 처한 조선 민족의 생활 보호 운동이었다.

그런데 재만동포옹호운동, 경북기근동포 구제 운동과 원산총파업 지원 활동은 다소 성격을 달리했다. 전자가 민족적 요소가 지배적이었다면 후자는 국수회에 대항적이었다는 점에서 민족적 요소를 지녔지만, 인천상업회의소와 대립했다는 점에서 계급적 요소도 포함했다. 따라서 원산총파업을 지지하는 입장에서 노동자 모집을 막으려 한 활동에 지역유지들은 참여하지 않았다. 이는 전자의 활동에 인천상업회의소에 관계했던 하상훈, 홍재범 등이 참여했던 점과 대조된다. 즉 인천지회는 조선 민족의 일상이익을 위한 활동을 전개했고 지역유지들과 사회 활동가들은 이 중에서도 계급적 요소가 두드러지지 않은 활동을 공유했다.

이처럼 원산총파업 지원 활동에서 인천지회 간부진 내부에는 균열이 일어났다. 그러나 인천 노동자들의 원산행 저지 활동은 지회 내에서 지지받았다. 이 사건 직후인 1929년 1월 27일에 개최된 인천

88 신간회의 재만동포옹호운동에 대해서는, 윤효정, 2022, 앞의 논문 참조.

지회 정기대회에서 곽상훈은 간사로 재선임되었고, 이 활동을 함께 했던 인천청맹의 권충일은 새롭게 간사로 선출되었다(〈표 1〉). 이들은 앞의 사건으로 구류 처분 중이었기 때문에 대회에 참석하지 못했다. 그럼에도 불구하고 인천지회 회원들은 곽상훈과 권충일에 대한 신뢰를 보여주었다.

〈표 3〉 신간회 인천지회의 회합과 논의 사항

일자	회합명	논의 사항
1927. 12. 5	임시간사회	· 총무간사 선정 · 대의원 선거 · 기타 사항(新正會 해체 건, 간사회에 일임)
1928. 7. 11	간사회	· 회비 인상(연 30전에서 1원으로 인상) · 회원 증모의 건 · 사업 진행의 건
1928. 12. 22	간사회	· 대회 개최의 건(1929년 1월 소집) · 회비 정리의 건 · 사임 간사 수리의 건(다음 대회까지 보류) · 신년간친회 개최의 건(총무간사회에 일임)
1929. 1. 27	정기대회	· 임원 개선 및 대의원 선거 · 본부 대회 의안 작성의 건(간사회에 일임) · 본년도 회비에 관한 건(1원으로 인상안 가결) · 기타 사항(계몽운동, 반음주 절제 등)
1929. 2. 17	간사회	· 총무간사 선정 및 부서 결정 · 본부 대회 건의안 작성의 건(총무간사회에 일임) · 회원 모집의 건
1929. 4. 21	간사회	· 본회 규약 초안 심사의 건 · 본 지회 회관에 관한 건 · 지회 회록에 관한 건 · 사임 간사 수리의 건 · 본부 간사 선거 방법의 건 · 기타 사항
1929. 7. 26	임시대회	· 개정 규약 설명 · 임원 개선

일자	회합명	논의 사항
1930. 5. 31	정기대회	· 회계보고 · 임원 개선 · 전체대회와 경기도 연합회 대의원 선거 · 예산안 통과의 건 · 회비에 관한 건 · 회비 정리의 건 · 회관 문제의 건
1930. 11. 5	집행위원회	· 중앙상무집행위원회에서 제정한 임시변법의 건: 반대, 서면 대회 제의 · 회원 정리의 건: 의무를 행하지 못하는 회원 제명 · 사회단체연합회관 건축 기성회의 건: 일반회원의 승인을 얻어 300원을 부담하기로 함(상무집행위원에게 일임)
1930. 12. 18	집행위원회	· 전체대회대행중앙집행위원회의 건: 부득이 양해 - 중앙집행위원 선거 건: 인정 - 견책된 중앙집행위원의 재신임 건: 부인 · 인천지회 대회 소집의 건: 1931년 1월 상순에 개최함(상무집행위원에게 일임)
1931. 2. 10	정기대회	· 임원 개선 · 재정문제: 특별의연금 수시 모집 결정 · 회관문제: 연합회관 건축기성회 조직 당시 부담하기로 한 300원을 모집하기로 함 · 교양문제: 집행위원회에 일임 · 본부 대 경성지회 분규 문제: 조사 후 경고문 발송 · 신간회 해소 문제: 해소 가결, 해소진행위원 선출

출처: 「仁川支會設立」, 『朝鮮日報』 1927. 12. 8; 「畿湖地方」, 『東亞日報』 1928. 7. 14; 「新幹仁川支會 幹事會開催」, 『朝鮮日報』 1928. 12. 23; 「畿湖地方」, 『東亞日報』 1928. 12. 24; 「新幹仁川支會 2回定期大會」, 『朝鮮日報』 1929. 1. 27; 「新幹仁川支會 定期大會」, 『朝鮮日報』 1929. 1. 29; 「新幹仁川支會幹事會」, 『東亞日報』 1929. 2. 21; 「仁川新幹幹事會」, 『東亞日報』 1929. 4. 21; 『朝鮮日報』, 「仁川新幹支會 第5回幹事會」, 1929. 4. 21; 「新幹仁川支會 임시대회」, 『朝鮮日報』 1929. 7. 28; 「仁川新幹大會」, 『朝鮮日報』 1930. 6. 3; 「仁川新幹支會執行委員會」, 『朝鮮日報』 1930. 11. 8; 「新幹仁川支會 執行委員會」, 『朝鮮日報』 1930. 12. 23; 「新幹仁川支會 執行委員會」, 『朝鮮日報』 1930. 12 .23; 「新幹組織體를 解消키로遂可決」, 『朝鮮日報』 1931. 2. 14.

4. 해소운동과 지역유지층의 민족·사회운동 이탈

1929년 7월 26일 임시대회 이래 침체기에도 인천지회 간부진은 지역

사회 활동가들과 지역유지로 구성되었다. 1929년 7월 임시대회에서 선임된 간부진 중 집행위원장 하상훈과 집행위원 서병훈, 홍재범은 지역유지였고, 집행위원 곽상훈, 강복양, 권충일은 지역 사회 활동가들이었다. 또한 검사위원으로 이승엽이 선정되었고, 설립대회에서 간사로 선출되었던 체육 인사 유창호가 검사위원장을 맡았다. 한편 새롭게 집행위원이 된 이보운(李寶云)과 한형택(韓亨澤)은 지역 사회 활동을 적극적으로 한 인물은 아니었다. 관련 기사가 잘 등장하질 않는 편인데 한형택은 문인이었다. 그는 '인천의 신진문사'로 소개[89]되는 한편 아동문학 연구모임 '꽃별회'의 회원[90]이었다.

1930년 5월 31일 정기대회의 간부진 구성 역시 유사했다. 집행위원장 하상훈, 집행위원 서병훈, 검사위원 홍재범은 지역유지였고, 이외 이보운이 다시 집행위원으로 선임되었다. 또한 진종혁(秦宗赫)은 인천의 문인으로 한형택과 활동을 함께했고, 1923년 조선물산장려회에서 연극을 통한 토산장려 선전 사업을 위한 각본 모집에 응모하여 「시드러가는 무궁화(無窮花)」라는 작품으로 당선[91]되었다. 한편 사회 운동가였던 곽상훈, 권충일은 계속해서 집행위원으로, 체육인 유창호는 검사위원으로 선임되었다.

인천지회는 침체 시기 간부 진용을 갖추었지만, 활동을 전개하지 못했고 신간회 내에서 처음 해소론이 불거졌을 무렵에도 이 문제에 큰 관심을 보이지 않았다. 해소론은 1930년 7월 한 팜플렛에서 거론[92]된

89 「文藝誌『習作時代』誕生」, 『朝鮮日報』 1926. 12. 17.

90 「꽃별회창립 아동문예연구회」, 『東亞日報』 1927. 1. 19.

91 「시드러가는 無窮花」, 『東亞日報』 1923. 9. 16.

92 金民友, 1930. 7, 「조선에 있어서 반제국주의 협동전선의 제문제」(배성찬 편역, 1987, 『식민지 시대 사회운동론 연구』, 돌베개에 수록).

이래 같은 해 12월 6일 신간회 부산지회 정기대회 자리에서 제의[93]되면서 신간회의 현안이 되었다. 그러나 12월 18일에 개최된 인천지회 집행위원회에서는 해소 문제를 별도의 안건으로 상정하지 않았다(〈표 3〉).

부산지회에서 해소론이 제기된 이래 찬반 입장을 떠나 지회 차원의 회합에서 논의조차 하지 않는 경우는 드물었다. 즉 1931년 2월 10일 인천지회 정기대회의 해소안은 갑작스러운 것이었다. 따라서 인천지회에서 해소 문제는 12월 18일 집행위원회 이후에 논의되었다고 할 수 있다.

결국 인천지회 정기대회 석상에서 해소 문제가 안건으로 상정되었다는 점을 고려할 때 인천지회에서 해소 문제에 대응했던 이들은 정기대회를 준비한 이들이었다고 할 수 있다. 대회 준비는 상무집행위원들이 맡았다(〈표 3〉).

상무집행위원들이 구체적으로 누구누구였는지는 명확하지 않다. 다만 곽상훈이 상무집행위원이었던 것은 분명했다. 1931년 2월 정기대회 석상에서 '상무집행위원 곽상훈'이 경과보고를 했다[94]고 보도되었기 때문이다. 또한 같은 기사는 권충일이 '회내 정세보고'를 발표했다고 기술했다. 권충일이 인천지회의 상무집행위원이었는지 여부는 분명하지 않지만, 대회 준비에 나섰던 것은 확실했다.

이 중 해소론의 수립과 관련하여 주목되는 인물은 권충일이다. 1929년 이래 조공 재건운동이 시작되었고 같은 해 10월 김단야(金丹冶), 권오직(權五稷)이 중심이 된 조선공산당 조직준비위원회(이하 조직위원회)가 만들어졌다.[95]

93 「釜山新幹大會에서 新幹解消를提唱」, 『東亞日報』 1930. 12. 18.
94 「新幹組織體를 解消키로遂可決」, 『朝鮮日報』 1931. 2. 14.

조직위원회는 코민테른의 '12월테제'에 근거하여 활동을 전개했다. 이 테제에서는 조공의 사회적 구조를 지적하면서 당을 산업 노동자와 빈농에 기반하여 재건할 것을 주문했다.[96] 이에 따라 조직위원회는 인천을 비롯한 산업 중심지를 중심으로 활동했다.[97] 1929년 1월 이래 신간회 간사로 활동했던 이승엽은 같은 해 10월 조직위원회에 참여했다. 그리고 그는 전술했던 1930년 3·1운동 기념 대중시위투쟁을 위한 격문 작성자였다.[98] 이 사건 이후 이승엽은 검거를 피해 도주했다.

그리고 조직위원회가 만들어질 무렵 이승엽은 권충일을 권오직에게 소개했다.[99] 권충일은 3·1운동 기념 대중시위투쟁 사건으로 검거[100]되었지만 석방되었다. 그의 조직위원회 가담 여부는 명확하진 않지만 권충일은 1929년 12월 프로핀테른 앞으로 인천 가토 정미소 파업투쟁 보고서를 제출했다[101]고 한다.

이렇듯 인천지회 내에는 1929년 10월 이래 조직위원회 멤버 이승엽이 활동하고 있었고 권충일 역시 국제 사회주의 기관과 연계되어 있었다. 그러나 인천지회 내에서 큰 변화가 있었던 것은 아니었다. 이는

---

95 조선공산당 재건운동에 대해서는, 이종민, 「당재건운동의 개시」, 한국역사연구회 1930년대 연구반, 1991, 『일제하 사회주의운동사』, 한길사 참조.

96 「조선농민 및 노동자의 임무에 관한 테제(12월테제)」, 한대희 편역, 1986, 『식민지시대 사회운동』, 한울림, 211쪽.

97 「Докладная записка Н. Пака в Восточный секретариат ИККИ о работе корейской организационной комиссии」, 1930. 5. 12, Харуки Вада, Кирили Шириня(Ответственные редакторы), 2007, 『ВКП(б), КОМИНТЕРН И КОРЕЯ』, РОССПэН, 597쪽.

98 「全朝鮮各地에簇出 檄文事件의總本營」, 『東亞日報』 1932. 5. 26.

99 朝保秘 第1258號, 1930年 9月 30日, 「東方勞力者共産大學卒業生ノ取調狀況ニ關スル件」, 韓洪九·李在華 編, 1987, 『韓國民族解放運動史資料叢書』 3, 경원문화사, 677쪽.

100 「警察部緊張 冒雨大活動」, 『東亞日報』 1930. 3. 14.

101 이애숙, 1994, 앞의 논문, 63쪽.

조직위원회에서 신간회에 대한 방침을 가지고 있지 않았기 때문이었다.[102] 따라서 민족·사회운동의 변화가 신간회에까지 영향을 미치지는 않았다.

조직위원회 검거 사건 이후 김단야는 1930년 7월 '국제선' 그룹[103]으로 칭해지는 재건운동 그룹을 만들었다. 그리고 국제선 그룹은 태평양노동조합 계열(이하 태로계)와 연락 관계를 맺고 있었다.[104]

권충일은 1931년 3월 이후 태로 계열의 활동가와 접촉했다고 기록[105]되어 있다. 그리고 그는 같은 해 2월 10일에 개최된 인천지회 정기대회에서 '절대 해소론'을 주장[106]했다. 시기상 해소론 제기가 먼저였기 때문에 권충일의 해소론 수립이 국제선 그룹 혹은 태로계의 대신간회 방침의 직접적인 적용이었다고 단정하기는 어렵다. 그러나 해소론이 민족운동의 판도가 신간회에서 노동자 계급에 기반한 반제투쟁으로 넘어가는 과정에서 등장했던 것은 분명했다.

즉 인천지회의 권충일은 조공 재건운동과 혁명적 노동조합 운동과 관계하면서 신간회 해소론을 정립했고, 시기적으로는 1930년 12월 18일 인천지회 집행위원회 이후에서 1931년 2월 10일 정기대회 이전이었던 것으로 보인다.[107]

---

102 최규진, 1997a, 앞의 논문, 291~294쪽.

103 '국제선' 그룹은 인적인 면에서 1920년대 화요파의 멤버들을 포함하지만 이들은 스스로 과거 화요파와 단절하고자 했고 국제기관인 코민테른 조선위원회의 직접적인 관련을 맺고 있었다(최규진, 1997b, 「'꼼무니스트 그룹'과 태평양노동조합계열의 노동운동 방침」, 『역사연구』 5, 114~115쪽; 임경석, 2004, 「잡지 『콤무니스트』와 국제선 공산주의 그룹」, 『한국사연구』 126, 184~186쪽).

104 이애숙, 1994, 앞의 논문, 62쪽, 65쪽. 태평양노동조합 계열에 대해서는, 김윤정, 1998, 「1930년대 초 범태평양노동조합 계열의 혁명적 노동조합운동」, 『역사연구』 6 참조.

105 昭和10年 刑拱 第508號, 1935年 12月 6日, 「黃相根·權忠一判決文」, 京城覆審法院, 3쪽.

106 「新幹組織體를 解消키로遂可決」, 『朝鮮日報』 1931. 2. 14.

곽상훈 역시 해소 지지자였다.[108] 곽상훈은 권충일과 민족운동의 비전을 같이 하면서 신간회의 해소에 동의했다. 이처럼 1931년 2월 10일 인천지회의 마지막 대회는 권충일과 곽상훈 등 해소 지지자들에 의해 미리 계획되고 준비되었다.

1931년 2월 인천지회 대회는 임원 개선과 토의사항 순으로 진행되었고, 토의사항 중 마지막 안이 해소안이었다. 해소 문제를 둘러싼 논전은 뜨거웠다. 결론을 내리지 못한 해소 논쟁은 결과적으로 표결에 들어갔고, 해소가 가결되었다.[109]

동대회에서는 해소 가결 이후 해소진행위원으로 권충일, 곽상훈, 유창호를 선정했다(〈표 1〉). 유창호는 무도인으로 지역 사회 운동을 후원했던 인물로, 1930년 3·1운동 기념 대중시위투쟁 준비 과정에서 등사판 기구를 대여[110]해 주었다. 사회운동 참여 기록은 확인되지 않지만, 해소 가결 이후 해소진행위원이 선정되었던 정황을 고려할 때 유창호 역시 해소 지지자였다.

이들의 해소론은 앞의 정기대회에서 해소를 가결한 직후인 1931년 2월 14일에 발표한 인천지회 성명서에 잘 드러난다. 이에 따르면, 해소란 신간회를 '소부르조아지 및 인텔리겐차 층의 집단'으로 만들어, 노동자 계급이 지도하는 "××(전투: 필자)적 각 층 집단을 망라한 ××(투쟁: 필자)협

107 태로계의 기관지였던 『태평양노동자』에서 1930년 단계까지는 신간회에 대한 운동 방침은 잘 드러나질 않는다. 신간회 해소 방침은 1931년 단계에서 제기되었다(廉極星, 「新幹運動의 戰闘的 轉換과 佐翼의 當面闘爭任務」, 『太平洋勞動者』 2-4·5, 1931. 4. 5).

108 郭尙勳, 「大衆의속으로」, 『批判』 1-2, 1931. 6, 10쪽.

109 「新幹組織體를 解消키로遂可決」, 『朝鮮日報』 1931. 2. 14.

110 京高秘 第4284號, 1930年 5月 22日, 「朝鮮共産黨再組織計劃檢擧ノ件」, 金俊燁·金昌順 編, 1979, 『韓國共産主義運動史 資料篇』 2, 高麗大學校 出版部, 617쪽.

의기관"으로 구성하는 것이었다.[111]

이는 1920년대 말 이래 코민테른 및 기타 국제기관의 조선 운동 방침을 반영했다. 12월테제에서는 '식민지 민족해방운동'이 노동자 계급의 '민족 부르조아지에 대한 투쟁'과 연결된다고 지적[112]했다. 즉 민족 부르조아지가 일제와 결탁했다는 것으로 4월결정서 단계에서 인정되었던 '중 부르조아지 일부'의 민족혁명성은 부정되었다. 따라서 신간회를 소부르조아지 및 인텔리겐차 집단으로 전환한다는 인천지회가 발표한 해소운동의 첫 단계는 이와 같은 새로운 협동전선운동의 제휴 범위를 반영했다.

또한 이 성명서는 해소운동의 지향이 일제에 전투적이고 투쟁적인 요소들에 기반한 '협의기관'의 조직이라는 점을 밝혔다. 이는 신간회가 해소를 통해 일제 타도를 위해 싸우는 반제협동전선 협의기구의 한 구성요소가 되도록 투쟁 역량을 갖춘 조직으로 재편하겠다는 의지의 표현이었다. 즉 인천지회 활동가들에게 신간회 해소란 신간회를 반일적인 소부르조아지에 기반한 투쟁 조직으로 전환하는 것을 의미했다.

이는 과거 신간회 운동과의 단절을 의미했다. 신간회는 '중 부르조아지 일부'와 제휴했고, 대중의 직접적인 시위 투쟁보다는 합법의 범위 안에서 조선 민족의 생존과 일상을 수호하기 위한 활동을 전개했다. 그러나 이와 같은 조직과 실천은 인천지회 활동가들에게 더이상 유의미하지 않았다. 협동전선의 제휴 대상과 실천 방식 모두를 바꿔야 한다고 판단한 상황에서 신간회는 그 구성요소 중 체제 개량적인 부르조

111 「新幹會解消에 具體案을聲明」, 『朝鮮日報』 1931. 2. 16.

112 「조선농민 및 노동자의 임무에 관한 테제(12월테제)」, 한대희 편역, 1986, 앞의 책, 208~209쪽.

아지를 제외·축출하고 반일적 성향의 소부르조아·지식인층의 조직으로 근원적 개조를 해야만 했다. 인천지회에서 선정한 해소진행위원들은 인천지회 내 소부르조아 중 전투적인 조류를 조직하는 선도적인 역할을 담당할 것이었다.

한편 해소는 과정이었다. 즉 해체와 달랐다. 한 번의 표결, 한 번의 의식으로 해소는 완결될 수 없는 것이었다. 그래서 전투적인 소부르조아층의 조직화와 반제협동전선운동 참여를 지향한 해소운동은 해소 가결 이후에도 수많은 과정을 요구했다.

또한 인천지회 활동가들은 전체대회와 본부의 역할을 중시했다. 이들은 대의원을 선출했고 전체대회에 대비하고자 했다. 즉 전체대회의 의사로 해소를 결정하고 전국적인 차원에서 해소 운동을 전개하고자 했다.

따라서 새롭게 조직한 집행위원회는 중요했다. 해소 문제 논의 이전에 진행되었다고 해도 인천지회의 임원 개선 과정은 해소 운동과 연관성을 지녔다.

> …위원을 개선하였는데, 위원장은 투표에 의하여 하상훈 씨가 잉임되고, 집행위원은 전형제에 의하여 권충일, 유창호, 곽상훈, 이창식, 고일, 이보운 등 6씨로 선정하고, 검사위원은 홍재범, 서병훈, 조준상 등 3씨로, 대의원은 투표에 의하여 권충일 씨로, 후보는 곽상훈 씨로 선정한 후 토의사항에 드러가서…[113]

위 기사에서 보듯 인천지회 대회에서는 집행위원장 선거를 가장 먼저 진행했다. 이는 투표를 통해 이루어졌고, 그 결과 기존 집행위원장

113 「新幹組織體를 解消키로遂可決」, 『朝鮮日報』 1931. 2. 14.

이었던 하상훈이 재선출되었다. 이와 같은 결과는 해소론자들의 의지와는 무관했다. 그러나 하상훈의 집행위원장 당선은 변치 않는 회원들의 신뢰를 반영했다.

이어서 집행위원 및 검사위원 선정이 전형제에 의해 진행되었다. 전형위원의 면면까지 확인되진 않지만, 집행위원 개선에는 해소론자들의 의도가 많이 반영되었다고 판단된다. 선정된 집행위원들은 권충일, 이창식, 유창호, 곽상훈, 고일, 이보운이었다.

이 중 지역유지로 확정할 수 있는 인물은 없었다. 이보운은 특별한 기록이 없는 편인데 지역 사회 운동 참여 이력을 보여주는 자료는 없었다. 결국 집행위원장·집행위원 총 7명의 간부진 중 하상훈 1명만이 지역유지였고 사회 운동가가 아니었던 이들은 2명뿐이었다. 이는 지금까지 지역유지들이 전체 간부진 가운데 절반 이상을 차지했던 것과 대조적이었다.

이처럼 1931년 2월 대회에서 지역유지들은 대부분 집행위원 선정에서 탈락했다. 홍재범, 서병훈 등이 검사위원으로 선정되었지만, 검사위원은 집행위원과 역할이 달랐다. 검사위원은 재정출납, 회원의 비위 행동에 대한 검사와 회무에 대한 감찰을 담당했고 집행위원회에 출석 및 발언만이 인정되었다.[114]

이외 집행위원 권충일, 곽상훈, 유창호는 해소 가결 이후 해소진행위원으로 선정된 이들로 해소론자였다. 이창식 역시 해소 지지자였다. 그는 권충일과 함께 인천청맹의 해소위원[115]이었다. 한편 고일은 조공 검거 사건으로 복역 후 1930년 8월 22일에 출감[116]했다. 해소에 대한 고

114 「신간회 강령 및 규약」(1929) 제33조·제36조, 이균영, 앞의 책, 220쪽.
115 이애숙, 1994, 앞의 논문, 63쪽.

일의 입장은 잘 드러나지 않는다. 그러나 그는 곽상훈, 권충일 등 지역 사회 활동가들과 오랜 인맥을 지니고 있었다. 이는 검사위원으로 선정된 조준상도 같았을 것이다. 그는 고일과 같은 사건으로 검거, 투옥되었고 같은 날짜에 출감했다. 즉 6명의 집행위원 중 5명이 지역 사회 활동가들이었고 이 중 4명이 해소론자였다.

마지막으로 대회에서는 대의원을 투표로 결정했다. 권충일은 대의원으로, 곽상훈은 대의원 후보로 선출되었다. 이와 같은 결과는 권충일, 곽상훈 등의 의도보다는 집행위원장 선거 결과처럼 회원들의 지지를 반영했다. 권충일과 곽상훈 등 해소파가 원하는 결과였다고 해도 말이다. 해소론자들이 사전에 이 대회에 대비했다고 해도 회원들을 설득하는 작업까지는 선행되지 않았던 것으로 보이기 때문이다. 저녁 8시에 시작한 대회에서 해소 문제를 둘러싼 거듭된 논전은 날을 넘겨 새벽 1시까지 진행되었다.[117] 장시간 힘겹게 진행된 논쟁은 회원들을 상대로 해소 지지를 호소한 사전 작업이 진행되지 못했음을 암시한다.

권충일과 곽상훈은 1929년 1월 27일 정기대회 이래로 계속해서 인천지회의 대의원이었다(〈표 1〉). 이와 같은 이들의 인지도가 해소 토의 이전에 진행된 대의원 투표에서 그대로 드러났다고 할 수 있다.

이상 인천지회에서는 1930년 12월 18일 집행위원회 이후 해소 지지자들이 생겨나면서 지회 운동은 침체에서 해소 국면으로 전환했다. 그리고 해소 지지자들은 1931년 2월 정기대회에서 해소파 중심으로 집행위원을 구성하는 한편, 해소 논의를 통해 지역유지 하상훈과 사회 운동가 권충일 · 곽상훈 모두를 신뢰했던 회원 대중의 양면적 심성을 후자

116 「第4次共産黨關係 5氏今朝에出獄」, 『朝鮮日報』 1930. 8. 23.

117 「仁川新幹도 解消를決議」, 『東亞日報』 1931. 2. 14.

로 향하게 했다.

신간회 해소운동은 일부 부르조아지와의 협동, 대중의 의식 각성을 위한 합법적 활동에서 일제와 조선인 부르조아지에 대한 노동자·빈농·소부르조아 층의 직접적이고 실천적인 투쟁으로 전체 민족운동의 재편을 전망하면서 신간회를 전투적 소부르조아지 조직으로 전환하는 과정이었다.

그리고 인천 지역 운동 차원에서 해소는 인천지회의 마지막 대회에서 진행된 임원 개선의 결과가 말해주듯 민족·사회운동에서 지역유지층의 이탈을 의미했다. 지역유지들은 자산가를 포함했고 일제에 저항적이지 않았다. 이들이 조선인 부르조아 계급을 적대시하고 일제와의 직접 투쟁을 지향하는 해소운동에 동참할 리는 없었다. 뿐만 아니라 이들은 해소 가결 이후 특별한 조직적 움직임을 보이지 않았다. 즉 인천지회의 해소 운동은 지역 단위의 민족·사회운동에서 지역유지들이 탈락하게 된 계기였고, 이는 조선 민중을 둘러싼 지역 사회 활동가층과 지역유지층 간의 정치적 경쟁과 대립을 예고했다.

5. 맺음말

이 연구는 신간회 인천지회의 성격을 지역유지들의 참여와 이탈을 중심으로 살펴보았다. 신간회 인천지회 설립은 지역 사회 활동가들 외에 지역유지들이 주요 주체로 참여했다. 이는 기존 지역유지들이 중심이 된 인천 지역 시민단체 신정회의 일부 진용이 신간회 인천지회로 이어졌다는 점에서 확인된다. 신정회는 인천 지역 유지들의 사회적·대중적 힘을 상징했다. 조공을 비롯한 지역 사회 활동가들이 협동의 대상을 고려할 때 인천 부민들로부터 지지받았던 지역유지층을 무시하기는 어려웠다. 또한 지역유지들과의 연대는 신간회 창립 즈음 코민테른의 방침과 조공의 신간회 운동론과 배치되지 않았다.

다만 지역유지층은 민족성을 지니고 있었다고 해도 식민지 체제와 협조하려는 성질을 가지고 있었다. 따라서 신간회에서 이들의 헤게모니는 견제되어야 했다. 지역 사회 활동가들은 지회 활동을 실질적으로 담당하는 총무간사진과 전체대회에서 인천지회를 대표해 결의권을 가지는 대의원에 적극 진출함으로써 지역유지들의 정치적 속성을 제어하고자 했다.

또한 인천지회 내에서 지역 사회 활동가들과 지역유지들은 조선 민족의 일상이익 옹호를 위해 함께 활동했다. 특히 재만동포옹호운동과 경북 기근 동포 구제운동 등 민족적 요소가 강한 활동을 공유했다. 반면 원산총파업 지원 활동처럼 민족적 요소와 계급적 요소를 동시에 가진 활동에서 지역유지들은 소극적이었다. 그러나 이와 같은 균열이 즉각적인 대립으로 이어지지는 않았다.

전반적으로 지역 사회 활동가들과 지역유지들의 연대는 1927년 12월 5일 설립 이래 해소 문제가 불거진 1931년 2월 10일 정기대회까지 이어졌다. 인천지회는 지회 회합과 활동 내용을 기준으로 할 때 설립 이래 1929년 7월 26일 임시대회까지는 활동기였고, 이후 1931년 2월 10일 정기대회 이전까지는 침체기였다. 활동기든 침체기든 인천지회의 간부진용은 지역 사회 활동가들과 지역유지들이 고르게 분포되어 있었다.

인천 지역 운동의 재편은 해소운동과 함께 시작되었다. 인천지회 활동가들의 일부는 재건운동과 혁명적 노동조합 운동에 참여하면서 신간회 해소론을 정립했고 이는 인천지회의 마지막 대회였던 1931년 2월 10일 정기대회의 해소 가결로 결산되었다. 그리고 이 대회에서 그간 인천지회 지도층의 한 축을 차지했던 지역유지들은 배제되었다. 이는 지역 사회 활동가들과 지역유지 간의 제휴와 연대의 파열을 의미했다.

해소는 전체 민족운동 차원에서는 '민족 부르조아지'에 대한 투쟁과 배격을 포함했고, 활동 방법 면에서는 일제에 맞서는 직접적인 투쟁으로의 전환을 의미했다. 그리고 이는 지역 운동 차원에서 지역유지층의 민족 · 사회운동 이탈로 나타났다. 즉 인천지회의 해소는 지역 단위의 민족 · 사회운동의 판도를 바꾼 계기로, 지역 차원에서 조선 민중을 둘러싼 지역유지층과 지역 사회 활동가층의 경쟁과 갈등을 예고했다.

추후 신간회 지회 운동 차원에서 지역유지들의 참여 양태와 활동상에 대한 더 많은 사례 연구와 신간회 해소 이후 민족 · 사회 운동과 지역유지층의 지역 개발 운동 등 지역 차원의 '정치' 양상에 대한 사례 연구를 통해 신간회 운동에서 지역유지층의 참여와 이탈이 가지는 민족운동사적 함의를 보완하고자 한다.

논문 출처

2023, 「신간회 인천지회와 지역유지」, 『한국사연구』 202.

참고문헌

1. 자료

『東亞日報』.
『朝鮮日報』.

『批判』.
『三千里』.
『太平洋勞動者』.
『思想月報』.

京鍾警高秘 第14794號, 1930年 10月 11日, 「新幹會代表會員選擧狀況ニ關スル件」.
京鍾警高秘 第15445號, 1930年 10月 27日, 「集會取締狀況報告(通報)」.
昭和10年 刑控 第508號, 1935年 12月 6日, 「黃相根 · 權忠一判決文」, 京城覆審法院.
강성희 역, 2015, 『러시아문서 번역집 XXI 러시아국립사회정치사문서보관서(РГАСПИ)』, 선인.
배성찬 편역, 1987, 『식민지 시대 사회운동론 연구』, 돌베개.
한대희 편역, 1986, 『식민지 시대 사회운동』, 한울림.
金俊燁 · 金昌順 編, 1979, 『韓國共産主義運動史 資料篇』 2, 高麗大學校 出版部.
梶村秀樹 · 姜德相 編, 1972, 『現代史資料』 29, みすず書房.
韓洪九 · 李在華 編, 1987, 『韓國民族解放運動史資料叢書』 3, 경원문화사.

Харуки Вада, Кирили Шириня(Ответственные редакторы), 2007, 『ВКП(б), КОМИНТЕРН И КОРЕЯ』, РОССПэН.

2. 저서

고려대학교 민족문화연구소 편, 1964, 『한국문화사대계』 1.
박찬승, 1992, 『한국근대정치사상사연구』, 역사비평사.
스칼라피노 · 李庭植 외 6인, 1982, 『신간회 연구』, 동녘.
이균영, 1993, 『신간회 연구』, 역사비평사.
전명혁, 2006, 『1920년대 한국 사회주의 운동 연구』, 선인.
학술단체연합 심포지움 준비위원회 엮음, 1988, 『80년대 한국 인문사회과학의 현단계와 전망』, 역사비평사.
한국역사연구회 1930년대 연구반, 1991, 『일제하 사회주의운동사』, 한길사.
한국역사연구회 근현대청년운동사 연구반, 1995, 『한국 근현대 청년운동사』, 풀빛.

3. 논문

강재순, 1996, 「신간회 부산지회와 지역사회운동」, 『지역과 역사』 1.
김권정, 2000, 「기독교세력의 신간회 참여와 활동」, 『한국민족운동사연구』 25.
김　승, 2004, 「한말 · 일제하 밀양지역 민족운동과 사회운동」, 『지역과 역사』 15.
김영진, 2016, 「정우회 선언의 방법과 내용」, 『사림』 58.
김영진, 2021, 「1920년대 중반 코민테른과 민족통일전선: 1926년 3월 결정서에서 1927년 4월 결정서까지」, 『사림』 78.
김영진, 2022, 「신간회 경서지회와 지역정치」, 『한국학연구』 33.
김윤정, 1998, 「1930년대 초 범태평양노동조합 계열의 혁명적 노동조합운동」, 『역사연구』 6.
김형국, 2000, 「1929~1931년 사회운동론의 변화와 민족협동전선론」, 『국사관논총』 88.

남정원, 2006, 「1920년대 후반 신간회 대구지회의 설립과 활동」, 『계명사학』 17.
박찬승, 1993, 「1920년대 중반~1930년대 초 민족주의 좌파의 신간회운동론」, 『한국사연구』 80.
성주현, 2005, 「1920년대 천도교의 협동전선론과 신간회 참여와 활동」, 『동방학보』 10.
윤덕영, 2010, 「신간회 창립과 합법적 정치운동론」, 『한국민족운동사연구』 65.
윤덕영, 2022, 「1930년 전후 합법적 정치 운동의 퇴조와 신간회를 둘러싼 민족주의 세력의 동향」, 『한국학연구』 64.
윤효정, 2009, 「민중대회 사건 이후 신간회 중앙본부 주도인물들의 결집과 활동」, 『한국근현대사연구』 51.
윤효정, 2017, 「신간회의 창립 과정 연구: 조선공산당의 활동을 중심으로」, 『민족문화연구』 75.
윤효정, 2018, 「1929년 이래 신간회 지회의 쇠퇴 추이 검토」, 『역사학연구』 72.
윤효정, 2022, 「신간회의 '민족동권(民族同權)' 운동과 식민지 체제의 균열적 성격: 재만동포옹호운동을 중심으로」, 『한국학연구』 64.
이애숙, 1994, 「세계 대공황기 사회주의진영의 전술 전환과 신간회 해소문제」, 『역사와 현실』 28.
이윤갑, 2004, 「일제하 경상북도 지역의 신간회 지회운동」, 『동방학지』 123.
이현주, 2003, 「일제하 (수양)동우회의 민족운동론과 신간회」, 『정신문화연구』 92.
임경석, 2002, 「김철수와 조선공산당 제2회 대회」, 『역사비평』 60.
임경석, 2004, 「잡지 『콤무니스트』와 국제선 공산주의 그룹」, 『한국사연구』 126.
장규식, 2001, 「신간회운동기 기독주의 사회운동론의 대두와 기독신우회」, 『한국근현대사연구』 16.
지수걸, 1996, 「일제하 공주지역 유지집단 연구: 사례1－서덕순(1892~1969)의 '유지 기방'과 '유지 정치'」, 『역사와 역사교육』 1.
지수걸, 1999, 「일제하 충남 서산군의 '관료－유지 지배체제': 『瑞山郡誌』(1927)에 대한 분석을 중심으로」, 『역사문제연구』 3, 1999.
지수걸, 2010, 「지방유지의 '식민지적' 삶」, 『역사비평』 90.
최규진, 1997a, 「1920년대 말 30년대 초 조선 공산주의자들의 신간회 정책」, 『대동문화연구』 32.

최규진, 1997b, 「'꼼무니스트 그룹'과 태평양노동조합계열의 노동운동 방침」, 『역사연구』 5.
한상구, 1994a, 「1926~28년 민족주의 세력의 운동론과 신간회」, 『한국사연구』 86.
한상구, 1994b, 「1926~28년 사회주의 세력의 운동론과 신간회」, 『한국사론』 32.

21 1920년대 후반 국제반제동맹의 출범과 조선인 민족주의자들의 대응

박한용

1. 머리말

1930년대 초부터 활발하게 전개된 조선의 반제동맹 조직운동은 1927년 2월 벨기에 브뤼셀에서 창립된 국제반제동맹의 조선지부를 결성하고, 이를 중심으로 소련과 서구 프롤레타리아세력 및 일체의 진보적 단체와 개인 그리고 식민지·반식민지의 민족혁명세력을 아우른 세계적 규모의 반전·반제운동을 전개하고자 했다. 하지만 국제반제동맹 초기 대회나 회의에는 공산주의계열보다는 민족주의 계열의 '조선대표'들 특히 유럽의 유학생들이 관심을 보이고 참가했다.

1927년 2월 10일부터 14일까지 벨기에 브뤼셀에서 열린 '반제국주의 식민지 억압 반대 국제대회'에는 허헌(許憲), 김법린(金法麟) 이극로(李克魯) 등이 참가했다. 1927년 12월 9일부터 11일까지 3일간 브뤼셀에서 열린 국제반제동맹의 '총평의원회'에는 최린(崔麟)과 김법린 등이 참가했다, 1929

년 7월 21일부터 27일까지 프랑크푸르트 암마인에서 열린 국제반제동맹 제2회 대회에는 김양수(金良洙)·서영해(徐嶺海)·김백평(金柏枰) 등이 참가했다. 이 가운데 허헌을 제외하면 나머지 인물들은 범민족주의계열로 보아도 무리가 없을 것이다.[1]

식민지 조선의 반제동맹 운동에 대해서는 주로 1930년대 전반 조선공산당재건운동이나 공산주의계열 학생운동과 관련해 연구되었다.[2] 조선인 민족주의 계열과 유학생들이 참가한 초기 반제동맹 관련 활동은 2000년대 이후 여러 편 나왔다. 그러나 주로 인물 연구의 일환으로 다루어져 반제동맹 자체가 직접적인 주제는 아니었고, 시기도 1927년 2월 브뤼셀대회에 집중되어 있다.[3] 오히려 일본반제동맹의 역사를 다루는

---

1 허헌을 '순수 좌익'으로 보기도 어렵다. 일제강점기 당대에도 그에 대해 '민족주의에 가까울 것'(유광렬), '진보적 민족주의자'(조선총독부 경무국) 등으로 평가했고, 오늘날의 연구에도 '양심적 민족주의자', '하나의 조국을 염원한 좌파 민족주의자'(심지연), '진보적 민족주의자'(허근욱) 등으로 평하고 있기 때문이다(변은진, 2022, 『허헌 평전』, 역사공간, 6쪽 참조).

2 이와 관련한 연구로는 다음을 들 수 있다. 박한용, 1991. 1, 「경성제대 반제동맹사건 연구」, 고려대학교 대학원 석사학위논문; 박한용, 1991, 「경성제대 반제동맹사건 연구」, 한국근현대사연구회, 『일제말 조선사회와 민족해방운동』, 일송정; 박한용, 1995, 「1930년대 전반기 민족협동전선론과 '학생반제동맹'」, 한국역사연구회근현대청년운동사연구반, 『한국근현대 청년운동사』, 풀빛; 박한용, 2012. 12, 「일제강점기 조선 반제동맹 연구」(고려대학교 대학원 박사학위논문)

3 1920년대 후반기 국제반제동맹 대회에 참가한 인물들과 관련한 연구는 다음과 같다. 김광식, 2000, 「김법린과 피압박민족대회」, 『불교평론』 제2호(2000년 봄호); 송진모, 2007, 「일제하 김법린의 불교혁신론과 범어사」, 부경대대학원석사논문, 69~72쪽; 김상현, 2008. 8, 「김법린, 한국불교 새 출발의 견인차」, 『한국사 시민강좌』 4, 일조각; 박용규, 2009. 6, 『일제시대 이극로의 민족운동 연구: 한글운동을 중심으로』(제3장), 고려대학교 대학원 박사학위논문; 조준희 , 2010. 10, 「(자료소개) 1927 브뤼셀 피압박민족대회 한국 관계 사료」, 숭실사학회, 『숭실사학』 25, 389~435쪽; 이극로박사기념사업회, 2010. 10, 『이극로의 우리말글 연구와 민족운동』, 선인; 한인섭, 2012, 「제5장 허헌의 세계일주기행」, 『식민지법정에서 독립을 변론하다』, 경인문화사, 230~246쪽 등.
국제반제동맹 대회 참가 관련 회고록으로는 李儀景, 1927, 『한국의 문제』(독립기념관 소장이미지); 이극로, 1947, 『苦鬪 40年』, 을유문화사; 如菴先生文集編纂委員會, 1971, 『如菴文集』 上, 248~260쪽; 이인, 1974, 『반세기의 증언』, 명지대학출판부 등이 있다.

연구서에서 1920년대 후반의 반제동맹 대회에 참가한 조선대표들의 활동을 개설적으로 정리하고 있다.[4]

1920년대 말의 반제동맹 운동과 1930년대 반제동맹 운동은 그 노선이나 주도층 그리고 운동의 성격과 내용면에서 상당한 차이가 있었다. 따라서 1920년대 말의 반제동맹 관련 활동은 그 나름의 독자적 역사성을 지니고 있다고 할 수 있다.

이 글에서는 1920년대 후반의 국제반제동맹의 여러 대회에 참가한 '조선대표'의 활동과 이들의 반제동맹에 대한 인식 등을 살펴보겠다. 그리고 1929년 국제반제동맹 2차 대회 이후 민족주의 계열이 국제반제동맹과 절연하게 되는 배경과 그 의미도 검토하고자 한다.

2. 반제국주의 식민지 억압 반대 국제대회와 '조선대표'

1) 대회 참가 경위

1926년 2월 각국의 반제조직대표가 참석한 베를린회의의 발의에 의하여[5] 이듬해 2월 10일부터 14일까지 벨기에 브뤼셀에서 「식민지억압반대, 제국주의반대 세계대회」가 개최되었다. 대회의 주최 기관은 '반

4 井上學, 2008, 「第九章(補論) 朝鮮における反帝同盟と在朝日本人の活動」(第一節 國際反帝同盟諸大會と朝鮮代表), 『日本反帝同盟史研究』, 不二出版, 329~358쪽 참조.

5 베를린회의에는 1924년 베이징에서 설립된 '반제국주의투쟁연합', 1925년 결성된 '전아메리카반제국주의연맹', 1926년 호찌민에 의해 광저우(廣州)에서 조직된 '피억압제국민연맹' 등이 '열성적으로 참여'했다고 한다(村田陽一, 『コミンテルン資料集 4』 601쪽, 주 360 참조).

항침략식민지대연맹'(베를린 소재)이었고, 그 준비와 실무는 산하 임시위원회가 맡았다.[6]

브뤼셀대회는 주의(主義)나 소속에 관계없이 국제노동자계급과 자본주의 각국의 진보적 인텔리, 그리고 아시아, 아프리카, 라틴아메리카의 식민지, 종속국 인민대표 즉 다양한 정치적 조류의 피억압민족대표, 노동조합지도자, 정치인, 지식인으로 구성된 37개국 137개 진보적 조직의 대의원 152명과 기타 내빈 22명 등이 참가한 세계적 규모의 반제대회였다.[7]

이 대회에서 창립된 '제국주의반대 식민지억압반대 민족독립옹호동맹'(이하 국제반제동맹)[8]은 역사상 최초로 등장한 세계적 차원에서의 반제국주의통일전선이었다. 국제반제동맹에는 전 세계의 정치 · 노동 · 사회 · 문화 방면의 공산주의자, 사회주의자, 아나키스트, 가톨릭 신자, 평화주의자, 민족주의자, 무당파층이 참가했다. 대회는 반제국주의운동을 국제적으로 전개하기 위해 반제동맹의 지부를 결성할 것을 결의했다.[9]

국제반제동맹 창립대회인 브뤼셀대회에 조선인으로는 허헌, 김법린, 이극로 등이 참가해 조선의 식민지 실상을 알리고 독립의 당위성을 역설했다. 이들이 어떻게 해서 이 대회에 참가하게 되었는지 그 과정을

6 『조선일보』 1926. 12. 14.

7 김성윤 편역, 1986, 『코민테른과 세계혁명 1』, 거름, 282~284 · 292 · 298~300쪽.

8 '반제국주의 및 민족독립기성동맹회'라고 번역되기도 했다[朝保秘 第2119號,「反帝國主義及民族獨立期成同盟第2會大會ノ件」 朝鮮總督府警務局長, 昭和4年 12月12日(外交史料館所藏「反帝國主義及民族獨立期成同盟關係一件」) 참조].

9 일본은 1927년 결성된 '대지나비간섭동맹(對支那非干涉同盟)'이 1928년 6월 '전쟁반대동맹'으로, 그리고 1929년 1월에는 '반제국주의동맹일본지부'로 바뀌면서 정식으로 결성되었다(村田陽一, 앞의 책, 567쪽 주 150). 중국의 경우 1928년 '중화전국반제동맹'이 결성되어 활동을 개시하였다(김준엽 · 김창순, 1986, 『한국공산주의운동사』 5, 청계연구소, 97쪽).

먼저 정리해보자.

브뤼셀대회에 조선인 대표를 파견하는 논의는 1926년 조선일보사와 동아일보사 그리고 전진회(前進會) 세 갈래로 진행되었다.[10] 조선일보사는 1926년 12월 13일 브뤼셀 대회의 주최기관인 '반항침략식민지대연맹'(베를린 소재)[11]의 임시위원회 서기장이 '조선 경성(京城) 조선일보사 귀중'으로 보낸 공식초청장을 받았다. 이에 조선일보사는 『조선일보』 12월 14일 자에 "재백림(在伯林) 반항대연맹 주최 약소민족대회 소집, 조선의 참가를 권유, 1월 20일 부룻셀(브뤼셀)에서 개최"라는 제목 아래 전문을 그대로 보도했다. 조선일보에 실린 전문 가운데 대회 주최기관과 소집 취지는 다음과 같다.[12]

첫째 반항침략식민지대연맹은 "국제 노동운동의 책임있는 각 단체의 대표자들과 문화기관, 과학적 및 지식적 제단체의 대표자들과 전세계의 피압박 제민족의 대표자들로 성립"되었다.

둘째 연맹은 "제국주의 지배하에 있어서 식민 인민의 받는 압박과 ○○에 ○○하여 반식민지 인민의 또한 동일한 운명하에 신음하고 있는 것에 항쟁하기 위하여 국제회의를 소집하기를 요구하는 바"라고 대회 소집 취지를 밝혔다.

---

10 朝鮮總督府 警務局長, 「反抗侵略植民地大聯盟ニ關スル件」(文書番號 朝保秘 第1644號), 1926. 12. 20.

11 단체나 대회의 명칭은 자료마다 다르게 번역되었다. 조선일보는 '재백림 반항 대연맹 주최 약소민족대회'(『조선일보』 1926. 12. 16), 동아일보는 '피압박민족회'·'피압박민족대회'(『동아일보』 1926. 12. 16), 중외일보는 '약소민족대회'(1926년 12월 17일자), 조선총독부 경무국은 '伯林[베를린]反抗侵略植民地大聯盟臨時委員會', '反抗侵略植民地大聯盟', '在伯林反抗大聯盟主催 弱小民族大會' 등의 용어를 사용했다(朝鮮總督府 警務局長, 反抗侵略植民地大聯盟ニ關スル件, 文書番號 朝保秘 第1640號, 1926. 12. 20). 경무국은 조선일보 기사를 압수하면서 조선일보가 사용한 용어를 그대로 인용한 것으로 보인다. 이 글에서는 인용문일 경우 각 단체가 쓴 용어 그대로 사용하고 그 외에는 '반제국주의 식민지억압반대 국제대회' 또는 '피억압민족대회'로 통칭하겠다.

12 『조선일보』 1926. 12. 14. 이하 인용도 동일함.

셋째 연맹은 대회 소집을 위한 임시 국제집행위원회의 임원들을 소개하고, 집행위원회가 대회를 개최하게 된 경위와 참가 의사를 밝힌 단체 및 개인 그리고 대의원으로 임명 예정인 사람들 등에 대해 밝히고 있다.

또 대회를 준비하는 임시위원회(임시 집행위원회)가 다루는 안건도 다음과 같이 소개했다.

(1) 식민지에 대한 제국주의적 열강의 압박 및 그 독립의 위협을 받는 각국의 압박에 대한 피압박 각 민족의 대표자의 보고
(2) 피압박 제민족의 해방운동과 제국주의 제국의 노동단체 및 진보적 제정당에 의한 원조에 관한 보고(영국 국회의원 '란스베리'와 반항침략 식민지연맹의 서기 '에도 핌멘')[13]
(3) 민족해방운동의 제 세력을 식민적 및 제국주의적 제국 내의 노동운동의 제세력과 동등하게 대우할 것.
(4) 반항침략 식민지대연맹을 일대 국제적 기관으로 만들어서 국제적 제국주의와 항쟁하는 모든 세력을 연결하며 피압박 제민족의 해방적 투쟁을 유효하게 원조하도록 노력할 것.

이어 임시위원회는 이 안건에 대한 건의안을 1927년 1월 10일까지 임시위원회로 보내줄 것과, 조선의 "압박당하는 민중의 노동 및 생활 조건과 지배민족의 군대에 의하여 강행된 ○○한 행동 및 ○○에 관한" 여러 가지 자료를 될 수 있는 한 많이 보내달라는 것, 그리고 대회 소요 비용에 대한 부담을 요청했다고 전했다.

끝으로 위원회는 브뤼셀에서 개최할 피압박민족대회는 "제국주의에 항쟁하는 모든 세력을 결합하며 그 민족적 해방을 위하여 투쟁하는 제

13 란스베리는 영국 노동당 지도자인 George Lansbury(1859~1940), 에도 핌멘은 독일 트레이드 유니온(trade union)의 지도자 Eduard Carl Fimmen(1881~1942)이다.

민족과 유럽의 노동운동과 진보적 제 당파와의 사이에 영구적 관계를 건설하는 방면에 있어서의 첫걸음"이라고 대회의 의의를 밝히면서, 신속히 회답해 주기를 정중하고 간곡하게 요청하고 있다.[14]

『동아일보』 또한 12월 14일자에 비슷한 내용으로 대회 개최 예정 사실을 알리고, 16일자에는 '피압박민족대회'라는 제목의 사설로 '동방피압박민족대회'의 의의에 대해 자세한 해설 논평을 실었다.[15]

일제 사찰 자료에 따르면 동아일보사는 독일 현지유학 중인 민장식(閔章植, 민영환의 차남)을 통해 대회 개최 예정 소식과 참가 요청 교섭을 받았다. 12월 13일 동아일보사와 민범식(閔範植, 민영환의 장남) 앞으로 민장식의 서신이 도착했다. 그 내용은 1927년 1월[16]에 브뤼셀에서 식민지대연맹이 약소민족대회와 동 박람회를 개최하니 대회에 알릴 관련 자료를 보내줄 것과 부친 민영환의 '혈의(血衣)'를 박람회에 출품하고자 하니 1월 10일까지 송부해 줄 것을 희망한다는 것이었다. 민범식 집안은 혈의 등을 출품하고 싶었으나 경무국이 집 앞에 있어 주저하던 중 동아일보에서 기사와 사설을 연재한 것이다. 이 사설 또한 당일 차압처분을 당했다.[17]

동아일보의 사설 '피압박민족대회'는 매우 심도 있게 대회의 의의를 분석했다.[18] 먼저 브뤼셀대회는 "피압박민족 대회를 개최하고 겸하여

---

14 총독부 경찰은 이 기사를 치안을 방해한다는 명목으로 차압처분했다. 또 권유문 모두(冒頭)의 표현이 특별히 한문으로 번역되어 있는 것으로 보아 중국이나 대만 방면으로도 다량 발송된 것으로 추정했다[朝鮮總督府 警務局長, 「反抗侵略植民地大聯盟ニ關スル件」(朝保秘 第1640號), 1926. 12. 20. 참조)].

15 『동아일보』 1926. 12. 14 · 16.

16 대회는 1월에서 2월로 연기되어 개최되었다.

17 朝鮮總督府 警務局長, 「反抗侵略植民地大聯盟ニ關スル件」(朝保秘 第1640號), 1926. 12. 20.

18 『동아일보』 1926. 12. 16.

식민지 사정 박람회를 개최하라는 바, 그 범위는 역사, 정치, 경제 등에 달하여 제국주의의 제 국가가 식민지에서 감위(敢爲)하는 비인도적, 불합리적 정치 상황의 재료를 모집하여 일목요연하게 치자와 피치자 간의 암투, 반복, 알력되는 모든 것을 적발하여 공개하고자 하는 것"이라며, 다음과 같이 높은 관심을 보였다.

> "이 회합과 박람회 등은 보통의 그것에 비하면 의의와 목표가 특수한 만큼 세인의 주목을 끌 것이며 다대한 흥미를 가지고 볼 것이다. 그 뿐만 아니라 인류가 역사적 시대에 들어서부터 오늘날까지 생존하여 온 기록 중에 전무한 이 모임인 까닭으로 더욱 이채를 내리리라 생각된다."

또 브뤼셀대회와 박람회가 기대대로 좋은 결과를 낸다면,

> 천하 인사에게 현대와 같이 정의와 인도의 소리가 일종의 가장적(假裝的) 표어가 되어 있고 인간사회의 이면은 의연히 암담하여 참혹한 지경에 함(陷)하여 있는 사정을 여실히 가르쳐 주게 된다 하면 그 공적은 실로 위대할지니 허위와 궤휼(詭譎: 속임)이 없고 정의와 인도의 관념이 강자의 그것보다 철저한 약빈(弱貧)한 민족의 부르짖음을 공개한 만큼 우리 인류사회의 평화운동을 위하여 경고가 될 것이요 따라서 공헌과 실익이 크리라고 믿는 바이다.

라고 해 성공적인 개최가 될 것을 크게 기대했다. 설령 뜻대로 되지 않더라도 "약소민족의 자각적 운동이 발달되어 이러한 계획을 세운 것만으로도 과거 역사와 현대사의 산물인 점을 서로 비교하여서 괄목할 사실"이라고 해, 적극적인 지지를 표명했다.

한편 동아일보 사설은 "그 명칭이 피압박 민족회의이며 그 주요점이 치자(治者)의 비행을 폭로시키고가 하는 행위인 까닭에", "치자는 될 수 있는 대로는 그것을 제지하기에 노력할 것이요. 그 수단 방법에 이르러

서도 염치가 없을 것도 능히 추단할 수 있"기에 회합이 성립되기까지에는 "상당한 파란곡절이 있음을 미면(未免)할 것"이며, "이로 인하여 다수한 희생자를 내리라"고 우려하고 있다. 특히 1919년 파리강화회의 이래 민족자결을 내세운 3·1운동에 "간담이 서늘하여진" 일제가 더욱 엄중 경계할 것을 예견했다.

사설은 최근 세계 각지에서 피압박민족의 자각운동이나 약소민족이 강자에 대하여 요구하는 불평 등이 노골화하는 것은 "세계 정치상 신기운이 도래한 조짐"이라고 하면서, "그것이 현실화할 것까지도 믿을 수 있다는 의미에서" 브뤼셀대회가 "피치자의 생활의식에 대한 자극제가 되는 동시에 그 운동이 더욱 열렬히 대두할 것만은 명확하다고 단언"했다.

브뤼셀 대회 관련 통지를 받은 조선일보는 당시 영국 케임브리지대학에 유학 중인 박석윤(朴錫胤)을 자사 통신원 명의로 대회에 참석할 것을 극비리에 통지했다. 동아일보사의 경우 당시 미국에 유학 중인 장덕수(張德秀)가 참석해 줄 것을 이광수(李光秀) 편집국장이 요청했다.[19]

한편 이와 별도로 서울파 구파(舊派) 계열의 이병의(李丙儀)·차재정(車載貞)·이영(李英) 등은 12월 15일 전진회(前進會)의 집행위원회에서 12월 15일 대회 파견에 대한 논의를 진행했다.[20] 그 결과 블라디보스토크에서 열리는 피압박민족대회 및 박람회 알선준비위원으로 이영 외 6인을 조선대표로 파견하기로 했다. 전진회는 12월 18일 약소민족세계대회 참가 건으로 각 사회단체를 망라해 회합을 추진하려고 했으나, 종로경찰서에서

19 朝鮮總督府 警務局長, 「反抗侵略植民地大聯盟ニ關スル件」(文書番號 朝保秘 第11675號), 1926. 12. 24.

20 전진회는 1925년 10월 조직된 서울계 구파계열이 만든 단체로 조선공산당 창당을 주도한 화요파와 대립관계에 있었다.

전진회에 관한 일체 회의를 금지해 열리지 못했다.[21]

당시 전진회는 16일경 사상단체를 해소하고 민족단일당을 결성하고, 정치투쟁으로 나서자는 '정우회선언'에 맞서 '조선사회단체중앙협의회'를 새로운 사회운동중심체로 제기하면서 '정우회선언에 대한 검토문'을 발표하던 다사다난한 상황이었다.[22] 그럼에도 전진회가 이 안건을 다룬 것은 그만큼 이 대회를 중시했음을 알 수 있다. 동시에 이 대회에 보낼 조선사회단체 대표를 자파 내에서 선정함으로써 전진회의 위상을 국내외에 제고하는 효과도 동시에 꾀했을 수 있다.

한편 일제 경찰 당국은 이 문제를 매우 심각하게 받아들여 조선일보와 동아일보의 보도 기사를 차압처분하고 전진회의 간친회를 금지시켰다. 이와 함께 각 도의 파견원에게도 "본건에 대해 일반 동정의 주의를 기하고 상황을 보고 할 것"을 주문했다.[23] 일제 식민 통치 당국의 강력한 통제와 거리와 비용상의 문제 등이 작용해 국제반제동맹 창립 대회(브뤼셀대회)에는 구미(歐美)유학생 그룹 특히 이극로 등 유덕(留德: 재독)고려학우회가 중심이 되어 진행되었다.

2) 대회 참가 조선인들의 활동과 평가

1927년 2월 10일부터 14일 브뤼셀의 에그몽궁(Palais d'Egmont)에서 '반제국주의 식민지 억압 반대 국제대회'가 열렸다. 대회에는 37개국 137개 진보적 조직의 대의원 152명과 22명의 내빈이 참석했다.[24]

---

21 『중외일보』 1926. 12. 17; 『동아일보』 1926. 12. 17; 김경일, 『일제하사회운동사자료집』 1, 240쪽.

22 정우회선언과 이에 대한 전진회의 대응에 관한 상세 내용은 김준엽 · 김창순, 『한국공산주의운동사』 3의 11장 1절과 2절 참조.

23 朝鮮總督府 警務局長, 「反抗侵略植民地大聯盟ニ關スル件」(1926. 12. 20).

이 대회에 참석한 조선인들은 당시 세계일주 여행 중이던 허헌과 독일의 유덕고려학우회의 이극로(Kolu, Li)·이의경(李毅敬, Yiking, Li, 이미륵)·황우일(黃祐日, Wovil Hwang)과 프랑스에서 공부하고 있던 김법린(Kin Fa Lin) 등 유학생그룹이었다.[25] 이들이 어떻게 대회에 참석했는지 살펴보자.

당시 '갑종요시찰인'으로 일경(日警)으로부터 감시받던 허헌은 '세계여행' 중 영국에서 현지 유학생 등을 통해 브뤼셀대회 개최 소식을 듣고 참관한 것으로 보인다.[26] 허헌은 대회 직전에 벨기에의 브뤼셀에 도착해 "신문기자의 자격"으로 대회에 참관했다.[27]

국제반제동맹 창립대회에 대한 조직적인 준비는 유덕고려학우회, 특히 이극로를 중심으로 진행되었다.[28] 1927년 당시 이극로는 베를린대

---

24 한인섭, 앞의 책, 233쪽. 본 대회에 앞서 2월 3일부터 9일까지 예비회의가 열린 후, 10일부터 14일까지 본회의가 열렸다. 예비회의는 각 단체 대표들이 그 민족의 대표단을 조직하고, 통일된 의견을 가지고 대회에 출석하도록 사전에 조율하는 역할이었다.

25 朝鮮總督府警務局, 『朝鮮ニオケル治安狀況』, 1933, 22~23쪽.

26 1926년 5월 30일 경성을 출발한 허헌은 일본, 미국을 거쳐 1927년 1월 22일 아일랜드 퀸즈타운에 도착한 후 이어 영국으로 건너갔다. 허헌의 세계일주 경로와 방문지 활동에 대해서는 심지연, 1995, 『허헌』, 동아일보사, 37~43쪽; 한인섭, 앞의 책, 215~246쪽; 변은진, 2022, 『허헌 평전』, 역사공간 관련 내용 참조.

27 당시 허헌은 변호사 명함, 동아일보 취체역(출국 시 직위), '동아일보 사원'의 명함 세 가지를 갖고 갔다(한인섭, 앞의 책, 241쪽; 심지연, 앞의 책, 41쪽 참조). 허헌은 대회를 참관한 후 프랑스, 독일, 폴란드, 러시아, 중국을 거쳐 5월 10일 귀국했다. 귀국 후 허헌은 국내 신문과 잡지에 대회 참관기를 여러 차례 발표했다. 다음 자료를 참조하라. 한별, 「時評: 三大公判과 二大突發事件, 弱小民族大會, 第二張作霖인 蔣介石」, 『現代評論』 제1권 제4호(1927년 5월 1일); 『동아일보』 1927. 5. 4.~5. 5, 5. 25; 『조선일보』 1927. 5. 14.

28 유덕고려학우회는 독일의 한인 유학생들인 김갑수(金甲洙), 윤건중(尹建重), 이의경 등이 주축이 되어 베를린에 1921년 1월 1일 결성되었다. 3월에 학우회는 회원이 11명에 이르렀다. 1923년 9월 일본 관동대진재 당시 조선인 대량학살 사건이 일어나자, 10월 26일 베를린에서 재독한인대회(Groß=Versammlung der Koreaner in Deutschland)를 개최하여 일제의 만행을 규탄하였다. 이들은 상해 임시정부를 지원하고, 1923년에 10월에는 3·1운동 탄압과 관동대지진 조선인 학살 진상을 고발하는 선언문을 현지에 배포해 일제의 만행을 널리 알리기도 했다. 자세한 내용은 홍선표, 2006. 12, 「1920년대 유럽에서의 한국독립운동」(『한국독립운동사연구』 제27집, 한국독립운동사연구소)의

학에서 정치학과 경제학 등을 전공하는 한편 조선어과를 창설해 한글을 강의하고 있었다. 황우일도 당시 베를린대학 경제과에 재학 중이었다. 이의경(이미륵)은 뮌헨대학에서 유학 중이었다. 모두 유덕고려학우회 회원이기도 하다. 김법린만 당시 파리대학에 유학하면서 파리한인회장을 맡고 있었다.

이극로는 대회 참가에 필요한 비용을 당시 조선일보 기자로 있던 김준연(金俊淵, 1895~1971년)으로부터 도움을 받았다고 한다.[29] 김준연은 베를린대학 동창이자 유덕고려학우회 동지로서 이극로와 가까운 사이였다. 아마 그는 이극로로부터 벨기에 브뤼셀에서 대회가 열린다는 말을 듣고, 1926년 말경 만주로 나가서 그에게 참가 여비를 보내주었을 것이다.[30]

이극로는 재독유학생 동지들인 이의경과 황우일에게 협조를 요청하는 한편, 파리 유학 중인 정석해(鄭錫海)를 통해 김법린에게 연락을 한 것으로 보인다.[31] 재독유학생만이 아니라 재불유학생들도 참가해 대표성

'2-3) 독일 留德高麗學友會의 설립과 활동'과 박용규, 2009. 6,『일제시대 이극로의 민족운동 연구: 한글운동을 중심으로』, 31쪽; 김기철,「1923년 독일 유학생들, 日帝의 학살을 고발했다」,『조선일보』 2013. 3. 1 참조.

29 이극로,「중국 상해의 대학생활」,『朝光』, 1936, 5, 148쪽; 국가보훈처, 1988,『대한민국 독립유공자 공훈록』 제6권(김준연 항목), 614~615쪽; 강만길 · 성대경 편, 1996,『한국사회주의운동인명사전』(김준연 항목), 창작과비평사.

30 당시 일제는 세계약소민족대회를 기회 삼아 남북만주 혹은 상해 러시아 등지에 흩어져 있는 조선의 독립운동단체가 국경을 넘어와 경성을 중심으로 전 조선으로 일대 시위운동을 하리라 예견하여 1926년 말부터 계속 경성 시내 중요 기관에는 무장경찰을 배치하여 경계를 엄중히 하고 있었다. 이 때문에 일제의 경계를 뚫고 김준연이 만주로 가서 이극로에게 여비를 보내주었다(「피압박민족대회와 해외 각 단체의 示威, 경무국에 도착한 至急情報」,『동아일보』 1927. 1. 8; 박용규, 앞의 책, 33쪽). 그런데 김준연이 먼저 대회 개최 소식을 알고 이극로에게 여비를 대어 주었다기보다는, 반대로 이극로가 대회 개최 소식을 알고 베를린에 소재한 '반항침략식민지대연맹'을 김준연이 근무하고 있던 조선일보사와 연결시켜 주었을 가능성이 높다. 그리고 조선일보사에서 김준연을 통해 여비를 제공했을 가능성이 크다.

31 유학생들의 인적 사항과 대회 참여하는 과정에 대한 자세한 내용은 조준희, 앞의 글, 68쪽; 한인섭, 앞의 책, 236쪽을 참조.

을 강화하고자 한 것으로 보인다.[32]

유학생들은 논의 결과 이극로 · 김법린 · 이의경 · 황우일 등이 '조선대표단'으로 참가하고, 이극로가 단장을 맡기로 했다. '조선대표단'은 대회에 1) 시모노세키조약을 실행해 조선의 독립을 확보할 것 2) 조선총독정치를 즉시 철폐할 것 3) 상해의 대한민국임시정부를 승인할 것 등의 내용을 제안하기로 했다.[33]

이극로는 대회 배포용으로 일제 침략과 그 피해를 객관적으로 기술한 『조선의 문제』라는 책자를 준비했다.[34] 김법린은 장문의 기조발표용 보고문을 작성했다.[35]

2월 9일 신문기자 초대회에 참석한 이극로는 연설을 통해 일제의 총독정치를 비판하고 대한민국 임시정부를 승인할 것을 요구하였다. 같은 날 유학생들은 「조선의 문제」를 각국 대표와 신문기자들에게 배포하였다.[36] 그 요지는 다음과 같다.[37]

> 일본의 정책에 반하는 모든 활동들에 대해 일본은 짐승 같은 방법으로 대답했다. 일본에 거슬리는 행동을 시도했다는 의심을 받는 어떤 사람의 전 가족을 노인과 어린아이들을 가리지 않고 쏘아 죽이는 일은 흔하게 일어난

32 김법린의 대회 참석 여비는 이인이 비밀리에 보내주었다고 한다(이인, 「내가 겪은 20세기」, 『경향신문』 1972. 1. 22; 이인, 『반세기의 증언』 128쪽).

33 이극로, 『고투 40년』, 37쪽.

34 『조선의 문제』를 누가 작성하였는지에 관해서는 확실하지 않으나(김광식, 2000, 「김법린과 피압박민족대회」, 『불교평론』 2000년 봄호 제2호), 박용규 · 조준희 · 한인섭은 이극로라고 보았다.

35 김법린의 보고 연설문이 실린 브뤼셀대회의 공식보고서에 대해서는 조준희, 2020. 10, 「자료소개 1927 브뤼셀 피압박민족대회 한국관계 사료」, 『숭실사학』 제25집, 389쪽 이하를 참조.

36 박용규, 앞의 책, 33쪽

37 「조선의 문제』는 김광식의 논문(「김법린과 피압박민족대회」)에 요약 · 번역되어 있다. 본문은 김광식의 논문에서 재인용했다.

다. 때때로 교회와 학교를 포함한 한 마을 전체가 반일 감정을 품었다는 이유로 불태워진다. (중략) 일본에 대한 우리의 투쟁은 우리를 자유의 삶으로 인도할 최후의, 그리고 유일한 방법이라는 것을 우리 모두는 너무도 잘 알고 있다. 일본이 한국에서 물러나거나 우리 한민족이 불행과 배고픔 그리고 죽음의 나락에 떨어지는 일, 이 둘 중의 하나가 남아 있을 뿐이다.[38]

2월 10일 대회가 열렸는데, 브뤼셀대회의 진행 과정은 '재백림통신원' 명의로 3월 22일자 『동아일보』와 『조선일보』에 상세히 보도되었다.[39]

대회장의 장식은 모두 장엄하고 찬란한 중에도 특히 사회석 위에 나열한 약소민족의 대표기들이 눈에 띄였는데, 이 중에는 팔괘가 분명한 조선의 태극기와 중국광동(廣東)정부의 청천백일만지홍기(靑天白日滿地紅旗)가 나란히 벌려 있었다. 너른 회장의 사박(사방?) 바람벽에는 '사회평등 민족자유'라는 문구를 기록한 포스터와 통치국 본토와 그 영토의 지면 비교, 인구비례 등에 대한 각종 통계와 도안들이 걸려 있었으며 이밖에도 제국주의 타도를 의미한 선전문과 선전화(宣傳畵)를 순한문으로 쓴 것도 있어 대회의 장내는 극도로 긴장되었다.[40]

대회 첫날 김법린은 조선인에 대한 일제의 압박을 규탄하는 기조연설을 했다.[41] 분과위원회가 조직되자 이극로는 원동위원회의 정치산업

38 이에 대한 분석은 김광식, 2000,「김법린과 피압박민족대회」, 『불교평론』 제2호(2000년 봄호) 참조.

39 대회 직전의 분위기에 대해서는 『동아일보』 1927년 1월 8일자에, 대회 내용에 대한 상세한 보도는 『동아일보』의 같은 해 3월 22일자, 『조선일보』 1927년 3월 22일과 24일자에 실려 있다. 현지의 이극로가 '백림통신원'으로서 두 신문사에 기사를 작성해 보냈을 것이다(한인섭, 앞의 책, 237~238쪽). 조선일보는 논설을 통해 "이 대회의 성공을 바라고, 우리 대표의 분투를 기원한다."라고 썼다가 압수되었다.

40 『동아일보』 1927. 3. 22.

41 당시 일제의 정보 보고 내용(朝鮮總督府 警務局, 『朝鮮ニオケル治安狀況』, 1933, 22~23쪽)에 근거해 허헌이 「조선에 있어서의 일본의 제국국주의적 정치」라는 제목으로 연설을 한 것으로 알려졌다(허동욱, 『민족변호사 허헌』, 271쪽). 그러나 허헌은 신문기자로 참관을 한 것이며, 허헌 자신의 기록에도 자신이 발표를 했다는 내용은 없다(한인섭, 앞의 책, 240~241쪽 및 주 238쪽의 주 54, 주 60 참조).

부 위원이 되었다. 이극로는 조선문제에 대한 안건 채택을 주장했으나, 의장단이 표결에 부친 결과 3표 차이로 부결되고 말았다. 약소민족대표들이 조선문제를 안건으로 채택할 것을 모두 동의했음에도 당시 중국, 인도, 이집트 문제가 중점이었기 때문에 이 세 건만 안건으로 통과되었다.[42]

2월 14일 대회 최종결의안이 채택되었다. 결의안은 '제국주의 식민지의 압박에 대항하고 민족 자유를 위한 대연맹'(통칭 국제반제동맹: 필자)을 창립한다는 것과 앞으로의 논의는 집행위원회에 일임한다고 했다. 결의안에는 조선대표단의 결의안도 포함되었다. 그 내용은 다음과 같다.

> 대한의 모든 민족단체들이 만장일치로 결의한 선언들과 만여 명이 목숨을 내놓았던 유혈폭동을 통하여 한국(Korea)은 전 세계 앞에서 완전한 독립에 대한 요구를 정당화하였다.
> 일본정부가 우리의 독립을 승인하지 않는 한 우리는 부득이 일본제국주의에 대한 투쟁을 아주 강력하게 지속하지 않을 수 없다. 우리 민족을 일본의 억압으로부터 해방시키기 위해 우리는 우리가 가진 모든 힘과 수단을 사용할 것이다.
> 우리의 회담이 오직 민족의 자유와 사회적 평등에 근거할 뿐이라는 확고한 믿음 속에서 우리는 회담에서 다음 사항들을 승인할 것을 요구하는 일이 정당하다고 생각한다.

한편 井上學은 『朝鮮ニオケル治安狀況』(1927년판)과 『임쁘레콜インプレコール』(1927년 No. 16, 2. 25)에 게재된 「브뤼셀에서 식민지압박반대국제대회」의 자료를 인용해, 허헌이 「조선에서 일본의 제국주의적 정치」라는 제목으로 "1) 조선에 대한 일본의 침략 2) 조선에서 일본의 지배(행정 사법 교육 경제정책 식민노동)"을 보고하고 "조선으로부터 일본인을 몰아내자는 결의안을 제출한 후 『조선』이라는 제목의 인쇄물을 회의장에 배부"했다고 한다. 또 김법린이 2월 13일의 '제6섹션'에서 "조선인민의 이름으로 어필"하는 연설을 했다고 하는데 상세한 내용은 전하지 않고 있다"고 정리했다(井上學, 앞의 책, 329~330쪽).

42 이극로, 『고투 40년』; 한인섭, 앞의 책, 238~239쪽; 심지연, 앞의 책, 42~43쪽. 조선문제결의안은 대회폐막일인 14일에 채택되었다(조준희, 앞의 글, 392쪽).

1. 한국은 일본으로부터 독립한 국가로 간주되어야 한다.
2. 일본인들이 한국에서 불법으로 탈취한 모든 특권들은 무효이다.[43]

아시아문제에 대해서는 아시아민족회의가 설치되었는데, 중국, 인도, 시리아와 함께 조선에서도 김법린이 위원으로 피선되었다.[44]

대회 후 '조선대표'들이 국제반제동맹과 조선을 관련해 활동한 흔적은 드러나지 않는다. 허헌은 그해(1927년) 5월 30일 조선으로 돌아온 후 대회에 대한 여러 감상기를 기고했지만 정작 반제동맹과 연계한 특별한 활동은 없었다. 유학생들의 경우 김법린을 제외하자면 특별한 활동이 드러나지 않았다.[45] 김법린도 1928년 1월에 귀국해 경성불교전문학교 교수를 역임할 때 2차 반제동맹 대회 개최와 관련해 국제반제동맹으로부터 서신을 받은 수준이었다.[46]

대회 참가자 모두 반제동맹과 관련한 후속 활동이 없었던 이유로 여러 가지를 들 수 있다. 첫째 이들의 유학생이라는 신분적 한계가 있었다. 이들은 학업 후 대부분 귀국했고 학술분야를 중심으로 활동했다. 둘째로는 국제반제동맹을 통한 반전·반제운동의 연대가 활발하려면 국내에서 그 운동이 뒷받침되어야 하고, 국제반제동맹 조선지부가 결성되어야 했다. 그러나 국내 인사들인 허헌이나 김준연 그리고 조선일보사와 동아일보사 등 어느 곳에서도 반제동맹과 관련한 움직임은 드

43 조준희, 앞의 글, 397쪽(독일어 원자료를 번역한 것임)에서 재인용했다.

44 『동아일보』 1927. 3. 22; 김광식, 앞의 글 참조

45 일제 사찰 보고자료에는 브뤼셀대회 이후에도 국제반제동맹 베를린사무국은 천도교 기관인 개벽사(開闢社), 재경농민사(在京城農民社) 그리고 불교계 인물인 김법린 등과 계속 연락을 취했다고 한다. 김법린은 분명 1929년까지 국제반제동맹과 연락을 주고받았다. 그러나 천도교 기관인 개벽사·재경농민사의 경우 최린이 1927년 12월 국제반제동맹 총평의회에 참가 이후 연락을 주고받은 것으로 보인다.

46 이에 대해서는 3장에서 다루기로 한다.

러나고 있지 않다. 셋째 일제의 집요한 감시와 당시 국내 운동의 초미의 관심사는 '신간회' 결성에 집중되었던 상황도 작용했을 것이다.

1927년 2월 15일(브뤼셀 대회 폐막 하루 뒤) 신간회가 창립되었기 때문에 신간회야말로 국제반제동맹의 회원단체로 가장 적합한 것이었다, 그러나 신간회가 5년 가까이 존속했음에도 신간회가 국제반제동맹 사이에 어떤 조직적 연계가 시도되었다는 자료는 없다.

당초 조선일보나 동아일보는 현지 유학생이나 대회참관자들을 통신원으로 활용해 국내에 열성적으로 알리고자 했다. 전진회와 같은 유력 사회운동단체는 대표단 파견을 위한 회의를 개최고자 했다. 이러한 사실을 볼 때, 민족주의계열이든 사회주의계열이든 브뤼셀대회에 대한 관심과 기대가 매우 높았음은 사실이다.

당시 일본과 비교하면 어땠을까. 한 연구에 따르면[47] 이 대회에 참가한 일본인은 당시 모스크바에 본부를 둔 코민테른 일본대표로 있던 가타야마 센(片山潛) 단 한 명이었다.[48] 1927년 3월 26일 일본의 『무산자신문(無產者新聞)』이 「지나(중국)문제대책국제회의」라고 처음 전했지만 국제반제동맹의 창설에 대한 언급은 없었다. 같은 해 5월 1일에야 '제1회 브뤼셀대회'가 『인터내셔널』 5월 1일호를 통해 알려졌다. 이 연구에 따르자면, 일본공산당이나 일본반제동맹의 반응에 비해 조선의 반응이 신속하고 강렬했으며, 대회 참가자의 숫자 등을 볼 때 "이 시기 조선민족운동의 국제성과 선진성을 보여주는 것"이었다. 즉 '3·1운동'의 힘이 김

47 井上學, 2008, 「第九章(補論) 朝鮮における反帝同盟と在朝日本人の活動」, 『日本反帝同盟史研究』 참조.

48 『동아일보』 1927년 5월 14일자에 가타야마 센, 허헌, 이극로 등이 함께 찍은 사진이 게재되어 있다.

법린, 이극로, 허헌으로부터 '세계'로 떨쳐 나올 수 있었고 국제반제동맹 창립대회에 참가시킨 '근저의 힘'이었다고 평가했다.[49]

3. 국제반제동맹 「총평의원회」와 최린의 활동

1) 대회 참가 경위와 활동

1927년 12월 9일부터 11일까지 3일간, 국제반제동맹의 「총평의원회」[50]가 브뤼셀에서 개최되었다. 여기에는 조선 대표로서 '세계여행 중'인 최린이 참가해 대회 2일째인 12월 10일 연설하고, 독일에 있던 김법린이 '통역'을 맡았다.[51]

1926년 9월 9일 최린은 '병 치료'라는 명목으로 경성을 출발해 도쿄로 갔다.[52] 그는 도쿄에서 9개월간 장기체류한 후, 1927년 6월 11일 미국, 영국, 프랑스, 독일, 벨기에, 스웨덴, 네덜란드, 아일랜드, 이탈리아, 소련, 중국 등을 방문하기 위해 요코하마항을 출발했다.[53]

최린은 미국, 아일랜드, 영국을 거쳐 9월 하순경 파리에 도착했다. 파리에 장기 체류하면서 회의 참가에 대해 국제반제동맹 관계자와 직접 면담, 서신 교환이 영국과 파리 체류 시기에 집중적으로 이루어졌다.[54]

49 井上學, 앞의 책, 333쪽.

50 조선총독부 자료에는 총위원회라고도 나온다(『朝鮮ニオケル治安狀況』, 1933, 22~23쪽 참조). 여기서는 井上學이 총평의원회라고 번역한 용례를 따랐다.

51 井上學, 앞의 책, 334쪽. 평의원회에서의 최린의 활동은 최린의 문집 『如菴文集』 上과 井上學의 연구성과를 많이 참조했다.

52 최린의 실제 도일 목적은 일본 정계요인과 조선의 자치권 부여 문제에 대한 협조를 요청하러 간 것이라고 한다. 이에 대해서는 뒤에 설명하기로 한다.

53 『동아일보』 1927. 6. 11.

이때 최린은 국제약소민족대회 상설기관 총서기 자크 방따두르(チャック・バンタトール)로부터 9월 16일자 서한을 통해 국제반제동맹 총평의원회에 출석을 최초로 요청받았다.[55] 방따투르는 9월 16일자 편지에서, 국제반제동맹 중앙사무관(집행위원으로도 나옴) 루이 지바르티(ルイ・チバルティ)를 1927년 2월 브뤼셀대회에서 '피압박민족에 관한 회의'를 창시자의 한 명이라고 소개하면서 꼭 만나줄 것을 당부하는 한편, 최린이 자신의 집에 방문해줄 것을 요청했다.[56] 이에 최린이 방문의 뜻을 표하자 방따투르는 '대환영'하면서 국제제동맹의 사무관(집행위원) 지바르티와와 최린 간에 서한이 오가면서 회담을 진행시켰다.

국제반제동맹 중앙사무관 지바르티는 9월 25일자 최린에게 보내는 서한에서 브뤼셀대회 국제회의 개최 이후 1년의 성과과 조직의 의의를 설명하고, "이 운동의 정치적, 국제적 범위를 확장하기 위해 과업을 중앙에 집중하여 강력한 지방결합(동맹)을 창설"해야 한다고 역설했다. 아울러 연맹의 총평위원회를 파리에 설치하여 오는 12월 6일 회의를 소집할 것을 결정한 것을 알리고, "각종 국민운동의 복잡한 문제를 모두 세목별로 판단할 수 있기 위해", "모든 국가의 국민운동가, 노동자의 가

54 『如菴文集』에는 국제반제동맹에서 최린 앞으로 온 「서간」 6통(1927년 9월 16일자)이 다음과 같은 제목으로 번역되어 실려 있다. 「반식민제국동맹 자크 방따두르(チャック・バンタトール)로부터의 서간」(1927. 9. 16), 「국가독립반제국주의국제연맹 중앙사무관 루이 지바르티(ルイ・チバルティ)」(1927. 9. 25), 「국가독립반제국주의국제연맹 사무관 루이 지바르티(ルイ・チバルティ)」(1927. 11. 18), 「국가독립반제국주의국제연맹 물랭 도링(ムルレンドリム)」(1927. 11. 28), 「국가독립반제국주의국제연맹 루이 지바르티(チバルティ)」(1927. 12. 3), 「(제목없음) 루이 지바르티(チバルティ)」(1927. 12. 6) (이상 如菴先生文集編纂委員會, 1971, 『如菴文集』 上, 248~260쪽 참조). 일본어 인명 표기는 『여암문집』에 없지만, 이해를 돕기 위해 井上學(앞의 책)의 일본식 인명 표기를 부기한 것이다.

55 최린, 「애란 신대통령」, 『彗星』 1932년 4월호; 국제반제동맹에서 최린 앞으로 온 「서간」 6통(『如菴文集』 上, 1971. 7, 248~260쪽).

56 반식민제국동맹 자크 방따두르(チャック・バンタトール)로부터의 서간」(1927. 9. 16), 『如菴文集』(상), 248~249쪽.

장 적임인 지도자를 소집하기로 결정"했다고 하면서 참석할 것을 부탁했다.[57] 요컨대 조선의 '국민운동가'를 통해 조선의 구체적 실상을 판단하고자 하며 이와 함께 국제반제동맹의 조선지부 결성에 관해 논의하고자 최린의 참석을 강력 요청한 것이다.

11월 17일 최린은 빵따투르 자택을 방문하고 지바르티를 만나, 동양정국에 관해 의견을 교환했다.[58] 빵따투르는 11월 18일자 서신을 통해 '총평위원회의 공식초청장 2매'와 회의가 브뤼셀에서 개최되는 것이 최종 결정되었다는 것과 총평위원회에 관련된 「보충된 세목」 그리고 브뤼셀 창립대회에서 채택되었던 「조선문제 결의」와 국제반제동맹의 「회보」도 함께 보냈다.[59] 또 지바르티는 12월 3일자 서한에서 자신이 국제반제동맹 본부가 있는 베를린에 가서 총평위원회 회의 준비를 위해 '동양제국의 대표자들'과 회담을 했는데, 최린의 참가에 특히 쑹칭링(宋慶齡, 孫文의 부인)과 가타야마 센(片山潛)도 크게 만족했다고 전했다. 또 '베를린의 한국학생대표였던 김선생'(김법린을 말한다)이 한국유학생들이 대표를 통해서 평의원회에 참석할 것임을 자신에게 알려주었다고 했다. 그리고 자신도 브뤼셀에서 「조선의 결의」에 관해 재론하겠다고 했다.

이상 정리하자면, 김법린 등 유학생들은 당초 유학생 그룹으로 조선

57 「국가독립반제국주의국제연맹 중앙사무관 루이 지바르티(ルイ・チバルティ)」(1927. 9. 25), 『如菴文集』 上, 250~252쪽.

58 「반식민제국동맹 자크 방따두르(チャック・バンタトール)로부터의 서간」(1927. 9. 16), 『如菴文集』 上, 248~249쪽. 자크 방따두르(チャック・バンタトール)와 루이 지바르티(ルイ・チバルティ)의 일본어 표기명은 『如菴文集』에는 나오지 않지만, 井上學 선생이 일본식 인명 표기한 것을 부기한 것이다.

59 「국가독립반제국주의국제연맹 사무관 루이 지바르티(ルイ・チバルティ)」명의 1927년 11월 18일자 서간」, 『如菴文集』 上, 250~252쪽.

대표를 구성하려다가 최린이 프랑스로 온다는 소식을 듣고 최린을 조선대표로 내세웠다. 국제반제동맹과 최린 사이에 연락을 이어준 사람은 '베를린의 한국 학생 대표'이었던 김법린이었다.[60] 중국과 일본의 대표들은 거물급인 최린의 참가에 크게 만족했으며, 반제동맹의 유력자 지바르티 또한 조선문제에 대해 재론하겠다며 최린의 참석을 강력하게 요구한 것이다.

최린은 대회 직전 브뤼셀에 도착해 12월 9일 오후 2시 국제반제동맹 총평의원회 회의(약소민족대회위원회, 최린의 표현이다)에 출석했다. 식장에는 조선 태극기가 좌측 제2번째에 게양되어 있었다고 한다. 개회에 이어 지바르티는 경과보고를 통해 이제는 '선전사업'에서 '실제사업' 즉 "제국주의의 방지와 식민지압박에 적극적으로 대항"해야 한다고 했다. 그 요지는 '각국 노동자를 단결시켜, 그 의회의 전비안(戰費案)에 반대하며, 군수품 운수를 방해하고, 약소국 간의 단결을 강고히 해서 제국주의 침략에 대해 연대해서 대항하고, 제국주의국가 내의 노동자·농민을 단결시켜, 제국주의 국가가 식민지로 침입하는 시에, 그 군인들이 제국주의를 위해 싸우지 않게끔 만드는 것이라고 했다. 이를 위해 자금 조달이 긴급하다고 했다.[61]

회의는 3일간 연속하고 의안을 심의한 후, 11일 오후 8시에 폐회했는데, 최린은 대회 이틀째인 10일 즉석연설을 했다. 통역은 김법린이 맡았는데, 강연의 요지는 다음과 같다.[62]

---

60 파리 체재 중 최린은 유학생 김법린과 영국에서 온 유학생 공탁(孔濯) 등을 만났다고 한다, 공탁(孔濯)은 천도교 인물로 1930년 현재 재불한인회장을 맡았다. (설문)「次代의 指導者 總觀」,『三千里』제4권 제3호(1932. 3. 1); 京城 本町 警察署長,「재외 요시찰인 귀래에 관한 건」(1930. 2. 20),『思想에 關한 情報綴』第2冊.

61 『如菴文集』上, 258쪽.

62 김경창,「반제국주의국제연맹회의에 참가했던 이야기」,『如菴文集』259쪽.

> 여러분! 저 벽에 걸려있는 지도를 보십시오. 저 아시아 동쪽에 자리잡고 있는 손가락 마디만한 작은 나라가 있지 않습니까. 그 나라가 곧 저의 조국인 조선올시다. 보시다싶이 우리나라는 삼면이 태평양으로 둘러싸이고 일 면만이 아시아 대륙에 연하여 있으므로 지정학상 극히 중요한 위치에 있는 나라올시다. 바다에서 대륙으로, 대륙에서 바다로 통하는 세계의 교량이라고 하지 않을 수 없습니다. 그러므로 세계 평화가 이루어지려면 동양평화가 있어야 할 것이오, 동양평화가 이루어지려면 우리 조선나라가 완전 독립국이 되어야 합니다. 그러므로 여러분이 진정으로 세계 평화를 원한다면, 우리 조선민족이 독립을 위하여 싸울 때는, 여러분께서도 힘을 다하여 우리를 도와주시기 바랍니다.[63]

최린의 회고에 따르면, 파리의 쏼네 교수가 응답 환영사를 했고, 가타야마 센은 최린의 약력과 천도교의 약사를 발표하다가 최후에 감개무량해 눈물까지 흘렸으며, 여성 대표들은 의복 자락을 펴서 싸인을 부탁했다고 한다.[64] 일본 대표로 참가한 센다 고레야(千田是也)는 최린의 연설을 다음과 같이 전했다.[65]

> 조선의 노동지(老同志) 최린씨는 침통한 어조로 조선 민족을 짓누르는 (일본) 제국주의의 포학(暴虐)을 호소했다. 20여 년 동안 불요불굴(不撓不屈)의 반항운동. 점점 더해가는 탄압. 이 악전고투 경험의 최후 귀결은 무엇인가. 조선민족운동의 승리는 (일본)의 전 세계의 무산계급운동과의 긴밀한 결합에 의해서만! 최린은 이렇게 주장하고 착석했다.

최린의 연설 다음에는 가카야마 센의 연설이 있었다. 가타야마는 "조선 동지의 과감한 투쟁을 찬탄"하고 일본제국주의의 "끊임없는 포학비도(暴虐非道)」"에 대해서 "분격에 가득찬 얼굴을 한 채 탁자 위에 엎드리

63 『如菴文集』 上, 259쪽.
64 『如菴文集』 上, 259쪽; 井上學, 앞의 책, 335쪽.
65 井上學, 앞의 책, 335쪽.

면서 마쳤다"고 한다. 그리고 최린과 가타야마는 "만장(滿場)을 압도하는 박수" 가운데 손을 맞잡았다고 한다.[66]

최린의 연설이 '지상(紙上)에서 대서특필'되자 일본공사관은 낭패해서, 일본외무성에 타전해, '왜 호랑이 새끼를 가두어두지 않고 밖에 내놓아 대일본제국이 큰 망신을 당하게 하느냐는 소동이 일었다고 최린은 회상했다.[67]

2) 대회에 대한 최린의 평가와 한계

1927년 12월 12일 벨기에 브뤼셀을 출발한 최린은, 1928년 4월 1일 경성으로 돌아왔다.[68] 최린은 귀국한 자리에서 기자에게 '여행 중의 감상'을 말했지만, 자신이 참가한 「반제국주의국제연맹회의」에 대해서는 언급하지 않았다.[69] 이후 최린은 반제동맹과 관련해 어떠한 활동도 하지 않아 그의 활동은 세계여행 중의 일회성 해프닝이 되고 말았다.[70]

사실 천도교 신파의 영수인 최린의 당시 행보는 국제반제동맹의 활동 목적에서 빗나가고 있었다. 권동진(權東鎭), 이종린(李鍾麟) 등이 주도하는 천도교 구파는 신간회 등을 통한 민족협동전선과 절대 독립론을 추

66 井上學, 앞의 책, 335쪽.

67 『如菴文集』 上, 259쪽

68 井上學, 앞의 책, 342쪽.

69 『동아일보』 1928. 4. 3.

70 "천도교 신파 거두 최린은 1927년 6월 출발 구미 각국의 상황을 시찰하고 객년 [1928년] 4월 귀선(歸鮮)했으나, …귀선 후 상당한 일자를 경과함에도 불구하고 하등의 신규계획 없음뿐만 아니라 민족단일당인 신간회에 대해서도 거의 침묵의 상태에 있는(하략)"(京畿道警察部, 『朝鮮における治安狀況』 昭和四年 五月, 『朝鮮問題資料叢書』 第6卷』).

구했다. 반면 최린의 신파는 천도교의 독자정치세력화라는 기존 노선을 고수했다. 최린 일파는 1927년 8월 천도교청년당 제1차 전당대회를 개최해 조직을 '혁신'하면서 천도교청년당을 신간회를 대신하는 '진정한 민족단체'로 표방하려 했다. 또 신파는 1928년 4월 당시 최대 농민조직인 천도교 산하 조선농민사를 천도교청년당이 직접 장악해 '통일전선체'로서의 성격을 약화시키고 '당면이익 획득운동'이라는 개량주의 노선으로 선회시키고 있었다.[71]

무엇보다 최린은 1926년 9월부터 동아일보계 및 기독교계인 수양동우회의 일부 인사들과 함께 제2차 자치운동단체 결성을 시도하고 있었다. 동아일보계와 수양동우회는 신간회를 통해 자신의 뜻을 관철시키려 했다. 최린은 병을 핑계 대고 동경에 건너가 일본 정계 유력자를 대상으로 한 자치운동을 전개하고자 했다. 그러나 조선에 자치의회를 설립하겠다는 논의가 일본 내의 내지연장주의(內地延長主義)에 걸려 흐지부지하자 세계여행을 떠난 것이다.[72] 최린은 세계여행과 함께 해외 약소민족의 실상 등도 살펴보고자 한 것이다. 그리고 그는 귀국 후 노골적인 자치운동으로 나아가 "사회운동선상에 일대 혼란을 일으키는 원인"을 제공했다.[73] 국제반제동맹의 흐름과 최린의 노선은 이미 어긋나고 있었다.

국제반제동맹이나 쑹칭링 · 가타야마 센 심지어 구미의 한인 유학생들은 이러한 조선 내의 변화를 제대로 알지 못했던 것 같다. 오히려 해

71 김정인, 『천도교 근대 민족운동 연구』, 한울, 2009.1, 246~248쪽.

72 김정인, 앞의 책, 243~244쪽.

73 朝鮮總督府警務局, 「昭和十二年第七十三回帝國議會說明資料」(『日帝下社會運動史資料叢書』 第2卷』; 朝鮮總督府警務局, 『治安狀況』 昭和6年 7月, 『朝鮮問題資料叢書』 第6卷.

외에서도 잘 알려진 3·1운동과 최린의 민족대표로서의 이력, 조선 내에서 가장 강력한 대중조직을 가진 천도교의 최고 실력자, 천도교를 민족혁명적인 세력으로 보던 코민테른의 노선 등이 맞물리면서 최린에 대한 기대는 더욱 컸다.

그런데 국제반제동맹 관계자들이 열심히 최린의 참석을 권유한 이 회의에서 민족개량주의에 대한 비판이 강하게 제기되었다.[74] 최린의 당시 행보와 대회의 입장은 상호모순되었다. 그럼에도 최린 자신은 자신의 자치론을 드러내지 않고 적절한 수위에서 발언을 해 호응을 받았고 자신의 국제적 위상도 올렸던 것이다.

최린의 복잡한 정치적 행보에 대해 일본인 반제동맹 참가자들도 제대로 인식하지 못한 것에 대한 비판적 평가도 있다. 총평의회에 참가한 일본의 공산주의자 센다(千田) 등은 일본좌익의 기관지에 「참가보고」를 통해 국제무대에서의 최린의 '활약'을 보고했다고 한다. 그러나 "비록 보고라는 형식을 띠었다 하더라도 당시 조선의 운동(민족운동, 공산주의운동)에 대해서 정확한 인식을 결여한 것"이었다. 이들은 일본제국주의의 식민지지배에 반대하는 '심정'에 공감하면서도, 그 구체적인 운동의 실현에 대해서는 소원했기 때문이다. 최린에 대한 일본의 좌익지의 태도는 조선의 운동가들에 있어서는 폐가 되는, '간힌 것'이었던 것과 다르지 않다고 평가했다.[75]

74 井上學, 앞의 책, 350쪽.

75 이상 井上學, 앞의 책, 350쪽 참조.

4. 국제반제동맹 제2회 대회와 조선대표

1) 조선대표단 참가 경위

1920년대 조선인이 국제반제동맹 국제회의에 마지막으로 참가한 것은, 1929년 7월 21일부터 27일까지 프랑크푸르트 암마인에서 개최된 국제반제동맹(반제국주의 및 민족독립기성동맹회) 제2회대회이다.[76] 당초 베를린의 국제반제동맹 본부의 상임서기국은 1928년 11월 하순 제2회대회의 초대장을 '재경성불교전수학교 교수 김법린 앞'으로 보냈다고 한다. 정작 대회에 참가한 이들은 미국 뉴욕에서 민족지『삼일신보』을 발간하다가 영국으로 건너간 김양수(金良洙)와 유학생 김백평(金白萍, 유덕고려학우회대표), 서영해(徐英海 · 徐嵤海, 유불한인대표) 3인이었다.[77]

김양수는 도미 유학생 출신으로 1928년 6월 29일 뉴욕 거주 한인 및 유학생들과 함께『삼일신보』를 창간하고 주간으로 활동했다. 국제반제동맹 2차 대회가 열리기 전인 1929년 5월 유럽 각국을 둘러보기 위해 영국 런던으로 건너갔다가 대회 참석을 요청받았던 것으로 보인다.[78]

서영해는 1919년 3 · 1운동에 가담 후 중국 상하이로 망명한 후, 1920

---

76 대회는 파리에서 프랑크푸르트로 최종 변경되었다.『삼일신보』나 일제 경찰자료에는 대회 공식 명칭을 '반제국주의 및 민족독립기성동맹회 제2차대회'로 번역했다.

77 일제의 사찰 기록에 따르면, 1927년 12월 브뤼셀 총위원회에는 도구(渡歐) 중인 김법린(불교계 인사)이 조선대표로서 조선에 관한 보고를 한 이래 국제반제동맹 베를린 사무국은 천도교기관인 개벽사, 재경성농민사 그리고 김법린 등과 계속 연락을 취했다고 한다. 1929년 7월 2차대회에는 재미뉴욕3 · 1신보 특파원인 김양수가 조선대표로 보고를 하였고 김법린, 김백평, 서영해 등도 참석하였다. 이때 모스크바공산대학 조선인유학생들도 대회에 참가하여 성명서를 배포하였다고 한다(朝鮮總督府警務局, 1933,『朝鮮ニオケル治安狀況』, 22~23쪽; 村田陽一, 1981,『コミンテルン資料集 4』, 大月書店, 567쪽 각주 150번).

78 『동아일보』1925. 6. 8; 1928. 7. 28; 京城 本町 警察署長,「재외 요시찰인 귀래에 관한 건」(1930. 2. 20),『思想에 關한 情報綴』第2冊;『容疑朝鮮人名簿』, 48쪽.

년에는 프랑스로 유학을 갔다. 1929년에는 파리에 고려통신사를 설립하고 상해 임시정부의 특파원으로 활동했다. 그는 프랑스어로 한국역사소설인 『어느 한국인의 삶과 주변』을 쓰고 그 안에 「3·1독립선언문」을 실어 서방권에 알린 인물이다.[79]

김백평은 3·1운동 당시 경성고등보통학교 학생으로 만세 시위를 선도하다가 체포되어 미결 기간을 포함해 총 1년 2개월을 복역했다. 독일 베를린으로 유학을 가서 생물학을 전공한 후 1930년대에는 베를린대학 의과대학을 다녔다.[80]

서영해와 김백평의 대회 참여는 재불유학생회 또는 유덕고려유학생회의 논의를 통해 결정되었을 것이다. 김법린과 사전 연락을 주고받았는지 확인되지 않는다. 김양수는 대회 직전까지 참가 여하에 주저한 것으로 보아,[81] 유럽 방문 도중 최린처럼 유학생들로부터 조선대표로 참석 요청을 받은 것이 확실하다.

2) 조선대표단의 활동과 대회에 대한 평가

김양수는 1929년 7월 18일 런던을 출발, 19일 프랑크푸르트에 도착했다. 김양수는 대회의 임시사무소에서 김백평, 서영해 등과 만나 대책을

79 공훈전자사료관(서영해 항목); 龍興江人, 「歐州에서 活躍하는 人物들: 白衣人材들의 빗나는 자최를 차저」, 『三千里』 제8권 제2호(1936. 2. 1); 김민호, 2021, 『대한민국임정부 외교특파원 서영해』, 선인.

80 공훈전자사료관(김백평 항목); 龍興江人, 「歐州에서 活躍하는 人物들: 白衣人材들의 빗나는 자최를 차저」, 『三千里』 제8권 제2호(1936. 2. 1). 1930년대 이후 임시정부 주불(駐佛) 외무행서(外務行署) 외교특파원(1935년), 임시정부 주불 예정대사(豫定大使, 1945년)로 임시정부의 외교업무에 기여했다.

81 井上學, 앞의 책, 343~346쪽. 2회 대회의 경우 김양수가 『삼일신보』에 세 차례 게재했다, 이와 관련한 자료가 국내에는 박약한 관계로 井上學의 연구성과에 크게 의존했다.

협의했다. 먼저 김백평이 국제반제동맹의 유래, 제1회 대회에서의 조선대표의 활동을 말하고, 다음과 같이 역할을 정했다.[82]

> 제1, 조선대표로서 공동성명서를 발표한다.
> 제2, 임무 분담은 반제대회는 서영해, 청년대회는 김백평으로 한다.
> 제3, 「성명서」의 내용은, 조선의 사정의 일반적 소개는 물론, 만주에 있는 조선인 구축문제를 적발하고, 일제에 대항하기 위해 반제동맹의 '동양부 설치를 건의'하는 것.

여기서 조선대표로서 공동성명서를 발표한다는 것은, 김양수는 애초 참석 예정에 없었기 때문에 세 사람이 함께 합의해 공동선언문을 만든다는 것으로 해석할 수 있다. 반제대회와 반제청년대회의 임무를 서영해와 김백평이 나누어 맡는다고 했는데, 이는 국제반제동맹 산하에 국제반제청년동맹을 결성하는 것과 관련된 것으로 보인다.

공동성명서에 나오는 '만주조선인(재만조선인) 구축문제'란 일제가 만주의 조선인을 탄압하거나, 또는 재만조선인을 이용해 조선 · 중국 두 민족의 갈등을 일으키거나, 중국인이 재만조선인을 배척하도록 공작하는 것을 말하는 듯하다. 이러한 일제의 공작에 대항해 대회는 반제동맹 동양부를 결성해 조선 · 중국 · 일본 반제공동전선을 강력하게 실현시키고자 했다. 특히 당시 공산주의계열 운동 세력들은 일제가 중국(만주) 또는 소비에트러시아를 침략할 가능성이 매우 높다고 보고, 이와 관련되어 코민테른 동양부에 상응하는 반제동맹 동양부 설치를 논의한 것이다. 이상의 안건들은 2회대회에서 강하게 제기된 '반제동맹의 중앙집권화', 곧 코민테른과 코민테른 지부의 관계와 유사한 조직 강화와 연

82 『삼일신보』 65호(井上學, 앞의 책, 343쪽에서 재인용).

결되어 있었다.

그런데 대회에 참가한 조선대표 김양수는 2차대회에 대해 매우 불만스러워 했다. 『삼일신보』 특파원 자격으로 참가한 김양수가 『삼일신보』에 게재한 일련의 기사는 대회에 대한 상세한 소식을 전하면서도 그 평가는 냉랭했다. 반제동맹은 조선문제에 대해 관심이 없으며, 반제동맹 자체의 쟁점들도 우리와 무관한 것이라는 불만을 강하게 드러내고 있기 때문이다. 대회의 주요 내용을 『삼일신보』 기사에 의거해 간추려 보자.[83]

7월 20일부터 21일까지 제2회대회의 '서막'으로 청년대회가 열렸다. 대회 참가자는 다양했으나, 공산주의자와 '민족주의극좌파'가 대다수였다. 개막 직후 영국공산당 참가자가 '중·러 간의 중동(中東)철도문제'를 거론하면서 "(장개석의) 남경정부 타도, 노농러시아 옹호"를 주장하면서, 분규가 일어났다. 반제라고 하는 동일한 목표를 가졌지만 '중동철도문제'에 대해 소비에트 러시아 측 입장과 중국 측의 입장이 충돌한 것이다. 그런 충돌이 있었음에도 청년대회에서 「반제국주의청년동맹회」 창설

83 『삼일신보』에 보낸 기사 가운데 삼호분이, 朝保秘 第2119號,「反帝國主義及民族獨立期成同盟第2會大會ノ件」 朝鮮總督府警務局長, 昭和4年12月12日(外交史料館所藏「反帝國主義及民族獨立期成同盟關係一件」에 수록되어있다. 여기에 수록된 김양수가 보도한 대회 관련 삼일신보 보도일자와 기사제목은 다음과 같다(65호와 68호 이후는 없음).
① 「삼일신보」 제64호 (1929년 9월 13일) 「세계혁명의 선두대로 반제국주의자대회의 광영 피압박민족과 농민대중의 견고한 공동전선을 역설」
② 「삼일신보」 제66호(1929년 9월 27일) 「반제국주의연맹대회에 있어서 내가 대표의 성명의 요령과 서영해씨의 특기할만한 활약」
③ 「삼일신보」 제67호 (1929년 10월 4일) 「노동당과 남경정부가 반제국주의연맹대회에 있어서 사면초가적 공격의 표적이 되고 자본주의적 제국주의자와 조금도 다른 것이 없고」
(이상의 신문기사는 원자료를 확인할 수 없어 井上學 선생의 기술을 재번역 인용하고, 출전만 『삼일신보』 제 몇 호로 표기했다.)

이 결정되었다.[84] 이에 대해 김양수는 "우리들이 논쟁에 참여할 필요도 흥미도 없고, 우리들의 실정(實情)과 주장이 없는 열렬한 성원을 받"았다고 평했다.[85]

국제반제동맹대회는 7월 21일에 개회식이 개최되었고, 서영해의 연설은 대회 제5일에 이루어졌다. 7월 25일 오후 서영해가 '명쾌한 불어'로 40분간의 연설을 했다. 서영해는 '재만조선인문제'가 '해방운동의 중요한 책원지'를 (일제가) '소탕'」하는 것임을 폭로했다. 그런데 '토의' 과정에서 대회장인 영국노동당의 맥스턴이 공격당했고, '민족운동 중간파'가 공격당했다.[86] 대회의 속보인 『삼일신보』 제67호에서는, 영국노동당 맥스턴에 대한' 공격' 논쟁이 26일 밤까지 계속되었는데, 대회장 맥스턴이 '석명적(釋明的) 화해 연설'을 했다고 전했다. 대회는 이른바 '중간파'에 대한 볼세비키적 공격이 난무한 자리였음을 알 수 있다.

최종일인 27일 오전 중에, 결의, 각 항목의 보도, 새로운 위원 선출 등이 행해졌다. 결의 가운데 주목할 내용은 "(반제) 운동의 기초는 농민계급이다. 제국주의연맹의 지부를 각국에 설치하고, 소비에트연방과의 공동전선을 견지할 것"이었다.[87] 이 결정은 반제동맹은 노동자 농민이 중심이 된 계급적 성격의 반제조직으로 전환되어야 한다는 것이어서,

84 「삼일신보」 제64호(1929년 9월 13일) 「세계혁명의 선두대로 반제국주의자대회의 광영 피압박민족과 농민대중의 견고한 공동전선을 역설」(井上學, 앞의 책, 344쪽에서 요약 인용).

85 「삼일신보」 제64호(1929년 9월 13일) 「세계혁명의 선두대로 반제국주의자대회의 광영 피압박민족과 농민대중의 견고한 공동전선을 역설」(井上學, 앞의 책, 344쪽에서 요약 인용).

86 「삼일신보」 제66호(1929년 9월 27일) 「반제국주의연맹대회에 있어서 내가 대표의 성명의 요령과 서영해씨의 특기할만한 활약」(井上學, 앞의 책, 344쪽).

87 삼일신보」 제67호(1929년 10월 4일) 「노동당과 남경정부가 반제국주의연맹대회에 있어서 4면초가적 공격의 표적이 되고 자본주의적 제국주의자와 조금도 다른 것이 없고」(井上學, 앞의 책, 345쪽).

향후 민족주의자들이 반제동맹에서 배제될 수밖에 없음을 예고하는 것이다.

김양수는 『삼일신보』 제65에 대회 참관한 자신의 감상기를 실었다. 일제 경찰이 주목해 뽑은 요지는 대략 다음과 같다.[88]

- 장래 동맹과 어떻게 연락할 것인가 하는 의견이 있지만
- '독일의 좌경화 색채가 인상 (백주대로의 적기赤旗 데모)
- 앞서 선전이 컸음에도 손문 부인이 불참가한 것은 유감이다.
- '개회식 때 이름 있는 자는 환호 만세'로 맞이했으나, 그중에 '우리나라 사람'이 없는 것은 유감이다.
- '전부터 들어온 가타야마 센(片山潛) 씨도 아무것도 아닌 일본인이라고 하는 인상이 남아 있다. 60세 내외의 구부정한 동양인이었기 때문이다.
- 「노농러시아의 대표자는 '마치 상국인 대우', 영국인은 '정말로 주인같은 주장'이고, '내가 코리안에게는 별도의 좌석도 정해져 있지 않기 때문에 대회 감사와 말하며 싸웠다', '우리들도 대표자를 내지 않으면 안 된다.'
- 「조선독립운동의 실제 방략과 조선의 유력한 혁명단체가 무엇이라고 질의되었을 때는 등에서 땀이 흘렀다.

김양수의 보도 기사 제목과 요지에서 드러나듯, 김양수는 대회 진행 과정과 내용에 대해 매우 불만과 소외감을 느꼈다. 대회의 민족주의중간파(민족개량주의)에 대한 공산주의자들의 비판은 곧 조선 내에서 휘몰아칠 신간회 해소론과 민족주의에 대한 공격의 전주였다. '민족주의자' 김양수 등은 미리 베를린에서 이 쓴맛을 본 셈이었다.

김양수는 반제동맹이 유럽 중심이며 소비에트 러시아와 영국의 대표의 행태에 대해 '상국인', '주인노릇'이라는 느낌을 받고 불쾌감을 느

88 문장이 어색하나 일어본을 그대로 옮긴 것이다(井上學, 앞의 책, 345쪽 재번역 인용).

꼈다. 또 조선이 공식 대표가 아니었기 때문에 별도의 좌석도 정해주지 않은 것에 대해 항의하면서, 조선도 대표를 내지 못한 아쉬움도 토로했다.

국제반제동맹 제2회 대회에 참가한 이들 3명은 1929년 12월 중순 런던을 출항해서, 1930년 2월 하순 상하이에 상륙했다. 이들은 상하이 공동조계 남경로(南京路) 대동여사(大東旅舍)에서 1주일 정도 머물다 국내로 돌아갈 예정이었다. 일제의 상하이 관헌은 이를 '대회의 사명 아래 책동을 계획'하고 있는 것으로 보았다.[89]

김양수 등은 상하이에서 임시정부 측인 김구(金九), 윤기섭(尹基燮), 이동녕(李東寧), 이시영(李始榮), 조완구(趙琬九) 등과 조선공산당 책임비서 출신인 안광천(安光泉), 그리고 '문제의 인물'인 의열단 지도자 김원봉, 오성원[오성륜(吳成崙)의 오기인 듯] 등을 방문했다.[90] 아마 김양수 등은 이들을 만난 자리에서 국제반제동맹 대회 내용과 부정적 소감도 보고했을 것이다.

1930년 2월 15일 상하이에서 부산항으로 들어와 16일 경성에 도착한 김양수는 곧장 경찰에 검속되었다.[91] 김양수 등은 4일만인 20일에 방면되었다.[92] 이후에도 일제 관헌은 반제동맹 대회에 참가한 조선인들을 계속 감시했다. 그리고 다음과 같이 결론지었다.

---

89 機密第108號 昭和五年一月二十七日 在上海總領事重光葵 外務大臣幣原喜重郎宛 「獨逸フランクウフルトニ於テ開催サラレタル反帝國主義聯盟第二次大會ニ出席セル鮮人金良洙ノ寄滬ニ關スル件」(外交史料館所藏 「反帝國主義及民族獨立期成同盟關係一件」); 井上學, 앞의 책, 345쪽.

90 機密第108號 昭和五年一月二十七日 在上海總領事重光葵 外務大臣幣原喜重郎宛 「獨逸フランクウフルトニ於テ開催サラレタル反帝國主義聯盟第二次大會ニ出席セル鮮人金良洙ノ寄滬ニ關スル件」(外交史料館所藏 「反帝國主義及民族獨立期成同盟關係一件」); 井上學, 앞의 책, 345쪽에서 재인용.

91 『동아일보』 1930. 2. 16.

92 『동아일보』 1930. 2. 21.

전기(前記) 대회에 조선대표로서 열석(列席)한 허헌, 최린, 김법린, 김양수 등 누구도 귀선(歸鮮) 중에 조선의 현하(現下)부터 반드시 반제운동의 필흥(筆興)을 예상하는 것, 현재 천도교 최린 및 동아일보 송진우의 일파에 내정자치를 주목하는 소위 자치운동의 대두하는 등의 표면을 자세히 관찰할 때는 일부 이 영향을 받는 것이라고 믿는 점이 있어도 반제운동은 아직 구체적 행동 없음.[93]

이상 김양수의 사례가 기록상으로 드러나는 국제반제동맹과 관련한 민족주의계열의 마지막 활동이었다.

5. 맺음말

국제반제동맹의 출범에 관심을 보이고 적극 참여한 이들은 주로 민족족의 계열의 현지 유학생들과 우연적으로 유럽을 방문한 범민족주의 계열의 명망가들이었다. 유학생들은 그 신분적 상황이 유동적이었고, 국내 운동과 연계가 약했기 때문에 현지 대회 참가 이상의 활동을 하기 어려웠다.

그런 점에서 허헌이나 최린의 행보가 주목되었으나 이들 또한 어떠한 시도도 하지 않았다. 국제반제동맹이 가장 기대한 최린의 경우 국제반제동맹 노선과는 다르게 자치론의 입장을 취했고, 1930년대 중반 들어서면 친일의 길로 나아갔다. 1929년 2차 대회에 '조선 대표'로 참가한 김양수는 민족주의를 개량주의로 비난하는 당혹스런 상황과 조선에 대한 관심과 배려가 없다는 점에 크게 불만을 느꼈다. 러시아공산당이 노

93 朝鮮總督府 警務局, 『朝鮮ノ 治安狀況』 昭和五年版(青丘文庫 復刻板 1984年).

골적으로 대회를 좌우하는 모습과 유럽 중심이라는 불쾌감도 작용하면서 김양수는 반제동맹에 대해 더이상의 흥미를 느끼지 않았다.

국제반제동맹 또한 1929년 제2차 대회를 계기로 급격하게 '좌경화'하고 공산당이 조직 전면에 나서고 민족주의를 배격하면서 민족주의자들의 여기에 참가할 여지를 스스로 잠식시켰다.

요컨대 1920년대 후반기 국제반제동맹에 참여한 민족주의계열 조선대표들은 반제동맹에 대해 많은 기대를 품고 참가했다. 그러나 유학생 신분이라는 한계, 국제반제동맹의 '좌경화', 일제의 감시, 참가자들의 반제동맹에 대한 불만 등이 작용하면서, 민족주의계열의 초기 반제동맹 관련 활동은 3년 만에 단절되고 말았다.

한편 국제반제동맹은 1929년 2차대회에서 강력하게 중앙집권화를 추진하면서 각국마다 반제동맹 지부를 결성할 것을 요구했다. 이와 함께 반제동맹은 사회민주당이나 민족주의계열을 개량주의 또는 파시즘이나 제국주의의 동반자로 비난하고 이들과 절연할 것을 요구했다. 또 만주에서 전쟁의 위기가 커지면서 중국혁명 옹호, 소비에트러시아 수호 등 1930년대 반전·반제 슬로건을 앞세운 동아시아 반제공동전선을 긴급하게 조직할 것을 제기했다. 반제동맹은 이를 위한 전술적 반전반제투쟁을 위한 통일전선기구로 주목받았다. 즉 1930년대 조선의 반제동맹이 져야 할 조직적·실천적 과제가 사실 이 대회에서 제출되었다. 도저히 조선의 민족주의자들이 감당(또는 동의)할 수 없는 과제들이 등장한 것이다.

김양수가 반제동맹에 대해 실망과 소외감을 느끼는 현장에는 모스크바공산대학 조선인유학생들도 대회에 참가해 성명서를 배포하였다.[94]

94 『朝鮮ニオケル治安狀況』, 1933, 22~23쪽; 村田陽一, 앞의 책, 567쪽 각주 150번 참조.

반제동맹의 노선도 바뀌지만 그 주체 또한 바뀌는 극적인 장소가 바로 국제반제동맹 제2차대회였다.

논문 출처

2022, 「1920년대 후반 국제반제동맹의 출범과 조선인 민족주의자들의 대응」, 『공존의 인간학』 6.

참고문헌

1. 자료

村田陽一 編譯, 1981,『コミテルン資料選集』第4卷, 第5卷.
金正明 編, 1966,『朝鮮獨立運動 Ⅳ 共産主義運動 編』, 原書房.
朝鮮總督府警務局, 1929,『朝鮮における同盟休校の考察』.
慶尙北道警察部, 1934,『高等警察要史』, 慶尙北道警察部.
朝鮮總督府 高等法院檢査局思想部,『思想月報』·『思想彙報』.
朝鮮總督部警務局『最近ニ於ケル朝鮮治安狀況』, 昭和 8·10·11·13年度.
朝鮮總督府警務局保安課,『高等外事月報』.
朝鮮總督府警務局,『高等警察報』1~6.
『容疑朝鮮人名簿』,『思想에 關한 情報綴』등.

『경향신문』.
『東亞日報』.
『朝鮮日報』.
『朝鮮中央日報』.
『中央日報』.
『中外日報』.
『三千里』.
『朝光』.
『慧性』.
『現代評論』.

강만길 · 성대경 편, 1996, 『한국사회주의운동인명사전』(김준연 항목), 창작과비평사.

김민호, 2021, 『대한민국임정부 외교특파원 서영해』, 선인.
변은진, 2022, 『허헌 평전』, 역사공간.
심지연, 1995, 『허헌』, 동아일보사.
如菴先生文集編纂委員會, 1971, 『如菴文集』 上.
이극로, 1947, 『苦鬪 四十年』, 을유문화사.
李儀景, 1927, 『한국의 문제』(독립기념관 소장 이미지).
이인, 1974, 『반세기의 증언』, 명지대학교 출판부.

4. 저서

김정인, 2009, 『천도교 근대 민족운동 연구』, 한울.
김준엽 · 김창순, 1986, 『한국공산주의운동사』 3 · 5권, 청계연구소.
이극로박사기념사업회, 2010, 『이극로의 우리말글 연구와 민족운동』, 선인.

5. 논문

김광식, 2000, 「김법린과 피압박민족대회」, 『불교평론』 제2호(2000년 봄호).
김상현, 2008, 「김법린, 한국불교 새 출발의 견인차 1. 프랑스 유학과 피압박민족대회 참가」, 『한국사 시민강좌』 4(2008. 8), 일조각.
박용규, 2009, 「일제시대 이극로의 민족운동 연구: 한글운동을 중심으로」, 고려대학교 대학원 박사학위논문.
박한용, 1991. 1, 「경성제대 반제동맹사건 연구」, 고려대학교 대학원 석사학위논문.
박한용, 1991, 「경성제대 반제동맹사건 연구」, 한국근현대사연구회, 『일제말 조선사회와 민족해방운동』, 일송정.

박한용, 1995, 「1930년대 전반기 민족협동전선론과 '학생반제동맹'」, 한국역사연구회근현대청년운동사연구반, 『한국근현대 청년운동사』, 풀빛.

박한용, 1995, 「1930년대 전반기 민족협동전선론과 학생반제동맹」, 한국근현대청년운동사연구반, 『한국근현대청년운동사』, 풀빛.

박한용, 2012. 12, 「일제강점기 조선 반제동맹 연구」, 고려대학교 대학원 박사학위논문.

송진모, 2007, 「일제하 김법린의 불교혁신론과 범어사」, 부경대학교 대학원 석사논문.

조준희, 2010. 10, 「(자료소개) 1927 브뤼셀 피압박민족대회 한국 관계 사료」, 『숭실사학』 25, 숭실사학회.

한인섭, 2012, 「제5장 허헌의 세계일주기행」 벨기에 브뤼셀: 세계피압박자대회에 참여, 『식민지법정에서 독립을 변론하다』, 경인문화사.

G. Z. Sorkin, 1965, *Antimperialisticheskaîa liga, 1927-1935; istoricheskiĭ ocherk, Moskva, Nauka, Glav. red. vostochnoĭ lit-ry*(黑崎薫 譯, 2003, 『國際反帝同盟史』).

金森襄作, 1977, 「朝鮮青年會運動史_朝鮮における民族主義と階級主義」, 『朝鮮學報』 85.

園部裕之, 1989. 3, 「在朝日本人參加 共産主義運動: 1930年代」, 『朝鮮史研究會論文集』 26.

井上學, 2008, 『日本反帝同盟史研究』, 不二出版.

|집필순|

정태헌_ 고려대학교 한국사학과 교수

주요 저서로는 『이념과 현실: 평화와 민주주의를 향한 한국근대사 다시 읽기』(역사비평사, 2024), 『혁명과 배신의 시대: 격동의 20세기, 한·중·일의 빛과 그림자』(21세기 북스, 2022), 『평화를 향한 근대주의 해체: 3·1운동 100주년에 식민지 '경제 성장'을 다시 묻다』(동북아역사재단, 2019), 『한반도 철도의 정치경제학』(선인, 2017), 『문답으로 읽는 20세기 한국경제사』(역사비평사, 2010), 『한국의 식민지적 근대 성찰』(선인, 2007), 『일제의 경제정책과 조선사회』(역사비평사, 1996) 등이 있고, 이외 다수의 논문이 있다.

황영원_ 중국 중산대학(Sun Yat-sen University) 동아시아연구센터 & 한국어학과 부교수

주요 논문으로는 「사육(飼育)의 정치: 근대 일본의 광견병 방역과 인간·개 관계의 재편」(『의사학』 31-3, 2022), 「日據時期朝鮮與中國的藥材貿易初探」(『海交史研究』 2, 2021), 「근대 중국 사회의 '위안부' 제도 인식과 서사」(『사림』 78, 2021), 「醫學與女性社會地位變化之關係: 近代韓國女醫職業的形成(1876~1945)」(『婦女研究論叢』 3, 2020), "Medicine of the Grassroots: Korean Herbal Medicine Industry and Consumption during the Japanese Colonial Period"(*Korean Journal of Medical History*, 29-1, 2020) 등이 있다.

문영주_ 한국교육과정평가원 선임연구위원

주요 저서로는 『경제성장론의 식민지 인식에 대한 비판적 검토』(공저, 동북아역사재단, 2009) 등이 있고, 주요 논문으로는 「일제시기 도시지역 유력자집단의 사회적 존재형태: 도시 금융조합 民選이사·조합장을 중심으로」(『사총』 69, 2009), 「금융조합 조선인 이사의 사회적 위상과 존재양태」(『역사와 현실』 63, 2007), 「일제시기 도시금융조합의 관치운영체제 형성과정: 1929년 금융조합령 개정을 중심으로」(『한국사연구』 135, 2006) 등이 있다.

김미정_ 국가기록원 학예연구사

주요 저서로는 『잊혀진 여성들, 기억에서 역사로: 일제말기 여성노무동원』(선인, 2021), 『일제말기 여성동원 선전논리』(동북아역사재단, 2021) 등이 있고, 주요 논문으로는 「1970년대말 수범사례를 통해 본 반상회의 운영과 역할」(『역사문화연구』 85, 2023)과 「일제강점기 조선여성에 대한 노동력 동원 양상: 1937~1945년을 중심으로」(『아세아연구』 62-3, 2019) 등 다수가 있다.

류시현_ 광주교육대학교 사회과교육과 교수

주요 저서로는 『조선 문화에 관한 제국의 시선』(아연출판부, 2019), 『동경삼재』(산처럼, 2016), 『한국 근현대와 문화 감성』(전남대학교 출판부, 2014), 『최남선 연구』(역사비평사, 2009) 등이 있고, 주요 논문으로는 「1930년대 조선 역사 문화 연구의 대중화: 『조광』·『조선명인전』을 중심으로」(『한국근현대사연구』 105, 2023), 「1920년대 초반 조선 지식인의 '조선미술' 규정과 서술: 잡지 『동명』을 중심으로」(『역사학연구』 73, 2019) 등 다수가 있다.

조형열_ 동아대학교 역사문화학부 사학전공 조교수

주요 저서로는 『일제강점기 국내 민족주의·사회주의운동 탄압사』(공저, 동북아역사재단, 2022), 『식민지 조선학계와 조선연구 1: 1930년대 민간 한글신문의 문화·학술진흥론과 조선연구 방법론 기사 자료집』(편저, 소명출판, 2022) 등이 있고, 주요 논문으로는 「민족과 계급의 사이에서, 백남운과 김태준의 조선사 서술」(『역사와 경계』 127, 2023), 「형평운동과 지역사회운동: 연대로 가는 험난한 여정」(『사회와 역사』 138, 2023) 등 다수가 있다.

주동빈_ 중앙대학교 다빈치교양대학 강사

주요 저서로는 『3·1운동 100년: 3 권력과 정치』(공저, 휴머니스트, 2019) 등이 있고, 주요 논문으로는 「식민지 관료 시노다 지사쿠(篠田治策)의 평남·평양 인식과 도정(道政) 입안(1910~1923)」(『한국사학사학보』 48, 2023), 「1927년 평양전기 부영화와 조선인 주도 부 예산정치로의 전환」(『역사문제연구』 52, 2023), 「전석담 역사학의 숨은 '발원지'와 해방 전후 한국 사회경제사 인식: 도호쿠제국대학 경제학과와 '시대구분론'을 중심으로」(『역사와 현실』 118, 2020) 등 다수가 있다.

윤상원_ 전북대학교 사학과 부교수

주요 저서로는 『새롭게 쓴 한국독립운동사 강의』(공저, 한울아카데미, 2020), 『러시아지역 해외한인연구』 Ⅰ~Ⅴ(공저, 선인, 2019) 등이 있고, 주요 논문으로는 「1937년 강제이주 시기 한인 탄압의 규모와 내용」(『한국사학보』 78, 2020), 「전라북도 3·1운동의 전개와 '3·1운동 세대'의 탄생」(『전북사학』 57, 2019), 「홍범도의 러시아 적군 활동과 자유시사변」(『한국사연구』 178, 2017) 등이 있다.

윤효정_ 고려대학교 한국사학과 강사

주요 저서로는 『한국독립운동사 재조명: 3·1운동과 1920년대 국내 사회운동』(공저, 독립기념관, 2022) 등이 있고, 주요 논문으로는 「신간회 인천지회와 지역유지」(『한국사연구』 202, 2023), 「근우회의 위상 변화 연구: 규약 개정을 중심으로」(『인문과학연구논총』 43-4, 2022), 「신간회의 '민족동권(民族同權)' 운동과 식민지 체제의 균열적 성격: 재만동포옹호운동을 중심으로」(『한국학연구』 64, 2022) 등이 있다.

박한용_ 부산대학교 점필재연구소 전임연구원

주요 저서로는 『일제강점기 친일세력 연구: 조선귀족 중추원 친일단체(1910~1937)를 중심으로』(공저, 동북아역사재단, 2022), 『누구를 위한 역사인가: '뉴라이트 역사학의 반일종족주의론' 비판』(공저, 푸른역사, 2020), 『뉴라이트 위험한 교과서 바로읽기』(공저, 서해문집, 2009) 등이 있고, 주요 논문으로는 「1920년대 후반 국제반제동맹의 출범과 조선인 민족주의자들의 대응」(『공존의 인간학』 8, 2022) 등 다수가 있다.